LOUVRE ルーヴル美術館

1 ボッティチェリ
《若い婦人に贈り物を捧げるヴィーナスと三美神》
1475年－1500年｜ルーヴル美術館

2 レオナルド・ダ・ヴィンチ
《モナ・リザ》
1503年－1519年｜ルーヴル美術館

3 ラファエロ《美しき女庭師》
1507年－1508年｜ルーヴル美術館

4 ティツィアーノ《田園の奏楽》
1500年－1525年｜ルーヴル美術館

5 ミケランジェロ
《瀕死の奴隷》
1513年－1515年
ルーヴル美術館

6 フランス・ハルス《ジプシー女》
1626年頃｜ルーヴル美術館

48 ジャン＝ミシェル・バスキア《無題》
1983年｜ポンピドゥーセンター

49 ルイーズ・ブルジョワ《貴重な液体》
1992年｜ポンピドゥーセンター

50 マリーナ・アブラモヴィッチ
《船を空にする、小川に入る。
白龍：立つ、赤龍：座る、緑龍：寝る》
1989年｜ポンピドゥーセンター

51 クリスチャン・ボルタンスキー
《C.B.の不可能な人生》
2001年｜ポンピドゥーセンター

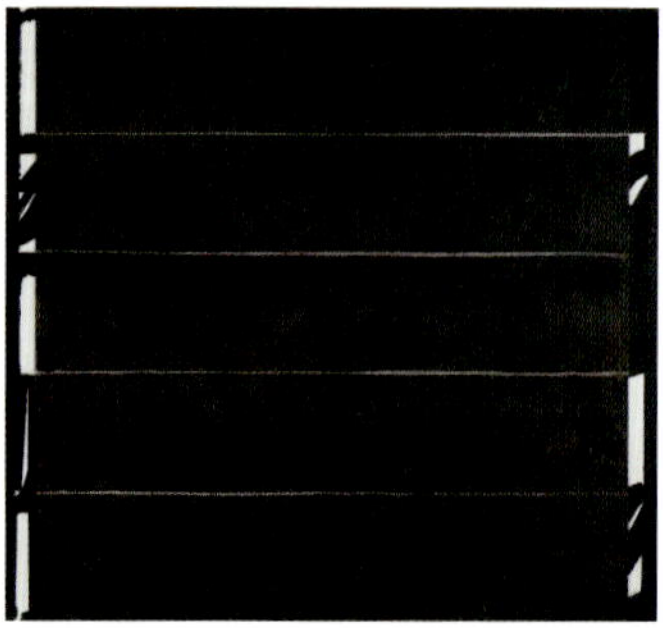

52 ピエール・スーラージュ
《絵画200×220センチ、2002年4月22日》
2002年4月22日｜ポンピドゥーセンター

42 フリーダ・カーロ《額（フレーム）》
1938年｜ポンピドゥーセンター

43 パブロ・ピカソ《オーバード》
1942年5月4日｜ポンピドゥーセンター

44 ジャクソン・ポロック
《絵画（黒、白、黄、赤の上の銀）》
1948年｜ポンピドゥーセンター

ル》

45 ニキ・ド・サンファル
《花嫁》
1963年
ポンピドゥーセンター

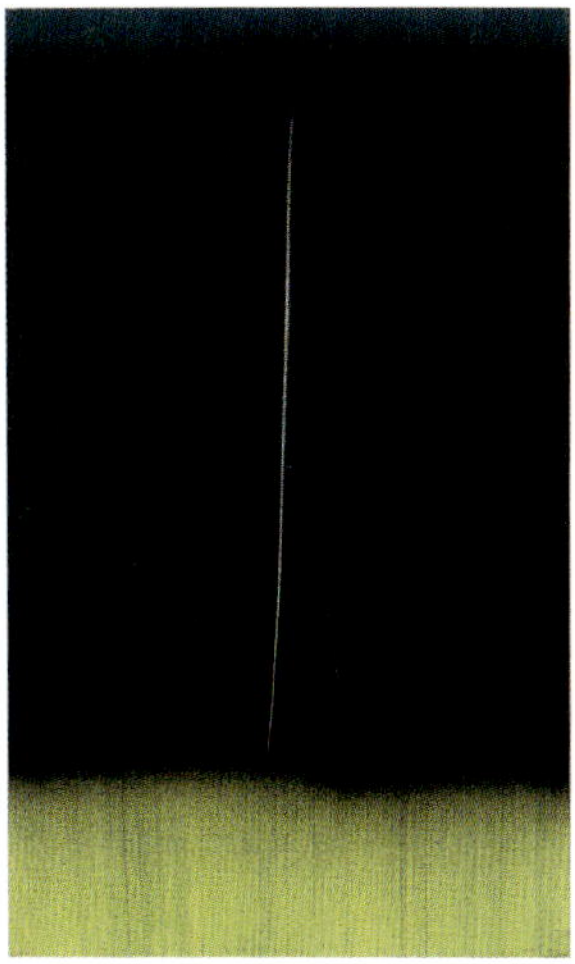

46 アンス・アルトゥング
《T1964-H45》
1964年
ポンピドゥーセンター

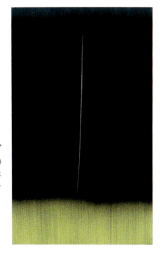

47 アンナ＝エヴァ・ベルイマン
《黒い船首 No.26-1976》
1976年｜ポンピドゥーセンター

7 レンブラント《イーゼルの前の自画像》
1660年｜ルーヴル美術館

8 ヨハネス・フェルメール《天文学者》
1668年｜ルーヴル美術館

9 ニコラ・プッサン《アルカディアの牧人》
1638年｜ルーヴル美術館

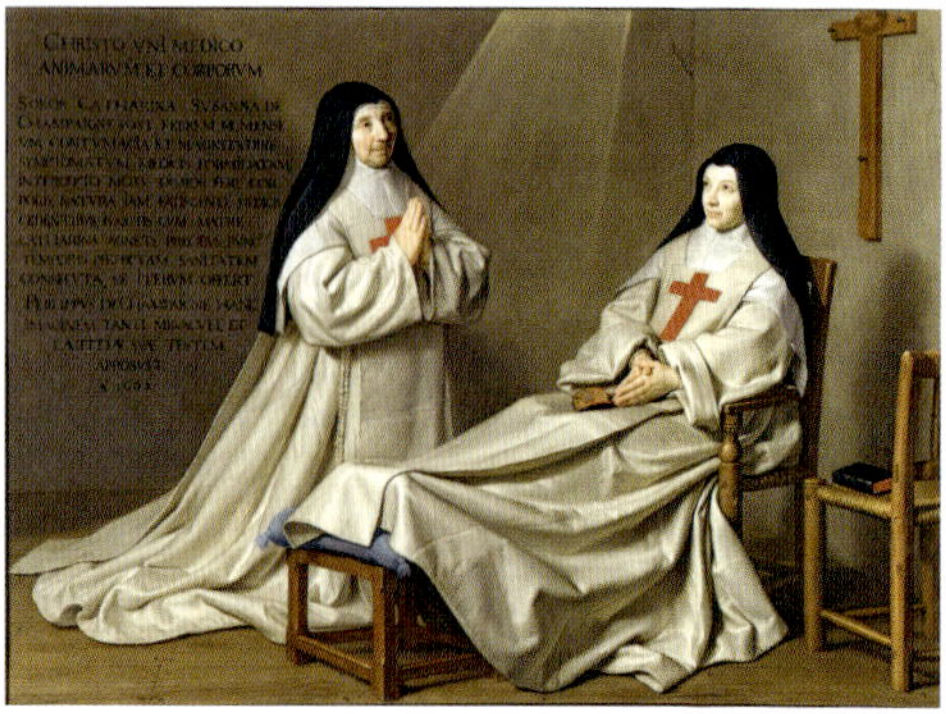

10 フィリップ・ド・シャンパーニュ《1662年の奉納画》
1662年｜ルーヴル美術館

11 アントワーヌ・ヴァトー《ピエロ》
1718年－1719年
ルーヴル美術館

12 アントニオ・カナレット《サン・マルコ湾から見た埠頭》
1730年－1755年｜ルーヴル美術館

13 トマス・ゲインズバラ《庭園での会話》
1746年－1748年｜ルーヴル美術館

14 マルグリット・ジェラール
《尊敬すべき生徒》
1787年頃｜ルーヴル美術館

15 ジャック＝ルイ・ダヴィッド《ホラティウス兄弟の誓い》
1784年｜ルーヴル美術館

16 マリー＝ギエルミーヌ・ブノワ
《マドレーヌの肖像》
1800年｜ルーヴル美術館

17 フランシスコ・デ・ゴヤ《羊の頭のある静物》
1808年－1812年｜ルーヴル美術館

18 カスパー・ダーヴィト・フリードリヒ
《カラスのいる木》
1822年頃｜ルーヴル美術館

19 ウィリアム・ターナー《背景に川と湾のある風景》
1845年頃｜ルーヴル美術館

CENTRE POMPIDOU ポンピドゥ

35 ヴァシリー・カンディンスキー
《「青騎士」年鑑の表紙のための習作》
1911年｜ポンピドゥーセンター

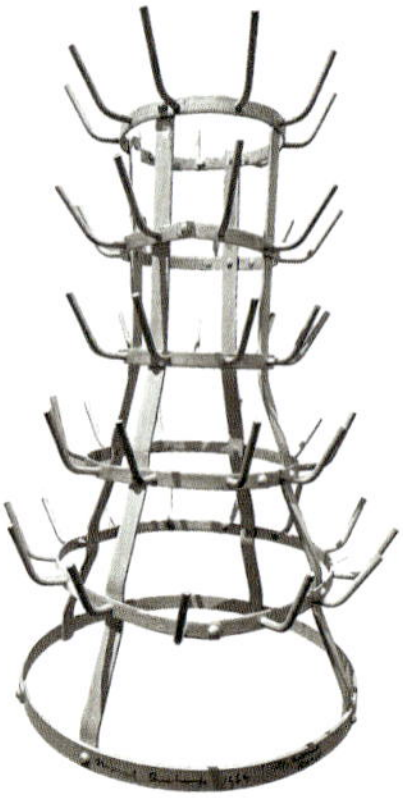

36 マルセル・デュシャン《瓶掛け》
1914年／1964年｜ポンピドゥーセンター

37 カジミール・マレーヴィチ
《[黒の] 十字架》
1915年｜ポンピドゥーセンター

38 ジョージア・オキーフ
《赤、黄、黒の縞》
1924年｜ポンピドゥーセンター

39 ルネ・マグリット《赤いモデ
1935年｜ポンピドゥーセンター

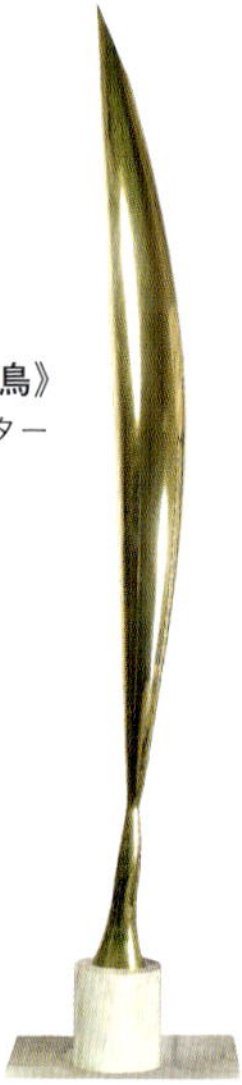

40 コンスタンティン・ブランクーシ《空間の鳥》
1941年｜ポンピドゥーセンター

41 ハンナ・ヘーヒ《母》
1930年｜ポンピドゥーセンター

ORSAY オルセー美術館

27 エドガー・ドガ《エトワール》
1876 年｜オルセー美術館

28 ポール・セザンヌ
《サント・ヴィクトワール山》
1890 年頃｜オルセー美術館

29 エドワード・バーン＝ジョーンズ
《運命の輪》
1875 年－1883 年｜オルセー美術館

30 フィンセント・ファン・ゴッホ
《オーヴェルの教会》
1890 年｜オルセー美術館

31 カミーユ・クローデル
《分別盛り》
1902 年頃｜オルセー美術館

32 グスタフ・クリムト《樹下の薔薇》
1905 年｜オルセー美術館

33 ヴィルヘルム・ハマスホイ《休憩》
1905 年｜オルセー美術館

34 ピエト・モンドリアン《干し草の山》
1908 年頃｜オルセー美術館

ORSAY
オルセー美術館

20 ギュスターヴ・クールベ《オルナンの埋葬》
1849年－1850年｜オルセー美術館

21 アンリ・ファンタン＝ラ・トゥール《ドラクロワ礼賛》
1864年｜オルセー美術館

22 ローザ・ボヌール《耕作、ニヴェルネ地方にて》
1849年｜オルセー美術館

23 ジェームズ・マクニール・ホイッスラー
《灰色と黒のアレンジメント第一番　画家の母の肖像》
1871年｜オルセー美術館

24 ジュリア・マーガレット・キャメロン
《ハーバート・ダックワース夫人》
1872年｜オルセー美術館

25 エドゥアール・マネ《アスパラガス》
1880年｜オルセー美術館

26 クロード・モネ《サン＝ラザール駅》
1877年｜オルセー美術館

THOMAS SCHLESSER

モナのまなざし

52の名作から学ぶ

人生を豊かに生きるための西洋美術講座

LES YEUX DE MONA

トマ・シュレセール

清水玲奈 訳

ダイヤモンド社

LES YEUX DE MONA
by
Thomas SCHLESSER

世界のすべての祖父母たちに

モナのまなざし　目次

第三部　ポンピドゥーセンター

プロローグ　何も見えない

あたりがすっかり暗闇になった。まるでお葬式のときに着る服みたいに真っ黒だった。それから、そこかしこに、きらめく点が見えはじめた。そういえば、目をつぶったまま太陽に目を向けたときも、同じようなきらめきが見えた、とモナは思い出す。手を握り締めて痛みや悲しみをこらえるように、まぶたをぎゅっとつぶって太陽に目を向けたことがあったのだ。

もちろん、モナはこんなふうに大人に説明したりはしなかった。まっすぐで純粋な感性を持つ十歳の少女らしく、痛みと苦しみを、何も覆い隠すことなくはっきりと言い表した。

「ママ、真っ暗だよ」

モナは絞り出すような声でそう言った。助けを求めて。でも、それだけではない。無意識のうちに、モナは恥ずかしがっているふうを漂わせた。実際には恥ずかしいと感じたのではなく、ただ母親の気を引くためである。言葉や態度やイントネーションで恥ずかしがっていると感じさせれば、母親は深刻な事態だと思ってくれると、モナは知っていた。

「ママ、真っ暗だよ」

モナは突然、目が見えなくなった。

目が見えなくなる理由など、思い当たるふしはなかった。前兆と言えそうなできごとは何も起きていない。モナは食卓で、右手にペンを持ち、左手でノートを押さえて、集中して算数の宿題をやっているところだった。母親は同じテーブルで、脂ののったローストビーフにおろしニンニクをかけていた。モナは、首からさげていたペンダントをそっと外そうとしていた。背中を丸めるくせがあって、ペンダントが宿題のプリントの上にぶら下がって邪魔だったから。モナの瞳は、澄み切ったブルーでとても大きい。そこに突然、まるで何かの罰のように、重い暗闇がのしかかってきた。日没や舞台照明の暗転とは明らかに違った種類の暗闇だった。

ふつうの暗闇ではない。まるで、モナと世界の間に分厚い暗幕がさっと引かれたかのようだった。学校のノートに描いた多角形、茶色い木のテーブル、テーブルの上のローストビーフ、それに白いエプロンをつけた母親、タイル張りのキッチン、隣の部屋にいる父親、モナが暮らすモントルイユのアパート、灰色に曇った秋の空――つまりは全世界から、モナは分厚い黒のカーテンで隔てられた。魔法の呪文が、モナを暗い谷間に突き落としたかのように。

モナの母親は焦って、かかりつけの小児科医に電話をかけた。混乱した口調で娘が目を開けていても何も見えなくなったことをなんとか説明した。医師は言語障害や体の麻痺はないかと尋ね、母親はないようだと答えた。

「一過性脳虚血発作と思われます」

医師は病名を告げた。

「まずアスピリンを投与したうえで、至急、オテル・デュー病院に連れていき、ただちに治療を開始してください。知り合いの医師に電話をしておきます。安心していいですよ。優秀な小児科医で、眼科の知識が豊富だし、さらには催眠療法の心得もある」

それから最後にこう付け加えた。

「通常ですと、失明は十分足らずで回復するはずです」

でも、その時点で、モナの目が見えなくなってから十五分以上が過ぎていた。

病院に向かう車の中で、モナは泣きながらこめかみを叩き続けた。母親はやめさせようとひじを押さえたが、心の底では、自分も故障した機械を叩いて直すみたいに、娘の壊れた頭を叩きたい気分だった。父親は、古びたフォルクスワーゲンのハンドルを握りながら、娘を襲った不幸の原因は何なのか、思いを巡らせる。台所で何かが起こったに違いない。自分には知らされていない何かが。そう思うと怒りが込み上げてくる。オーブンから出た湯気のせいかもしれないし、転んで頭を打ったのかもしれない。思い当たる限りすべての原因を考えてみる。でも、モナは繰り返した。

「いきなり、こうなったの」

父親は信じられない気持ちだった。

「いきなり目が見えなくなるなんて、ありえない」

でも現に、十月のある日曜日の夕暮れどきに、十歳のモナは突然、目が見えなくなった。怖くて涙が止まらなくなった。モナは泣き続けながら、これだけたくさん涙を流せば、瞳にこびりついたすすを洗い流せるかもしれないと思った。そして、パリのセーヌ川に浮かぶシテ島、ノートルダム寺院の隣にある病院の前に車が着いたとたんに、モナは泣きやんだ。

「あ、見える」

セーヌ川からの冷たい風が吹きすさぶ中、モナは視覚をさらに取り戻そうと、首を前後に揺さぶる。目をふさいでいたカーテンが、さっと開いた。輪郭が現れ、両親の顔や、物の奥行き、壁の質感、そして薄い色から濃い色まですべての色彩が戻ってきた。母親の美しい首とほっそりした腕や、父親のがっしりした肩も見えた。そして、遠くから灰色のハトが飛んでくるのが見えると、モナはうれしくて跳び上がりそうになった。

失明はモナを一時的に捕らえ、そして解放したらしい。まるで弾丸が体に当たったけれど、貫通して反対側に抜けたみたいに。「奇跡だ」と父親は思った。父親が手元の時計で正確に測ったところによると、経過した時間は六十三分間だった。

オテル・デュー病院の眼科病棟では、患者を帰らせるのではなく、一連の検査が行われることになった。診断を下し、治療の方針を決めるためだ。いったん症状がおさまっているように見えても、病気がすっかり消え去ったわけではないかもしれない。看護師が二階に行くようにと指示した。小児科のヴァン・オルスト医師が、かかりつけ医から連絡を受けて診察室で待っている。髪の生え際がだいぶ後退している医師は、真っ白の白衣を着ていて、その白が病室の壁の緑色からくっきりと浮かび上がって大きく見えた。しわがたくさん刻まれた笑顔に少し安心したが、それでもどんなことを言うかわからないと思うと、モナは緊張した。医師は一歩近づいてくると、たばこのにおいをさせながら、しわがれ声で聞いた。

「モナさんは何歳ですか？」

＊

モナは十歳。仲のよい夫婦の間に生まれたひとりっ子だ。

母親のカミーユは四十歳に近く、癖っ毛の髪を短くした華奢な女性で、ちょっと下町風のしゃべり方をした。夫によれば「ちょっとクレイジーな」女性であり、自分らしさを貫くところが魅力だった。人材派遣会社で働いていて、午前中はまじめで熱心な社員だったが、午後になると別人のようにボランティア活動に精を出した。孤独な老人の世話から虐待を受けた動物の保護まで、ありとあらゆるチャリティーに関わった。

父親のポールは五十七歳で、カミーユとは再婚だった。最初の妻は、自分の親友と仲良くなって失踪してしまった。ポールはいつも、えりがすり切れたシャツにネクタイを締めている。仕事はアンティークディーラーで、専門は一九五〇年代アメリカのビンテージグッズだ。ジュークボックスやピンボールマシン、当時のポスターを主に扱っている。ビンテージに興味を持ちはじめたのは十代の頃、ハート型のキーホルダーを集めたのがきっかけだった。このキーホルダーのコレクションは今も増える一方で、売る気がないので膨大な数になっているが、いずれにしても誰も興味を持たない代物《しろもの》だ。

ポールは骨董《こっとう》市で有名なモントルイユに店を設けているが、ビンテージグッズがインターネットで流通するようになると経営が苦しくなった。そこで遅まきながらオンラインでも販売を始めて、こまめに情報を更新するようにし、英語版のページを作ったところ、一定の顧客が獲得できた。しかしビジネスセンスがほとんどないために、その後も破産しかけては商売を持ち直すということを繰り返している。今年の夏には、自分で修理した一九五五年ゴットリーブ社製のピンボールマシン「ウィッシング・ウェル」が売れて、一万ユーロのもうけが出た。数カ月間資金が減り続けた後だっただけにありがたい取引だったが、その後はまためぼしい売れ行きのない日々が続いている。

不景気のせいだと周囲は慰めてくれる。ポールは毎日、自分の店で赤ワインを一本飲み、マルセル・デュシャンがレディメイド作品の素材にしたことで有名なボトルラックに、空いたボトルをトロフィーのようにかけていく。すべては自業自得だ。毎晩、「モナに乾杯」とつぶやいて、ひとりでグラスをかかげるのだった。

*

モナは看護師に案内されて、迷路のような病院内のあちこちで一連の検査を受けた。その結果を見て、医師は大きなひじかけ椅子に座り、モナの両親に診断を告げた。

「一過性脳虚血発作に間違いありません」

一過性脳虚血発作とは、臓器への血液の流れが一時的に止まった状態を指す。その原因を突き止めなければならない。十歳前後の女の子には非常に珍しい病気だ。モナの場合、両目に発作が起きて一時間以上続いたことになり、ますます事態は深刻に思われる。一方で、運動能力や会話にはまったく症状が現れなかった。

「ＭＲＩで詳しいことがわかるはずです。最悪の事態を覚悟してください」と、医師は申し訳なさそうに付け加えた。

モナは検査台に横たわった状態で恐ろしい機械の中に入れられ、じっと動かずにいなくてはならなかった。ペンダントを外すように言われたが、モナはそれだけは嫌だと主張した。ペンダントは祖母の形見で、テグスでできた鎖に幸運のお守りである小さな貝殻が通してある。大好きな祖父とおそろいで、ふたりともいつも肌身離さず大切にしている。

おそろいのペンダントで私たちは結ばれている。モナはそう信じていた。そのペンダントは金属を使っていなかったので、結局外さなくていいことになった。そして、つややかな茶色のセミロングの髪、小さなかわいらしい口元が印象的なモナの頭は、モーター音を立てる検査機器の中に吸い込まれていった。

拷問のような十五分間、モナは休むことなく歌を歌い続けた。棺桶のような機械の中で、ユーモアと生きている実感を保つためのささやかな抵抗だった。母親が小さい頃歌ってくれたちょっと下品な歌詞の子守唄に続いて、あちこちのスーパーでいつも流れているお気に入りのポップソングを歌った。ミュージックビデオで髪の毛をぴったりなでつけたかっこいいダンサーたちが踊る様子を思い浮かべながら。このほか、耳について離れないコマーシャルソングや、いつか父親をうんざりさせようと大声で歌ってみせた「緑色のネズミ」も口ずさんだ。

ＭＲＩの結果が出ると、医師はモナの両親を呼んで、「安心してください」と取り急ぎ告げた。「異常は何も見つかりませんでした。検査結果は完全なシロです。脳のスキャン画像によると、どこにも影はない。つまり腫瘍はできていませんでした」。それでも確認のため、ありとあらゆる精密検査が一晩中続けられた。血液検査、瞳孔の奥や内耳、骨と筋肉、動脈。どの項目も異常なしだ。嵐の後の静けさとでも言うべきだろうか。そもそも、嵐が来たことそのものが悪い夢だったのかもしれない。

オテル・デュー病院の廊下で、時計は午前五時を示していた。疲れ切ったカミーユは、おとぎばなしのような筋書きを思い描いて「まるで、悪魔がモナの目を盗んで、後から返してくれたみたい」とつぶやいた。ポールはうなずいて、「そう、盗む相手を間違えたと気がついたんだね」と答えた。でもふたりとも、「これは不幸の予告にすぎないのかもしれない」と密かに考えずにはいられなかった。悪魔は、いつか本当にモナの目を奪おうとたくらんでいるのではないだろうか。

＊

校庭にチャイムが鳴り響いた。五年生の担任のアジ先生に手を引かれた子どもたちが、二階の教室に入る。先生は子どもたちに「万聖節の連休まで、モナはお休みです」と告げた。ついさっき母親のカミーユから知らせを受けたばかりだった。カミーユは先生に電話をかけてきて、一家を地獄に突き落とした昨夜の一部始終を、その重大さを隠そうともせずに洗いざらい説明したのだった。

子どもたちは先生を質問攻めにした。

「どうしてモナだけ、連休よりも一週間も早いうちから休んでいいことになったの？」

「モナはちょっと病気なんです」

先生はしどろもどろに答える。

「ちょっと病気だって？　ラッキーだな」

甲高い声が教室に響いた。前から三列目に座っているディエゴだ。その声に賛同して、クラス全員がざわついた。

子どもたちにとって、病気は自由への入り口だ。学校を堂々とサボれるのだから。

教室の奥、チョークの粉で白っぽくなったカーテンの脇では、モナの親友で何度も家に遊びに行ったことのあるリリとジャッドが、「モナの家で三人一緒に遊べたらいいのに」と語り合っていた。「ちょっとくらい病気でも大丈夫なはず」とリリは考えた。モナはお父さんの店で毎日過ごしているはずだった。ジャッドも空席のモナの机に目を向けながら、モナと一緒に、あの殺風景な骨董屋にいる自分を想像していた。アメリカの匂いのするビンテージグッズを品定めしながら、いろいろな遊びや物語を考えていられたらどんなに楽しいだろう。でも、リリはこう言った。

「ダメだ。モナが病気で学校を休むときは、いつもおじいちゃんが来てるから」

ジャッドは、気にしなきゃいいじゃない、と笑った。でも実は、ジャッドもモナの祖父には苦手意識があった。背が高くて痩せていて、顔に傷痕があり、いつも冷ややかな低い声で話す。ちょっと怖いとジャッドも思った。

＊

「もしもしお父さん、私ですけど」

カミーユが決心して父親のアンリ・ヴュイユマンに電話をかけたのは、真昼のことだった。アンリは携帯電話を持たない主義をかたくなに貫いている。自宅に電話をかけると、いつも愛想のない声でぶっきらぼうに「もしもし」と言うだけだった。カミーユはそれが嫌でたまらず、実家に電話をかけるたびに「前だったらお母さんが出てくれたのに」と、母親が生きていた頃を懐かしく思い出した。

「お父さん、話があるの。昨日の晩、ひどいことが起きて」

カミーユは、できるだけ事務的に順を追って、ことの次第を説明した。

「それで、本当に大丈夫なのか」

父親の声には、焦りがにじんでいた。

そう聞かれると、カミーユはこらえていた涙が込み上げてきて、むせび泣いた。

「おまえも大変だったな」

父親にかけられた思いがけない優しい言葉に、カミーユは慰められ、ようやくこう答えた。

「大丈夫。今のところ問題ないって言われているし」

アンリはほっとして深いため息をつき、天井を見上げた。果物や花をかたどった縁飾りが目に付く。

「モナと少し話がしたい」

とアンリは言った。モナは居間のひじかけ椅子で赤い毛布にくるまって居眠りしていた。

詩人オウィディウスは、人の意識が消えて眠りに落ちる瞬間を、「物憂げで怠惰な眠り神が隠れている巨大な洞窟に入っていくよう」と表現した。太陽神アポロが近づけない暗い洞窟の奥に広がる眠りの世界は、神秘的で、常に変化している……人間はほかのどんな場所よりもその世界を繰り返し訪れるのだと、モナは祖父から教わった。生きている限りは絶えず通い続けることになるその世界を、決して軽んじてはならない。

*

その後も数日間にわたって、オテル・デュー病院のヴァン・オルスト医師は、さらなる検査を続けた。やはり、異常は見つからなかった。六十三分間にわたって失明した事実をどうやって説明すればいいのか。「一過性脳虚血発作」という病名を使うことも、もはやためらわれた。

明確な診断がつかないので、モナに催眠療法を使いたいと医師が提案すると、父親のポールは唖然として言葉を失った。モナ自身は、催眠療法と聞いて、学校でうわさになった「失神ゲーム」を思い出して怖くなった。患者本人と家族の誤解を解くために、医師はこう説明した。モナを催眠状態にすれば、心を自在に操れる。視力を失った過去の瞬間まで連れて行き、そのとき起きたことを追体験させれば原因が探れるかもしれない。ポールは「そんなの無茶です。危険すぎます」と激しく抗議した。

医師は引き下がった。催眠療法の効果を出すには、患者の一〇〇パーセントの信頼を得て体と心を委ねてもらう必要があるが、モナの思い込みと父親の過剰反応からして、それは無理な相談だった。カミーユは何も言わなかった。

そこで医師は結局、オーソドックスな処方を言い渡した。今後、週に一度、血液検査と動脈検査、眼科医の診察を受けること。十日間は安静にすること。そしてモナの両親に「自覚症状と思われる徴候」に注意するよう指示した。細心の注意を払って、お嬢さんが何を感じているかを観察するように、と言うのだ。

さらには、児童精神科医にもかかるよう勧めた。

「治療というよりは、日常的にできる対策としてです」

モナの両親は困惑していた。そして、ただひとつ、本当に聞きたい疑問を抱えつつ、口にすることもできずにいた。モナが再び失明し、今度は一生治らないというリスクはどれくらいあるのかという疑問だ。ドクターは、その点には一切触れなかった。結局のところ、リスクを話題にしないのは、心配ないからに違いない。ふたりとも、そう自分に言い聞かせようと必死だった。

一方、モナの祖父アンリは、娘カミーユとの電話で、ずばりこの疑問に触れた。そもそも、どんなに重大な質問でも遠慮しないで聞くタイプだった。モナと話すときを除いて電話嫌いだったアンリだが、何度もカミーユに電話をかけてきた。人生最大の宝であるかわいい孫娘がこの先、失明するかもしれないと思うと気が気でなかった。そして、モナに会いたいと主張し、カミーユも断る理由はなかった。

失明の発作からちょうど一週間後に当たる万聖節に、アンリがモナのお見舞いに来ることになった。そばで電話の会話を聞いていたポールはこれを察すると、グラスに注がれた渋いブルゴーニュの赤を一気に飲みほした。義父に会うたびに、ポールは自分が何も知らない人間だという劣等感にさいなまれる。しかしモナは、おじいちゃんに会えると聞くと跳び上がって喜び、その日を指折り数えて待った。

モナは、祖父が大好きだった。年齢に磨かれた知恵と、がっしりした体格の持ち主で、重そうな四角い縁のめがねをかけている。一緒に歩いていると、すれ違う人たちが思わず振り返ることも珍しくない。そんなとき、モナは鼻高々だった。

それに、祖父は頼りになるだけではなく、一緒に話していると自分まで賢くなったように感じさせてくれる。決して子ども扱いすることがなく、大人どうしのような会話をしてくれた。モナがそう望んでいるとよく知っていたのだ。モナのほうも、祖父との会話では理解できないことを恐れず、間違えたり勘違いしたりしても笑い飛ばした。言葉を注意深く使うように気を配り、何よりも、会話を楽しんだ。

アンリはモナに、大人の言うことを鵜呑《うの》みにするような子どもにはなってほしくないと思っていた。孫の欠点を探し出しては命令口調でそれを正すような、よくいるおじいちゃんとは違っていた。モナに宿題しなさいと言ったことも、成績について口を出したこともない。学校の勉強には興味がなかったのだ。モナに自分の考えを語らせ、その独特の口ぶりをうっとりと聞いた。何が言いたいのか、まったく見当もつかないことも珍しくないのだが、中身が理解できなくても、子どもらしい話し方の中にある「何か」が、アンリの心をつかんで離さないのだ。付加価値というべきか、あるいは不足というべきなのか、資質なのか欠点なのかはわからないが、いわばモナだけが奏でられる音楽のようなものだ。そこには謎が隠されている。アンリはいつか謎を解き明かそうと、心に決めていた。

カミーユはそんなふたりを見ていて、「夢みたいに美しい関係」と言うのが口癖だった。現実にふたりの関係がとてもうまくいっていて、モナが祖父といると幸せな気分になれることも認めていた。アンリは、愛読書であるヴィクトル・ユゴーの詩集『L'art d'être grand-père（祖父であることの技術）』から、何かを誰かに教えたい場合の基本となる原則を引用した。それは、「誰かに言われたことを、すぐに全部理解できなくても、まったく構わない」というものだ。新しく耳にした言葉の一言一言が、脳という広大な果樹園のどこかにある一本の木になるからだ。「土にくぼみを掘り、種をまいてさえいれば、機が満ちれば花はひとりでに咲く」とユゴーは書いた。

アンリが「くぼみ」と「種」のようにモナに与えたものは、心をつかんで離さない豊かで安定した語りだった。アンリの話し方はとてもシンプルだが、そこに陶酔させるような広がりを感じさせる。言葉が、経験と博識によってとめどなく流れていくのだ。

そんな祖父に、モナは特別な愛着を覚えていた。祖父母と孫の間には、ときに奇跡的な絆が生まれることがある。年齢を重ねて人生の曲線をたどっていくと、子どもの頃の感受性がよみがえってくる。だからこそ祖父母は、みずみずしい季節を生きている孫の最良の理解者になれるのだ。

アンリは、ルドリュ＝ロラン通りの美しいアパルトマンに住んでいた。階下にはアール・ヌーヴォーを模した木彫の壁が美しいカフェがある。店名は「パントル（画家）」。そこでアンリはコーヒーとクロワッサンの朝食をとりながら、新聞を読み、ほかの客や休憩中のウェイターとおしゃべりするのが日課だった。

それからバスティーユ広場まで散歩し、フォブール・サン・タントワーヌ通りの家具店のショーウインドウを眺め、リシャール＝ルノワール大通りを経てレピュブリック広場を横切り、ヴォルテール大通りに出る。そして夕方には家に戻り、天井まで高く積まれた美術書の中から一冊を選び、ページをめくる。体格がよかったことでも有名なド・ゴール将軍よりもさらに一センチ背の高いアンリは、脚立も踏み台も使わずに、天井近くにある本に手が届く。奇妙なことに、ああ、あそこにあんな本があったなと思って手に取りたくなるのはいつも、高い場所にある本だった。

アンリは天才的な記憶力の持ち主だが、知識を伝授するのは好きでも、私的な記憶については石のように口を閉ざし、秘密を明かそうとしない。モナもそのルールを受け入れるしかなかった。七年前に自分を残してこの世を去った愛妻コレット・ヴュイユマンのことは決して語ろうとしない。これはカミーユも同じで、一切触れようとしなかった。モナは何度か祖母のことを聞き出そうとしたのだが、ふたりとも口を固く閉ざし、「おばあちゃんの話はしない。絶対に」と言うだけだった。

それでもアンリは、首からいつもさげているペンダントについては教えてくれた。一九六三年の夏、コート・ダジュールを夫婦で訪れたときに、海岸で拾った小さな巻貝とテグスで作ったペンダントだ。正確な日付は覚えていないが、焼け付くような暑さの中、海辺で妻コレットにさまざまなことを誓ったのを記憶している。モナが持っている祖父とおそろいのペンダントは、祖母がかつてつけていたものだ。

何かを誓うとき、何に誓うかは人それぞれだ。祖父が「この世で最も美しいもの」に誓ったと聞くと、モナはとまどいの表情を浮かべ、驚いたように肩をすくめた。そんなふうに言われたら、何でも当てはまるような気も、何ひとつ当てはまらないような気もする。

でももしかしたら、立派な祖父こそ「この世で最も美しいもの」かもしれないと、モナは考えた。若かった頃も堂々としていて、人の心をとらえて離さない華やかさがあったことが、モナには容易に想像できた。

八十を超えた今では、細くなった長身の体に活力と知性を漂わせ、若い頃とは違った威厳に満ちている。でも顔には痛々しい傷痕がある。顔の右側、頬骨の下から眉毛のあたりまで深く切られた痕だ。深く長い傷は皮膚だけでなく角膜の一部にまで及んでいた。それは戦争が残した爪痕である。

一九八二年九月十七日のできごとだった。フランス通信社のフォトジャーナリストだったアンリは、レバノンのシャティラ難民収容所で、バチル・ゲマエル大統領暗殺事件の報復としてパレスチナ難民が大量虐殺されているという情報を耳にした。取材のために現場に向かい、途上で極右組織ファランヘ党のメンバーに刺されたのだ。卑劣な暴力のせいで大けがを負い、大量出血し、片目を失った。

今もアンリは目立って背が高く、歳をとるごとに痩せ続けた結果、超然とした雰囲気を漂わせていた。ヨーロッパで活躍したアメリカ人歌手、エディ・コンスタンティーヌを思わせる風貌だ。とにかく、ただならぬ人物だった。

＊

万聖節の十一月一日、灰色の曇り空の下でも、モナは元気いっぱいだった。両親は娘の気を晴らそうと、親友のジャッドとリリを招いた。三人で、おもちゃが生きているみたいに活躍する映画『トイ・ストーリー』を見ながら、映画についてあれこれ楽しそうに意見を言っていた。特にジャッドはよくしゃべった。アジア系のジャッドは浅黒い肌に切れ長の目で、まっすぐな髪の美少女だ。そして、いろんな変顔を作って友だちを笑わせるのが得意だった。調和のとれた顔を遠慮なく歪めて、驚くような変身を遂げる。モナはそのたびに大笑いして、「もっとやってよ」と言った。

夜七時きっかりにベルが鳴った。ポールは思わず険しい顔になった。カミーユがインターホンのボタンを押し、

「お父さんね？」

と尋ねた。ポールは約束の時間通りにやってきた義父を出迎えてから、ジャッドとリリを送っていくためにアパルトマンを出た。モナと母親、祖父の三人が残され、モナはおじいちゃんに会えてどんなにうれしいかを興奮気味に話した。親友たちといるときには自分の不運について話すことを注意深く避けていたのだが、おじいちゃんには何もかもを説明した。六十三分間の苦しみについて。そして、その後、病院で耐えた試練について。カミーユはその間、口を挟まなかった。

アンリはとめどなく続くモナの話に耳を傾けながらも、頭の中では冷静に、モナの置かれた状況を見極めようとしていた。飾り立てられたモナの部屋が、アンリにはとても悲しい風景に思われてくる。花柄の壁紙、ハートや動物をかたどったスパンコールのついた小物、ピンクや茶色のぬいぐるみ、十代のアイドルの醜悪なポスター、プラスチックのアクセサリー、アニメに出てくるプリンセスのお城のような家具――。悪趣味で安っぽい色の洪水に、アンリは息苦しくなった。

そんな中で美しいものが二つだけあった。ひとつは小さなライティングデスクに固定された一九五〇年代の頑丈なアメリカ製工業用ランプで、ポールがモナにプレゼントしたものだ。もうひとつは、ベッドの上に飾られた額縁入りのポスターで、繊細で冷たい色合いの絵の複製だった。横向きの裸婦像で、白い布で覆われたスツールに座り、左足首を右ひざにのせ、うつむいている。端に「オルセー・パリ美術館 ジョルジュ・スーラ（一八五九―一八九一）」と書かれている。

こうした数少ない例外を除いて、今の子どもたちは中身のない醜悪なものに囲まれて暮らしている。アンリはそれを苦々しく思っていた。モナもそうだ。日常に美や芸術が入り込む余地はほとんどない。美意識や感性を磨く機会はもっと大きくなれば訪れるかもしれないが、モナは今後、視力を失う可能性がある。この先、数日間、数週間、数カ月のうちに永久に目が見えなくなるとしたら、これまでに見たけばけばしい空虚な視覚的記憶だけを生涯にわたって持つことになってしまう。モナが暗闇の中で一生を過ごすことになり、精神の苦しみを感じたときに美しい思い出に浸ることもできないとしたら――そんなことは想像しただけで恐ろしい。受け入れがたい事態だ。

アンリはディナーの間、ずっと黙ったまま、密かにそんな考えを頭の中でめぐらせていたので、何を言われても上の空だった。カミーユはいらだった。モナがようやくベッドに入ると、カミーユは決心したというように、クロームの古いジュークボックスから流れていたコルトレーンのサックスの音量を上げた。こうすれば話し声がかき消されるので、モナに会話を聞かれずにすむ。

「お父さん、モナは……あの一件を、なんとか、差し当たっては……」

カミーユは言葉に詰まりながら言った。

「……乗り越えたみたいなの。でも病院の先生からは、児童精神科医にかかるように勧められているのよ。

精神科の治療なんて、モナはきっと面食らうでしょう。だけどおじいちゃんと一緒なら、安心して受けられるんじゃないかと思って」

「精神科医？　それで本当に失明しなくなるのか？」

「そういう問題じゃないでしょう」

「そういう問題だよ。まずは医者にずばりと聞いてみなくちゃ。だいたい、なんていう医者だっけ？」

それまで黙っていたポールが、おずおずと口をはさんだ。

「ヴァン・オルスト先生といって、名医という評判です」

「お父さん、ちょっと聞いて」

カミーユが続けた。

「モナが無事でいられるように、ポールと私が全力を尽くすつもりだってことは、わかってもらえるわよね。ただ、モナはもう十歳だから、なんでもなかったなんてごまかすわけにはいかない。ドクターは、精神的なバランスを保つことがいちばん大切だと言っている。だから、モナが誰よりも信頼しているおじいちゃんに、治療の同行をお願いしたいの。ねえ、聞いてる？」

アンリはしっかり耳を澄ませて聞いていた。そしてその瞬間、名案が頭に浮かんだが、絶対に秘密にしておこうと決めた。孫娘を児童精神科医に診せるなんて、まっぴらだ。そのかわり、まったく別の種類の治療を受けさせよう。子どもを取り囲む醜悪な日常をくつがえすという治療だ。

モナは、ほかのどの大人に対するのとも違う完全な信頼を自分に置いてくれている。だから、世界で最も美しく、最も人間的なものが保存されている場所、つまり美術館にモナを連れて行きさえすればいい。そうアンリは考えた。不幸にしてモナが永久に失明するとしても、脳の奥深くに引き出しを用意することはできる。そして、いつでも好きなときにすばらしい美術作品の記憶を取り出せるようにしておくのだ。

アンリは具体的な計画を立てはじめていた。週に一度、モナの手を取り、美術作品を一点ずつ鑑賞させるという儀式を行う。そう、一点だけ。

まずは何も言わずに作品を見せて、色彩や線の無限の喜びがモナの精神に染み込むのを待つ。それからアーティストたちが、視覚的快楽を超えて人生について私たちに語りかけていること、それが人生をどれだけ明るく照らしてくれるかを、言葉で伝えるのだ。

これが、モナにとって薬よりもよく効く治療になるはずだ。ルーヴル美術館から始めて、オルセー美術館、ポンピドゥーセンターをめぐる。人類が生み出した最も大胆で最も美しい作品が展示されている美術館でこそ、モナの精神は癒やされるだろう。

アンリが美術好きなのは、現実世界を忘れるためではない。ラファエロの描く肉体の艶やかさ、ドガの木炭が刻む線のリズムなど、美術には感情を刺激する力が宿っている。「アートとは花火であり、風である」というのが、アンリの口癖だ。絵画や彫刻、写真が、作品の全体において、あるいは細部において人生の意味を高めてくれているからこそ、美術に情熱を持っていたのである。

カミーユの期待に応えなくてはと考えると、アンリの頭には何百もの絵が印象的なディテールとともに思い浮かんだ。《モナ・リザ》の背景に描かれたごつごつした岩の風景。ミケランジェロの《瀕死の奴隷》の足元にいる猿。《ホラティウス兄弟の誓い》の右側にいるカールした金髪の子どもの目を見開いた表情。ゴヤの《羊の頭のある静物》に見られるゼラチン質の腎臓。ローザ・ボヌールが《耕作、ニヴェルネ地方にて》で描いた畑の土の塊。ホイッスラーが母親の肖像画に添えたサイン代わりの蝶のマーク。ゴッホが揺れ動いているかのように描いた教会の礼拝堂。それにカンディンスキーの色彩、ピカソの分断された画面、スーラージュが「黒を超えた黒」と呼んだ真っ黒の絵。これらの作品はすべて、世界の人々に向かって、よく見てほしい、話に耳を傾けてほしい、理解してほしい、愛してほしいというサインを発している。これこそが特効薬となり、モナの目に襲いかかってくる暗闇を、防波堤のように食い止めてくれるはずだ。

アンリは満面の笑顔を見せた。

「よし、わかった。毎週水曜日の午後は、モナと一緒に過ごすことにしよう。モナの精神の治療は、私にまかせてほしい。モナとふたりだけの秘密にさせてもらう。それでいいかな？」

「いい先生を見つけるあてはあるの？　昔のお友だちに相談するとか？」

「いいか、とにかく何も聞いたり、意見を言ったりせずにまかせてもらうというのが条件だ」

「そうは言っても、ただ適当に児童精神科医を選んだりしないでね。十分注意して」

「まかせてもらえるかな？」

カミーユがためらっているのを見かねて、ポールが口をはさんだ。

「はい、お願いします。モナはお義父さんを尊敬しているし、この世の誰よりも愛しているんですから」

夫がはっきりとそう言ったのを聞いて、カミーユはもう何も言わず、ただ静かにうなずいた。アンリは、見えるほうの目を、少し潤んだ光が横切るのを感じた。コルトレーンのサックスが、部屋の壁を震わせている。モナは子ども部屋で、スーラの絵に見守られながら眠っている。

第一部 ルーヴル美術館

1

ボッティチェリ
受け取るという美学

ルーヴル美術館の前庭にあるガラスのピラミッドが、モナはとても気に入った。ピラミッドは、ルーヴル宮殿の荘厳な石造りの建築に囲まれている。透明感に満ちた純粋なフォルムが、十一月の冷たい日差しを受けて魅力的な輝きを見せていた。今日のおじいちゃんは、あまり話さない。でも、モナの手をしっかり握ってくれている大きな手からは、幸福感と自信に満ちた優しさが伝わってきたし、腕をしなやかに振るリズムは陽気だった。控えめだけれど子どものように純真な陽気さだ。

「ピラミッド、すごくきれいだね！　中国風の帽子を大きくしたみたい」と、モナが言った。ふたりは大勢の観光客の間を縫うように歩いていた。

アンリはモナに向かってほほえみながらも、「本当にそうかな」と首をかしげた。おじいちゃんが変な顔をするのを見て、モナはくすくす笑った。ふたりはガラスのピラミッドの中に入り、セキュリティーを通過し、エスカレーターで地下に降りて、駅や空港を思わせる巨大な空間を通ってドゥノン翼へと向かった。観光客の群れはずっと続いている。ルーヴル美術館に来る人たちの大部分は、何もわからずにただ有名だからとここにやってくる。世界的な観光スポットだから仕方がないのだが、それにしてもひどい混雑ぶりだと、アンリは思った。

周囲の雑音を避けるように、アンリはガリガリに痩せた脚のひざを曲げてしゃがみ、モナと同じ目の高さになった。おじいちゃんが今から大事な話をするというときの姿勢だ。低く響く声は、とてもよく通る。あたりに反響しているくだらないおしゃべりや下品な笑い声が、一瞬にして遠のいていく。

「モナ、これから毎週水曜日はふたりで美術館に行って、毎回ひとつだけ作品を選んで、じっくり見ることにしよう。美術館に行くと、そこにある作品を全部いっぺんに見ようとする人が多いけれど、そんなふうに欲張ると、かえって何も心に残らない。おじいちゃんとモナはもっと賢いやり方で、きちんと美術と向き合おう。ひとつの作品を、最初はおしゃべりなしでただじっくりと時間をかけて見る。見終わったら、今度はふたりで作品について話し合おう」

「え、そうなの？　お医者さんはどうするの？」

「児童精神科医」という言葉は、モナには難しくて覚えられない。

「モナは、児童精神科医に会いに行きたいの？」

「そんな、まさか！」

「そうだろう、じゃあ、よく聞いて。これから見に行くものを、注意深く見さえすれば、医者になんて行かなくていいんだ」

「本当に？　サボって大丈夫なのかな、あの、お医者さんのところに行くのを」

モナはやっぱり思い出せなくて、ただ「お医者さん」と言った。

「絶対に大丈夫だ。この世で最も美しいものに誓って言うよ」

＊

アンリとモナは、迷路のような階段をいくつも上って、それほど大きくない展示室にたどり着いた。アンリはモナの手を離し、優しく言った。

「さあ、モナ、見てごらん。必要なだけ時間をかけて、じっくりと見るんだ」

モナはためらいがちに、その絵の前に立った。傷みがひどい。ひどくひび割れ、表面が欠けてしまった部分もある。まるで、遠い昔にすっかり失われてしまった過去の遺物にしか見えない。

アンリは絵を黙って見ながら、ときおりモナに目をやった。動揺し、とまどっている様子だ。モナは顔をしかめていたが、やがて遠慮がちに笑った。アンリには最初からわかっていた。十歳の少女が、ルネサンスの傑作を前にしてすぐに心からの感動を覚えるなどということはありえない。どんなに才気と好奇心に恵まれ、豊かな感受性と知性を持つ少女であったとしてもだ。美術の神髄に触れるには、時間をかけなくてはならない。誤解されがちなことだが、本当の意味で美術を鑑賞し、理解できるようになるには訓練を積む必要がある。すぐに簡単に楽しめるわけではないのだ。

それでもアンリには、モナは自分が言うことなら聞いてくれるという自信があった。最初はとまどうかもしれないけれど、大好きなおじいちゃんである自分となら、形を、色を、質感を注意深く見る努力をいとわないだろう。

その絵は二つの部分にはっきり分かれている。左端には噴水があり、その脇に若い女性四人が並んで立っている。四人ともカールした長い髪を垂らしていて、驚くほどよく似ている。腕を組んだ四人はまるで色とりどりの花を連ねたかのようで、一人目は緑と薄紫、二人目は白、三人目はピンク、四人目は濃い黄色の服を着ている。列は前進しているような印象を与える。

右側は、四人と向き合うように、五人目の女性が、がらんとした背景に描かれている。やはり若くて美しい女性で、豪華なペンダントと紫色のドレスを身につけ、四人に向かって歩いているようにも見える。五人目の女性は、四人に向けて布のようなものを差し出している。ピンクの服の女性が、その上に何かをそっと置いているらしい。それが何なのかは、絵が欠けてしまっていてわからない。

右端の手前には金髪の男の子がいて、横顔を見せてほほえんでいる。背景として描かれた部屋は飾り気がない。右端にはうっすらと柱の縦半分だけが描かれていて、これが左端の噴水と対をなしている。

モナは言われた通りにじっくりと絵を観察した。でも六分経つと、もう限界だった。すっかり色褪せた絵の前で六分間も過ごすなんていう体験は生まれて初めてで、はっきり言って苦痛でしかない。モナはおじいちゃんのほうを向くと、信頼し切った間柄ならではの遠慮のない物言いをした。

「おじいちゃん、この絵、すごくぼろぼろだね。これに比べると、おじいちゃんの顔だって赤ちゃんみたいに見えるよ」

アンリは絵を眺め、あちこちの損傷に目をやった。そして、ひざを折ってしゃがんだ。

「冗談はやめて、おじいちゃんの話を聞いてもらいたい。まず、モナは今、『絵』って言ったね。でもこれはふつうの絵ではなくて、フレスコ画と呼ばれるものだ。フレスコ画って知ってる？」

「うん、聞いたことあるよ。でも何なのかは忘れちゃった」

「フレスコ画は壁に描いた絵。とても傷みやすいんだ。壁というのは時間が経つと崩れやすくなるものだ。そこに描かれたフレスコ画も一緒に傷んでしまうというわけだ」

「どうして壁に絵を描いたの？　ルーヴル美術館の壁に絵を描きたいって思ったのかな？」

「そうじゃない。確かに、ルーヴルの壁にフレスコ画を描いてみたいと願うアーティストがいてもおかしくない。なんといってもルーヴルは、世界一大きな美術館だから、画家が絵を壁に描いて自分の作品をその一部にしてしまいたいと思ったとしても不思議ではないよね。でもね、ルーヴルは初めから美術館だったわけではないんだよ。美術館になったのは二百年前くらいのこと。その前は宮殿で、王と家臣たちが住んでいたんだ。このフレスコ画が描かれたのは、一四八五年頃にさかのぼる。もとはルーヴル宮殿ではなくて、フィレンツェの別荘の壁に描かれたんだ」

「フィレンツェ?」

モナはそう聞き返しながら、首からさげたペンダントを無意識のうちに手で触った。

「フィレンツェといえば、おじいちゃんはおばあちゃんと結婚する前、フィレンツェ生まれの女の人と付き合ってたって言ってたよね」

「そんな話したっけ? とにかく、よく聞いて。フィレンツェはイタリア、トスカーナ州の州都で、ルネサンスが生まれ、育まれた場所なんだ。イタリア語でクワトロチェントと呼ばれる一五世紀、フィレンツェは驚くほど活気があった。人口は十万人ほどで、貿易と銀行業が盛んでとても豊かな街だった。そしてよく知られていることだけれど、キリスト教会や政治家、さらには社会的な地位の高い一般市民が威信を示すために、自分の財産を使って同時代の芸術家を支援した。お金持ちのパトロンのおかげで芸術が栄えたというわけだ。パトロンの信用と資金を利用して、画家や彫刻家、建築家が、数々の傑作を生み出した」

「じゃあ、この作品も、もとは金でできていたとか?」

「ところが、話はそう簡単ではない。確かに、ルネサンスの前、中世には、金箔が使われた豪華な絵画がたくさん制作された。金箔は作品の価値を上げるから、神の光の象徴でもあったんだね。でもルネサンスの時代になると、画家たちは少しずつ、金のきらびやかな効果には興味を失っていった。それよりも、風景や人間の顔、動物、人間や生き物の動き、空や海など、私たちが目にする現実に着目し、それをできる限り正確に描こうとしたんだ」

「人間は自然が好きだから？」

「その通り。当時、多くの人たちが自然に興味を持つようになった。自然と言っても、土に生える草花や木だけが自然じゃない。それはわかるかな？」

「本当？　ほかにどんな自然がある？」

「ちょっと抽象的になるけれど、人間という自然だ。つまり、人間とは、突き詰めていくと何者なのか、ということだ。人間は誰でも、光の部分と影の部分、いいところとダメなところがあり、そして恐れと希望を持っている。芸術家は、こうした自然な人間らしさ、言い換えれば人間性をもっといいものにしようと努めるんだ」

「どうやって？」

「たとえば花を咲かせるために庭仕事をするのは、自然をよりよいものにしたいからだよね。このフレスコ画は、それと同じで、人間性をもっと美しく開花させるという目標のために描かれたんだ。シンプルだけれど大切な目標だから、モナもいつも心に留めておいてほしいな」

でもモナは反抗するように耳をふさぎ、目を閉じた。「おじいちゃんの話はもう聞きたくないし、何も見たくない」というように。それから数秒後、モナはそっと薄目を開いて、おじいちゃんの反応を観察した。すると、何も気にしない様子でにっこりほほえんでいるではないか。それでモナは背筋を伸ばし、息をのんで、おじいちゃんが再び口を開くのを待った。

今日は、いきなりぼろぼろのフレスコ画の前に連れられてきて、嫌になるくらい長い時間をかけて見て、描かれているものについて静かに考えた。それから、ふたりで話をした。まるで小さな旅のようだった。旅の終わりに、おじいちゃんはついに心の奥深くに刻んだ秘密を明かそうとしているのかもしれない。

そのとき、おじいちゃんはふと、絵の中の消えかかった部分を指差した。右側の若い女の人が受け取った物があるはずの部分だ。モナはその部分をじっと見つめた。

「左側に描かれている四人は、ヴィーナスと三人の美の女神だ。四人は広い心の持ち主であり、右側の女の人に贈り物を渡しているところだ。絵の具が欠けてしまっていて、贈り物が何なのかはわからない。三人の美の女神は寓話の登場人物だから、現実には存在しないし会うことはできないけれど、人間にとって大切な価値観を表しているんだよ。すなわち、周囲の人に優しくすることで人間どうしの絆を築く。つまりは真の人間らしさを達成するための三つのステップをまっとうするということだ。作品のテーマは、まさにそこにある」

「三つのステップって？」

「一つ目のステップは、与えること。三つ目のステップは、お返しをすること。そしてその間にある二つ目のステップは、すべてを手に入れるための鍵となるステップであり、人間らしさの基本とも言える」

「何だろう？」

「よく見て。右側の女の人、何をしてる？」

「おじいちゃんが今自分で言ったところでしょう。何かすてきな贈り物を受け取っているところだよね」

「その通り。贈り物を受け取っている。受け取ることこそ、人間にとっていちばん大切なんだよ。このフレスコ画には、贈り物を喜んで受け取れる人間であろうというメッセージが込められている。立派なことを成し遂げたかったら、いつでも進んで贈り物を受け取れるようにしなくてはならないんだ。つまり、ほかの人の好意や喜んでほしいという気持ちを受け入れ、自分に欠けていた部分を埋め、あるいは自分自身をすっかり変えることもいとわないということだ。受け取ることのできる人間でいれば、必ず、返せる余裕もあるはず。おじいちゃんも、返せるようになるには、つまり今度は自分のほうから何かを与えられるようになるには、まずは受け取れる人間であることが不可欠というわけだ。ここまでの話、わかってもらえたかな?」

「ちょっとフクザツだけど、わかったと思う」

「そう、モナならきっと理解できるはずだ。それから、女神たちと女の人は、しなやかで優美な連なりとして描かれているね。五人の関係は流れるように途切れなく続いていて、まったくよどみがない。ここに表現されているのは、人間どうしの絆を一貫して保ち、よりよい人間になることの大切さにほかならない。与え、受け取り、お返しをする。与え、受け取り、お返しをする。与え、受け取り、お返しをする……人間はその繰り返しによって互いに結ばれているんだ」

モナは何を言っていいかわからなかった。大好きなおじいちゃんをがっかりさせたくない。私をとてつもなく大きな美術館に連れてきて、絵についての話をしてくれているのは、大人みたいに考える練習をしてほしいからだ。でも、おじいちゃんとの会話で頭を使いすぎて、これ以上何か言おうとしても、浮かんでくるのは子どもっぽい考えばかりだ。心が張り裂けそうな感じがする。

おじいちゃんは、「ほら、一緒に大人への階段を上って、新しい世界を探検しようよ」って言っている。そう思うと、まるで魔法にかかったみたいで頭がくらくらする。誘ってくれているのが大好きなおじいちゃんだとしても、「手放してしまったものは二度と取り戻せない」と思うと、心の底では怖い。だって、まだ実感はないのだけれど、子ども時代はやがて永遠に過去のものになってしまうんだ。そう思うと、胸が苦しい。モナはやっとの思いで、こう言った。

「ねえ、おじいちゃん。ふたりの秘密の時間、楽しかったね」

「そうだね、今日の秘密の時間はこれでおしまい。そろそろ帰ろうか」

アンリは再びモナの手を握った。ふたりとも黙ったまま、ゆっくりした足取りで、ルーヴル美術館を後にした。外はもう暗くなりかけていた。モナの心が大きく揺れていることに、アンリは気づいていた。でも、モナとの時間を気楽で愉快なものにしてご機嫌をとろうなどという考えは、アンリにはまるっきりなかった。人生は荒波を乗り越えてこそ意味がある。つらい体験を重ねてこそ、人生の尊さ、豊かさ、美しさを知り、知恵を身につけ、本物の人生を生きられるようになる。

それに、子ども時代の特権である奇跡のような気まぐれのおかげで、モナの心の揺れは長くは続かなかった。おじいちゃんの手を握ったモナは、いつの間にか足取りが軽くなり、歌まで歌い出していた。

アンリはこんなとき、モナの様子に密かに感動し、ただ静かに見守ることにしていた。でも、もうすぐ家に着くというときになって、モナは突然、何かに気づいたかのように立ち止まった。お医者さんのところに行かなくてすむように、両親にはすべてを内緒にしておくと約束したのを思い出したからだ。モナは大きなブルーの瞳をさらに見開き、ちょっと顔を傾けた。おじいちゃんとの秘密を守るために、家ではうそをつかなくてはならない。

「『何ていう名前のお医者さんのところに行ったの』ってパパとママに聞かれたら、どうしよう?」

「ボッティチェリ先生っていう医者だったと言えばいい」

2

レオナルド・ダ・ヴィンチ 人生に向かってほほえむ

万聖節の連休はあっという間に終わり、モナは以前と同じように学校に行きはじめた。母親のカミーユは朝八時頃、ふだんより少し早くモナを学校の校庭に連れて行った。冷たい十一月の雨がしのげるように屋根のかかった場所で、カミーユは担任のアジ先生に娘を託し、治療の経過について、特に毎週水曜日に児童精神科医の診療を受けていることなどを手短に説明した。そして、「モナを注意深く見守っていただきたいのですが、特別扱いはせず、ほかの子どもたちと同じように接してください」と念を押した。

モナはすぐに調子を取り戻した。直接目的補語についてのフランス語の授業も、三角形の種類に関する算数の授業も、問題なくついていけた。それから、親友のジャッドとリリと一緒に、いちばん前の席に座っているディエゴの様子を窺った。ディエゴはチャンスを見つけては勝手に大声で話して先生をいらだたせる。モナたちはそれがおかしくてたまらない。アジ先生がエッフェル塔の設計者は誰ですかと尋ねると、ディエゴは手を挙げずに即座に答えた。

「ディズニーランド・パリです」

先生は、ディエゴがふざけるたびに目を見開くだけだった。間違った回答なのだが、気の利いた冗談のような気もしてなんと言えばいいのかわからない。実はディエゴ本人も同じだった。

楽しみなはずの休み時間、モナとジャッドとリリは居心地悪く感じた。雨のせいで全校生徒が校庭のテントの下にぎゅうぎゅう詰めになり、遊ぶスペースなどまったくない。それにギヨームと会ったらどうしようと、モナは思った。ギヨームは、同学年の隣のクラスのいたずらっ子だ。金髪の長い巻き毛で優しい顔立ちをしているのだが、きつい物言いをする。一年留年していて、年下のクラスメートに囲まれていると背が目立って高かった。中学生みたいに見えて、校庭の小学生たちの生態系から突然変異で出現した生き物みたいだった。ときおり残酷な本性を表すので、みんなに恐れられている。ふとしたきっかけで怒り出し、攻撃的になるのだ。

モナもギヨームが怖かったけれど、憧れてもいた。水曜日の昼休み、校門の外で祖父を待っていると、ギヨームが遠くに見えた。ひとりでしゃがみこみ、手の平で地面を叩いていた。不思議だった。蟻をつぶそうとしているとか？　十一月中旬の今、校庭にそんなに蟻がいるかな？

すると、ギヨームがハイエナのように頭を上げたので、モナと目が合った。こっそり見ていたのに気づかれてしまったと思うと、モナはパニックになった。いつもさげているペンダントに指をかけて、息をひそめた。ギヨームはどんな表情をしていいか決められずに迷っているみたいに見えたが、すっと立ち上がると、こちらに向かって歩きはじめた。そのとき、モナは腕をつかまれた。おじいちゃんだ。

「やあ、モナ」

大好きなおじいちゃんの姿に、モナは心底ほっとした。

＊

ふたりはまたルーヴル美術館に足を運び、透明なピラミッドから中に入った。地下に降りるエスカレーターから見上げると、十一月の重い雲からガラスの表面に打ちつける雨粒が見える。モナはぼんやりと、巨大な滝を越えて、謎めいた深い洞窟に入っていく冒険物語の一場面のようだと考えていた。

「ねえ、モナ、この前どこに行ったかは覚えてるかな？」

「ボッティチェリ先生の診察室でしょう」

モナはそう言って自分でぷっと吹き出した。

「そう、その通り。ボッティチェリの《若い婦人に贈り物を捧げるヴィーナスと三美神》だったね。そして今日は、モナと同じ名前の女の人に会いに行くよ。誰だかわかる？」

「おじいちゃん、それくらいわかるよ」

モナは、子ども扱いしないでほしいと訴える子どもにつきもののぶっきらぼうな態度で答えた。

「やめてよね、もったいぶった言い方は。《モナ・リザ》でしょう！」

ふたりは手をつないで、宮殿で最も有名な部屋へと歩いた。その部屋には、大勢の観光客が、本物だけがくれる感動を期待して、険しい顔つきで集まってきている。でも実際には、絵を読み取る鍵となる知識を持ち合わせていないから、期待を裏切られてがっかりするだけだ。そんなことをアンリは考えずにはいられなかった。知らない人はいないくらい有名な絵で、数え切れないほど複製が出回っている。多くの人が本物に多大な期待を寄せ、その分だけ大きな失望を覚えるようだ。

それにしても、なぜこの絵はありとあらゆる芸術作品の中で最も有名で、これほどまでに特別視され、賞賛されるのだろう？　アンリも《モナ・リザ》を改めて自分の目で見たところでは、謎は深まるばかりだった。熱心な美術愛好家であるアンリは、《モナ・リザ》の波乱に満ちた歴史を知り尽くしている。

もとはフィレンツェの裕福な布商人だったフランチェスコ・デル・ジョコンドが、一五〇三年にレオナルド・ダ・ヴィンチに妻リザ・ゲラルディーニの肖像画を注文した。モデルになった人物の愛称が「マドンナ・リザ」だったことから、肖像画は《モナ・リザ》と呼ばれるようになった。レオナルドはできばえに納得せず、ついに注文主に絵を渡さなかった。フランシス一世がクロ・リュセ城での滞在の締めくくりにレオナルドをフランスに招くと、《モナ・リザ》もレオナルドとともにフランスに渡った。

長年にわたり、レオナルドのほかの作品に比べて高くも低くもない評価を受けていた《モナ・リザ》が伝説的な作品と評価されるようになったのは、一九一一年の事件以来である。この年、ルーヴル美術館の塗装職人だったビンセンツォ・ペルージャが閉館日に館内に入り、縦七十七センチ×五十三センチのポプラ材の板に描かれた《モナ・リザ》を壁から外して服の下に隠して持ち帰り、やがて故郷のイタリアに持ち込んだ。

アンリはまた、《モナ・リザ》に関する荒唐無稽《こうとうむけい》な仮説の数々にもうんざりしていた。仮面のようなほほえみの背後には、怪物メドゥーサが隠れているとか、実はモナ・リザは男性だとか、はたまたレオナルド自身が女装している自画像だという説さえある。さらには、分厚い防弾ガラスの下に展示されている絵は、人目をあざむく偽物《にせもの》にすぎないという主張もされている。展示されているのは実は複製であり、本物はルーヴル美術館の所蔵庫に厳重にしまわれているというのだ。モナには、そんな世間の狂騒を離れて、目の前にある絵だけを、レオナルドの驚異を、純粋な目で見てほしい。それがアンリの願いだった。

座っている女性の四分の三正面像で、上半身にクローズアップして斜めから描いている。左腕は椅子のひじかけにもたれているが、椅子のほかの部分は見えない。右手は左手首を軽く握っていて、その結果全身が軽くひねられ、人物に空間的、時間的な動きが生まれている。女性のデコルテと顔の肌は輝くように白く、それとは対照的な暗色の刺繍のドレスに身を包んでいる。顔は細かい霧がかかったようにぼやけていて、ウェーブのある髪は真ん中で分けられ、胸まで垂れている。ややふっくらした顔立ちだが、頬は引き締まっていて、額は広く、あごは小さくて、鼻筋が通っている。茶色の目で左を向いて、こちらを見つめている。唇の薄い口元は、わずかにほほえんでいる。眉はきちんと整えられている。

モデルはバルコニーにいて、背後の低い手すりの向こうには、はるか彼方まで幻想的な風景が広がっている。絵の左側には道が見える。道は、手前の平原から遠くに連なる岩山の間を抜けて、曲がりくねって、遠景の湖まで続いているようだ。湖の周りには、険しく切り立つ山々が見える。絵の右側にも高い山がそびえていて、石と土と水で構成された風景が広がっている。左側の曲がりくねった道と対をなすように、右側にもやはり人工的な建造物として、五つのアーチで構成された橋が川にかかっている。

モナが観光客の人混みにわけ入っていくと、小柄でほっそりした女の子がひとりでいるのを見て、人々はぶつかったり押したりせずに道を開けてくれた。モナは絵の前にまっすぐ立って、なめるように鑑賞しはじめた。周囲の何も目に入らないといった様子で《モナ・リザ》に見入る小さな女の子の姿は、作品と同じくらい人目をひいた。背後から、小さな女の子の背中が名画と一体化するように、こっそり写真を撮る観光客さえいた。監視員たちは「小さな女の子がどうしてこんなに注意深くこの絵を見ることができるのだろう」と不思議そうに見守った。ふつうの見学者なら、さっと見て写真を撮ると、すぐに展示室の出口に向かってしまうのに。

モナにとっては、一週間前にボッティチェリのフレスコ画の前に連れて行かれたときに比べると、レオナルドの絵の世界に飛び込むのはそれほど難しくなかった。それでも十分と少しすると、やはり降参した。もう限界と感じると、少し離れたところで待っていたおじいちゃんのところに行った。

「それで、モナ、何が見えた？」

「おじいちゃんはいつか、レオナルド・ダ・ヴィンチはパラシュートを発明したって教えてくれたよね。でも、絵の中の空はまるっきりからっぽだったよ！」

「十分以上もかけて絵を見ていたのに、気づいたのはそんなことだけか。ちょっとがっかりだな」

「だって、きっとどこかに空飛ぶ機械が隠れているはずだと思ってずっと探してたんだよ。レオナルドが発明したって言ったのはおじいちゃんでしょう……」

「そう、レオナルドは、画家であると同時に技師でもあった。ミラノ公国の君主のもとで、川の洪水を防ぐための工事や、土地の開発、敵の侵入から領土を守る計画などの仕事をしていたんだよ。好奇心旺盛で頭のいい人だったんだ。ほかにも人体の仕組みについての研究を重ね、死体の解剖もした」

「きっと、たくさん本を読んでいたんだろうな……」

「それが、レオナルドが生きていた一五〇〇年前後、本はとても珍しいものだったんだ。印刷術が発明されたばかりだったからね。レオナルドの蔵書はせいぜい二百冊くらいで、それでも当時としては大変な数だったんだよ。一方で、孤独を好んだこともあって、たくさんの文章を書いた。ありとあらゆるテーマについて何千ページ、何万ページと書き連ねたんだ。少なくとも、絵画に比べてずっと多くの文章を残している。レオナルドの絵画で知られているのは十数点だけだし、そのすべてが本物かどうかもあやしいんだ」

「それなのに、どうして、《モナ・リザ》はありとあらゆるところで目にするの？　おばあちゃんがいつも朝ごはんのときに使っていた大きなマグカップにまで《モナ・リザ》がついていたのを覚えているよ。私は、そのマグカップは食器棚にしまっておけばいいのにと思っていたけど」

「え、どうして？」

「だって、朝ごはんは楽しく食べたいでしょう。あの絵は……ちょっとさびしい感じがする」

「そうかな？　どの辺がさびしい？」

「背景が……暗くて、がらんとしてるよね」

「確かにそうだね。でも、ちょっと考えてごらん。前にも言った通り、これはとても古い絵なんだ。モナ・リザの後ろに広がる風景がほこりっぽく見えるのは、古新聞がセピア色になるのと同じだ。絵の具を保護するために上からニスを重ね塗りしてあるんだけど、その色がくすんで悲しげな色合いになってしまったというわけだ。絵が描かれた当時、大きな湖やはるかに広がる空は電気の火花みたいに鮮やかな青で、周囲の山並みや大きくカーブした山道からくっきり浮かび上がって見えていたはずだ」

「電気？　何言ってるの？　その頃、明かりにはロウソクを使っていたんだよ」

「教えてくれてありがとうよ、モナ……その通りだね。でもね、ここで言いたいのは、芸術家というのは常にエネルギーを探求するということだ。電気は、熱や光、動きを生み出すエネルギーだよね。レオナルドもやはり、絵にエネルギーを込めた。それは、絵を見る人を元気づけるためだったんだよ」

「元気づける？　おかしいなあ。美術館では静かに絵を見るものだって、いつも言われるよ」

アンリは思わず笑い、モナもつられて笑った。哲学者のアランが『幸福論』で書いたことを、ここでモナに話してやりたい。そうアンリは考える。アランは『幸福論』で、幸せになろうと努力する人には勲章をあげるべきだと主張した。どんなに大変なときでも意志の力によって幸福感を保てば、ほかの人たちにもそれが広がっていく。誰かが笑うと、ついつられて笑ってしまうものだ。アランによれば、幸福は自己の成長や個人の探求の問題ではなくて、政治的な美徳である。「幸福であることは、他人に対する義務である」とアランは述べた。とはいえアランの本はモナにはちょっと難しすぎる。だからこそ《モナ・リザ》を見てほしい。この絵は、幸福についての大切なメッセージをユニークなやり方で伝えてくれている。

「いいかい、モナがさびしいと感じたあの風景は、実は動いている。地球上に生命が登場したときから、生命の鼓動によって動き続けている風景なんだよ。とはいえ、モナが言う通り、暗くて、がらんとしていて、不安にさせるよね。それは、生命が欠けているからだ。右側に橋が見えているけれど、木一本生えていないし、動物も人間もいない。全体に薄く霧がかかったようだし、大部分はくすんだブルーグレーの空だから、壮大ではあるけれど荒涼としている。レオナルドは、濃密で深みのある絵にしたいと思って、何年間もかけて、何度も何度も、グラッシと呼ばれる透き通った絵の具を薄く塗り重ね続けたんだ。この作業には終わりがなくて、実は絵は未完成のままなんだよ。こうして、全体がかすかに震えているような効果が生み出されている。この技法をイタリア語でスフマートという。スフマートによって、描かれたすべてのものがぼかされて溶けあっているように見えるんだ」

「なるほどね。でもどうして、モナ・リザはあんなふうに笑っているの？　やっぱり変だよね」

「モナ・リザは、ほんのかすかにほほえんでいるね。後ろに広がるはるかな風景は、まるで発展の途上にある宇宙のようで、あたりを流れるエネルギーの混沌によって支配されているように見える。魅力的であると同時に不安をかき立てるような混沌だ。モナ・リザは、そんな世界にあっても、柔らかくて優しい笑顔を見せているというわけだ。控えめだけれど、心がこもっていて、穏やかで親しみを感じさせる。モナ・リザは、そんなほほえみを通して、あなたも同じようにしてほしいと訴えているんだよ」

「じゃあ、おじいちゃん、私たちもモナ・リザの笑顔をまねしてほほえんでみよう！」

「その通り、まさにそういうことだよ……レオナルド・ダ・ヴィンチは、絵は鏡のように感情を呼び起こすと言った。あくびをする男を描いた絵を見ればあくびがしたくなり、攻撃的な男の絵を見れば攻撃したくなる。だから、ほほえんでいる女の人を描いた《モナ・リザ》は、心をときほぐすようなほほえみによって、『絵を見ているあなたも、同じようにほほえんで』と誘いかけているというわけ。これが、レオナルドが絵に込めたエネルギーなのさ。不安をかき立てるような風景に囲まれ、荒れ果てて混乱した世界にあっても、人生に心を開き、笑顔でいようと訴えている。なぜなら、それこそが、暗い世界にあって幸福の輪を広げるいちばんいい方法だからだよ。そして、ここでいう幸福とは、ルネサンス期の女性モナ・リザがバルコニーの手すりにもたれて感じているような謎めいた幸福だけじゃない。人類全体のありとあらゆる幸福でもあるんだ……」

そこでモナは、自分も唇の両端を引き上げようとした。おじいちゃんは、ただ静かにモナの手を握っている。丁寧に説明してくれたおかげで、《モナ・リザ》の秘密がよくわかった気がした。そして心が震えた。正直に認めなくてはならない。おじいちゃんが低い声で語ってくれた話は、ただただ美しく、胸がきゅんとした。モナの目の奥から、細やかな霧のような涙が一気にあふれて、ルーヴル美術館の照明がかすんだ。

3

ラファエロ
こだわりを捨てる

夜遅くなってもモナは眠れなかった。キッチンからときおり響いてくる不規則な雑音のせいだ。大きなどすんという音がした数秒後に、壁越しにお母さんの疲れた声が聞こえてきた。

「ポール、わかってよ。もう限界なの」

モナはそっとベッドから抜け出て、半開きのドアのすき間から向こうをのぞいた。お母さんの目の前で、お父さんが右手にグラスを持ったままテーブルクロスの上につっぷしている。テーブルの上には、数字や表が並んだ紙がたくさん散らばっていた。ワインの瓶が転がってテーブルから落ちて床に叩きつけられ、ガラスが割れ、物音に驚いたお母さんがキッチンからやってきたらしい。お父さんは、店ではさびた鉄のボトルラックにワインの空き瓶をかけるので、落としたり割ったりする心配はないのだが、家で飲む夜には、それができないからだ。

モナの母親カミーユは、夫のポールにつくづく嫌気がさしていた。今夜も、自分に悩みを打ち明けることもなく、勝手に酔っぱらって帰ってきた。ポールが酒に溺れるのは、経営不振が直接の理由ではなかった。債権者におどされたわけでも、役所の通告を届けにたびたびやってくる執行吏とけんかをしたわけでもない。ただ、愛娘のモナは、小さい頃から今まで、店で過ごす夢見心地の時間を何よりの楽しみにしてくれている。父親の自分に対して娘が抱いているわずかな尊敬の念は、店をたためばすっかり消えてしまうに違いない。

そう思うと、いたたまれなかった。

カミーユは意志の強い闘士のような母親であり、アンリ・ヴュイユマンは立派な祖父だ。それに引き換え、モナの父親であることだけが誇りの自分は、まったくダメな男だ。借金で首が回らなくなって廃業に追い込まれ、幻想的な夢の劇場だった店も失うことになったら、いったいどうすればいいのだろう……。

泥酔した夫の周りに散らばった紙を集めてから、カミーユは夫を抱えて寝室に引きずって行く。息をひそめて様子をうかがっていたモナは、あわてて忍び足でベッドに戻った。

翌朝、モナが二杯目のココアを飲んでいると、ポールが起きてきて、おでこにキスしてくれた。でも相変わらずむっつりした顔をしている。何か心配事があるに違いない。モナは「お父さん、大丈夫？」と尋ねた。

そう聞かれて、ポールははっとした。子どもは本能的にエゴイストであり、そんなふうに周囲の人を気遣うようになるのは、成長の証だ。しかも、モナは、父親につられて自分も不機嫌になるどころか、こちらを見てにっこり笑顔を見せてくれている。

優しくほほえむかわいい娘の顔を見ていると、ポールの表情は緩み、二日酔いもすっかり醒め、不安な気持ちもどこかに吹っ飛んでしまった。しばらく言葉を失っていたポールは、ついに、口を開いた。

「お父さんはスッキリ目覚めたよ。モナは？」

「絶好調だよ。だって、今日は水曜日だもん」

*

アンリがモナを美術館に連れていくのも三週目になった。モナが館内のそこかしこに並んでいる彫刻や絵画を興味深く眺めるようになったことに、アンリは気づいていた。歩みを遅くし、祖父の手を握る手の力を緩めることが何度もあった。突然、好奇心に火がついたようだった。世界でこれまで生み出された中で最も深遠で最も美しいものを、モナの心の奥に届けたいと願うアンリにとって、とてもうれしい変化だった。

モナは、美術館で退屈するのではなく、心地よい刺激を感じてくれているようだ。でも、ほかの作品に目移りすることなく「毎週、ひとつの作品を集中して見る」という方針は守らなければならないと、アンリは決めていた。

その取り決めが、今日はとりわけ困難なものに感じられる。それは、ルーヴル美術館のグランド・ギャラリーに来ているからだ。かつて、ルーヴル宮殿とチュイルリー宮殿をつなぐ渡り廊下だった部屋が、今では世界最大の美術展示室になっている。今日見る絵は、縦三メートルという大型作品だが、絵の中身に目立つところは何もない。強いて言えば、控えめで抑制された表現が特徴である。

のどかな田園風景が広がっている。草が生い茂り、薄い黄色の花が咲く野原で、若い女性が岩に座っている。絵の中央に大きく描かれている女性は、黒の縁取りのある朱赤のドレスを着ている。ドレスはデコルテ部分が大きく開いている。そでは、鮮やかな黄色の繻子《しゅす》らしい布でできていて、きちんと結った金髪と同じような色だ。ただし、そでが見えているのは左だけで、右腕から太ももまでは、たっぷりとしたブルーのマントで覆われている。四分の三正面像で、顔も斜めから描かれている。視線を下に向けて、右側にいる金髪の裸の男の子と目を合わせている。

男の子は三歳くらいで、左手を女性のひざに伸ばしている。どうやら、女性のひざの上の本をつかもうとしているようだ。本は、金色の縁だけが見えている。本のすぐ下には、粗末なワンピースを着た同じくらいの年齢の男の子がしゃがんでいて、十字架を斜めにかつぎ、向かい合う男の子を鋭い眼差しで見つめている。三人の頭上には光の輪が輝いている。

背景には、ほっそりとした枝ぶりの木立と、立派な鐘楼《しょうろう》のある教会を中心に、村の集落が見えている。遠くには、緑色と灰色の小山に縁取られた湖があり、雲がたくさん浮かんでいる空は、上のほうは濃い青で、下のほうに行くほど薄い色になり、最後はほとんど白になって、湖の水平線と出合う。水平線は、ちょうど女性の胸と同じ高さに描かれている。全体が、完璧な遠近法で構成されている。

これまでに見た二つの作品に比べて、今日の絵は見る要素が多く、ディテールが盛りだくさんだった。ところが、不思議なことにモナはすっかり注意力が薄れ、たった五分で絵を集中して見ることができなくなった。それでもずいぶん長い時間をかけて見ていたような気がした。

現代人は、ラファエロを見るのに必要な目を失ってしまったのだと、アンリは考える。途中で集中力を失ったからといって、モナを責めるわけにはいかない。愚かな現代人は、完璧な美を好まない。完全な調和、絶対的なバランス、均整のとれたプロポーションを表現する芸術家は、むしろ見下されるのだ。そう思うと、アンリはいらだちを覚えた。

でも、気を取り直してモナと絵について話をしなくてはならない。まず、シンプルな質問を投げかけてみた。

「モナはこの絵が好きかな?」

「うん、好きだけど……《モナ・リザ》に比べると退屈かな」

「だけど先週《モナ・リザ》を見たときも、最初は退屈そうだったよね。覚えてる?」

「そうだけど……おじいちゃんにも、私が言いたいことはわかるでしょう?」

「そうかもしれない。でもとにかく、どう思ったか教えてほしいんだ」

「《モナ・リザ》は、おもしろい秘密が隠されていそうだっていう感じがするんだけど、この絵は、なんて言うか、つまらなさすぎる。まるで算数の授業みたいだよ。学校で算数の時間に先生が説明している間は、いつもディエゴがふざけて冗談を飛ばしてくれたらいいのにって思うんだ」

「この絵は、冗談を言うことすら許されない感じがするってことかな？」

「おじいちゃん、冗談なら誰でもいつだって言えるよ」

「いや、モナ。そうとも言えないさ。それに、学校の授業が退屈だというのは真っ当な意見であって、冗談というわけじゃないだろう。さて、この絵を描いた画家は、ボッティチェリやレオナルド・ダ・ヴィンチと同じイタリア人で、名前はラファエロだ。ラファエロにとっては、構図や線、色彩のバランスは完璧でなくてはならなかった。ほんのわずかな誤差も間違いも許されないと信じていたんだ」

「完璧な絵を描くのに、どれくらい時間をかけたの？」

「長い時間。とても長い時間だ。でも、ひとりだけで描いていたわけじゃない。ラファエロの時代、一六世紀初頭は、大勢の助手たちが工房に集まって、絵を制作していた。画家がひとりで絵をすべて仕上げていたわけじゃないんだよ。画家は人物、特に顔を描くことに集中して、背景や、顔以外の細い部分は助手にまかせていたんだ。助手たちが、画材の準備をしたり、顔料を粉にしたり、ニスを塗ったりした。ラファエロはフィレンツェの商人や銀行家の間で人気を博し、若くしてスター扱いされた。おかげで大きなアトリエを構えられたんだよ。この絵を制作していた頃、ローマ教皇ユリウス二世は、ローマとバチカンの芸術的な威信を高めようと、ラファエロのパトロンになって次々と作品の制作を依頼した。まだ二十三歳だったラファエロは、十人、二十人、ときには五十人もの助手を雇って、熱狂的に絵を描いた。腕のいい画家を選りすぐって助手として訓練し、兄弟か息子のように扱った。真珠のような質感やつややかな光沢を表現するために、ありとあらゆる画法を実験し、巨大なフレスコ画やタペストリーを制作した。さらに、自分が下絵を描いた版画を大量に複製させ、流通させたんだ。当時の社会では単純な手工芸品のように見られていた絵画が、ラファエロのおかげで高い次元に引き上げられたんだ。こうしてラファエロは一躍、時の人になったが、三十七歳の誕生日に熱病で亡くなった。女性に情熱的な愛を捧げた結果だったとも言い伝えられている。そして、ラファエロは亡くなったとき、千六百ダカットもの財産を持っていた。大金持ちだよ」

「パパはいつも、人間は金持ちになればなるほどケチだって言ってるよ」

「モナ、人間には例外がつきものだよ！　そうじゃないとつまらないじゃないか。ラファエロは大金持ちだったけれど、人柄も優れた人物だった。ラファエロの死後、数年経った頃に、ジョルジョ・ヴァザーリという作家がルネサンスの巨匠たちについて文章を書きはじめた。それをまとめたのがヴァザーリの『画家・彫刻家・建築家列伝』だ。ボッティチェリやレオナルド・ダ・ヴィンチ、そしてラファエロの人生について、おじいちゃんがモナにこれまで話した内容は、この本で読んだ話なんだよ。ヴァザーリによれば、ラファエロは人としての魅力、優しさ、寛大さによって、周囲の人たちに大いに慕われたんだ。ラファエロが大好きで一緒にいるだけでホッとすると思ったのは人間だけではなくて、動物たちもラファエロに寄ってきたと言われている。まるで、ギリシャ神話のオルペウスのようにね」

「オルペウス？　その話、前にしてくれたっけ？」

「大丈夫、オルペウスについてはまた今度話すよ。今はとにかくこの絵をよく見てごらん。これまでに見たボッティチェリやレオナルド・ダ・ヴィンチの作品は、『風俗画』と呼ばれ、聖書の物語以外から題材を取っている絵画だ。でも、この絵を含めて、ルネサンス時代、絵画の多くは宗教画だ。教会の礼拝堂に飾られ、信仰を促し、カトリックのメッセージを広めるためのものだった。この絵には聖なる三人の人物が描かれているよね。誰だかわかるかな？」

「マリアとイエス、それから……このみすぼらしい男の子は、ちょっと変わってるね」

「その子は、洗礼者ヨハネ。キリストの到来を告げ、ユダの荒野で宣教した預言者とされている。だからいつも、質素な服装で描かれる。十字架を持っているのはなぜかわかるかな？」

「イエスの十字架？」

「その通りだよ。イエスがはりつけにされた十字架を暗示しているんだ。そして、絵の左側にいるのがイエスだ。まだ子どもで、お母さんである聖母マリアが持っている本に手を伸ばしている。これは聖書の福音書に違いない。イエスが犠牲になることで世界が救われるといううれしい知らせと、マリアの目の前でイエスが耐え難い苦しみの末に死ぬという恐ろしい予言の双方を、キリスト教徒に告げているんだ。マリアは無力な存在であり、絶望に打ちひしがれることになる。だから、血と同じ赤の服を着ている。コートの青、空の青と調和する色だ」

　モナは思わず眉をひそめた。この穏やかな絵は、暴力の予告とはまったく無縁に見える。つながりが理解できない。自分の息子が殺される場面をお母さんが見守るなんてありえない。想像しただけで耐えられない。

モナは、混乱した表情を浮かべた。そして、黙ったまま、絵をじっくりと見直した。アンリは、モナが絵を眺め、思索にふける様子を見守った。長い時間が経った後に、とうとう、モナは驚きを隠せない様子で、アンリに問いかけた。

「ねえ、おじいちゃん、息子が殺されるとマリアが知っていたとしたら、ほほえんでいるのはどうして？」

「それは象徴であって、真実を表しているわけではないんだ。もしもマリアが実在した人物だとしたら、こんなに穏やかなひとときを過ごしていて、でも三十年後にわが子が十字架にはりつけになって死ぬと知りながらほほえむなんていうことは、ありえない。聖書ではイエスの処刑が予告されている。子どものイエスが聖書を手に取ろうとしているのは、自分の運命を受け入れつつあることの象徴なんだ。いいかい、ラファエロが私たちに示しているのは、困難に直面したときこそ、こだわりを捨てようということなんだよ」

「こだわりを捨てる？　何かを欲しがっちゃダメってこと？　誰かを愛するのは悪いことなの？」

「そうじゃない。自分の気持ちに振り回されず、冷静でいようということだ。ラファエロは大芸術家でありながら、気取らず、思いやりのある優しい人物だった。そうやって、名声を得ても、浮かれることなく地に足をつけた生き方を貫いたんだ。大変な労力を費やしたこの美しい絵も、まるで何も考えずにさっと描いたみたいに見える。栄光と恐怖の入り混じった十字架上の死という恐ろしく悲劇的な運命をたどる子どもを描きながら、そこに漂うのは『スプレッツァトゥーラ』。当時のイタリアの言葉で、さりげなさを意味する。社交界において、物事がうまくいっているときもそうでないときも、決して見栄を張らずに背筋を伸ばして落ち着きを保つことであり、美術では、技巧を凝らしていながら軽々と成し遂げたかのような印象を与えることを指す。つまり、『こだわりを捨てる』とか『さりげなさ』とかというのは、無感動という意味ではないんだよ。正義、節制、気品を保つための心の持ち方なんだ」

モナは頭がくらくらした。おじいちゃんの説明は、わかるところよりも、わからないところのほうが多い。それでも、パズルの断片をつなぎ合わせるように、とても大切なことが見えてきたように思った。おじいちゃんが愛情と熱を込めて、辛抱強く、大人どうしのような会話をしてくれたおかげだ。

最初は面倒だったのに、今ではその味わいを楽しんでいる自分に気づいた。今日のモナはもう、おじいちゃんの手を取ってすぐに美術館を出ようとしたりはしなかった。モナは、聖なる母親と子どもたちをじっと眺めた。特に、「美しき女庭師」という愛称で呼ばれる母親の顔から、目が離せない。恐ろしい不安と悲劇が迫っているというのに、花咲く庭でこのうえなく穏やかにほほえみ、優しさに満ちたまなざしを子どもに注いでいる。

「もう帰る時間だなんて、こだわりを捨てるのは難しいな」

モナはそう言って笑った。

4

ティツィアーノ
想像力の奇跡を信じる

ヴァン・オルスト医師の診察は、いつも同じことの繰り返しだった。モナは母親と一緒に診察室に入り、医師と話した後、いくつかの検査を受ける。検査は二十分くらいで終わった。医師はときおり、しわがれ声でモナに話しかけ、ちょっとした冗談を言って気を紛らわせてくれた。母親のカミーユは机の脇に座り、重々しい表情で娘を見守った。その後モナは薄暗い廊下に出て、母親が医師とふたりだけで話をする間、ひとりで待っていた。廊下はとても騒がしくて頭が痛くなるほどだった。モナはいつも、首にさげたペンダントを触りながら、小さな声で歌を歌って自分を励ました。

ふたりは病院を出て、ノートルダム大聖堂の近く、観光客がひしめくアルコル通りを歩いた。安っぽいみやげ物を並べた店二軒の間にある食料品店で、モナはパン・オ・ショコラを買ってもらい、歩きながら食べた。その日、モナは、母親の表情がいつもと違うことに気づいた。それなのに何も言ってくれない。バッグの中から、電話の着信音が聞こえた。カミーユはスマートフォンを取り出すと画面を見て、少し考えてから電話に出た。

「はい、もちろん出勤します。お電話ありがとうございました」

そして電話を切ると、そそくさと別の番号に電話をかけた。

「カミーユです。すみません、明日の午後は行けなくなりました。上司から一日出勤してほしいと言われてしまって。金曜の午前中は必ず行きますから。ご迷惑をかけて申し訳ありません。今、職場が大変なんです。ええ、ではまた金曜日に」

モナは母親の顔を見た。目の下のたるみ、額や口角のしわがいつもより目立つ。短い髪はボサボサだ。ママが今朝から浮かない顔をしているのも、もっとボランティアに行きたいのに、「ブチョウさん」にたくさん仕事を言いつけられてしまうからに違いない。でも自分は明日、ママが会社に行っている間、おじいちゃんとルーヴル美術館に行けるから楽しみ。

モナはそう考えながら、母親と並んで歩いた。パリ市庁舎前広場に出ると、年末恒例のスケートリンクが今年も設置されていた。スケートをする人たちを眺めようと、その方向に進みはじめたとき、それまで黙り込んでいた母親が突然、腕をつかんだ。そして、

「ちょっといい?」

と言って立ち止まり、モナと同じ背の高さに身をかがめた。ママはほっぺにキスしてくれるんだ。モナはにっこりした。でも、カミーユはキスはせずに、モナの目を見た。というより、正確にはモナの瞳孔をのぞき込んだ。至近距離で目を合わせる母娘の間には、交流も共感もなかった。カミーユの目は、何かを探しているかのように視線をわずかに動かし、モナの瞳全体に細かくめぐらせた。

モナは恐怖に駆られた。背筋に冷たいものが走る。でも、ママも何かが怖くてたまらないみたいだ。だから、できるだけふつうにしていなくてはならないと、モナは思った。

「モナは、本当にきれいな顔をしているね」

カミーユは一言、そう言った。

あまりにありふれたほめ言葉だったけれど、モナはそれを聞いてほっとした。

＊

アンリが世界でいちばん好きな街といえば、イタリアの水の都、ヴェネチアだ。激動に満ちたヴェネチアの歴史についての本を読みあさったし、若い頃、まだ観光客が押し寄せる前のヴェネチアで、生涯のパートナーとなる女性と、情熱的な夏を過ごした思い出は忘れられない。ふたりはリアルト橋やサン・マルコ広場といった観光名所には足を踏み入れず、庶民的な労働者の街、アルセナーレ地区をよく散策した。

アンリは今も、ヴェネチアの画家たちによる傑作、とりわけティツィアーノの作品とされる《田園の奏楽》を前にすると、ヴェネチアという芸術の都に想いをめぐらせずにはいられない。ヴェネチアは驚異的な勢力を誇った後、一六世紀になって斜陽の時代を迎えた。歴史上重要な転換点を迎えた当時のヴェネチアについて自分が知っていることを、すべてモナに語ってやりたいと、アンリは思った。

ヴェネチアは一八世紀末にはすっかり退廃し、今日では大運河も世界中から押し寄せる観光客を乗せたヴァポレットに占領され、カーニバルもすっかり商業的なイベントになった。ヨーロッパの外交と貿易の要所となり、最高峰の芸術が栄えた都市、ヴェネチアの栄光を最もよく今にとどめるものといえば、当時の画家による絵かもしれない。

《田園の奏楽》の中央では、二十歳前後の青年ふたりが、生い茂る緑の芝生の上に座り、視線を交わしている。左側にいるのはベルベットのベレー帽をかぶった黒髪の青年で、パフスリーブの豪華な赤い絹のマントをまとい、二色の布でできたブーツを履いて、リュートを弾いている。右側の巻き毛の青年ははだしで、農民が着る粗末な茶色い革の上着を着ている。

青年たちのそばには、少し前景に、髪をお団子にまとめた裸婦が、後ろ向きに、肉付きのいい体をあらわに座っている。手に軽く縦笛を握っているが、口には当てていない。絵の左側には、よく似た裸婦がもうひとりこちらを向いて立っていて、構図の端にある井戸の縁石に寄りかかり、腰から上をひねった姿勢で、半透明の水差しから井戸に水を注いでいる。これら四人の人物は前景に描かれている。

右端の奥のほうにぼんやりと羊飼いの姿が見える。羊飼いは、大きく葉を茂らせたかしの木の木立を背に、羊の群れを率いている。後ろにある丘には家が数軒建っていて、彼方には川の流れと滝が見えている。晩夏の午後、どんよりと曇った空の下、薄明かりに照らされ、田園風景がどこまでも広がっている。

「モナ、十二分間もじっと絵を見ていたね。ずいぶん絵に集中できるようになったじゃないか」

「今日は、おじいちゃんのほうがそわそわしてたよ。そのせいで気が散って、そのたびにゼロから絵を見直すことになったよ！」

「で、その『ゼロ』っていうのは、実際には何を指すんだろう。どこから見直したの？」

モナはしばらく考えてから、こう答えた。

「どこか、はっきり言うのは難しいな。絵の世界に吸い込まれたみたいにすっかり夢中になっていたから。でも、真ん中に服を着た男の人がふたりいて、そのそばには裸の女の人がふたりいて、遠くには羊飼いがいるよね。いったいみんなで何をしているところなんだろう」

モナはいたずらっぽく笑い、最後にこう付け加えた。

「この質問は、私がもっと大きくなるまで待つべきだよね」

「そんなことはない。大人だから見てすぐわかる絵っていうわけじゃない。モナが気づいた通り、すごく変な集団だよ。男の人のひとりは貴族の服を、もうひとりは羊飼いの服を着ている。そして、一緒にいる女の人たちは、どうして裸なんだろう？　この謎は放っておけないよ」

「同じ時代の人たちなら、見てすぐにどういう場面かわかったのかな」

「少しは見当がついたかもしれない。画家が絵の中で何かをほのめかしたり、ほかの何かから引用したりすることがあるけれど、その中身は時代とともに変化していくんだ。だから、ルネサンス期の常識でも、今ではすっかり忘れ去られていることも多いんだよ。さらに、一六世紀初頭のヴェネチアの画家たちは、作品に謎を残すのが大好きだった。たとえば、絵にサインを入れなかった。絵の端に画家がサインする習慣が広まったのは、一七世紀から一九世紀にかけてのことだ。だからこの作品も、誰が描いたのかを特定するのはとても難しい」

そこでモナは、展示パネルを横目で見ながら、勝ち誇ったように言った。

「私は知ってるもん。ティジアノ・ヴェセリオ、でしょう？」

モナは、イタリア語の名前を、フランス語の発音で読んだ。アンリは、イタリア語の発音で言い直した。

「ティツィアーノ・ヴェチェリオだ。通称はティツィアーノ。展示パネルを読むのはいいけれど、声を出して読みたいなら、まずはイタリア語を少しでも勉強したほうがよさそうだな。さて、ティツィアーノは画家ジョルジョーネの弟子だった。《田園の奏楽》は長年にわたって、ジョルジョーネの作品とされていたんだよ。自然の中にたたずむ裸婦という少々奇妙なテーマを考案し、発展させたのがジョルジョーネだからだ」

「それなのにどうして、今ではティツィアーノの作品だってことになったの？」

「確実な証拠は見つかっていない。でも、《田園の奏楽》と同じ要素がティツィアーノのほかの作品にも見られることを手がかりに、歴史家たちはティツィアーノの作品だろうと推測しているんだ。ジグソーパズルのピースを組み合わせるように推理したんだよ。実際の作者がティツィアーノだったとすると、絵が描かれた一五〇九年頃、まだ二十歳くらいだった。巨匠ジョルジョーネの工房で修業した影響を色濃く受けていただろう。そして、ジョルジョーネは一五一〇年にペストで亡くなっている」

「それより最初の質問に戻ろうよ。この男の人たちは、裸の女の人たちと一緒にいったい何をしているの？」

「その前に、まずはもうひとつの謎を解き明かそう。豪華な服を着ているほうの青年が、左側にいる羊飼いの青年と肩を並べてリュートを弾いているのは、なんだか変だと思わないかい？」

「確かに、ちょっと不思議だよね」

「ティツィアーノは絵の全体に、なめらかに調和した効果を生み出そうとしている。渓谷、小川、家、木々のある風景。家畜を放牧する羊飼い。そして、都会の男と田舎の男。それらの要素が、すべて夕暮れの空気の中で、溶けあっているように見える。ふだんは違う世界に暮らすふたりがここで親しくしているのは、完璧な調和を表現したいというティツィアーノのねらいにほかならない。絵からは美しい音色と旋律のハーモニーが聞こえてくる。魅惑の野外コンサート、つまりは《田園の奏楽》において、美しく調和した世界が実現するんだ」

「ちょっと、おじいちゃん、女の人たちを忘れてるよ。少なくとも笛を持っているほうの女の人は、演奏に参加してるんでしょう？」

「確かにそう思いたくなるよね。でも、この女の人たちは、本当にそこにいるわけじゃない。裸で笛を吹いていたり、井戸に水を注いでいたりするのは、この男の人たちが頭の中で思い描いただけなんだ。謎を解く鍵はここにある。女の人たちは、音楽によって、ふたりの想像の世界に出現しているんだ。とりわけこの貴族の青年に着目しよう。彼がのどかな田園を訪れたのは、詩や歌を通して自己表現し、そして何よりも、想像力をどこまでも羽ばたかせるためだったんだ。ルネサンスの時代、想像力は黄金時代を迎え、ファンタジアと呼ばれてかつてないほど大切にされた」

「でも画家としては、愛を描きたかったんでしょう」

「想像の世界にいる女の人はふたりとも裸だし、美しくて魅力的だよね。男の人の性的な欲望を満たすために描かれたと考えたくもなる。だけど、おじいちゃんは、そうは思わない。女の人たちが持っている笛は創造を象徴し、水差しは詩的な夢想を象徴している。自然の中で奏でられる音楽がきっかけとなって一度、想像力が動き出すと、それは螺旋《らせん》を描くように無限に広がっていく。想像は、また新たな想像を生み出すものだからだ。めくるめくような想像力が躍動し、現実にない奥深い世界を作り出す瞬間を表現したのが、この絵というわけだ。見えないものに見える姿を与え、現実にはありえないことを実現するという想像力の奇跡的な可能性を信じよう。そう私たちに呼びかけているんだよ」

モナはそのとき、ちょっとまゆをひそめると左のほうを横目で見て、おじいちゃんにそっとそちらを見るようにと合図した。そこに立っていたのは、緑色のショールをはおり、薄化粧をした六十代くらいの上品な女の人だった。ふたりの会話をそっと立ち聞きしていたらしい。頬を赤らめ、軽くせきばらいをして、足早に立ち去った。

後ろ姿を見送りながら、モナは小声で言った。

「おじいちゃんに一目惚れしたみたいだよ」

「想像力が豊かすぎるよ、モナ」

5

ミケランジェロ
物質からの解放

ディエゴはいつも、深く考えず頭に浮かぶままに突飛な質問をしてクラス中を笑わせた。まるで突然、悪魔が飛び出すみたいだった。でも今朝のディエゴは、担任のアジ先生の話をよく聞いていた。先生は、十時半のチャイムが鳴ったとき、ディエゴが遊んでいて校庭に整列しなかったのを注意した。「チャイムが鳴ったらすぐに遊ぶのをやめなくてはならないでしょう」

でもディエゴは無邪気に、純粋な好奇心から、先生にこう聞き返した。

「先生はいつ遊ばなくなったんですか？」

先生は答えに困り、とうとうディエゴを校長室に送り込んだ。でもディエゴは反省するどころか、泣きながら「罰を受ける理由なんてない」という顔をした。

昼休みの間、ジャッドとリリはモナに一緒に遊ぼうと誘った。女の子たちの間では、スターになった気分で、ありあわせの衣装を着て、ギタリストやシンガーになりきって熱狂的にライブごっこをするのがはやっている。ひとりがプロデューサーの役をするのがお決まりだ。

でも、今日のモナはそんな気分になれなかった。朝にディエゴが先生に投げかけた質問が、心に突き刺さったままだった。人はいつ、どうして、遊ぶことをやめてしまうのだろう？　誰でも子どもの頃は、空想の世界に入り込んで、お城に暮らす王子や王女に、西部劇のカウボーイに、宇宙飛行士に、あるいはそのほか何でもなりたいものになれる。そんなすばらしい可能性は、いつ、どうして失われてしまうのだろう?

モナは今、そんな悲しい瞬間が自分にも迫りつつあると感じていた。子どもと大人の見えない境界線をまたぐときが来て、そして、ほかのものになりきって遊ぶという不思議な力を手放さなくてはならなくなる。遠くない将来に、そんな日が来るような予感がする。

モナは、こんな思いにとらわれて、ほかの子たちが無邪気に走り回っている校庭の真ん中でひとりだけ体が凍りついた。そのとき突然、泥だらけのボールが飛んできてモナのこめかみに強く当たった。あっという間に横向きに転んで、自然と目に涙があふれてくるのを感じた。必死に涙をこらえながら、ボールを追う子のほうを見ると、あの憎たらしいギヨームではないか。ギヨームは謝るどころかこちらを見もしないで、そのまま駆け足でボールを追いかけてどこかへ行ってしまった。なんてやつ。怒りが込み上げてくる。

そのとき、リリとジャッドが駆け寄ってきて起こしてくれた。そして、「ねえねえ、またライブごっこをしようよ」と言った。

モナは今回は誘いに乗って、ワイルドな魅力のポップスターになりきった。今日はジャッドがマネージャー役、リリが十万人の観衆の役だ。三人の顔には控えめな陽光が躍っていた。

＊

今回、アンリがモナを連れて行ったのは、ルーヴル美術館の中でも通常の展示室ではなくて、寒々しくどこか落ち着かない回廊だった。カラフルな絵画は一枚もない。ルーヴル美術館のドゥノン翼にあり、人の気配もあまりない。部屋というよりどこか別の場所に人々を送り出す通路のようだ。そんな感じがするのはもしかしたら、そこに展示されている彫刻、とりわけルネサンス期のイタリア彫刻のせいかもしれない。空間全体が、ブロンズ彫刻が作り出す黒い影と、大理石の彫刻の白に支配されていた。

モナはアンリと並んで、身悶えている人物を表現した彫刻に向かってまっすぐに歩いた。そのとき、小さな子どもが泣き叫ぶ声があたりにとどろいた。父親らしい大きな男の人に背負われて、汗をびっしょりかいている。

モナは、そう遠くない昔、自分も肩車をされるのが好きだったのを思い出した。そして「おじいちゃん、肩車して」とせがんだ。アンリは躊躇《ちゅうちょ》することなく、骨ばった長身を折り曲げてモナを肩に乗せると、軽々と立ち上がった。モナは一気に床から二メートル半に持ち上げられ、ふつうは下から見上げるしかない大理石の像の顔と同じ高さで向き合う形になった。

その若い男性は目を閉じている。少しぷっくりとして整った形の唇が印象的で、完璧に調和の取れた美しさだ。細くまっすぐな鼻が、顔の中央にすっと通っている。頭はカールした豊かな髪で覆われている。右肩に頭を傾けているが、頭は肩に触れてはいない。右肩からしなやかに下に伸びる筋肉質の腕は、ひじで内側に折れ曲がっていて、巨大な手が胴体にそっと触れている。心臓を手のひらで覆うようにして、指先で、体の中心線を通る胸骨を探し求めている。胸には薄布でできた衣がかかっているが、あとは全身裸で、陰毛がない股間では性器があらわになっている。左足は四角い大理石に乗せていて、左のひざはわずかに内側に向けられ、骨盤を少しだけ右側にひねったようになっている。その結果、このうえなく穏やかでくつろいだ姿勢に見える。この印象を強調するためなのか、左腕は上に持ち上げられていて、後方にひじを曲げて手を首の後ろに垂らしている。

全体として、横たわって恍惚の表情でくつろいでいる人の姿を、垂直に起こしたようにも見える。モデルの足元には大理石の塊が粗削りのまま残されていて、太ももの後ろに迫る浜辺の波のように見える。そこには謎めいた猿の顔がようやくそれとわかるくらいに彫られている。

今日、先に疲れてしまったのは、何も言わずに作品に見入っていたモナではなく、祖父のほうだった。肩の上のモナの体重に押しつぶされそうになっていたアンリは、モナを床に下ろした。するとモナの突然低い位置から作品を見ることになった。モナは像の性器（目の前に出っ張っているので恥ずかしくなった）から目をそらし、像の顔を見上げる。すると、この人物が突然、自分の手の届かない高いところにいるように見えた。

「おじいちゃん、この人、幸せなのかな、それとも悲しいのかな」

「モナはどっちだと思う？」

「その両方かな？　おじいちゃんに肩車されて近くで見たときは幸せそうだと思ったんだけど、ここからは、苦しんでいるように見える。どこかが痛いときって、ちょうどあんなふうに体をひねりたくなるでしょう」

「この像は、実は謎に満ちているんだ。何を表現しているのか、はっきりしない。ただし、作者がミケランジェロ・ブオナローティだということはわかっている。おそらく史上最高の芸術家で、イタリアのフィレンツェで活躍した。そして、類まれな才能と技巧の持ち主だったうえに偏屈な性格だったので、同時代の芸術家たちに妬《ねた》まれた。仲間を怒らせて殴られてからというもの、鼻の傷痕が一生消えなかったとも言われている。どこか嫌な感じのする人物だったらしいんだ」

「嫌な感じ？　でもおじいちゃんだって顔に傷痕があるよね。だからって、おじいちゃんのことを嫌なやつだなんていう人がいたら、私がやっつけちゃうよ」

モナは息巻いた。それからちょっといたずらっぽく、「おじいちゃん、すごくかっこいいもん」と言った。

「モナはなかなか変わった趣味だな……さて、ミケランジェロのお父さんは、息子が彫刻家になるのに反対だった。当時、彫刻家は石工と同じように、卑しい肉体労働者としてさげすまれていたんだ。でも本人は、彫刻家こそが自分の天職だと固く信じていた。ミケランジェロは文学の教養のある詩人でもあり、古代の教養である新プラトン主義の思想を信じていた。新プラトン主義は、ギリシャの偉大な哲学者プラトンに由来していて、地上世界と肉体は、人間を閉じ込める牢獄だと考えた。その牢獄を乗り越えて、もっと高いところにある精神世界、想像力の領域を目指すべきだと考えたんだ。フィレンツェのメディチ家の当主であり、洗練された芸術通で『偉大な人』と呼ばれたロレンツォ・デ・メディチという人物は、やはり新プラトン主義者で、早くからミケランジェロを敬愛し、数々の大作を依頼した」

「ということは、この像は、ロレンツォさんのものなの?」

「いや、これはロレンツォ・デ・メディチの像ではない。ここで思い出しておきたいのが、一六世紀初頭、芸術と権力を極めたフィレンツェに、ある都市が対抗しようとしたという事実だ。どの都市か、モナにわかるかな。ヒントを言うと、イタリア文化とキリスト教ヨーロッパの発祥の地だ」

「答えは、ローマだよね。パパはいつも冗談で、『すべての道はローマに通ず』をもじって、『すべての道はラム酒に通ず』って言うんだよ。別におもしろくないけど、私はいつもちゃんと笑ってあげるんだよ」

「それでパパが喜ぶなら笑ってあげなさい……とにかく、そのローマには、ミケランジェロの才能に心酔した大金持ちのローマ教皇がいた。名前はユリウス二世。芸術を愛し、ローマの街を飾り立てるために莫大なお金を費やした人物でもある」

「ユリウス二世といえば」とモナが口をはさんだ。「ラファエロのパトロンでもあった人だよね!」

「その通り。よく覚えていたね！　ミケランジェロもユリウス二世にパトロンになってもらって大金持ちになったが、その後も慎ましい生活と孤独を貫いた。この像は、ユリウス二世に墓の設計を依頼されて、教皇の墓のために作った彫刻なんだよ。この回廊で《瀕死の奴隷》と並んで立っている《反抗する奴隷》も、やはり、ユリウス二世が亡くなったらお墓に飾るために作られたんだ」

「ユリウス二世のお墓なのか。自分が死ぬのを想像するなんて、なんだか悲しいな」

「そこが重要なポイントなんだ。ユリウス二世は教皇であり、キリスト教の教えである永遠の命と復活を信じていた。だから、お墓の準備をしたのは、人生に絶望していたからというわけではないんだよ。死は、幸福であると同時に不幸でもあり、永遠の栄光であると同時に無限の悲しみでもある。その事実を痛いほど知っていたミケランジェロは、優れた詩人でもあったから、こんな一節を書いている。『私の喜びとは、憂鬱にほかならない』」

「そんなミケランジェロの助手に雇われたとしたら、一緒に仕事をするのは大変だっただろうな」

「ミケランジェロは後にシスティーナ礼拝堂のフレスコ画などを手がけたが、どんなに大がかりな作品であっても、常にひとりだけで制作を行った。仲間や助手と共同で仕事をするなんていうのは無理だったんだ。でも、ユリウス二世とだけは馬が合ったらしい。似た者どうしだったと言われている。ふたりとも怒りっぽくて妥協を知らなかったし、いつもわが道を行き、他人にどう思われようと気にしなかった。人類の歴史上、ミケランジェロほど美を貪欲に求めた人物はいない。それも、ラファエロのような穏やかで優しい美ではなく、情熱と苦悶に満ちた美だった。ミケランジェロが激情の芸術家と言われるゆえんだよ」

祖父の声がどこか恐ろしい響きを帯びてきたのを聞いて、モナは思わずその手をつかんだ。アンリは反対の手を宙に上げ、ダンサーが回転するように、あるいは燃え上がる炎のようにくるくると回した。そうやって、ミケランジェロの彫刻に見られる体のひねりを示したのだ。

「人生の絶頂期にある青年の体は、優雅で筋肉質で完璧に美しく、快楽の瞬間を迎える至福の体であると同時に、大きな苦しみに悶えている。《瀕死の奴隷》では、相反する要素が見事にぶつかり合っていて、ミケランジェロの思想を巧みに表現している。大理石を彫ったり、筆や絵の具と格闘したり、常に手を動かしている芸術家の作品だからこそ、『手で触れられる物質から解放され、自由にならなくてはいけない』というメッセージがひしひしと伝わってくるんだ。生命感に満ちた肉体は、三つの意味で、高みへと昇っていく。第一に、奴隷の身分から自由人の身分へ。第二に、大理石の塊から美しい彫刻へ。第三に、人生の迷いから理想へと至る上昇は、喜びと苦しみの双方に満ちている。そして、おごそかで崇高な世界に引き上げてくれる。こうして人間は、この世を支配している物質という低俗な足かせから解放され、ようやく自由になれるんだ」

それからアンリに促されて、モナは像の周りを何度もぐるりと回って像を見た。やがてモナは像の左側に目を止め、アンリが期待した通りの質問をした。

「こんなところに猿の顔があるのはどうして？」

「よくぞ聞いてくれた。ミケランジェロは人間を、そして芸術家を茶化して、猿の姿に表現したんだ。芸術家とは、見るものすべてを模倣し、出会うものすべてを模倣する存在であり、いわば猿まねをするのが仕事なんだ。ミケランジェロの猿は、混沌とした物質である大理石の塊に閉じ込められている。これは、この世の低俗な物質の象徴だ。私たちはそこから逃れなくてはならない。モナ、いいかい。ミケランジェロは、大理石の塊の中にすでに彫刻は存在していて、その形を出現させるだけでいいと言った。物質の混沌の中に、精神と理想が、そして至高の作品がすでに宿っているんだ」

この言葉を聞いて、モナは作品からようやく目を離し、祖父に連れられて歩き出した。そして、回廊の出口まで来たところで足を止め、くるりと振り返り、《瀕死の奴隷》に向かって猿のような仕草でおじぎした。膝を曲げると、三回うめき声を上げて脇の下をかいてみせたのだ。アンリは一瞬モナのまねをしようかと思ったが、監視員がぶっきらぼうに注意をしたので、やめておいた。

6

フランス・ハルス
名もない人の美しさ

もう歯止めが効かない。ポールは毎晩、家に帰ってきてから、家族が集う食卓でもワインを浴びるように飲んだ。ろれつが回らないまま「カネがない」と繰り返した。

今晩も、モナが心配そうに見ているのに、自分でワインを注いではグラスを空にしていく。ポールがふと「カミーユも、モナも心の底から愛してる。永遠に」とつぶやいた。それまでテーブルを見下ろして黙り込んでいたカミーユはふと、ポールの顔を見た。もうがまんができない。突き放すようにこう言った。

「カネがないって言いながら、ただ飲んだくれているだけじゃない」

食卓に沈黙が流れた。ポールは静かな怒りがこみ上げるのを感じている。モナの前で小言を言うのは許せない。グラスを壁に投げつけて割って、部屋から逃げ出したい。けれど、そんな勇気もエネルギーもない。

カミーユは、ひそかに後悔していた。モナが聞いているところであんなふうに言うべきではなかったし、言いすぎたかもしれない。でも謝る気はしない。

モナは、大きくため息をつくと、手足をぐっと伸ばして座り直した。パパとママがけんかをしている。重苦しい空気を、私がどうにかしなくては。大人にならなきゃいけないんだ。ずっと考えていた言葉を、今こそ言おう。

「でもね、ママ。パパはいつかきっと、こんな経験だって人生の糧にできるよ」

モナは、きっぱりとそう言った。劇のセリフみたいで、自分の声ではないように聞こえた。ポールはその言葉にぎくっとして、酔いが醒めた。カミーユも黙って聞いている。

「ねえパパ、もしかしたら物語が書けるかもしれないよ。感動的な本や映画には、悲しみとか不幸とかがつきものだもん」

ポールとカミーユは、モナを見つめた。モナは、ずっと思っていたことをようやく言えたという達成感を感じ、もう何も言わずに、部屋に流れる沈黙を余韻として味わっていた。学校であったできごとを話すのも、今晩はやめておく。モナは食後のカフェオレを飲み終えると、自分の部屋に行った。

それを待っていたように、カミーユは夫に言った。

「ポール、聞いてる?」

「うん」

「精神科医の治療、効果が出ているみたいだよね」

「そういえば、明日は水曜日。またモナが診察に行く日だ」と、ポールは正気に戻ったように言った。

＊

信号が赤になった。モナは握っていた祖父の手を離して、走って道路を渡り、すぐに引き返して、まるでブーメランみたいに戻ってきた。アンリはゆっくり歩道を歩きつつ、ひやひやしながら見ていた。

「モナ、そんなふうに道路を渡ったら危ないよ」

「車には気をつけるし、ときどきおじいちゃんのほうを振り返って確かめるから、大丈夫」

「でも、振り返ってみたら、いつの間にか幽霊になっているかもしれないよ」

祖父の冗談ともつかない言葉に、モナはぞっとした。ユウレイだって？　どうしていきなりそんなことを言うのだろう？　そんなモナの疑問に答えるように、アンリは説明した。

「今日はオルペウスの神話について話そうと思っていたので、つい、そんなことを言いたくなっただけだ。三週間前にラファエロの絵を見たときに、オルペウスについてはまた今度話すって約束したよね。オルペウスは詩人で、竪琴を奏で、見事な歌声には動物たちも夢中になった」

「そんなことって本当にあるのかな？」

「オルペウスはそうだったらしいよ。ライオンも馬も、鳥もトカゲも、ネズミも象も、うっとりとオルペウスの歌に聴きほれた。やがて、オルペウスは美しい精エウリュディケーと恋に落ち、結婚した。不運にも、エウリュディケーは蛇にかまれて死んでしまう。悲しみに打ちひしがれたオルペウスは、暗い地下にある死後の世界まで妻を取り戻しに行く。地下の世界の神ハデスを澄み通った歌声で説得し、妻を地上に連れ戻すことを許されるが、『地上に戻るまでは、何があってもエウリュディケーのほうを振り向いてはならない』という条件を課されるんだ。オルペウスは妻を連れて地下の世界を出発し、地上の世界まであと一歩のところにたどり着く。ところが、後ろから足音が聞こえなくなったのが心配になって、つい振り返ってしまうんだ。するとエウリュディケーは、死後の暗闇へと永遠に消え去った」

「おじいちゃん、その話、悲しすぎだよ！」

ルーヴル美術館に向かって歩く間、モナはおびえたように祖父のコートをぎゅっとつかんで離さなかった。自分を勇気づけるために、祖父のオーデコロンの香りを吸い込み、呪文のように「前へ、前へ、前へ」とつぶやいた。ふたりは一七世紀オランダ絵画の展示室に入り、この日に鑑賞する絵画を見つけ、その前に立った。

女性を描いた小さめの肖像画だ。ほぼ正方形だが横幅よりも縦のほうがわずかに長い。胸から上だけが描かれている女性は、豊満な体つきで、向かって右斜め前方を向いている。酔って陽気になっているらしく、重たそうなまぶたをなかば閉じて目を細め、歯を見せて笑っている。視線は、構図の外にある何かに向けられていて、それが笑いのもとになっているらしい。顔はふっくらしていて、ばら色の頬をしている。肌は白く、きめが細かく、筆づかいによって彫りの深さを感じさせる。きつくヘアバンドをした豊かな髪は、後ろのほうでは乱れたまま背中に流れている。乱れた髪から、女性が下層の階級であることがわかる。

また、胸元は締めつける服のせいで持ち上げられて、膨らみが強調されている。白いシャツに朱色の胴着を重ね着していて、開いた胸元から乳房の上があふれ出て、首の下でカーブを描いている。背景は茶とグレーがぼかされていて、石の壁や北方の曇り空のように見えるが、目立った特徴はない。そのおかげで、見る人の目はもっぱら、自由で屈託がなく幸せそうな女性に惹きつけられる。

モナは、二十分近くもの間、絵を見ていた。それから展示パネルを読むと、いぶかしげに尋ねた。

「『ジプシー』って何?」

「今ではロマと呼ばれる民族のことだよ。かつてはジプシーとして知られていた。この絵が描かれた一六二六年当時、その実態は謎に包まれていて、恐れられてもいた。でも、独特の神秘的な習慣や慣習を持つ遊牧民で、家を持たず、通常の職業に就くこともなく、いつも旅をしている自由な生き方は、その頃から魅力的なオーラを放っていたんだ。音楽の才能があり、タロットカードや水晶玉、手相を使って未来を占う不思議な能力の持ち主でもある」

「未来か。私の未来はどうなるの?」

モナはちょっと悲しげに言って、手のひらを差し出した。アンリは胸が痛んだ。モナは、失明したときのことを思い出しているのだろう。突然闇に放り出され、月も星も出ていない永遠の夜に迷い込んだように感じたかもしれない。今振り返っても、信じられないできごとだった。そんなことが、本当に起きたのだろうか？ モナは自分の手のひらをじっと見つめていた。ピンクがかった肌に刻まれた細い筋の中に、何か予言となるメッセージはないか、小さな光明はないかと探しているのかもしれない。

モナはやがて、「やっぱり何も見つからなかった」とでもいうかのように、五本の指を折って手をぐっと握りしめた。アンリはそんなモナを見ていて、胸が張り裂けそうになった。

でも、こういうときこそ、持ち前の強い心を発揮しなくてはならない。長い人生で、何度もそうやって逆境を乗り越えてきたのだから。いつか、モナは、エウリュディケーのように、永遠に暗闇に引きずり込まれるのかもしれない。でも、今こうしてふたりで美術館に来ているのは、まさに、そんな不幸に備えてのことではないか。

「モナは、この絵の女の人についてどう思う？」

「うーん、なんとも言えないな。おじいちゃんがルーヴル美術館に連れてきてくれるのは、どっちかといえばすてきな男の人や女の人が描かれた絵を見るためでしょう？　少なくとも、これまではそうだったよね。ボッティチェリの女神たちや、レオナルドのモナ・リザはもちろん、ミケランジェロの奴隷だって、『わあ、すてき』っていう感じがあった。でもこの絵の女の人は、はっきり言って、ブサイクだよね」

そう言って、モナはしばらく絵を見たまま考え込み、それからまた口を開いた。

「だけど……」

「だけど何？」

「画家としては、わざわざ絵に描いたからには、この女の人がすてきだと思ったってことだよね」

「モナの言う通りだよ。画家がこの女の人にすてきという言葉を使ったかどうかはわからないけど、魅力的な何かを持っているこの人をモデルに肖像画を描く価値があると思ったのは確かだ。それをまず覚えておこうね。肖像画は、一五世紀にルネサンスが幕を開けて以降、盛んに描かれるようになった。びっくりするようなお金を画家に払って自分の顔を描かせた人も少なくない。画家は、人物のいいところを強調し、欠点は消し去り、優雅な服装で高貴な振る舞いをしているところを、威厳のある輝かしいイメージで描いた。そしてたいていの場合、肖像画を描かせたのは裕福で偉い人ばかりだった。肖像画は、その人のイメージをよくして、地位や権力を強めるためのものだったんだ。だから今、ルーヴル美術館には王侯貴族の肖像画がずらりと並んでいるというわけだ」

「そうなんだ。でも、名もないふつうの人を描いた絵もあるよ。ティツィアーノの絵だって、豪華な服を着た男の人と一緒に、田舎の若者が音楽を演奏するところが描かれているよね」

「田舎の若者が登場しているとしても、ティツィアーノの絵は、その若者の肖像画ではない。ああいう絵は風俗画と呼ばれ、人々が何らかの行動を起こしている日常生活の場面に、スポットライトが当てられている。それに対して肖像画でスポットライトが当てられるのは、行動ではなくて、人物だ。だから肖像画では、人物が何かをしているところではなくて、永遠に続く状態にとどまっているかのように描かれる」

「ふうん、そうなの？　でも、この絵の女の人は、動いているように見えるよ。後ろを振り返っているみたい。そう、さっき話してくれた神話の中で、オルペウスがエウリュディケーのほうを振り返ったみたいに」

モナはそこで神話の悲しい結末を思い出して、苦い表情を浮かべた。

「モナ、いいところに気づいたな。そう、絵の枠の外にある何かのほうを振り返って見ているみたいだよね。

そして、そのせいで笑っているんだ。何があるのか、誰がいるのかは私たちにはわからない。でも、女の人はそっちを見て、そして笑っている。つまりは、誰かが何か行動しているところだよね」

「どんな行動？」

「はっきりはわからない。ただ、これを描いた画家がオランダ人だということは手がかりになる。一七世紀前半のオランダでは、ごくふつうの人たちがダンスや食事をしたり、路上や酒場でパーティーをしたりして楽しむ場面の絵が盛んに描かれた。社会の風俗や日常生活のひとこまが、温かく素朴な喜びとともに表現されている絵だよ」

「私の誕生日にジャッドとリリを招待して、部屋でパーティーをするみたいにってことかな」

「そう、ほとんど同じだよ。ただし、モナたちと違って、飲んでいたのはジュースやソーダじゃなくて、ワインやビールだったけどね。ここで、画家フランス・ハルスがこの絵をどう描いているかを、詳しく見てみよう。女の人は、場面から切り離されて、新しい枠の中に置かれている。そうやって、風俗画と肖像画の境界ともいうべき絵になった。風俗画の登場人物を切り取って単純な枠に入れた結果、新しいタイプの肖像画ができあがったというわけだ。この絵を読み解く鍵はそこにある。女の人は頬を赤らめていて、ほろ酔い気分らしく、口元も緩んでいる。社会から疎外されたロマの女の人が、貴族やお金持ちの特権だった肖像画のモデルになった。名前もわからないから、絵の中で永遠に『ジプシー女』であり続ける。フランス・ハルスはこの女の人に、そしてロマの民族に、尊敬の念を呼び起こそうとしてこの絵を描いたんだ」

「フランス・ハルスはロマだったの？」

「いや、そうじゃない。ハルスは多様な人々の肖像画を描いた。そして、とりわけ筆の跡を残す独特の画法で知られた。なめらかに質感を表現するのではなく、ちょっと不器用に見えるくらい大胆に、ダイナミックに絵の具をカンバスに置いていった。荒々しくて衝撃的で、エネルギッシュな筆づかいだ。そうやって描かれたハルスの絵の人物は、みんな生き生きとしている」

「そうだね。まるで、絵の中で生きているみたい。手を伸ばしたら、触れそうだよ」

「そんなわけで、ハルスの絵は、地元であるオランダの町ハールレムで大人気になった。商人たちの組合であるギルドや、裕福な名士や身分の高い役人たちが、ハルスに肖像画を描いてもらうために大金を支払った。でも、ハルスは注文に応えるだけでは飽き足らず、名もないふつうの人たちをモデルに、純粋な人間愛と敬意を込めて肖像画を描いた。人物の特徴をそのまま描き出した絵には、人間らしい感情が込められていて、気取った人物の肖像画よりもずっと印象的だ」

「本当だね。この絵は、どんなことを教えてくれているんだろう？」

「それはシンプルだよ。ロマの女の人は完璧からはほど遠い。欠点だらけで、品がないって思う人もいるだろう。それにロマについてはいろんなうわさがあった。でも、すべてひっくるめて、貴族や名士と同じくらい尊敬に値すると訴えるために、ハルスはこの女の人を描いたんだ。自分がロマじゃなくても、画家だったおかげで、こんなにすばらしい絵が描けたんだ。ハルスは、名もない人の美しさに気づくべきだと、この絵を通して伝えたかったたんじゃないかな」

「おじいちゃん、よくわかったよ」

アンリの後ろでは、大きな赤い丸めがねをかけたそばかす顔の若い女性が、ふたりのやり取りをじっと聞いていた。その隣には、同じくらいの歳でウェーブのある長髪の男性がいて、「小さな子どもにそんな話をするなんて」というような顔をしている。男性のほうが、思い立ったようにアンリにこう尋ねた。

「あの、失礼ですが、そちらはお孫さんですか？」

「はい、その通りです。そして、こちらこそ失礼ですが、そちらにいらっしゃるのは恋人ですか？」

「さあ、わかりません」と、若いふたりは声をそろえて恥ずかしそうに答えた。

「まあ、急がずにじっくり考えなさい。さようなら」

ルーヴル美術館を出て、アンリは物思いにふけった。若者がわざわざ話しかけてきたのは、年老いた祖父が小さな女の子に語りかけ、豊かで深みのある言葉を伝えようとしていたのが、無駄な試みだと思ったからかもしれない。

アンリは、今日モナに話した内容をおさらいした。ルネサンス以来の肖像画の歴史、一七世紀オランダの社会学、そして絵の具を厚く塗る画法についてだ。モナには難しすぎるところがあるかもしれない。それもしかたがないとアンリは思っていたが、モナ自身は、すべてを吸収したいと思うようになってきたようだ。そんな意欲を持つだけでも、十歳の子としては早熟かもしれない。でも、アンリがモナとのやり取りを楽しんでいるのは、何よりも、モナの話し方に独特の音楽のようなものが感じられるからだった。その秘密は何なのかはわからないが、アンリは以前から興味を惹かれている。今日、立ち聞きしていたあの若者のような誰かが、一字一句を分析して、謎を解き明かしてくれるのかもしれない。

モナは、祖父のほうを振り返らずに、美術館の出口に向かった。まだオルペウスとエウリュディケーについて考えていたのだ。モナは、地下の世界を抜け出す直前に、オルペウスがつい振り返ってしまう致命的な瞬間をまた思い出し、「なんてバカなやつ！」とつぶやいた。

「おじいちゃん、どうしてオルペウスは振り返っちゃったのかな。どう考えてもバカだよね」

「いつか、モナにもわかる日が来るよ。恋をすればね」

7

レンブラント
自分を知りなさい

カミーユは心に決めていた。今度の検診のときこそ、はっきりヴァン・オルスト医師に聞こう。モナが再び失明する可能性はあるのか？　そして、永久に視力を失うという事態がありうるのか？

モナの目が突然見えなくなって一カ月半経つが、その間、カミーユはずっと不安に押しつぶされそうだった。仕事をしようとしても、数分間も集中できない。「インターネットでは何も調べない」と自分に誓ったために、頭の中で同じ考えが堂々めぐりになり、疲れ切っていた。医師の意見を聞けば、少なくとも気の迷いがなくなるはずだ。

カミーユはモナを連れて、地下鉄シャトレ駅の通路を早足で歩きながら、心の中で疑問を繰り返した。モナはいつか視力を失う危険性があるのか？　あるとしたら、その可能性はどれくらいなのか？　勇気を振り絞って医師にはっきり確かめるしかない。今日こそ。

グレーの壁に囲まれた殺風景な駅構内の通路で、カミーユはさらに足取りを速めた。モナは突然、その歩みを止めようとぎゅっと抱きついたが、一歩遅かった。雑踏の中で物思いにふけっていたカミーユは、誰かに激しくぶつかってよろけた。足元を見ると、床にホームレスらしい男性が転倒していた。カミーユは思わずカッとなって、こう叫んだ。

「ちょっと、気をつけてよ」

男性は驚いた様子で体を起こすと、恐縮させるくらい丁寧な口調でこう答えた。

「大変失礼しました。私は目が見えないので」

次の瞬間、すり切れたボール紙が床に落ちているのが見えた。通行人に小銭を恵んでくれるように頼む文章が数行書かれていて、中でも大きな文字で書かれた「視覚障がい」という言葉が目に飛び込んできた。そして、そのそばには黒いサングラスが転がっている。そばに立っているモナのブルージーンズのすそも見えた。

カミーユは自分が恐ろしくなった。娘が失明するのではないかという不安のあまり、まさに娘を病院に連れて行く途中で、地下通路で物乞いをする目の不自由なホームレスの男性を転ばせ、さらには罵倒したのだ。カミーユはわけがわからなくなり、何も言えないまま、モナの手をつかむとその場を立ち去り外に飛び出した。地上に出ると、スマートフォンを見るふりをしながら「ごめん、急いで仕事に戻らなきゃ」とモナに言った。「病院に行くのは中止。家に帰ろう」

焦ってそう言いながら、カミーユは、どこかで聞いたことのある中世のペルシャの物語を思い出した。バグダッドの市場である朝、若く健康な大臣が、やせ衰えた死神に出くわして、脅すような仕草をされたために震え上がった。大臣は国王の元に行き、死神を逃れるためにサマルカンドに向かうと告げた。国王の許しを得ると、大臣はすぐさま駆け出した。国王は不審に思って死神を呼び出し、「なぜバグダッドの市場で働き盛りの大臣を脅したのか」と尋ねた。すると死神は答えた。「脅したのではありません。バグダッドの市場の真ん中でぶつかったので、ただ驚いただけです。だって、サマルカンドで今晩会うことになっていたのですから」

この恐ろしい伝説と同じように、自分も今、運命から逃れようと無駄な抵抗をしている。もっと正確に言えば、娘をどうにか不幸な定めから救い出そうともがいているだけなのではないだろうか。カミーユは、ヴァン・オルスト医師の診察室に電話をかけ、今日の予約を変更したいと告げ、事務的な口調でずっと先の日付を告げた。新しい予約を取ってから電話を切ると、モナが暗い顔をしているのに気がついた。

「どうしたの？」

「大丈夫」

「モナが不安なのは知ってるよ。でも、先生にはいつかまた診てもらえばいいじゃない。全然心配いらないよ」

「そんなことより、ママ、目の不自由なおじさんにあんな話し方をして、よかったのかな……」

モナの言う通りだった。カミーユは突然自分を恥じて、急いで今来た道を引き返した。きちんと謝って、さらには何か力になれないか、聞かなくてはならない。

でも、元の場所にふたりが戻る頃には、あの目の不自由な男性はいなくなっていた。

＊

子どもは、うそをついてはいけないと教わる。お医者さんのところに通っているとうそをついて、毎週おじいちゃんと美術館に行っている私は、どうなるんだろう。モナはふと心配になった。そこで、祖父にピノキオの話をした。私、パパとママにうそをついているから、水曜日になるたびに、少しずつ鼻が伸びてるんじゃないかな？

アンリはモナの鼻をなでて、「少なくとも鼻は大丈夫そうだよ」と言い、笑いとばしながらも、考えた。モナは良心の呵責《かしゃく》を感じている。たとえ、うその目的が非難されるべきものではないとしても、ごまかすわけにはいかない。モラルの問題を軽く扱うべきではないのだ。

うそはいけないと教えられ続けてきた子どもに、真実と虚偽の間にある曖昧《あいまい》な領域を理解させるには、どうすればいいのだろう？　モナを動揺させたり、混乱させたり、失望させたりすることなく、善と悪ははっきり分けられるものではないという事実をわかってもらいたい。それはなかなかの難題だった。善と悪の間にあるグレーゾーンが本当の意味で理解できるようになるのは、人生経験を積んでからかもしれない。

でも、キアロスクーロの名画を見て光と影について話せば、モナにもきっとわかってもらえる。アンリは今日、ルーヴル美術館ドゥノン翼二階の展示室に行こうと決めた。

縦一メートルほどのカンバスに、白い布の帽子をかぶった中年の男性が、構図の左上から差し込む光に照らされ、四分の三正面像で描かれている。赤みを帯びた頬はたるんでいるが、肌は全体に蒸気に包まれたように輝きを放つ。だんご鼻でその脇の両目は、ぼんやりと憂いを帯びた視線でこちらを見つめている。額に刻まれたしわは、苦渋に満ちた人生を想像させる。口角のしわはそれほど深くなく、どこか皮肉っぽい性格を感じさせる。あごの不精ひげと、伸び放題のくせっ毛の髪は白髪混じりだ。髪の毛は肌に比べてくすんだ色に描かれている。

男性が着ている上着は暗い背景にほとんど溶け込むかのように、輪郭がぼやけている。さらにその下、腰のあたりは明るく描かれていて、右手には絵の細部を描くときに手をのせて使う木の杖を持ち、左手にはふきん、筆、パレットを持っている様子がはっきりと見える。パレットには、朱赤、金褐色、そしてわずかに黒が混じった白の三色の絵の具が見える。右端に見えている木の板は、画家が制作中の絵の裏側である。

「今回も肖像画だね」

モナはまず、そう言った。

「筆の跡が見えるくらい絵の具がたっぷり塗られているのも、《ジプシー女》と同じ。陽気なあの絵と違って、この絵は悲しそうだけど、やっぱりどこか似てるところがあるな……」

「モナ、さすがだな。美術館に来るのは今日で七回目だけど、かなり目が冴えてきたね。《ジプシー女》はフランス・ハルスの作品で、この絵は画家レンブラントが自分自身を描いた肖像画、つまりは自画像だ。自画像は、肖像画の中でも歴史が新しくて、一五〇〇年頃に誕生したジャンルだ。これは、画家がふだん使っている画材や道具を手にしてアトリエで仕事をしている姿を自分で描いた、興味深い作品だよ。この自画像を描いたレンブラントは五十四歳だった。一六〇六年生まれでハルスより二十歳ほど年下だったけれど、ハルスと知り合いで、一七世紀オランダで画家として同じ流派に属していた。レンブラントはオランダの大学都市ライデンの出身で、アムステルダムに移り住んだ。当時のアムステルダムは、貿易の中心地として栄えた港町で、レンブラントはこの町がとても気に入っていた。レンブラントが若い頃から一六六九年に亡くなるまでに描いた四十点ほどの自画像の中には、東洋の衣装や装飾品、甲冑《かっちゅう》などを身につけた姿の絵がたくさんある」

「もしもパパのお店にレンブラントが来たら、たくさん買い物をしてくれただろうなあ」

「そうだね。しかも、レンブラントも店を経営していたんだよ。アムステルダムのユダヤ人街にあった大邸宅の一階に店を構え、自分の絵や版画だけではなく、ほかの画家の作品も売っていた。今では、アムステルダムのレンブラントの家は一般公開されている」

「わあ、行ってみたいなあ」

「いつか見に行こうよ。その日のためにも、レンブラントのことを予習しておこう。アムステルダムは運河が縦横に張り巡らされていて、まるで水上に浮かんでいるみたいな街だ。特に冬になると霧が立ち込め、さらに神秘的になる。北ヨーロッパの絵画に特有の神秘的な風景が広がる。そして、レンブラントは北方画家の中でも代表的な存在だった」

「アムステルダムは雨が多いし、寒いし、日が暮れるのも早い。だから、そこに暮らす画家も、そんな風景を思わせる絵を描くようになったんだね。だからレンブラントのこの絵も、こんなに暗くてぼんやりしているってわけ。どう、この答えは？　何点取れたかな」

「八十点は固いな。上出来だよ」

そう言われて、モナはうれしそうに自分に拍手した。アンリは急いでこう付け加えた。

「でも、画家が活動した土地の地理や気象だけが、絵のスタイルを決めるわけではない。確かに、イタリアのルネサンス美術の晴れやかな輝きは、オランダ絵画の冷たくて暗い雰囲気と対比されることが多いし、それは間違いとは言い切れない。でも、実際には物事はそんなに単純ではないんだよ。レンブラントは、あるイタリア人画家から大きな影響を受けているんだ。陰影の巨匠ともいうべきその画家の名はカラヴァッジョ。一六一〇年に亡くなるまで、短いけれどきらびやかなキャリアを築いた。素行の悪さでも有名で、犯罪を繰り返して何度も刑務所行きになったが、カラヴァッジョの功績として何よりも重要なのは、強烈な明暗のコントラストを取り入れるという大胆な試みをして、絵画に革命をもたらしたことだ。これをキアロスクーロという」

「すてきな響きだね」

「そうだね。『明暗』を意味するイタリア語だよ」

モナは、頭にたたき込むように、自分でも「キアロスクーロ」と繰り返した。

「キアロスクーロでは、黒は、明るい色を壊したり消し去ったりする色ではなく、むしろ色のすばらしさを称える色として使われるんだ。黒がみるみる広がってカンバスを占領する」

この言葉を聞くと突然、モナの心に稲妻のように、あの恐ろしい記憶がよみがえった。レンブラントの自画像を見ながら、モナは震えはじめた。震えを止めようとするかのように、祖父の体にぴったりくっついた。アンリは、少し声の調子を穏やかにして、説明を続けた。

「レンブラントは絵を描きはじめるとき、まずカンバスを茶色一色で塗りつぶして土台を準備した。それから明るく輝かせるゾーンを決めた。絵を描きはじめる前から、カンバスのどの部分をいちばん明るく見せるかを決めておくんだ。その後、暗闇から浮かび上がらせるかのように、物や人の姿をゆっくりと描くのがレンブラントのスタイルだった。でも、キアロスクーロの特徴として、すべてを同じようにはっきり見せることはしない。描きはじめに決めたゾーンだけが強い光を放つように描くんだ」

「この絵だと、顔が光っているみたいに見えるよ。レンブラントはきっと自分の顔が好きだったんだね」

「いや、モナ、ちょっと待てよ。ラファエロの絵を見たときにおじいちゃんが言ったことを覚えているかな？ラファエロは当時のスター芸術家だった。特に、ルネサンス期のヨーロッパでは、画家の地位がぐんと向上していたんだ。そんな時代の流れを一七世紀に引き継いだのが、レンブラントだった。自分はただ手先が器用で機械的な技術を持つ職人ではなく、精神、才能、個性を持つ芸術家だと、レンブラントは自負していた。だからこそ、レンブラントは自画像の制作を通して芸術家としての個性を表現したんだ。美術収集家は、こぞってレンブラントの自画像を求めた。アムステルダムのスター画家だったからね」

「レンブラントはラファエロみたいだったの？　つまり、お金持ちで、アトリエでは助手を大勢雇っていたのかな」

「レンブラントの絵を集めている人はたくさんいたから、お金には困らなかった。でも、この自画像に描かれているのは、一文なしのレンブラントだ。一六五六年に破産宣告を受けたばかりだったんだから」

「破産」という言葉をモナは何度も耳にしていた。父親が、毎晩のように愚痴を言いながらその話をしていたからだ。

「どうしてそんなことになっちゃったの?」

「レンブラントは初めは画家として大成功して、医師や裁判官、軍人などの有力な組合から注文を受けてたくさんの絵を描いていた。でも、もともと独立心が強く、パトロンが嫌いだった。たとえば肖像画の場合、注文を受けてから気が遠くなるほど長く待たせ、仕上がりに満足できないとさらに納品を遅らせた。何年経っても注文された絵を渡さないこともあったんだよ。今よりもずっと平均寿命が短かったから、そんなに待たされたら死んでしまうと怒るお客さんもいた。何度も裁判沙汰になったけれど、レンブラントは商業的な成功には全然興味を持たず、芸術家としての道を追求した。その結果、とうとう借金に押しつぶされ、持ち物をすべて売り払い、屋敷を引き払うはめになる。レンブラントはすでに、四人の子のうち三人に次々と先立たれていたし、一六四二年には妻サスキアを亡くしていた。さらに、その後のパートナーだったヘンドリッキェがペストで命を奪われ、子どものうちただひとり残されていた息子のティトゥスも死んだ」

「レンブラントはそんなにつらい人生を送っていたのに、どうして絵を描き続けられたのかな」

「まさにそれが、この自画像のテーマだ。ここに刻まれているのは、栄光と不幸の間で揺れ動き、深い悲しみをにじませている画家の姿だ。キアロスクーロは、深い暗闇と影を描き出し、月日の流れを悔いる気持ちを表している。この絵に描かれているのは、レンブラントが鋭く見つめた自分自身だけではない。過ぎゆく時間や、生と死のどちらを選ぶべきかという果てしない悩みも表現されている。一六〇三年に出版されたシェイクスピアの悲劇『ハムレット』で、主人公のハムレットは『生きるべきか、死ぬべきか、それが問題だ』と言い放った。それから半世紀後、自画像の中のレンブラントもまた、同じことをつぶやいているというわけだ。それに、レンブラントのつぶやきはまだ続く」

「え、何をつぶやいているの？　私にも聞こえるかな」

「耳を澄ますと、『汝自らを知れ』と言っているのが聞こえるはずだ」

「ナンジ・ミズカラヲ・シレ？」

「『自分自身を知らなくてはならない』という古代ギリシャの格言だよ。デルフォイのアポロン神殿の入り口に刻まれていた。哲学者ソクラテスの言葉で、人間の思い上がりをいましめる教えだ。人間は、ギリシャ神話の神々の足元にも及ばないのに、自分が宇宙の中心にいると勘違いしている。自分の長所も、そして何よりも短所や限界も含めて、自分を知りなさい。偉大さ、偶発性も含めて、自分が何者かを知りなさい、という意味だ。レンブラントは、自分が天才だと自覚していた。だからこそ、イーゼルの前に堂々と立ち、顔と手とパレットに光を受けて輝いている画家としての自画像を描いたんだ。それと、レンブラントが手にしているパレットをよく見てごらん。小さなパレットだよね。大きなパレットが使われるようになったのは後世のことだからだ。その小さなパレットに準備されている絵の具を見ると、朱赤、金褐色、そして白が見える。三色とも、人間の顔や肌を表現するための色だ。レンブラントは、自分の体をありありと描こうとしている。一七世紀初頭、ガラスを水銀でメッキして大きな平面鏡が作られるようになった。その鏡の中に映された自分の体を、レンブラントはじっくりと観察し、老いていく体を見た。レンブラントが描いたのは、移ろいゆく自分自身という真実。つまり『汝自らを知れ』を自分で実践していたんだ」

外に出ると、冬の夕日は西の彼方に面影を残すだけで、その後に夜の闇が迫っていた。冬至が近い。冬至を過ぎれば、再び昼が夜に打ち勝ち、光が闇を追放していくだろう。そこには、「必ず光が勝つ」という希望のメッセージが読み取れる。

夜空に輝くクリスマスのイルミネーションをまぶしく見上げながら、モナはパリの街を歩いた。

8

ヨハネス・フェルメール
無限に小さいものは、無限に大きい

クリスマスは退屈だった。小さい頃は、ツリーの下に置かれたプレゼントを開けるのが楽しみでしかたなかったのに。モナは、すっかり変わってしまった自分に驚いていた。それに、クリスマスには犬か猫が欲しいと両親に言っておいたのに、もらえなかった。子猫をもらったリリが、心底うらやましい。

でもモナの両親は、「大みそかにリリとジャッドに遊びにきてもらったら」と言ってくれた。一年が終わり、新しい年が幕を開ける特別な夜をお祝いするために、朝までモナの部屋でパーティーをしてもいいというのだ。ジャッドがいつものように遊びのアイデアを出してくれた。こういうときに、みんなで楽しめるように仕切ってくれる子が、必ずクラスに何人かいるものだけれど、ジャッドはまさにそうで、天性のエンターテイナーなのだ。

当日、夜もたけなわになり、やはりジャッドの提案で、「真実か挑戦かゲーム」をすることに決まった。ジャッドは「夏休みにいとこたちとこのゲームをして、すごく楽しかったから」とふたりに言ったけれど、本当は、ティーンエイジャーのいとこたちがゲームに熱中し、興奮のあまり我を忘れる様子を眺めていただけで、仲間に入れてもらえなかった。そのときからずっと、自分もいつか友だちとやってみたいと思っていたのだ。ルールは簡単。番が回ってきた人は、どんなことを聞かれても正直に「真実」を告白するか、ほかの人が突きつける難題に「挑戦」するかを選ぶ。

リリはすぐに乗り気になり、モナも賛成した。それからジャッドが「真実か挑戦か?」と聞くと、リリは「挑戦!」と叫んだ。ジャッドはリリに、「スプーンにマスタードの粉末をのせて、鼻から吸うように」と指示した。負けず嫌いのリリはその通りにした。鼻の中がヒリヒリしたけれど、じっとがまんするしかない。

三人は次々と交代で指示を出し合った。部屋の窓から通りに向かって水ふうせんを投げる、適当な電話番号に電話して「あけましておめでとう」と言う、寝ているモナの両親のドアをノックする……。三人は、誰かがそんな「挑戦」をするたびに、大笑いした。でも、三人とも口にはしなかったが、だんだん怖くなってきた。ゲームに熱中するあまり、一線を超えて、友だちに恥ずかしい思いをさせるのが快感になってしまいそうだったから。

そろそろ終わりにしようということになり、最後にモナの番になった。

「挑戦か真実か?」

リリは「もう言い飽きた」というふうに聞いた。モナは三人の中で初めて「真実」と言った。祖母の形見のペンダントを握りしめながら。

ジャッドとリリははっと息をのんで、しばらくモナの顔を見ていた。それから、モナからどんな秘密を聞き出そうかと、夢中になって考えをめぐらせた。後ろめたい気持ちと興味の間で揺れ動きながら考えついたのは、ふたりとも同じ質問だった。

「クラスの中でキスしたい男の子は誰?」

モナは、真剣に考えた。心の動きは筋肉反射のようなもので、自分でもコントロールできない。ある男の子の名前と顔が浮かんできた。モナは胸が痛くなった。目に焼きついていたいろいろな場面が、思い出そうとしてもいないのに、勝手によみがえってきて、息が苦しい。でも、負けるのは嫌だ。あくまでも正直に質問に答えなくては。のどが締めつけられるように感じる。それでもモナは声をふりしぼって、まっすぐに答えた。

「ギヨーム」

「え、あのギヨーム？　あの、嫌なやつ？」

ジャッドは信じられないという顔をした。

「そうだよ。大嫌いだけど……やっぱり、誰かって言えば、ギヨーム」

＊

物心がついた頃から、モナはサンタクロースが嫌いだった。「プレゼントをばらまくお人好しのおじいさん」なんて、にせものに決まってる。安っぽくてみじめだとモナは思った。サンタクロースなんて、本当にいるわけがない。

商店街やデパートで子どもだましの赤いコスチュームに白いひげをつけたサンタクロースたちに出会うたびに、モナはあわれみを感じ、目をそらした。お金のためとはいえみっともないかっこうで人前に出なくてはならない彼らに、これ以上、恥ずかしい思いをさせないために。

ぶかっこうなサンタクロースをモナがそれほどまでに嫌うのは、もしかしたら、祖父のアンリとは正反対だったからかもしれない。アンリはすらりとしていて、ひげをきれいにそっていた。それに、水曜日が来るたびに、サンタクロースよりもずっとすてきなプレゼントをくれる。今週は、珠玉のフェルメールだ。

ほぼ正方形の小さなカンバスに、書斎で左側を向いて、木の椅子から少し腰を浮かせている学者らしき男

の横顔が描かれている。男は若く、栗色の髪を長く伸ばしていて、右手の親指を人差し指と中指から離してコンパスのように広げ、謎めいた文字が描かれた天球儀のカーブに沿って動かしている。ゆったりとはおっている大きなマントは微妙な色合いだ。もとは緑色の顔料が塗られていたのが、年月を経て青く変色したように見える。同じ机の上には、ウルトラマリンの地に花模様のあるたっぷりとした厚手の布も、膨らみやうねりを見せて無造作に置かれていて、天球儀の土台にまでかかっている。さらに、男の正面には本が開いて置かれている。

絵の左側には壁と四角い窓があり、窓からは北国の柔らかい光が差し込んでいる。人物から一メートルほどしか離れていない奥の壁には、窓と垂直にあたる壁に沿って棚が置かれていて、地図がはられ、上には本が立てられている。奥の壁には額に入れた絵がかかっているが、カンバスの右端に描かれていて、右側が一部欠けている。絵の中の絵は全体がぼんやりした灰色で、何が描かれているのかは見えない。

ルーヴル美術館で見る八点目の作品、フェルメールの《天文学者》を前に、モナは初めて、「見る喜び」を純粋に味わえたように思った。それまでは、大好きなおじいちゃんと秘密の約束をしたからという理由で美術館に行って、ふたりきりで話をすることが楽しみだった。

でも、今日の絵は違う。小さなカンバスからあふれ出しそうなくらい、いろんな珍しい物やおもしろい物がぎっしりと描かれていて、見ていると発見が尽きない。この絵なら、ひとりで見ても楽しめそうだ（おじいちゃんには内緒だけど）。

モナは、何も言わずに《天文学者》と向き合っている。その姿をアンリは見つめた。柔らかな光に満たされた部屋で、天空について深く考える学者の像をじっと見つめるモナは、絵の感想を聞かれたらどう言おうかという心配などはすっかり忘れて、作品に没頭している。モナはいつの間にか、子どもから大人への階段を上りつつあるのだ。アンリはモナの成長を誇りに思う一方で、最愛の孫が自分の手の届かないところに行ってしまうような気がして、胸が痛んだ。モナがやっと口を開いた。

「この地球儀、変だね。ふつうなら世界地図になっているのに、代わりにいろんな動物の絵が描いてあるよ」

「これは地球儀じゃない。天球儀といって、天文学者のために、星座の位置がわかるように星空の図を示したものなんだ。だから、海岸線や国境線は描かれていなくて当たり前だよ。この《天文学者》は《地理学者》という別の小さな絵と対になっている。《地理学者》のほうは残念ながらルーヴルにはないんだけれど、髪が長くて女の人みたいな顔立ちをした地理学者が描かれている。つまり《天文学者》にそっくりの人物で、でも室内には地球儀があるんだ」

「おじいちゃん、私は歴史の授業は好きだけど、地理は退屈なんだよね」

「でもね、歴史と地理は、切っても切れない関係にあるんだよ。この絵が描かれた一六六八年のフランドル地方について、考えてみよう。フランドル地方は、今日のベルギーにほぼ相当する。一七世紀には、ヨーロッパ大陸で権力をふるったハプスブルク帝国の支配下にあった。ハプスブルク家はカトリック教徒だった。一六世紀に生まれた新教徒プロテスタントとの間に宗教戦争を繰り広げ、ヨーロッパに暗い影を落としていた。ハプスブルク帝国では、カトリック教会がプロテスタントの勢力に負けずに威信を取り戻そうと、対抗宗教改革を行った。ルーベンスはこの時代の代表的な画家として、一六四〇年に亡くなるまで、アントワープに巨大なアトリエを構えた。大きなカンバスに迫力のある絵画を描いたルーベンスは、ミケランジェロに代表されるルネサンス芸術の後に続くバロックの巨匠と呼ばれた。ルーベンスは、芸術家だけではなく学者、外交官、実業家としても活躍した」

「おじいちゃん、どうしてこの絵の前で、ルーベンスのことを話すの？　展示室を間違えてる？」

「まあ、聞いていておくれよ。ルーヴル美術館の全作品を見てまわるのは残念ながら無理なので、今日はルーベンスではなくてフェルメールを見に来た。でも、フェルメールが活動したネーデルラントについて理解するためには、その隣にあって、レンブラントが活躍していたフランドル地方についても知る必要があるんだよ。ネーデルラントは共和国で、カトリック国ではないから、プロテスタントにも開かれていた。自由な精神を重んじ、都市の発展とともに経済が力強く成長していた。ルーベンスは政治や宗教といった壮大なテーマを描く芸術家だったが、フェルメールはそうではない。英雄的な活躍とは無縁な生き方を貫き、等身大の日常生活を細やかに表現した。フェルメールの生涯や人物については、デルフトに住んでいて子どもが十一人いたこと以外ほとんどわかっていない。残されている作品も全部でたったの三十数点しかないんだよ。描いたテーマは限られていたし、絵のサイズも小さい」

「それにしても、レンブラントみたいに詳しい記録が残っている画家と、フェルメールみたいにそうじゃない画家がいるのは、なぜなんだろう」

「芸術家がどのような人物だったかを知るには、手紙や日記、それに何を買って何を売ったかの記録など、個人的な資料が手がかりになる。フェルメールは当時とても有名な画家で、コレクターからも高く評価されていた。フェルメールの絵一枚の値段は、レンガ職人やかじ屋さんが数年かけてかせげるくらいの額で、よほどのお金持ちでないと買えなかった。フェルメールの絵は人気があってよく売れたから、当世の売れっ子だったけれど、特に目新しい絵を描いたわけではなくて、静かな家庭生活のひとこまなど、以前からほかの画家たちが扱っていたテーマを選んだ。フェルメールが描いたのは、いつも、人物はひとりかふたりで、背景となる室内には、その人物の特徴を表すような洗練された所有物があるという絵だった。それから、フェルメールはカメラ・オブスクラを使用していたと考えられている。カメラ・オブスクラは、現代のカメラの前身になった写真機だ。極小の写真を撮影し、焦点を合わせたりぼかしたりできるのが特徴で、すりガラスの上をなぞる装置を使って、遠近法を示す補助線など、絵画の基本的な構図を重ねることもできた。一七世紀の初め、レンブラントは立派なアトリエを持っていたし、ルーベンスのアトリエは、顔料を砕く作業からタペストリー制作まで、さまざまな技能を持つ何十人もの助手が勤務する工場のようだった。それにひきかえフェルメールは助手を持たず、デルフトの自宅の小さな部屋にこもって、そこでできることをあれこれ試みるだけで満足していた。質素な生活を送り、亡くなった後もアーカイブが設けられたり、資料や文書が保管されたりすることはなかった。フェルメールの作品が評価され、類まれな才能が再発見されるには、長い年月を経て、いわば絵を見ることにかけての天才が登場するまで待つ必要があった。偉大な芸術家の真価が認められるようになるには、眼力と先見の明がある人物が登場し、きちんとその絵を理解することが不可欠なんだ」

「つまり、おじいちゃんと私みたいな人ってことだね！」

「おじいちゃんはともかく、モナはそうだな。でもね、フェルメールを最初に高く評価したのは、モナじゃなくて、一九世紀フランスの美術批評家、テオフィール・トレだった。トレがフェルメールについて調べたのは、本国フランスで政治活動に励んだ結果、一八四九年に死刑判決を受けて、国外に逃亡したおかげだ。トレはベルギー経由でオランダに逃れ、フェルメールの研究にいそしみ、作品を多数撮影した。まるで小説みたいな話だよね」

「それはそうと、この絵の人、天球儀を見ながら何をしてるの？」

「想像するしかない。データか数字か、何か本で読んだ内容を確かめようとしているんだろう。宇宙の地図は……一六世紀から一七世紀にかけて、コペルニクス、ケプラー、ガリレオといった偉大な科学者たちが、それまでの常識をひっくり返し、太陽が地球の周りを回っているのではなく、地球が太陽の周りを回っていると証明した。でも、キリスト教では以前と同様、聖書に基づいて、人間がすべての中心にあるという主張を続けていた。ところがフェルメールが生きていた時代のオランダは、経済と文化が発達し、キリスト教的な信念がくつがえされ、宇宙の謎は科学的に解明するべきだという考えが広がった。フェルメール以前にも、さまざまな画家たちが天文学者を描いている。たとえばオランダのライデンで活躍したヘラルト・ドウの《ロウソクに照らされた天文学者》は有名だ。ドウは、夜ふけにロウソクの明かりで天文学者が研究している場面を描いていて、その姿はあやしげな占星術師か錬金術師、魔術師のようだ。一方、フェルメールは、昼間の光に満ちた部屋の中で、理性をもって研究している科学者としての天文学者を描いているんだ」

「じゃあ、後ろの壁にかかっているのは何の絵なの?」

「はっきりとはわからない。フェルメールは何も手がかりを与えてくれていないんだ。でも美術史家によると、ほかの絵などから推定して、この絵は《モーセの発見》だということがわかっている。つまり、民の解放者である預言者モーセが危うく死にかけたが救われたという奇跡を描いた絵だ。だけど、天文学者の部屋にこの絵がかかっているのはなぜだろう? その答えは、モナが自分で考えていいんだよ。おじいちゃんの考えを言うと、フェルメールは日常生活の場面に聖書の中のお話を登場させることで、精神の重要性を思い起こさせようとしたんじゃないかな。科学者を描いていても、信仰よりも理性が勝ると主張したいわけではないという気持ちを、絵の中の絵に込めたんだと思う。人物の持ち物として描かれているのは、地球儀も、天球儀も、本も、科学や進歩、情報に関わる物ばかりだ。それらが小さなカンバスに、繊細な色と光の点で、細やかな筆づかいで描かれている。狭い空間に、小さな宇宙が無限に広がり、世界が脈動している。この絵を見ていると、頭脳が刺激されて、いろんな思いをめぐらせたくなるよね」

アンリはそこで、話をやめた。この絵が描かれた翌年の一六六九年には、ブレーズ・パスカルの断章をまとめた『パンセ』が、死後出版された。パスカルはその中で、果てしなく広がる宇宙と、どこまでも微小な世界という「二つの無限」について論じている。そのことも、アンリはモナに語って聞かせようと思っていたのだが、モナがぼんやりしているのを見て、やはり、やめておくことにした。

十歳の子どもにとっては、今日の話はすでに盛りだくさんすぎたかもしれない。今は美術館のカフェに入って、温かいココアでほっと一息つきながら、絵の余韻に浸るほうがいい。

9

ニコラ・プッサン
何事にも動じない

ポールは、クリスマスを控えて大勢のお客さんが店にプレゼントを買いにくると期待していたが、売れ行きは増えなかった。そこで、映画の大型ポスターを集めたセールコーナーを設けることにした。数百ユーロの元値がついているポスターを、数十ユーロにまで値下げした。目玉商品は、アンドレイ・タルコフスキー監督の『ストーカー』のポスター。完璧な状態で、イラストレーターのサインも入っている。オオカミに似た巨大な動物の顔が扉の向こうからこちらをのぞいていて、その足元には小さな砂丘が広がり、さらに小さな人物三人がたたずんでいる絵の有名なポスターだ。これにさっそく目をつけた客が、セール価格からさらに値切ったのにはむっときたが、受け入れるしかなかった。

カミーユが「ボランティア仲間にプレゼントしたいから」ともっともらしい言い訳をして「ＬＰレコードをまとめ買いしたい」と申し出ると、すぐに断った。善意からの申し出だと知っていたが、同情されるのは耐えられなかったのだ。

ポールはいよいよ資金繰りがつかなくなり、ありとあらゆる出費を減らそうと努力した。厳しい寒さだったが暖房をつけず、電気もどうしても必要なときしかつけなかった。でも、体を温めてくれる赤ワインだけは節約しなかった。アルコールが血管を広げる効果は一時的な錯覚にすぎず、本当に寒さを解決してくれるわけではないと知っていたのだけれど。

放課後、モナを学校に迎えにきたのはポールだった。ふたりは直接、モントルイユの店に行った。カミーユはその日、ボランティアをしている「マリ人不法移民を守る会」がモントルイユのバラ通りに運営する宿泊施設で、経理の事務仕事をしていた。モナは店を手伝うのが大好きだ。まるで大人になったみたいな誇らしげな気分になれる。ポールはモナに簡単な仕事を与え、モナはそれを熱心にこなした。モナは早く大人になりたくて、いつも、両親が子ども時代や学生時代を懐かしむのが理解できない。

店にはモナにとって怖い物が二つある。トゲだらけの腕がたくさんある怪物みたいな鉄のボトルラックと、暗くてだだっ広い地下室だ。この二つを除けば店はパラダイスだ。父親に言いつけられて、奥の部屋にこもり、あちこちで仕入れてきた古いアメリカの雑誌の題名や号数をリストに書いていく仕事は、とりわけ楽しい。英語の題名を、まるで呪文みたいにつぶやいてみる。これは大事なお仕事なんだ。雑誌にはカビが生えていることもあるけれど、パパによれば、アメリカの古い雑誌は世界中に愛好家がいるんだから。

モナは、父親が壊れたジュークボックスを修理している間、まるで修道女のように、丁寧に作業をこなした。フランス・ギャルの往年のヒット曲が、大音量で響きわたる。ギャルが歌う「画家セザンヌ」が流れているとき、モナは突然大きなくしゃみが出て、勢いで後ろの棚にぶつかった。

ふと見ると、積み重なった「ＬＩＦＥ」誌の上に、鉛の小さな置物が何十個も散らばっている。何年も前からそこにあったらしく、ほこりだらけだ。暗くてよく見えないけれど、ほこりを払って指先で触ってみると、細かな細工がしてある。子ども向けのおもちゃというよりは置物らしい。シンバルを持ったピエロの人形を手に取って眺める。彫られた模様と、暗がりでもわかるつやのある帽子の赤い色が美しい。モナはそれを、ウインドウの脇の棚にそっと置いた。極小サイズのピエロのことなんて、パパはすっかり忘れているけれど、ピエロはきっとパパをそっと見守る秘密の友だちになってくれるはずだ。

北風が吹き荒れる水曜日だった。モナは大きなフードのついたコートを着て、白いファーの縁取りがあるブーツを履いていた。暖房の効いたルーヴル美術館に入ると、まるでさなぎに温かく包み込まれたかのように感じる。今日、モナのために祖父が選んだのは、うららかな春の絵だ。

＊

野外の自然を背景に、灰色の石の墓を四人の羊飼いたちが取り囲んでいる。墓がカンバスの中央に描かれている。人物と比べてみると、墓の高さは一メートル半ほどと推定される。羊飼いのうちの三人は男性だ。向かって左端に立っている若い羊飼いは、長い杖をついていて、なおかつ墓のふたである石板にもたれている。隣には、衣で半身を覆って茶色のあごひげをたくわえた年上らしい羊飼いがいて、しゃがみ込んで墓に刻まれた文字を読んでいる。墓の右側の角にいて、このふたりと向かい合っている三人目の羊飼いは、とても若く、赤い衣を身にまとっていて、前かがみになっている。白いサンダルを履いた左足を四角い石に置き、刻まれた文字を人差し指で指しているが、顔は違うほう、四人目の人物である女性のほうを見ている。三人目の男性の肩に手を置いているその女性は、黄色と青の服を着て、頭にはターバンを巻いている。穏やかにほほえんでいるようにも、笑いをこらえているようにも見える。

全体にはっきりと明瞭な線で描かれているが、墓に刻まれた十四の文字だけは読めない。影で暗くなっているうえ、一部がひざを曲げている中央のふたりの羊飼いの手足に隠れているためだ。遠くには木が二本生えている。その手前にも木立があり、葉を茂らせている。水平線にはごつごつとした山の景色が見え、青空が広がり、白い雲が浮かぶ。空は晴れているが、光の色合いは夕景のようだ。

「モナ、もう十五分間も、石みたいに動かずに至近距離から見ているね。絵に穴を開けないように気をつけて」

「ああ、おじいちゃん！　あとちょっとだけ待って」

モナは、絵と格闘している。額縁の外にいるモナと、額縁の中にいる人物たちは、目に見えない波動でつながっているかのようだ。アンリはそれを眺めながら、この絵をめぐるいろいろな解釈を頭の中でおさらいしていた。中でも有名なのが、エルヴィン・パノフスキーの説だ。美術史の世界では有名なパノフスキーは、一般には知られていないが、原子科学者がアインシュタインをあがめるのと同じくらい、アンリはパノフスキーをあがめていた。アインシュタインが発見した相対性理論と同様に、パノフスキーは視線と絵画の関係についての究極の法則があるはずだと信じていたのだが、もちろん、どんなに探したところで明確な法則などというものは見つからなかった。目で世界を見るほど明白なことはなさそうだが、実際には、そんなにとらえどころのないものはない……。

「おじいちゃん、もう降参だよ」

モナが突然言った。

「この石にはいったい、何て書いてあるの？　絵の中でみんながじっと見ているからには、きっと、私もここに刻んであるメッセージを読むべきだよね。だからがんばって読もうとしたんだけど、お手上げだよ」

「本当？　でも簡単なラテン語の成句だよ」

「ちょっと待ってよ、おじいちゃん。ラテン語を読めなんて言われたら、困っちゃうよ」

「わかってるよ、ちょっとからかっただけだ。今ではもう誰もラテン語を話す人はいないけど、この言葉は有名だからおじいちゃんは知ってるよ。『Et in Arcadia ego』、つまり『私もまた、アルカディアにいる』という意味だ。アルカディアはギリシャの中心、ペロポネソス半島の地域だ。一七世紀の教養人なら古典を読み込んでいたから誰でも知っていた。たとえば、ウェルギリウスとオウィディウスは、どちらも紀元前一世紀の詩人で、アルカディアについて、羊飼いの住む楽園であり、穏やかな生活が送れる理想郷として書いている」

「この絵は、アルカディアの風景なんだね」

「そう。画家のニコラ・プッサンはギリシャに行ったことはなかったが、この絵に描いたのは、牧歌的な美しさのあるギリシャにほかならない。しかも、プッサンは、画家としての長いキャリアを通して、アルカディアを理想とし、その理想に基づいて自然を描いた。プッサンの理想は、安定をもたらす豊かさがありながら、バランスの取れたシンプルな暮らし。過剰なものも、足りないものもなく、必要十分な世界だ」

「でも私は、家族で散歩に行って、ママとパパが静かに自然の風景を眺めているようなとき、つい別のことを考えちゃう。正直なところ、家に帰りたくなるんだ。ふたりきりになりたいらしくて、どっかで遊んできたらなんて言うこともあるんだよ」

アンリは、画家フランシス・ピカビアの「田舎の静けさを前にすると、退屈して木を食べたくなる」という言葉を思い浮かべたが、これを言ったらさらにモナが混乱するだろうと思い、ただこう言った。

「当時、自然は不完全なものだと考えられていた。だから、画家が自然を絵に描くときは、理想に合わせて修正しながら描いたんだ。一六世紀に、イタリアのロマッツォという画家・著作家は、画家は自然を描くとき、三段階で自然を修正しなければならないと書いている。第一に、複数の異なる部分の間にちょうどいい空間を空けること。第二に、プロポーションに注意を配ること。第三に、パレットの絵の具を、心地よい絵になるように配色すること。目に見える通りの自然を描くのではダメで、理想的な線と、理想的な色だけを描くべきだというわけだ」

「プッサンは、ロマッツォのルールに従ったの？」

「従っただけじゃなくて、さらに理想の絵を極めた。プッサンは、冷静に、合理性を重んじて絵を描き、一七世紀古典主義の巨匠と呼ばれている。その作品は構図に安定感があって完璧なバランスが取れている。歪んだ真珠を意味するバロックという名前をつけられて軽蔑されていた画家たちとは対照的だ。プッサンの作品はすべてが規則正しく整然としている。だから、ぱっと見てすぐに惹きつけられるような強い印象はないよね。同時代のルーベンスやシモン・ヴーエは、コントラストや動きを表現し、情熱が渦巻いていて想像をあおるような絵画を描いたが、プッサンはそういう画家たちの力強さとは無縁だ。そういえば、レンブラントを見に行ったときに、カラヴァッジョについて少しだけ触れたのを覚えているかな？　カラヴァッジョはレンブラントと並んでイタリアのキアロスクーロの巨匠なんだけど、プッサンはカラヴァッジョが大嫌いで、『絵画を破滅させるためにこの世にやってきた』とまで言ったんだ」

「プッサンに、今のアクション映画を見せたら、やっぱり嫌いだっただろうね」

「きっとそうだね。プッサンは、ドラマチックな情景や人物が登場する飾り立てた大型の絵ではなく、イーゼルに立てられる中型のカンバスに、全体のバランスを重視して描いた絵のほうが優れている、と考えていた」

「この絵では、羊飼いたちがまるで彫刻みたいに見えるよ」

「いいところに気づいたね。プッサンは彫刻家ではなかったけれど、絵に描こうとしている人物の小さなろう人形を作った。のぞき穴を側面に設けた箱を用意して、その中にろう人形を入れてミニチュアの劇場を作り、絵のリハーサルをしたんだ。のぞき穴から照明を当てて光の具合を実験したり、それにもちろん、絵で表現したいテーマに合わせて人物の配置や表情を工夫したりするためだ」

「プッサンは、生きている頃から有名だったの？」

「一言で言うのは難しいな。プッサンの人生は、奇妙な道筋をたどった。フランスで画家になって初めの頃はあまり評価されなかったが、一六二四年にローマに活動の場所を移すと、道徳の教えをテーマにした絵画で名声を得る。一六四二年にルイ十三世によってフランスに呼び戻され、国王御用達の画家になった。名誉ある地位だけれど、プッサンにとっては迷惑なだけだった。さっき言った通り、プッサンは、綿密な計画に基づく絵を、イーゼルを用いて、ゆっくりと落ち着いて制作するのを好んだ。でも当時、国王に雇われた画家は、そんなわけにはいかなかったんだ。大型のアトリエで助手を雇い、タペストリーや宮殿の壁画など、国王の治世を記念するような大型作品を制作して、政治的な宣伝に努めなくてはならなかった。プッサンのように、行動より先にじっくり考えるタイプには無理な話だ。だからプッサンは、あっという間にイタリアに戻り、そこで生涯を終えた。亡くなったのは七十一歳のときだから、当時としては長生きだったね」

モナは啞然とした。おじいちゃんは、意地悪に笑っているだけだ。もうとっくにその年を超えているけど、全然死ぬ気配などない。

「おじいちゃん、フランスとイタリアなら、どっちがいい？」

「どっちも好きだよ。最高なのはアルプスだな」

モナははぐらかされて、何と言っていいかわからなかった。

「それはさておき、プッサンはこの絵を、フランスに旅立つ直前に、イタリアで描いた。三人の羊飼いは夢中で墓碑に見入っている。『私もまた、アルカディアにいる』と書かれているのを見つけたところなんだ。美術史家たちは、この『私』は誰なのかをめぐって議論を繰り広げてきた。死んでこの墓に埋葬されている人だとすると、死んだ羊飼いがアルカディアの後輩たちに人生の短さを告げているのだろう。あるいは、死そのものが語っているのだとすれば、のどかな理想郷であるアルカディアにも死は存在するのだと訴えていることになる。つまり、アルカディアの羊飼いたちは、今は楽しく平和に暮らしているが、人生はいつか終わる運命にあるということを知らされているという場面なんだ。どちらにしても、この絵は『メメントモリ』と呼ばれる。ラテン語で『死を忘れるな』という意味の成句だ」

「でも、女の人はどうして笑っているの？」

「死に直面したって、恐怖に震え上がったりしなくてもいいからだよ。プッサンは、ドラマチックな表現を避けた。大理石の彫刻のように壮大で堂々とした人物を描き、興奮したり騒いだりしないで、清らかで気高い精神を貫こうと訴えているんだ」

「なるほどね。プッサンの絵は、どこまでも平和で落ち着いた雰囲気だよね。これは、清らかで……」。モナは言葉につまった。

「気高い精神のおかげだね」とアンリが助け船を出し、モナは真剣な表情でうなずいた。

「プッサンは若い頃、ローマで乱闘に巻き込まれて右手に大けがをした。切断せずにすんだからよかったものの、右手に不自由が残ったんだ。画家として、これがどんなに悲劇的なことか、想像がつくよね。それに、悩みは一生続いたんだ。手紙の中で、憎むべき障がいに悩まされていると訴えて、実は一六四二年からすでに手が震えはじめたと打ち明けている。さまざまな病気の影響で、おそらく当時の医療ではどうにもならなかった。死ぬまでの二十年あまりもの間、震えは悪化する一方だったが、それでも絵を描き続けた。一枚の絵にさらに時間をかけ、細心の注意を払って、完璧な安定性を見せる作品を描いた。この絵からは、手が震えていた様子など想像もつかないよね。プッサンは何が起きても動じなかったんだよ。そして、絵を見る人も威厳を持った生き方をするように呼びかけているんだ」

「おじいちゃんは、死が怖くて震えることってある？」

「少なくとも、自分が死ぬのが怖くて震えることはないな」

「神を信じてるから？」

「疑っていないものを信じることなんて、できないよ」

「え、つまり、どっち？」

「おじいちゃんは、神を大いに疑っている……」

10

フィリップ・ド・シャンパーニュ
奇跡は起きると信じる

年が明けて最初の診察日。ヴァン・オルスト医師は、モナと母親に「あけましておめでとうございます。今年もよろしくお願いします」と通りいっぺんの挨拶をしてから、前回の診察から、もうひと月半も経っていると指摘した。

「今日は、モナさんの目を、きちんと見せてもらわなくてはなりません」

モナは緊張した。医師がモナの目を見ようとするたびに、モナは、まゆをひそめ、目をぎゅっとつぶって、椅子にしがみついた。大人たちは沈黙を保っている。恐ろしい運命を告げられる瞬間が、いつ来てもおかしくない。モナは恐怖に震えた。

「ほかのことを考えてください」

催眠療法を試みる医師の声が聞こえた。

脳のどこかに秘密のスイッチがあって、それを押せば「ほかのこと」を考えられるかもしれない。

「ほかのこと、ほかのこと……」

モナはついに、秘密のスイッチを探り当て、脳内の奇妙な探検に出発した。すると、想像の中にイメージがあふれ出てくる。パパの店で見つけた小さな置物。ジャッドのしかめっつら。フランス・ハルスの《ジプシー女》の笑顔。おじいちゃんの顔の傷痕。そしてギヨームの髪……心は移ろい続け、つらい記憶が網膜によみがえった。校庭でこめかみに当たった泥まみれのボール。あの痛みが刺すのを、モナは再び感じた。

ヴァン・オルスト医師の方法は、失敗に終わった。

カミーユは、モナが苦しむ様子を見ていて、医師に対する憎しみが湧いてきた。そして、そんな自分を恥じた。母親として口を開こうとした瞬間、モナは「ちょっと待ってほしい」という意味の大人びたジェスチャーでカミーユを制止した。深呼吸をして、気をそらすのではなく、意識して自分の体をコントロールしようと覚悟を決めたのだ。

ヴァン・オルスト医師はようやく、モナの瞳孔をライトで照らし、細かく見ることができたが、モナは、自分の心が体から切り離されて、空中に浮かんでいるように感じた。そのとき、医師が母親に向かって「五分五分です」と言うのが聞こえた。

*

ルーヴル美術館に入るとき、モナは暗い顔をしていた。医師の暗い表情が、モナにそのまま乗り移ったみたいだった。アンリはふだんから、モナの気持ちを察することにかけては自信があった。いつになく無口で沈み込んだ顔をしているモナを見ていて、自分も胸が痛くなった。そしてふと、カリメロのことを思い出した。真っ黒のひよこで、卵の殻を帽子みたいにかぶっていて、その下にはぎょろりとした目玉がついている。ほかのひよこたちはみんな黄色いのに、カリメロだけは生まれつき黒い。モナもカリメロと同じように、「自分だけが、なぜ」と思っているのだろう。

アンリは突然立ち止まり、子どもが子猫を強く抱きしめるようにモナを抱きしめた。モナはびっくりしたけれど、にっこり笑顔になった。そして突然、広い美術館の中のどこかにある絵を発見するのが楽しみになってきた。アンリは長年の経験から、今のモナなら、少し難しくても大切なことを語ってやれば、きっとわかってくれるだろうと考えた。そこで、先週の続きで、古典主義の絵画を見に行くことに決めた。ただし前回とは違い、理想郷アルカディアではなく、人生の厳しさを描いた絵だ。

修道女ふたりが祈りを捧げている。グレーを基調とした室内は、木の床で、壁は一部ひび割れている。ここは独房の一角で、右側の壁にはキリストの姿のない巨大な十字架がある。その下に、若い女性が座っている姿が、繊細に、精緻に描かれている。女性の上半身は椅子の背に寄りかかっていて、脚は前に伸ばして椅子の前に置かれた足置き台の青いクッションの上に乗せている。祈るように合わせてひざに置かれた両手と、ベールから出ている卵形の顔を除けば、全身がくすんだクリーム色の服で覆われている。服の正面には、大きな赤い十字架が刺繍されている。

その脇には、まったく同じ服装の年配の女性がひざまずいて、かすかにほほえみながら、祈りを捧げている。ふたりは放射状に注ぐ光の筋に照らされている。光の筋は、左側の年配の修道女のあごのあたりから、右側の若い修道女のひざの上に載せて開いた聖遺物入れにまで及んでいる。絵の左側には、ラテン語で「CHRISTO UNI MEDICO ANIMARUM ET CORPORUM」で始まる長い文章が書かれている。

「先週見た絵も、ラテン語の文が書かれてたよね」

モナは十二分間じっくりと絵を見た後に、こう言った。

「ラテン語だから難しいってことはないよ。訳せば『魂と肉体を癒やすただひとりの医師であるキリストに捧ぐ』となる」

「私にはヴァン・オルスト先生がついているよ。それに、おじいちゃんと私だけの秘密の精神科医もね！」

モナはにっこり笑った。

「そう、モナとおじいちゃんだけの秘密だ。ちゃんとモナが秘密を守ってくれているといいけど」

「大丈夫。この世で最も美しいものに誓って、秘密は守るよ」

「それはよかった。今回は一六六二年に描かれた絵だ。フランスの太陽王と呼ばれたルイ十四世の長い治世の始まりにあたる。国王として歴史に名を刻んだルイ十四世は野心と欲望のままに生き、さまざまな顔を見せた。芸術と知識の繁栄を心から望み、科学、文学、絵画のためのアカデミーを設立し、発展させた。そして、自分が史上最も重要な王であり、フランスが偉大で英雄的で格調高く輝かしい国であることを示そうと、芸術作品を大量に注文した。そのルイ十四世のお抱え画家のひとりが、この絵を描いたフィリップ・ド・シャンパーニュだ」

「つまり、この絵を描かせたのが、ルイ十四世だったってこと？　おじいちゃんはこの絵、いいと思う？　私はなんだか暗くて退屈だと思うけど」

「いや、これはルイ十四世が注文した絵ではないんだ。ちょっと複雑なんだよ。さっき言った通り、ルイ十四世にはいろんな顔があった。芸術に情熱を傾けただけではなくて、すべてを支配したいと望む絶対君主であり、自分の威信にわずかでも影が差すのを避けるためなら、どんなことでもする独裁者だったんだ。例を挙げて説明しよう。ルイ十四世の大蔵卿を務めたニコラ・フーケは、莫大な富を築き、芸術のパトロンとしても活躍した。フーケはヴォー＝ル＝ヴィコント城を建てて、そこで豪華なパーティーや演劇の上演の数々を催した。ルイ十四世は、そんなフーケがねたましくてたまらなくなった。そこで、フーケを逮捕させて裁判にかけ、有罪になったフーケを一生牢屋に閉じ込めた」

「それもこれも、フーケのお城が自分のよりも豪華だったからってこと？　ひどい王様だね」

「そう、これが絶対主義というものだよ。一六六二年、ニコラ・フーケが逮捕された数カ月後に、フィリップ・ド・シャンパーニュが描いたのがこの絵だ。絵の舞台は、見た目とは違って、実はあまり穏やかではない場所なんだよ。豪華絢爛《ごうかけんらん》なヴォー＝ル＝ヴィコント城と同じくらい、太陽王ルイ十四世をおとしめているとも言える」

「この絵の舞台がどこなのかは、見ればわかるよ。修道院でしょう？　パーティーとは無縁そうだけど」

「そう、セーヌ川左岸にあったポール・ロワイヤル修道院だ。ルイ十四世はこの修道院を恐れていた。大嫌いだったと言ってもいい」

「でも、どうして、お祈りをするための場所が怖かったの？　修道女はたいてい優しいでしょう？　絵では、おばあさんの修道女のそばで、若い修道女が横になってる。病気なのかな」

「そう、この修道女は病気なんだ。ルイ十四世が恐れたのは、修道女たちが、自分にとって厄介な思想を持っていたからだ。この修道院は、ジャンセニスムと呼ばれるキリスト教の思想を採用していた。ジャンセニスムを説いた神学者ヤンセニウスが亡くなった一六三八年に、ルイ十四世は生まれている。ヤンセニウスは、人は神だけに身をゆだねるべきだと考え、人が権力を持つことは許されないと主張した。どんな人も自分の思うままにしてはならないし、ほかの人を支配する権力を持つべきではないと考えたんだ。ルイ十四世とそれに続く国王たちが、ジャンセニスムをどれほど警戒したかは、想像にかたくないよね。国王たちがとりわけ恐れたのは、キリスト教の権威に裏づけられていたうえに、政治権力を体現した国王という存在そのものを批判したからだ。国王はこの手強い敵をなんとかもみ消そうとして、脅したり、迫害したりした。言い換えれば、修道女たちは国王よりも神が上だと主張したわけだからね。ルイ十四世のもとで、ジャンセニスムを実践するのは勇気ある行為だった」

「お祈りをしているおばあさんのほうの修道女は、きっと修道院長だと思うな」

「大当たり。ポール・ロワイヤル修道院のアニエス・アルノー院長だ。この絵を見ていると、修道女と一緒に独房の中にいるみたいな気分になれる。右端には質素な木とわらでできた椅子があり、その上には祈禱《きとう》書が置かれている。横たわる修道女のそばの椅子に座って、話ができそうな錯覚さえしてくるよ」

「この絵は修道院で描かれたの？」

「いや、フィリップ・ド・シャンパーニュは修道院に立ち入ることはできなかった。若いほうの修道女はカトリーヌという名で、自分の娘だったんだよ。肌が青白い病床の修道女は、自分自身の血を分けた肉体だったと言える。フィリップ・ド・シャンパーニュは、当時六十歳。長いキャリアの中で、著名な人物をたくさん描いていた。たとえば、正装姿の枢機卿リシュリューを描くことを許された唯一の画家だった。王侯貴族や権力者を描いてきた画家が、この絵で描いたのは、自分にとってこの世でいちばん大切で、いちばん価値のあるものだ。つまり、ポール・ロワイヤル修道院で、世間から離れ、神の道に生きる娘だ」

「じゃあ、ほとんど娘に会えなかったってこと？　だから、娘と一緒にいられるように、絵に描いたのかな？」

「なかなかいい推理だよ。だけど、現実はもっとドラマチックなんだ。一六六〇年の秋、原因はわからないが、カトリーヌは突然右半身がこわばり、鋭い痛みが走るのを感じた。歩けなくなり、慢性的な痛みに苦しんだ。二十四歳で障がい者になったんだ。父フィリップが修道院の面会室で言葉を交わしたとき、カトリーヌは別の修道女たちに、子どものように抱かれていたという。どんな薬も効かなかった。絵の中で、両脚をまっすぐ伸ばして台に乗せている様子を見ると、どうやら麻痺していたようだ。不幸なことに、当時の医者は麻痺には完全にお手上げで、治療法はなかったんだ」

「かわいそうすぎる。自分だけがなぜって思っただろうな」

アンリは黙っていた。医者はよく診断を間違えること、カトリーヌが医者によって血を抜く治療を受けさせられて病状がさらに悪化していたことをモナに話そうかと思ったが、脱線はせずに、話を続けた。

「でも、モナ、見てごらんよ。ふたりの上には光が降り注いでいるよね。これは、神の光が見えた瞬間なんだ。絵の中に、二つの光が描かれている。第一に、私たちの世界を照らす太陽の光。これによって、修道服のクリーム色、壁の硬さ、椅子の茶色など、物が目に見えて、空間に奥行きと色が生まれる。第二の光とは、天上の世界から降り注ぐ光だ。キリスト教徒に神が与える光が日常を照らし出す瞬間を描いているんだ。すべてのキリスト教絵画は、自然と超自然を矛盾させることなく同居させ、本当に起きていることのように描き出すという難題に挑戦するんだけれど、この絵も例外ではない」

「でも、この絵にはどんな超自然が描かれているの？」

「医者が降参し、もう希望はないと思われたとき、左の修道女アニエスは、まだ若い修道女カトリーヌを救えると信じた。カトリーヌのために祈り続け、魂を奮い立たせようとした。そして、この絵に描かれているのは、そのうちの一日だった一六六二年一月六日に、アニエスが祈る場面なんだよ」

「それで、神は降りてきたのかな？」

「降りてきたんだよ！　ここに描かれた奇跡は、たとえ信仰心がない人でも感動させる力がある。穏やかな光こそが、神が祈りに応えて与えてくれた恵みであり、待ち望んだ奇跡なんだ。翌日の一月七日に、カトリーヌは体に生気がみなぎるのを感じた。礼拝の間、自分の足で立ち、歩き、ひざまずくことさえできたんだ。奇跡を知らされたフィリップ・ド・シャンパーニュが心から喜んで、すぐに描きはじめ、奉納画と呼んだのが、この絵なんだよ。つまりは神に感謝して捧げる贈り物だ」

「でも、おじいちゃん、一月六日の代わりに、一月七日に起きたことを描けばよかったのに。だって、カトリーヌが歩き出すときこそが、魔法みたいな瞬間だったんだから。そうでしょう？」

「もしもモナが当時の画家だったとしたら、きっと売れっ子になっただろうな。でも、気を悪くしないでほしいのだけれど、ちょっと当たり前すぎるよ。確かに、壮大なテーマやわかりやすい教訓を描けば人気が出ることは、経験上、フィリップ・ドゥ・シャンパーニュにだってわかっていた。でもあえて、正反対の絵を描いたんだ。色彩を極力抑えて、グレーと白、黒のグラデーションによって、地味な場面を細やかに描く姿勢は、ジャンセニスムで重視された神への服従を表現している。ルイ十四世が繰り広げた絶対王政の華麗な宣伝戦略とは、真逆だよね」

「いつだって奇跡を信じなければならないってことだね？」

「そうだ、それがこの絵に込められたメッセージだ。それに、この絵がとりわけ感動的なのは、アニエスがカトリーヌのために奇跡を祈ったということだ。カトリーヌが自分のために祈ったというのではなくてね」

モナはふざけて両手を合わせて天をあおぎ、それから手を合わせたまま、再び絵に目をやった。

「おじいちゃん、カトリーヌのひざの上にあるのは何？」

「ああ！　よく見つけたね。正確にはわからない。絵の左側にあるラテン語の文章には、カトリーヌの物語が書かれているが、そこにも出てこないんだ。小さな箱の中に、聖遺物が入っているのは確かだ。キリストがかぶったいばらの冠のかけらとか、本物かどうかはともかく、キリストに関係のあるとされる物で、安全や治癒のお守りになると信じられていた」

カトリーヌの奇跡の数年前にも、聖遺物による奇跡があったという有名な逸話がある。一六五六年、ブレーズ・パスカルのめいがキリストのいばらの冠のとげに触れると、目の病気が治ったというのだ。でもあまりにモナの状況と似すぎている。アンリは、モナには話さないことにした。

モナは合わせていた両手を離すと、ありったけの力を込めて、ペンダントをぎゅっと握った。

11

アントワーヌ・ヴァトー
コメディーの舞台裏で泣く人もいる

理科の時間。アジ先生は、「人間は雑食動物です。雑食動物には、クマ、チンパンジー、キツネ、イノシシ、リス、ネズミ、ハリネズミなどがいます」と説明した。すると、ぼんやり聞いていたディエゴは突然、「人間も共食いするの？　しかもリスまで人間を食べるなんて！」と叫び、それを聞いたクラスの子どもたちがどっと笑った。アジ先生も、つい吹き出した。それでディエゴは大泣きした。ジャッドがディエゴをからかって泣きまねをしている。

アジ先生ははっとして、「いいかげんにしなさい」と叫んだ。教室は一瞬にして静まり返り、ディエゴのすすり泣く声だけが響いた。

下校前、模型コンテストに向けて、ふたり組の相手を決めるためのくじ引きがあった。学期末までに共同で模型を作るというコンテストだ。モナはあらかじめ、相手がジャッドかリリになる確率を一六分の一と計算し、「なんとかどちらかに当たりますように」と祈った。くじ引きの結果が発表され、モナはリリと組むことになり、飛び上がって喜んだ。一方でジャッドはディエゴに当たってしまった。最悪だ。

「月の模型を作ろう！」

ディエゴは興奮してジャッドに言った。

ジャッドは自分の部屋の模型を作ると決めていた。月の模型なんて、バカじゃない？　ジャッドは何も言わなかったが、軽蔑の表情でディエゴを見た。運が悪かったとあきらめるなんてできない。モナとリリは一緒になれたのに、悔しすぎる。

「ジャッド、きっとうまくいくよ。ディエゴはいつも夢を見ているみたいだよね。でも月の模型って、けっこういいアイデアだと思うけど」

「心にもないことを言わないで。自分はリリに当たったから、私のことなんてどうでもいいんでしょう。あんな幼稚園児みたいなやつと一緒に模型作りだなんて、最悪だよ！」

実は、くじ引きの結果がわかったとき、モナはジャッドの不運をひそかに笑ってしまった。でも今はジャッドに同情しつつあった。

「ねえ、このペンダントを握ってみて」

モナにそう言われて、ジャッドはため息をつき、ちょっと考えてから言われるままにした。モナは、握りしめたジャッドの手を自分の手で包み込んだ。

＊

アンリは小さくため息をついた。シャルル・ルブランが描いた戦いの絵が、華やかであることは否定できない。煙が立ち込める戦場で、馬に乗った戦士が勇ましく剣を振り上げている。何十人もの戦士が果敢に敵に向かう姿が、大きなカンバスに描かれている。アンリは自分自身がフォトジャーナリストとして戦場を取材した頃を思い出していた。でも、ルブランは、戦場で流れる血も、えぐれる内臓も描くことはない。虐殺の場面をルブランはきれいごととして見せている。

アンリは、ルイ十四世の栄華を称えるルブランの作品など、モナに見せるのはまっぴらだと思った。そして代わりに、一八世紀初期の摂政時代に描かれた絵画のほうに向かった。アンリはこの時代の絵が大好きだった。

ルイ十五世幼少期の一七一五年から一七二三年、オルレアン公フィリップ二世が摂政統治をした時代。それまでルイ十四世の絶対王政によって締めつけられていた社会で、人々はようやく息を吹き返し、自由になり、高揚した。その様子が、当時の絵にはそのまま描かれている。そして、自由に涙を流す権利も取り戻したらしいことが、今日の絵からわかる。

大型の木の板に、髪とまゆ毛がこげ茶色の少年が、絵の中心からやや左にずれたところに、等身大に描かれている。少年は腕をだらりと下げて、硬直した姿勢で立っている。お椀型のつばのない帽子に、後光のように大きな丸いつばのある帽子を重ねてかぶっている。まゆは太く、その下のまぶたは重たく垂れ下がり、瞳には光が宿っている。頬と鼻は赤みを帯びている。布靴には、ピンク色のリボンが大きく結んである。ゆったりとした重そうな白いサテンの衣装を着ている。ズボンはふくらはぎまでの丈。上着はボタンが十数個ついていて、その二の腕の部分が太くなっている。

少年の背後、一メートルほど離れた平面に並ぶように、人物四人と動物一頭が見えるが、いったい何をしているのかは、わからない。後ろの人物の頭は少年の太ももと同じくらいの高さにある。絵の左端には、首に大きなひだ飾りのある黒い服を着た男性が、四分の三正面像で描かれていて、こちらを見てあざ笑うような表情を浮かべている。この男性はロバに乗っているらしいが、ロバは頭の一部しか見えない。ロバは立った長い耳に加え、光る黒い目が印象的で、視線もこちらに向けられている。

ほかの三人は作品の右側の小さな部分に固まって描かれていて、互いに無視しあっているようだ。主人公のひざのすぐ後ろくらいにいるひとりは、燃え上がる炎のような形の白っぽい帽子をかぶり、驚いたような表情で、絵の外にある何かを見つめている。いちばん手前に横顔が描かれている男性は、赤いスーツに赤いベレー帽をかぶり、顔もわずかに赤らんでいて、バカにしたような表情でにやりと笑いながら、手はロバの手綱を握っている。ふたりの男性の間にいるのは優しい目をした若い女性で、身なりがよく、赤毛の髪を後ろでまとめ、ショールをはおっている。

低いところに描かれた地平線の上に広がる空を背景に、右端にまばらに生えている草木の間、大きな牧神の石像が、場面全体を見下ろすように立っている。

モナはまず、この絵の少年が、同級生のディエゴにそっくりなのに驚いた。絵の少年は十七歳だというが、年齢差はまったく気にならない。モナは胸がどきどきした。一度死んだ人が、年月を経て、別の人に生まれ変わるなんていうことがあるのかな？　もしかしたら、大昔にどこかの国に生きていた私を描いた古い絵が、どこかの美術館に飾られていたりするかもしれない。でも、そんなことをおじいちゃんに言ったら、バカみたいって思うだろうな……。

「モナ、そろそろ夢から覚める頃かな？」

「ちゃんと起きてるよ。ちょっとメイソウしてただけ」

モナは、おじいちゃんを感心させたくて、「瞑想」という難しい言葉を使ってみた。

「すてきだなあ。じゃあ、おじいちゃんと一緒に瞑想しようよ。これは、アントワーヌ・ヴァトーという画家の絵だ。ヴァトーは三十七歳の若さで亡くなったこと以外、どんな人生を送ったのかは、記録が残っていない。

ここにある絵についても、なぜこれほど大きな絵を描いたのかわからないし、しかも絵の端には切り取られた跡があって、いつ、誰が、何のために切り取ったのかは謎のままだ。つまり、わからないことだらけなんだ」

「人物の位置が微妙に中心からずれているのも、後から端っこを切り取ったせいなのかな?」

「そうだよ、よく気がついたね。大きく描かれている背の高い少年は、中心から少しだけ左側にずれている。この意外な構図によって、宙に浮いているような、不思議な感覚がさらに強調されているよね。絵の端を切ったから偶然そうなったのかもしれないし、ヴァトーが最初から大胆な構図で描いたとも考えられる。中央の少年も、後ろに小さく描かれた四人の人物も、みんなコメディア・デラルテの俳優たちだ」

「そうか、劇に出てる人たちなんだね」

「おじいちゃんは、実は演劇は見に行ってもすぐ飽きることが多いんだけど、コメディア・デラルテは退屈する暇なんてないくらい楽しい劇だったんだ。イタリアで生まれてフランスでも一八世紀にとても流行した演劇で、俳優たちは常に動き回って大げさな演技を披露する。そして、辛辣な風刺の効いたおもしろおかしいストーリーが展開する。社会の決まりがひっくり返って、いちばん弱い人が強い人を打ち負かすことも大いにありうる。まるでお祭りみたいな劇なんだ」

「これって、誰かの肖像画だよね?」

モナはさりげなく聞いてみた。おじいちゃんなら、ディエゴそっくりな昔々の秘密の人物が誰か、教えてくれるかもしれない。

「この絵は、肖像画じゃないんだよ。以前はずっと《ジル》と呼ばれていたけれど、今では《ピエロ》と呼ばれている。ジルもピエロも、当時の劇によく出てきたそっくりの登場人物なんだ。どちらも貧しくて、お人好しで、笑えるところがあって、そして、アクロバットができた」

「ピエロって、顔が真っ白で、目の周りを黒く塗ってるものかと思った」

「ピエロが顔を白塗りにして厚化粧をするようになったのは、一九世紀になってからなんだよ。ヴァトーは、ピエロのちょっと不気味なくらいの純真さを、真っ白な衣装で表現しているね。この衣装は、鉛を使った白い絵の具で塗られている。ヴァトーは鉛中毒で死んだという説もあるんだ」

「後ろの左端にいるのは、ピエロとは全然違って嫌な感じの男の人だね。こっちを見て意地悪そうに笑ってるよ」

「そう、ふたりはまったく正反対だよね。この人は博士。やっぱりコメディア・デラルテの定番の登場人物なんだよ。ずる賢くて見栄っ張りで、尊敬に値する賢者のように振る舞うけれど、実際には的外れなことばかり言うんだ。ヴァトーは、自分は賢いと気取っている人を批判しているんだ。そして隣には、困ったような顔をしているレアンドルと、その魅力的な恋人であるイザベルがいる。ふたりはコメディア・デラルテに頻繁に恋人どうしとして登場する。そして、ふたりのさらに右側にいる最後の人物は、悪役の隊長だ。えらぶっていて、うぬぼれ屋で、ずるいことばかりしていて、そして実は臆病者なんだ。ここではとさかみたいな飾りを頭に載せ、あわれなロバの手綱を握っている。コメディア・デラルテでは、こういうおなじみの人物たちが、だましたりだまされたり、悪事をたくらんだり、事件を解決したり、思いもかけない展開になったり、遠慮のないセリフを浴びせあったりする。そしてこの絵は、劇の宣伝のために描かれた看板だったのかもしれないんだ」

「看板だとしたら、みんながよく目にしていたってわけだね」

「いや、そうでもないんだよ。当時は注目されず、しばらく忘れ去られていたんだ。ヴァトーの死から百年も経った頃、パリ中心部のカルーゼル広場にあった商人ムニエの店で発見された。ムニエはやり手で、当時有名だった歌の一節をとって、まるでキャッチフレーズみたいに『ピエロがあなたを楽しませる術を知っていたらよかったのに』とチョークで落書きしたんだよ。たまたま通りかかったヴィヴァン・ドゥノンという人が絵に目を止めて、百五十フランというささやかな金を払ってこの絵を買った。一八〇二年のことだ。同年、ヴィヴァン・ドゥノンはナポレオンによって、ルーヴル美術館の初代館長に任命されたんだよ」

「ふうん、作品そのものが広告になったってこと?」

アンリはモナのことを誇りに思いながらうなずいた。ずいぶん絵を理解する力がついたものだ。そこでアンリは、ちょっと向きを変えると、《ピエロ》の隣にある絵を指差した。

「これもヴァトーの作品で、《ピエロ》と同じ頃の絵だ。優雅な上流階級の群衆が、愛の女神ヴィーナスの聖地とされるギリシャの島、シテール島への巡礼を楽しんでいる様子が描かれている。ヴァトーの短い生涯において、画家としての評価の確立につながった重要な作品だ。一七一七年、ヴァトーは古典的な権威を持つ王立絵画彫刻アカデミーにこの絵を提出して合格し、アカデミー正会員になった。ただしアカデミーは、従来のどのカテゴリーにも当てはまらない斬新な作品だと考え、人々が夢見るように感情や快楽に身をまかせる浮世離れした世界を描く『雅宴画』という新しいジャンルを設けたんだ」

アンリは話しながら、自分が体験した一九六〇年代から一九七〇年代のカルチャーを思い出していた。愛と平和を訴え、社会の重圧を逃れ、ドラッグがもたらす幻覚に逃避し、サイケデリックな音楽や芸術に没頭した若者の時代。イギリスのワイト島で開かれた伝説のロックフェスティバルに集ったヒッピーたちは、《シテール島への巡礼》を再現していたとも言える。ヒッピーたちは自然の中で大勢で集い、新しい時代を自由に生きようとしていた。

一九六八年の第一回ワイト島ロックフェスティバルに出演したバンド、ジェファーソン・エアプレインの大ヒット曲「ホワイト・ラビット」のベースの響きは、アンリの耳に今も鳴り響いている。飛行機に由来する名前のバンドらしく、エレキギターが奏でるサイケデリックな音楽は、スカルラッティのオペラや、あるいはバッハのカンタータのように、いつも青空に浮かんでいるような、天国にいるみたいな気分にさせてくれた。グレーや青、緑の合間に鮮やかなピンクがちりばめられたヴァトーの絵は、大麻によってヒッピーたちが体験したサイケデリックな幻覚を予言していたのかもしれない。

「おじいちゃん、ぼんやり夢見心地になっていたでしょう」

「違うよ、瞑想してたんだよ！」

「おじいちゃんが若かった頃のこと、教えてよ。ルイ十四世に牢屋に入れられた大臣と同じくらい、みんなで集まってパーティーばかりしてたんでしょう？」

「まあね。それはともかく、シャンパンの作り方を発明したドン・ペリニヨン修道院長は、ルイ十四世の崩御から二週間後に亡くなった。ルイ十四世の死後の摂政時代は、ルイ十五世がまだ幼かったので、オルレアン公フィリップがフランスを統治したんだけど、ヴェルサイユの宮廷の外の一般社会で、社交界が栄えた時代だった。シャンパンの人気が確立されたのも、そして自由思想が花開いたのも、その頃のことだよ」

「自由思想って何？　自由になろうっていうこと？」

「そうだ。キリスト教会の厳しい締めつけに反発して、生き方も考え方も自由になり、キリスト教の道徳や決まりに従わず、今を楽しく生きるべきだという思想だ。こういう自由な精神を、ヴァトーは見事に描き出した。舞踏会や、洗練されたサロン、演奏会や会話の場面、それにクロッケーやバックギャモンなどのゲームをする人たち、お酒がたくさん振る舞われる宴会などを描いている。そんな中で、両手をだらんとさせて立つピエロの絵だけは、何か別のことを表しているような感じがするよね？」

「このピエロは、幸せでいたいと願っているからこそ、現実は悲しいって思っているような感じがする」

「すばらしい説明だ。純粋な心を持つピエロは、役を演じて人々を楽しませるのが使命だけれど、ここでは、まるで役から切り離されているかのようだ。演劇には、舞台裏がつきものだよね。ピエロは、お祭り気分の観客や共演者に囲まれていながら、胸を締めつけられるような思いでいるらしい。ピエロは疲れ切っている。ヴァトーが描いているのは、ピエロのみじめな気持ちであり、他人を楽しませるのにくたびれた人の孤独なんだ。ドタバタ喜劇のはずのコメディア・デラルテが、突然、絵の中で暗い影を見せている。お祭り騒ぎには、光だけではなく影がつきものなんだ。仲間に入って騒ぐのが苦手な人もいるから、いつも笑顔でいなきゃいけないっていうプレッシャーを与えちゃいけない。コメディー、ゲーム、パーティーやおしゃべりは、一部の人にとっては苦痛かもしれないし、憂鬱な気分をもたらすかもしれない。そんなことを、ヴァトーの絵は訴えているんじゃないかな」

「もしもみんなも私たちと同じようにヴァトーの絵を深読みできたら、コメディーの舞台を描いていても、本当は悲しい絵なんだってことがわかるだろうね！」

アンリは苦笑いした。モナに説明した《ピエロ》の解釈は、自分のメランコリックな性格のせいで、ちょっと悲観的すぎたかもしれない。

「大丈夫だよ。フランソワ・ブーシェをはじめ、ヴァトーの後を継いだ画家たちは、暗い表現は避けて、自由奔放な世界を明るく描いたんだよ。ルイ十五世の愛人で一七四〇年代から一七五〇年代にかけて文化芸術のパトロンとして活躍したポンパドゥール夫人は、そうした画家たちを手厚く保護した。ポンパドゥール夫人は、お金を湯水のように使ってパーティーを開き、芸術家の保護を続け、フランス革命を前に死ぬ頃にはかなりの反感を買っていた。ちょっと脱線しちゃったね」

「でもね、おじいちゃん。私にはわかるよ。このピエロは、やっぱり心から悲しんでる。鼻とほっぺが赤くなっているのは、さっきまで泣いていたからだと思う。あなたのこと大好きだよって言ってあげたいけど、どうすればいいんだろう」

「絵をちゃんと見て、そこに込められた思いを汲むことだ。モナがやっているようにね」

12

アントニオ・カナレット
世界を一時停止させて眺めよう

モナは店で宿題をしていた。父親のポールはその脇で、古いダイヤル式の電話と格闘している。ちょっと手を加えてデジタルのデバイスに電話がつながるようにしたいのだが、なかなかうまくいかない。もう二日前から、ワインは飲んでいない。ボトルラックは空き瓶で満杯になり、セラーはほとんど空になってしまった。銀行口座も、レジもポケットも空っぽだ。

店じまいしようと思っているところに、鼻歌を歌いながら、老紳士がひとりで入ってきた。ポールは客の顔を覚えるのが苦手なほうだったが、初めての客に違いないという確信が持てた。八十歳くらいで、頭ははげている。グレーがかった青い目で、満面の笑みを浮かべている。きちんとした緑とベージュのツイードのスーツを着ていた。オーダーメイドに違いない。分厚いめがねをかけていたし、明らかにアンリとは似ても似つかぬ風貌だったが、同じくらい若々しい生気と迫力がある。

「何かお探しでしょうか？」

「ふだん買い物などしないのですが、あそこにある小さな人形の値段をお聞きしたいのです。ヴェルチュニが大好きなのですが、ひとりでぽつんと置いてあるのには少々びっくりしました。ああ、かわいそうに！」

モナはノートから顔を上げた。あの人形は三週間前にモナが見つけてウインドウの棚に乗せ、すっかり忘れていたのだ。ポールは、からかわれているのではないかと思った。店には小さな人形などないはずだ。でも棚を見れば、灰皿の脇で、シンバルを叩く道化師をかたどった高さ数センチの人形が、辛抱強く誰かに連れて帰ってもらえるのを待っている。

「本当にすばらしい。お値段を聞いてもよろしいですか」

「そうですね……」

ポールはしどろもどろになって、思いついた値段を答えた。

「十ユーロです」

「こんなに状態のいいヴェルチュニが、十ユーロですか？　何かの理由で私を喜ばせたいのか、それとも本当の価値を知らないのか、どっちです？　いずれにせよ、そんな値段じゃ、申し訳ない。これも何かのご縁ですし、きちんと支払いはさせてください。はい、五十ユーロ札をお渡しします。おつりは結構ですよ。最低でもそれくらいの価値がある品です。財布のお札はこれしかないし、カードは嫌いなんです」

「え、でも……」

「いえいえ、包んでいただくには及びません。すぐに使いますから」

老紳士は、来たときと同じメロディーを鼻歌で歌いながら、うれしくてたまらないというふうに去っていった。モナは何も言わずに、父親のそでを引いて、店の奥の散らかった場所に連れて行き、この前うっかり倒してしまった古い箱を指した。中には鉛でできた小さな人形がぎっしり入っている。ポールは信じられない気持ちでいた。その箱をどこから仕入れたのかすらも、全然記憶にない。店の奥に、そんなに価値がある品物が眠っていたとは、思いもよらなかった。ほこりだらけの箱が突然、宝箱になったのだ。

ポールは、久しぶりに晴れやかな気分になり、残り少なくなったビンテージワインのボトルを一本手に取った。今晩はこれでお祝いをしよう。

アパルトマンまで、ポールは片手にボトルを持ち、もう片方の手でモナの手を握っていた。モナは、幸運なできごとを喜ぶ気持ちと、父親がまたワインに手を出そうとしていることへの不安の間で、揺れ動いていた。とうとう思い切って、モナは言った。

「ねえ、パパ」

「どうした、モナ」

「お願い、今日はやっぱりお祝いはやめておこうよ」

ポールは、やっと冷静になり、ワインのボトルを見つめた。モナの言う通りだ。店の地下にあるセラーにボトルを戻すために、モナを連れて引き返した。こうして、禁酒三日目を達成した。

*

一月の最後の水曜日。ルーヴル美術館の館内を歩きながら、モナはそわそわしていた。アンリはいつもと違うモナの様子にすぐに気づいた。ピラミッドの下をくぐり、シュリー翼を通り抜けながら、何度も「どうしたの」と問いかけた。

モナはとうとう、「誰かに後をつけられているような気がする」と答えた。後をつけられている？　モナの妄想癖も大したものだ。アンリは内心笑いたくなった。ルーヴル美術館には毎日二万人、年間一千万人近い人々が訪れる。世界中の人たちに尾行されているように感じたって無理はない。アンリはモナのおでこにキスして安心させると、宮殿の間を流れる大きな運河を描いた風景画に、モナの注意を引いた。

およそ二百メートルにわたって埠頭《ふとう》が続いていて、船がそこかしこに見える。精巧な細工で船首を飾った豪華な船も混ざっている。うっすら白い雲のかかる青空の下、鐘楼がひときわ高くそびえているのをはじめ、豪華な石造りの建物が立ち並び、その様子が水面に映っている。鐘楼や教会のドームのほかは、建物の高さはさまざまで、二階建てと三階建てが混在している。最大の建物は宮殿で、ルネサンス様式とゴシック様式の両方の要素が見られる。下階は、大理石でできたレースのような精巧な装飾が見事で、上階は赤みを帯びた石の壁が荘厳で堅牢な印象だ。二つの階をつなぐのは、透かし彫りのようなアーチのある帯状の部分で、運河に面した外壁は、その部分が絵のほぼ中央で水平に延びている。宮殿の左側の壁はより小さく、奥まで描かれている。

広場に面して明るく日光に照らされている二本の柱の下は、大勢の人たちでにぎわっている。左の柱の上には翼のあるライオンの像、右の柱にはドラゴンを征伐する聖人の像が乗っている。広場の奥には教会の丸天井が並んでいるのが見える。

絵の中で動きがあるのは、主に前景で、小さな木造船が波の上を滑るように進んでいる様子が描かれている。カンバスの大きさは縦四十七センチ、横八十一センチと横長で、パノラマが広がっているような感覚を際立たせる。視点は水面より上空にあり、船乗り、漁師、それにゴンドラの漕ぎ手が、互いに話したり、オールを押したり、あるいは船を岸に寄せている様子がはっきりと見える。精密な筆づかいのおかげで、それぞれの人物の特徴や、アーケードやバルコニーの連なり、装飾のリズムまでが手に取るようにわかる。さらによく見ると、小さな波のうねりのひとつひとつまでが描かれている。

「今日はちょっとイタリア語を教えてあげようか」

「チャオっていう挨拶なら知ってるよ」

「じゃあ、今日はヴェドゥータという言葉を教えてあげよう。ヴェドゥータとは、きれいな風景や、特別なモニュメントの眺めを描いた絵、景観画を指す。一八世紀のヴェネチアで大人気だったんだ」

「つまりは、絵はがきの祖先だね」

「そう言ってもいい。でもね、優れたヴェドゥータの絵は、絵はがきよりもずっといい値段で売れるんだよ。ヴェドゥータで有名な画家といえば、カナレットだ」

「カナレットって、ヴェネチアの大運河、カナル・グランデと関係ありそうだね」

「いい線行ってるね。カナル・グランデのカナルも、アントニオの父親、ベルナルド・カナーレの苗字のカナーレも、運河という意味なんだ。カナレットは小さな運河を指す言葉なんだけど、アントニオがベルナルドの子孫であることを示している。アントニオは父親の弟子として舞台の大道具の仕事を教わり、父子でヴィヴァルディのオペラの大道具を担当したんだ。この体験は、芸術家としてすばらしい訓練になったに違いない。でも、単なる職人として扱われるのが嫌になり、若くしてひとり立ちして画家としての道を歩みはじめた」

アンリは細くて長い指を震わせ、絵から目をそらして、モナのほうを見ながら、話を続けた。

「一七一九年から一七二〇年にかけて、カナレットは生まれ故郷を離れ、ローマを目指して四百キロの道のりを旅した。つたや雑草に覆われた廃墟を見たり、目的地のローマでは古代ローマの栄華と新しい街並みが混ざり合った景観を眺めたりして、想像力を大いに刺激されたんだ。見習いの大道具係だったカナレットは、目に見た光景を構成する要素を好きなように組み立て直し、新しい風景を作り出したいという野望を抱いた。まずスケッチブックに、柱廊、大きな記念碑、たくさんの木々といったモチーフを、ペンで正確にデッサンした。そして、こうしたモチーフを、絵を構成する基本的なボキャブラリーとして使ったんだ。それからインスピレーションに従って、カンバスの上にこれらの要素を思いのままに配置し、完全に現実的でありながらも自分自身の空想に基づく景色を描いた。これをイタリア語でカプリッチョ、『奇想画』と呼ぶ。空想や幻想に基づく絵という意味だよ」

「この絵は、本当の景色みたいだけど、やっぱりカプリッチョってことだね」

モナは自信を持って言ったが、アンリはこう答えた。

「いや、これは、ヴェネチアでいちばん有名なサン・マルコ広場を描いたヴェドゥータなんだよ。絶景だけれど、本当に存在する風景なんだ。ヴェネチアのことを少しでも知っている人なら、見覚えがあるはずだ。ヴェネチアはラグーンに浮かぶ魚の形をした小さな街で、無数の水路が交差している。そこで、街の要になっているのが大きなサン・マルコ広場だ。建築が建ち並ぶ光景としては、おそらく世界で最も有名だ。建築界の《モナ・リザ》ともいえるかもしれない。左から右へ、造幣局、国立図書館、彫像のある円柱二本、ドゥカーレ宮殿、パリャ橋、刑務所。そして背景には教会の鐘楼や塔が見える。金融、商業、知識、政治、司法、キリスト教と、さまざまな権力がすべてここに集結している。カナレットの視点は、広場の南、サン・マルコ湾の上空にある。ここはヴェネチアの入り口にあたり、絵の左側、構図の外には大運河が開けている。大運河は約四キロにわたって曲がりくねって続き、上空から見ると逆S字を描いている。カナレットの絵には人や貨物を運ぶための船もたくさん描かれているね」

「カナレットは、お金持ちの商人の街としてのヴェネチアを描いたんだね」

「そうだ。サン・マルコ湾の埠頭を描けば、いやおうなしに、ヴェネチアという街のエネルギーや経済的な豊かさを描くことになる。おかげでこの絵は、絵画の収集をしていた銀行家や大金持ちの間で人気を博した」

「だけど、ヴェネチアに住んでいれば、本物の風景を見に行けたはずだよね。どうして絵を買ったの？」

「理由はいくつかある。まず、カナレットの絵のコレクターは、ヴェネチア人とは限らなかった。イギリス人の顧客もたくさんいて、みんな、自宅にヴェネチアの絵を飾れたらすてきだなと憧れたんだ。それに、さらに重要な理由として、たとえ現地に行っても、実際にはこれほど美しい風景が見られるわけじゃない。人間の目は、こんなに幅広い角度を一気に見ることはできない。猫の視界は二八〇度を超えているし、ハエは後ろと前を同時に見ることができるそうだが、人間の視界は視野は一八〇度くらいなんだ。カナレットは人間の目の限界を克服するために、カメラ・オブスクラを使い、非常に精密な研究を始めた。カメラ・オブスクラは覚えているかな？　フェルメールの絵を見たときに話したよね。カナレットのカメラ・オブスクラは持ち運びができ、街中や水上でも使えたんだ。カナレットは非常に独創的だった。カメラをボートに固定し、街の建築をペンで紙に描いた。機械のファインダーをある視点から別の視点へと移動させ、次々と連続するスケッチを描いていった。それらを並べれば、パノラマ状に広がる風景画ができあがるというわけだ。カナレットはこうやって、いわば人間の目に見える空間を引き伸ばした。ヴェネチアに行ったとしても、この絵に描かれたすべての建物を一度にはっきりと見ることはかなわない。すべてを見るには頭や目を動かすことになり、別の物を見ようとしたら、今見ている物が見えなくなるからね。ここでは風景のすべての要素が同時に示されていて、まるで時間が止まっているみたいだ」

今、カナレットの絵を見ている私の目は、猫の目になっている。モナはそう考えながら、絵の中のゴンドラの漕ぎ手や広場を歩く人を見た。

「今まで見た絵は、どれも、真ん中に大きく人が描かれていたよね。この絵の中にも人はいるけど、みんなとても小さく描かれている。もちろん、ゴンドラの漕ぎ手がおしゃべりしていたり、ゴンドラを岸につけたりしているけれど、絵の中心じゃないよね」

「いいところに気づいたね。美術史の大きな傾向として、絵のテーマが人物から風景へと変わりつつあったんだ。これについてはターナーや、モネ、セザンヌを見に行ったときに詳しく話そう。今日はとりあえず、カナレットが点景という技法を用いていることだけ知っておいてほしい。点景とは、意味を持たない人物の像を、全体への効果のために絵画にちりばめることを指す。たとえばここでは色の調和を出すために、黄色、白、それに澄み切った空を思わせる青の服の人物が描かれているよ。大きなサン・マルコ広場を、もう一度よく見てごらん」

「本当に、細部まで描きこまれていて、まるでそこにもう一枚絵があるみたいに見えるよ。広場にいる人たちと一緒に歩いてみたくなる。なんだか楽しそうだよね」

「そう、この絵ではとても心地よくて、散歩したり、くつろいだりするのにぴったりの場所に見えるよね。実際、サン・マルコ広場は今も楽しげな観光客たちでいつもにぎわっている。でもね、昔は全然そうじゃなかったんだよ。絵の中心に描かれている大きな建物のドゥカーレ宮殿では、反逆者、盗賊、異端者の裁判が行われ、それからライオンと聖テオドールが載っている二本の柱の間で、首吊りか、斧《おの》で首を切って死刑にしたんだ。『晴朗きわまるところ』と称えられたヴェネチアを裏切ることは、絶対に許されない罪だったんだよ」

モナはまじめな顔をして、知ったかぶりをして「昔は簡単に人を死刑にしていたんだよね」と言った。「でも、カナレットの絵は生命感にあふれているよね。全体が柔らかい光に明るく照らされているから、平和に感じられるのかな」

「そうだね、モナ。カナレットの絵はいつも、調和のとれた光が全体を照らしているように見える。心地よいコントラストと、はっきりと暗い影が表現されているんだ。薄く溶いた透明な絵の具を何層にも塗り重ねることで、なめらかで透き通った質感を出したんだよ。たとえばドージェ宮殿の西側の壁は陰になっているけれど、薄い赤色の石がつやつやしているように見える。それから、大運河の水面にも注目しよう。筆先をほぐして数本の毛だけを使い、弧を描くように小さく動かして、ごく細い白い線でさざなみを描いているのがわかるかな」

「まるで、ヴェネチアの風景の動画を見ていて、リモコンの一時停止ボタンを押したみたいだね」

「その通り！　働く人たちの活動や、夜明けから黄昏までの自然の光、それに人間が限られた視界の中にとらえている風景は、常に変わり続けている。それを理想的な一瞬の画像に閉じ込めたのが、この絵なんだ。カナレットは世界を一時停止させて、私たちにもそんなふうに世界を見るように呼びかけている。そこから何かを引き出して瞑想したり、祈ったりするためじゃない。カナレットの絵には、神秘的なところはまったくないよね。でも、私たちが世界に振り回されず、自分らしく生きていくためには、ふと立ち止まって世界を眺め、その美しさを味わう必要がある。そんなことを、この絵は私たちに思い出させてくれているんじゃないかな」

アンリはそう言うと、絵の前で沈黙した。そのときモナは、後ろにいた誰かがそっと離れていくのを感じた。振り向くと、緑色のショールを肩にかけたあの女性だった！　ティツィアーノの《田園の奏楽》を見に来た日に、おじいちゃんとの会話を立ち聞きしていた人。ここまで、ふたりの後をつけてきたに違いない。でも、いったいなぜだろう。モナは深くため息をついた。

13

トマス・ゲインズバラ
感情のおもむくままに

ヴァン・オルスト医師の診察は、いつも予約時間に正確だったが、今日は病院スタッフのストで混雑が予想されるという知らせを受けていた。カミーユは、常日頃は労働者の権利を守るためのストを支持したい気持ちがあるのだが、今日ばかりはいらいらした。「子どもだから早く診てもらえないか」と窓口にかけ合ったが断られ、スマートフォンにヘッドホンをつなぐと、モナのことはお構いなしに動画に没頭した。「クラッシュ」というタイトルの短い討論番組が、カミーユのお気に入りだった。毎回違うテーマで短時間、出演者が本音でそれぞれの意見をぶつけ合う。「これが民主主義の基本だよね」というのが、カミーユの口癖だった。

モナはカミーユの隣の席で、静かに腕組みをしたまま、前回の診察で医師が言った「五分五分」という言葉を心の中で繰り返していた。母親にどんな意味なのか聞く勇気はない。母娘の姿は奇妙だった。母親はスクリーンに釘づけになり、まるでチェーンスモーカーのように、次から次へと違う動画を熱心に見ている。モナの美しい瞳は、その姿を悲しげに眺めていた。そして、何の前触れもなく、声もかけずに、スクリーンに触れて動画を止めた。カミールは驚いて緊張した表情で顔を上げ、モナのほうを見た。そのとき、看護師が疲れ切った表情で待合室に入ってきて、事務的に患者たちに告げた。

「申し訳ありませんが、医師もスタッフも不足しているので、急患以外は受け付けられません。今日はお帰りください」

帰りの地下鉄の車内では、カミーユはスマートフォンを出さなかった。モナは尋ねた。

「私は、本当は急患だったんでしょう？」

「そんなことはないよ。ただ経過を診てもらうためだったから、今日はいいの。心配しないで」

モナはほっとして、自分の髪の毛をなでながら、こう言った。

「目はゆっくり、ちゃんと治したほうがいいから、たまに病院をお休みするのもいいのかもね」

＊

モナを連れてルーヴル美術館まで歩きながら、アンリは病気やけがの体験を糧にした過去の芸術家たちについて考えていた。プッサンが手の震えに悩んでいたことは、すでにモナに話した通りだ。アンリ・ド・トゥールーズ＝ロートレックは病弱で、アルコール依存症に苦しんだ。また、抽象画家アンス・アルトゥングは戦闘で右脚を失い、障がいを克服する過程で独自の画法を築いた。

アンリはさらに、徐々に視力が低下した画家たちのことを考えていた。ロドルフ・テプフェールは、画家の息子として生まれ、自分も同じ道を歩んだが、幼い頃に視力の障がいを宣告され、やがて色を識別できなくなった。テプフェールは絵筆を手放し、鉛筆を使って、一九世紀前半に、まったく新しいやり方でストーリーが展開する作品を発表した。これが、西洋史上初のコマ割りマンガである。そしてもちろん、クロード・モネを忘れてはならない。モネは老年になってほとんど目が見えなくなった。しかし、そのおかげで画力が衰えるどころか、霧で覆われたような、全体に揺れ動くようなまったく新しいスタイルでジヴェルニーの風景を描き、印象派を極限まで推し進めたのだ。同様に、ロザルバ・カッリエーラについても触れないわけにはいかない。ヴァトーやカナレットと同じ頃にヴェネチアで画家として活躍した女性で、誰もまねできないほど巧みにパステル画を描いた。一七四九年に危険で痛みを伴う白内障の手術を受けた後、失明し、やがて亡くなるという不運に見舞われたが、カッリエーラは目が見えるうちに、世界の美しい色彩をすべて自分のものにしたのだった。

アンリは突然、激しい焦りを感じた。モナには、何としてもロザルバ・カッリエーラの生い立ちと作品を知ってもらわなくては！　ところが美術館の入り口でセキュリティチェックを通りながら、モナは突然こう言った。

「おじいちゃん、今日は恋人たちの絵を見ようよ！」

思いがけないモナの提案に、アンリはしばらくあっけに取られた。そして少し考えると、イギリス絵画の展示室に向かって、モナの手を引いて歩きはじめた。

＊

縦七十三センチ、横六十八センチと、それほど大きくないやや縦長の絵だ。屋外の風景を眺めながら、若いふたりが会話をしている。青年は、右手を上向きに開いて相手のほうに向け、熱心に何かをささやいている。並んで座るふたりは、カンバスの高さのちょうど半分まで、大きな面積を占めている。それでも空間が大きく広がっているような感覚を与えるのは、絵の手前から奥まで、五つの平面が並んでいるおかげだ。いちばん手前の第一の平面は、恋人たちとふたりが座るベンチに接した茂みで、絵の左端まで続いている。第二の平面は、少し奥、草木の続いているところにある。そこでは緑色の葉と赤みがかった色の葉が、木立のベージュの枝に茂っていて、木立は絵の上にはみ出るくらい高くそびえている。第三の平面は右側に見えている池で、岸を縁取る木々の幹も同じ平面にある。第四の平面は、コリント式円柱に支えられた円形の建築だ。最も奥にある第五の平面は、右側の谷間と、空に浮かぶ無数の雲で構成されている。その雲を通した日の光によって、庭園は全体に銀色に輝いて見える。

池と小川を背にしている青年は、黄色いウエストコートの上に華やかな赤いスーツを、ボタンを外したままはおっている。きれいにひげをそっていて、黒い三角帽をかぶり、足を組み、ひざに本を置いている。腰からは、ごく細い剣をぶらさげている。若い女性は、ピンクのパニエ付きドレスを着ていて、すそがめくれ上がったところからはブルーグリーンの布が少し見えている。女性はひざの上に、開いたせんすを持っている。柔らかい布帽子とカールした髪に縁どられた顔はみずみずしい印象だ。その目は、自分を口説いている隣の青年ではなく、こちらのほうを見つめている。

「きれいな絵だね」

絵を静かに見なくてはいけないという約束を忘れて、モナが話しはじめた。

「ダメだよ、ルールを守らなくちゃ。まずは、黙って、絵を見ること」

モナは何かが言いたくて、心がそわそわしてたまらなかった。足踏みをしたり、アンリの手をつかんで爪を立てたりした。今日は、おじいちゃんに何かを質問するどころじゃない。自分から話したいことだらけだ。永遠のような十五分間が、ようやく終わった。

「あのね、おじいちゃん、彼は彼女を愛しているの。まだ若い青年で、本を手に、彼女に甘い言葉をささやいている。詩かもしれない。本には、自分の気持ちを表すのにふさわしい詩が書かれているんだと思う。ね、彼は彼女を愛してるんだよ。手を彼女の顔に向かって伸ばし、あごをそっとなでてみたいなとか、帽子をとめているリボンをほどきたいとかって考えてるんだと思う。それか、自分で考えた愛の言葉を言っているか、本で読んだ詩を暗唱しているところで、よく聞いてもらえるように、こんな仕草をしているのかな。どっちにしろ、彼女を心から愛しているんだ。それに、実は彼女のほうも、彼が好きなんだけど、隠そうとしている。だって、彼女はこっちを見ているから、すぐにわかるよね」

「モナの言う通りだ。全然気のないようなそぶりをしながら、絵を見ているモナやおじいちゃんに、訓戒を与えているんだ。今で言うところのカメラ目線で、この女の人は彼じゃなくてこっちのほうを見ている。それなのに、それでも彼を愛していると、モナが思うのはなぜ？」

「おじいちゃん、そんなのはっきりしてるよ。彼女は彼を愛してるに決まってる。ドレスを見れば、ピンク色で、まるで全体が大きなハートみたい。それにレオナルドのモナ・リザみたいにほほえんでいるでしょう。せんすを持っているのは、顔が赤くなったらあおいで冷やすためだけど、ほっぺを見るとやっぱり赤い。隠し事、そうとう下手だよ。このふたりが誰なのかとは無関係に、ふたりが愛し合っているのははっきりしてるよ！」

「なるほどなあ」

アンリは、モナがあまりに熱っぽく語るので驚いた。

「ふたりの正体はというと、いちばん可能性が高いのは、この絵を描いた若い画家こそが、この絵の中の青年でもあるということだ。《庭園での会話》を描いたのは、当時二十歳になったかならないかの若さだったイギリス人画家、トマス・ゲインズバラだ。そして隣に座っているのは、伯爵が愛人との間にもうけた娘でゲインズバラが結婚したばかりの妻、マーガレット・バーだ。ゲインズバラは、ロンドンでグラヴロというフランス人彫金師から仕事を学んだが、ほとんど独学で画家になった。東イングランドのサフォークで貧しい家庭に生まれながら、一世代にひとりかふたりしかいないような天才画家として、自然に才能を開花させたんだ。そんな経歴にふさわしく、ゲインズバラは、人々が自然に、自分の思いのままに行動する場面を描いている。ありきたりの象徴に満ちたお決まりの寓話とか、かしこまった夫婦の肖像画とか、あるいはカリカチュアみたいになりかねない遊びの場面でも、ゲインズバラの手にかかると、生き生きとした感動的なラブストーリーになる。愛し合うふたりを自然な設定で描いた絵画は、一八世紀イギリスで盛んに制作され、カンバセーション・ピースと呼ばれたんだ」

「ラファエロの《美しき女庭師》を見に行ったとき、おじいちゃんは、ラファエロが大変な労力を費やして、さりげない印象になるように絵を描いたと言っていたよね。ゲインズバラもそうだったのかな」

「いや、そうじゃない。第二の平面にある木立を見てごらん。紅葉しはじめた葉と、緑色の葉が揺らめいているように見える。動きが感じられるのは、ゲインズバラが即興的なタッチで描いたからだ。タッチと言ったのは、ときに筆を脇に置いて、スポンジの切れ端を使ったり、指で直接なぞるようにしたりして絵の具をカンバスに塗ったからだ。当時の目撃者によれば、ゲインズバラはとてもすばやく絵を描いた。そして、官能的なアーティストでもあった。絵の具のにおいをかぐのも好きだったんだよ。モナも、この絵のにおいを想像してごらん。葉の色を見ると、湿った森の香りと、黄土色の顔料の香りの両方がしそうだ」

モナは目を閉じて、手をぎゅっと握りしめ、深く息を吸い込んだ。でも、森や顔料のにおいではなく、祖父のオーデコロンの香りがするだけだった。そして祖母についての記憶が呼び起こされた。絵がさらに身近なものに感じられる。

「ロマンティックな絵だね。特にこの背景。水辺に小さな神殿まである」

「実は、本物の神殿じゃなくて、小道具なんだ。一八世紀の画家たちは、趣のあるイギリス式庭園に舞台のような効果を演出するために、こういう小道具を描いた。イギリス式庭園は自然をまねして、わざと不完全で雑然とした美を追求した。ルイ十四世時代の造園家、ルノートルが自然を人間の手でコントロールしようとしたのとは大違いだ。自然の風景そっくりのイギリス式庭園は当時の流行で、ゲインズバラに大きなインスピレーションを与えた。自然な感情を大切にして生きることを、野生味あふれるイギリス式庭園に学んだんだ。まだとても若く早熟な画家だったゲインズバラがこの絵を通して私たちに語っているのは、どんなやり方であっても感情を表現することが、人間にとってどれほど本質的であるかということなんだ。会話は無駄な時間つぶしではなく、人生に不可欠な要素だ。それから、青年が剣を持っていることにも注目しよう。剣は英国貴族の象徴だ。当時の貴族社会は、現代の私たちの社会とは異なり、伝統と無数の規則によってがんじがらめになっていた。ゲインズバラは、そんな社会を声高に批判はしないが、自分の感情を信頼し、表現しようと私たちに呼びかけている。今日の意味でのロマンティックな絵と言えるかどうかはわからない。でも、この五十年後にヨーロッパのいたるところで芽生え、ロマン主義と呼ばれるようになった芸術運動の原点であることは確かだよ」

「ふたりには子どもがいたの?」

「娘がふたりいて、ゲインズバラはとてもかわいがり、何枚も絵を残している。それに、ゲインズバラは一七六〇年代から、娘たち以外にも子どもの肖像画をたくさん描いて、それで大成功を収めた。当時は、人々が歴史上初めて、子どもに注目し、尊重し、大人のミニチュアとしてではなく、ひとりひとり違う感性を持つ存在として関心を持ちはじめたんだ。子ども時代を尊重することは、特にジャン=ジャック・ルソーという哲学者が起こした革命だった」

「でも、私がおじいちゃんを大好きなのは、いつも大人扱いしてくれるからなんだけどなあ」

「じゃあ、ついでに、大人の世界の話をしてあげよう。ゲインズバラの名声は一七六〇年代に花開き、一七七〇年代から一七八〇年代にかけて絶頂期を迎え、国王ジョージ三世の支配するイギリスが産業革命の始まりにあったその時代に、王室の画家として活躍した。しかし、偉大な公的機関である王立アカデミーとは緊張関係にあった。ゲインズバラは、見る人には近くで絵を鑑賞してほしかったのに、アカデミーが壁の高いところに作品を展示したのが気に入らなかったんだ。ゲインズバラは、質感、絵の具の塗り方、ざらざらした感じといった細部にまで神経を注いで絵を描いた。《庭園での会話》でマーガレットが私たちのほうを見ているのもそうだ。絵の中のふたりを見ていると、愛する人に手や指を見てほしい、そして触れてほしいと望む気持ちが、ひしひしと伝わってくるよね」

モナは、祖父に肩車してもらい、ミケランジェロの彫刻を目の高さで見るというぜいたくな体験をしたときのことを思い出した。作品がまったく違って見えるのが衝撃だった。ゲインズバラの絵も、もっと近くで味わってみたい。そこでモナは祖父に、監視員に話しかけて気をそらしていてほしいとお願いした。

アンリは、たちの悪い策略だけれどやるしかないと、覚悟を決めた。モナがゲインズバラを間近で見るチャンスは、これが最初で最後かもしれない。一生忘れられない体験になるはずだ。

誰にも見られないうちに、モナは絵にギリギリまで近づき、ピンク色のドレスの布地のひだや、つやのあるブルーの靴を間近で見た。息を呑む美しさだ。モナは右手を顔の高さまで上げた。そっとそっと、手を伸ばす。遠い時代、ゲインズバラのアトリエにいる自分を想像しながら、地面すれすれに広がるドレスのすその、ばらの花びらのような布を、なでた。

ルーヴル美術館の展示室に、アラームが鳴り響いた。

14

マルグリット・ジェラール
女性は弱い性じゃない

アジ先生が「静かにしなさい」と何度言っても、効き目はなかった。その朝、子どもたちはそわそわしていた。というのも、農家の人が教室にやってきて、給食の時間に、季節の果物や野菜を試食させてくれることになっていたのだ。ディエゴは食堂に向かって走った。初めて名前を聞く野菜であるチャードやケールが「マクドナルドのハッピーミールの一千倍」もおいしいものだと想像しながら。

でもテーブルの上に出された野菜を見ると、興奮は一瞬で消え失せた。蒸し野菜は皿からすぐに消えるどころか、どんなにがんばって食べてもなくならない。モナは、何口食べたかを数え、ごみ箱のほうを眺めた。ディエゴは、すばらしいメニューだとは思わなかったが、そう信じたいという気持ちが強かったために、くちゃくちゃと音を立ててかんで、ごくりと飲み込むたびに「うまいなあ」と声を上げた。

大げさな美食家を気取るディエゴを、とりわけいらいらしながら見ている同級生がいた。そしてついに「うるさい！」と叫ぶと、四分の一に割ったミカンをディエゴのあごに突きつけ、「黙って食えよ」と言った。ディエゴはしゅんとして、まぶたの下に涙を浮かべながら黙って口に入れ、食べ終えると、中庭に出てぼんやりと空想にふけった。

モナは一部始終を見ていた。ディエゴをどなりつけたのは、一歳年上の背の高い同級生、そう、ギヨームだった。モナはちゃんと息ができなくなった。ひとでなしのギヨームに恋心を持っている自分に吐き気がする。昼食の後、サッカーをしている男の子たちのほうに歩いて行った。歓声を上げながら容赦なくボールを奪い合う男の子たちの間を、スポンジのボールが飛び交う。モナはギヨームを見た。意地悪で、嫌なやつで、でも太陽のように輝いている。ギヨームはモナの前に来ると、立ち止まってこう言った。

「また頭にボールが当たってほしいわけ?」

モナはおびえるのも忘れて、心底、驚いていた。あの無神経なギヨームが、二カ月も前のことを覚えているなんて。正体不明の勇気が、モナの血管を流れはじめた。

「ギヨーム」

モナは名前を呼んだが、ギヨームは聞こえないふりをして、サッカーに戻った。

「ギヨーム」

モナがもっと大きな声で呼ぶと、とうとう子どもたちはサッカーを中断し、校庭は静まり返った。

「ディエゴにひどいこと言ったよね。告げ口は嫌いだから、先生には黙っておくけど、あれは最悪だよ。本当は、あなた、もうちょっとマシな人でしょう」

ギヨームはあっけにとられた。どうしていいかわからない。震えながら、まっすぐ目をそらさずに立っているモナに近づいた。そしてモナのペンダントをつかみ、引っ張った。でも、テグスを切るほどには、力をかけていない。モナはギヨームの顔を平手打ちにし、見ていた子どもたちから拍手が巻き起こった。ギヨームの負け。ギヨームは真っ赤な顔でうなだれ、何も言わずにサッカーに戻った。

*

今週こそは、計画通りにしようと、アンリは心に決めていた。先週は、ヴェネチア出身の女性の画家、ロザルバ・カッリエーラが描いたパステル画を見に行くつもりだったのに、モナが突然「恋人たちの絵を見に行こうよ」と言い出したので、急遽、ゲインズバラの絵画を見ることになったのだ。でも、ルーヴル美術館が最近、知名度は低いがすばらしい画家、マルグリット・ジェラールの小さな油彩画を獲得したと知ったアンリは、この作品こそはどうしても見なくてはと思ったのだ。美術館の新しい所蔵作品を鑑賞するのは純粋に楽しいし、モナにさまざまな要素が盛り込まれたジェラールの絵を紹介するチャンスにもなる。

カールした髪で、白いサテンのパニエ付きドレスを着た若い女性が、左を向いて、小さなスツールに座っている。絵の右のほうでは、スツールの上で乱れたドレスのすそが膨らんでいるのが見える。キャバリア・キング・チャールズ・スパニエル犬が一頭、座面がベルベットで房飾りのある四角い椅子の上で丸くなっている。椅子の下には猫がいて、椅子の木枠をくぐって犬のふさふさのしっぽにじゃれている。女性は額に入った大きな版画を見ている。版画の額は四分の三の角度で、女性のひざの上、丸々と太った天使ふたりの像の手前に描かれている。版画を保護するガラスには、女性の腕がはっきりと反射している。

女性がまっすぐ座って版画に集中しているのとは対照的に、周囲のアトリエ全体は雑然としている。背景の壁には絵が複数飾られているが、暗くてよく見えない。若い女性のすぐ前には、ルイ十五世様式のテーブルが置かれていて、金色のふち飾りのある赤い錦織の布がかかっている。布はしわだらけで、上には小さな真珠の首飾りと、天使ふたりの像が乗っている。天使たちは肩を組み、足元で鼓動する心臓を取り合っていて、頭には、不釣り合いに大きな羽根つきの帽子を載せている。

少し下にある大理石の机には、色を塗った人物像の置物二つと、オレンジの花びらが数枚見える植木鉢、それに筒状に丸めた大きな紙が載っている。絵の中の目立たない部分をよく見ると、ほかにもいろいろなものが描かれている。ねじ式で高さが変えられるスツール、製図板、散らばった紙などだ。

しかし、いちばん目を引くのは、模様入りのじゅうたんに置かれた重そうな金属製の球体だ。アトリエの中で、絵よりも手前、つまり鑑賞者の背後にあたる空間を映し出している球体は、版画が印刷されている紙と、周囲でめくれ上がっているじゅうたんによって一部が隠れているが、窓からの光に照らされ、小さく映り込んだ鏡像がはっきり見えている。鏡像の中には、イーゼルに向かう女性画家と、それを観察する男性ふたり、床に座る犬、椅子に腰かけた女性がいる。

絵の主役である女性だけではなく、球面の反射など魅力的なディテールがあり、見どころにあふれた作品だ。でも、モナが作品の前で過ごした二十分間、夢中で見ていたのは椅子の下にぶらさがっている猫だった。それでも、祖父をがっかりさせたくはない。今日のレッスンにこの絵を選んだ理由はわかっている。そこで、こんなふうに話しはじめた。

「ルーヴル美術館に飾ってもらえる絵を描いたのは、男の人だけなのかと思ってた。一七八七年になってようやく、女の人もまともな絵が描けるようになったってわけ？」

「展示パネルの画家の名前と、制作年を読んだんだね。モナが言う通り、マルグリット・ジェラールは男性中心の美術界に、風穴を開けた女性だ。しかも、画家として才能を発揮するだけでは飽き足らず、女性の価値を高めるような絵を描いたんだ」

モナは、《尊敬すべき生徒》というタイトルに惹かれた。この絵には、サテンのロングドレスを着たこの女の人だけではなく、私自身の姿が描かれている。私だっておじいちゃんと一緒に、絵を細かく見て理解する勉強をしている「生徒」だから。モナはそう思った。

「先週見たゲインズバラの絵、覚えてる？　あそこに描かれていたゲインズバラの奥さんと同じようなドレスを着てるね。この女の人、誰？」

「誰なんだろうって思うよね？　ところがマルグリット・ジェラールは、モデルの正体を明かしていない。綿密な歴史研究のおかげで、シェロー夫人という人だったことがわかっているけれど、結局、それは重要ではないんだよ。これは、風俗画だ。フランス・ハルスの《ジプシー女》のところで説明したのを覚えているかな？」

「覚えているよ。日常生活を描いた絵のことだったよね」

「そうだ。そして、この場面の真ん中で、ジェラールは、絵の中の若い女性を、無名でありながら芸術作品の質を見極める専門能力を持つ存在として描くことで、すべての女性の資質を主張したんだ」

「おじいちゃんのおかげで、私もいつかそうなれそうだよね、きっと」

「モナはもう立派に、絵がわかる人になっているよ。モナこそが、おじいちゃんの『尊敬すべき生徒』だ！でも、この絵の生徒は版画に触っているけれど、それをまねしちゃいけないよ。毎週ルーヴル美術館のアラームを鳴らすのは、やめておこう。それはさておき、モナはもう絵の目利きだから、まずはどう思ったか、聞かせてくれない？」

「ちょっとフェルメールのことを思い出すよ。長い間、忘れ去られていたんでしょう？」

「そうだ。でも、フェルメールは特別な例だとしても、一七世紀のオランダ美術は全般に、一七八〇年代にはとても人気があった。特にフランスでは、北方画家が再発見された時代だったから、ジェラールも間違いなく影響を受けていた。そんなわけでジェラールは、ディテールの積み重ね、布地の表現、微妙な光の現象など、オランダ絵画が取り組んださまざまなテーマに挑んでいる。当時無名だったフェルメールよりも軽やかで具体的な絵を描き、むしろ、ヘラルト・テル・ボルフに比べられることが多かった。テル・ボルフは残念ながら今では一般にほとんど知られていない画家だが、一六三〇年代にアムステルダムでキャリアを積んでから一九世紀末まで、美術史の巨匠とみなされていた。そして、マルグリット・ジェラールの絵は、それに匹敵すると評価されていたわけだ」

「っていうことは、美術史に名を残した最初の女の人なの？」

「幸いなことに、そうじゃない。もっと以前にも、女性で画家になる人はいたよ。けれど、一九世紀になっても、いや、二〇世紀初めになっても、その数は非常に少なかった。それは、社会が男女不平等だったからだ。いくつか例を挙げると、ルネサンスと古典主義の時代を通じて、キリスト教会は同じアトリエで男女が一緒に働くことを認めず、男性の弟子やモデルと一緒にするわけにはいかないからと、家族でない女性は手伝いすらさせてもらえなかった。さらに、女性はデリケートだから汚い作業や危険な仕事はできないという決まりがあり、そのせいで彫刻家にはなれなかった。また、たとえ画家になれたとしても、戦争画など高い評価につながるテーマを描くことは許されなかったから、ほとんどの場合はアマチュアにとどまった。女性は感情的で『弱い性』だから、戦争や事件からは遠ざけて守るべき存在とされていて、そんな偏見が大きな障壁になっていた。それでも美術史に名を刻んだ女性には、一七世紀イタリアのアルテミジア・ジェンティレスキや、一七七〇年代にイギリスのロンドンで活躍したメアリー・モーザーがいる。本物の開拓者として称賛すべき人たちだよ」

「じゃあ、マルグリット・ジェラールも開拓者なのかな」

「ジェラールは、画家として独自の生き方を貫いた。何事にもひるむことがなく、『女性は弱い性と言われても、私には関係ないですよ』とでも言うように、画家としての技巧を磨いていったんだよ。この絵を描いたときはまだ二十六歳だったけれど、すでに傑作を描きあげているよね。絵の中心的なテーマは版画を見る人物だが、ジェラールは、ほかにも数多くの小さなテーマを盛りだくさんにちりばめている。じゃれ合う犬と猫のかわいらしさ。人間の優しさや愛情。アトリエに置かれたさまざまな物に込められた意味とダイナミズム。鏡像の中で展開する絵のレッスン……そして、こうしたにぎやかなディテールにもかかわらず、全体の絵には統一感がある。それは、さまざまなモチーフと光を、絶妙なバランスで配置しているからなんだ。それから、つややかなドレスの布地から、人間の肌の色合いや彫刻のざらついた表面まで、いろいろな質感が描き分けられているよね。さらに、絵の中の絵として、版画を取り入れていて、遠近法に従って変形している版画の額には、ドレスのそでが反射している。じゅうたんの模様や紙に印刷された図像は、金属の球の下でくしゃくしゃになっている様子がわかるし、金属の球の表面は丸みを帯びているおかげで、絵の外にいる人物の大きさを歪めて映し出している。ジェラールの傑作は、男女の間に芸術家としての序列はないという証拠なんだ」

「おじいちゃん、でもね、この絵にはまだ気になるところがある」

モナは、しばらく黙ったまま、頭をかいて考え込んでいた。

「この絵は《尊敬すべき生徒》っていう題名だけど、ドレスを着た女の人は生徒なのかな、それとも先生なのかな」

モナが投げかけた素朴な疑問は、絵の中心的な謎の神髄をついている。アンリはじっくりと考えてから、言葉を選びつつ、こう答えた。

「今日、これまでのところは、中心人物である版画を見ている女の人が『尊敬すべき生徒』だという前提のもとで絵を見てきたよね。それはいいかな？」

「うん、いいよ」

「でも、もしかしたら、見落としがありそうだ」

「え、うそでしょ？　私はちゃんと絵をすみずみまで見たよ」

「おじいちゃんだってそうだよ。そして、この絵には、生徒だけじゃなくて先生も描かれているのを見つけたんだ」

「本当？　どこに？」

「一緒に探してみようね。先生の名前はジャン・オノレ・フラゴナール。『神のようなフラゴ』というあだ名もあった。ヴァトーの後継者であり、一八世紀のロココ美術を代表する画家のひとりで、自由思想を表現した絵画にかけては第一人者だ。そのフラゴナール先生が、この絵の中にいるんだよ」

「教えてよ、どこなの？」

「ちょっと待ってね。絵の中心に描かれている版画は、フラゴナールの代表作である一七八五年の絵画《愛の泉》の複製だ。愛し合う男女が、天使が持つ杯から情熱の水を飲もうと、走り寄ってきているという絵だ。版画は暗くて天使の姿は見えないけれど、テーブルの上に置かれたふたりの天使の像の姿で立体的に再現されていて、頭に大きな帽子をかぶらされて、ちょっと笑いを誘う。それからモナ、左の隅にある金属の球には、何かが映っているよね。これはよく見たかな？」

アンリはしばらく沈黙し、モナが観察するのを待った。

「よく見ると、アトリエのほかの部分が映っているのがわかるね。お座りをしている立派な猟犬と、四人の人物がいる。真ん中で絵を描いているのがマルグリット・ジェラール本人だ。左端には姉で細密画家のマリー＝アンヌが座っている。右にいるのは、優れた版画家だった兄のアンリだ。そして、マルグリットのすぐ後ろには、マリー＝アンヌの夫、つまりマルグリットの義理のお兄さんであり、絵の先生でもあった人物がいる。その人物こそがフラゴナールであり、生徒であるマルグリットが絵を描くのを見ているところだ。この場面には、どんな意味があると思う？」

「《尊敬すべき生徒》っていう題名は、金属の球に小さく映っている絵のレッスン中の生徒でもあるっていうことだね」

「その通り。というわけで、謎が解けたよ。『尊敬すべき生徒』はマルグリット・ジェラール。『尊敬すべき』と評価しているのはフラゴナール。さらに、フラゴナール先生は才能ある生徒、ジェラールの強力な相棒なので、作品の中にはフラゴナールの絵が入り込んでいるんだよ。この絵の作者として、ジェラールと並んでフラゴナールの名前が記されているのは、絵の一部をフラゴナールが描いているからなんだ。どの部分かわかるかな？」

「ヒントをくれる？」

「モナがクリスマスプレゼントにほしかったものだよ」

「猫だ！　フラゴナールがこの猫を描いたんだね！」

15

ジャック＝ルイ・ダヴィッド
過去を未来に活かそう

ヴェルチュニを愛する老紳士が店に戻ってくることを期待して、ポールは古い段ボール箱の中に眠っていたヴェルチュニの人形三百二十九個のうち、十五個を店に並べた。ヴェルチュニのコーナーを作るのではなくて、それぞれの人形にふさわしいコーナーを考え、店のあちこちにディスプレーするというのがモナのアイデアで、ポールはそれに従うことにした。

ある日曜日、モナは宿題を終えると、店のディスプレーを手伝った。ベンチに横たわった男をかたどった鉛のミニチュアは、束ねたネオンチューブの中に置いて、夏の太陽の下、昼寝をしているみたいに演出することを決めた。でも、そのためにはネオンチューブの位置をずらさなくてはならないから、脚立を使い、ハンマーで壁に釘を打つ必要がある。これらはすべて、日曜大工を少しでもやったことがある人には簡単な作業だけれど、子どもには危ない。ポールはモナに、「パパがわが家の便利屋って決まってるんだ。今日も自分でやるよ」と優しく言い聞かせた。

でも、モナは頑固に、自分がやるのだと主張して譲らなかった。

脚立ががたがたと音を立てて揺れる。ハンマーは手に余る重さだが、モナはきちんと仕事をこなした。ところが、ハンマーを最後に打って作業が終わるというときになって、何かがすべり落ちた。何かのかげんで、ペンダントのテグスが切れたのだ。あの日、ギヨームが引っ張ったせいで、弱くなっていたらしい。貝殻が床に向かって落ちていくのが、モナにはスローモーションで見えた。脚立にぶつかり、転がり、空中で揺らぎ、それから床の換気口の網目の間に消えた。

モナは心臓が破裂しそうになり、悲鳴を上げた。ポールは椅子から跳び上がって駆け寄り、片腕でモナを小包のように抱えて脚立から引きずり下ろした。指をハンマーで打ってけがしたに違いない。なんとかモナを落ち着かせようとしたが、モナは悲鳴を上げ続けた。息が切れると、ようやくしゃがみ込んで「おばあちゃん」とつぶやいた。ほとんど滑稽に聞こえるくらい唐突に。

ポールはすぐにその意味を理解した。ペンダントが外れて換気口に落ちたのだ。ポールはそのとき、衝撃的な光景を見た。ペンダントが落ちた換気口の入り口は、どんなに屈強の囚人でも脱走できなさそうな頑丈な鉄格子でふさがれている。でも、モナはありったけの力でそれをつかんで引っ張り続けた。とうとう奇跡のように鉄格子が外れると、モナは暗闇にひじまで手を突っ込み、手探りでペンダントをつかんだ。手のひらにある貝殻を見てほっとすると、父親の胸に飛び込み、声を立てて泣き続けた。

その後の夕食の席で、モナは母親に、今日店であったできごとを話した。一部始終、ただし、ひとつの秘密を除いて。

*

デザートを食べ終えて歯を磨くと、モナはすぐにベッドに入った。そして、スーラのポスターに見守られながら、ひとり、秘密を抱えて恐怖と闘っていた。あのこと、やっぱりパパとママに言ったほうがいいかな。でも怖くて言えない。心臓が口から飛び出しそうになったあの果てしない数秒間に、数え切れないほどの黒い点が目の前に現れて一面に広がり、また目が見えなくなったということを。

もう二月も半ばを過ぎ、また水曜日がめぐってきた。月日が経つのはなんと早いことだろう。フランス革命前の作品を見るのは今日で終わりにしよう。これまでのような手頃な大きさのイーゼル画だけではなく、国王から正式な依頼を受けて制作された大型絵画を、少なくとも一枚はモナに見せておくべきだ。

アンリは、これまでモナに見せてきた作品を振り返り、美術史の個人レッスンに欠けている点があったと反省していた。今日はとりわけ立派な大作を見せなくてはならない。傲慢で有名だった画家は、一七八三年に国王ルイ十六世から絵画の注文を受けた。そして二年後に提出したのは、国王の建築物の管理局長が規定した大きさを超える作品だった。国王のために制作した作品なのに、世界史を揺るがすことになるフランス革命の予兆のようにも見える絵だ。

巨大な絵を前に、とまどい、ためらっているモナに、このすべてを説明しなければならないが、まずは絵を見てもらおう。

描かれているのは、集団が誓いをする場面である。舞台となっている建築も、人物が着ている衣装も古代のものだ。室内の床はグレーの石と少し古びたレンガが敷かれていて、アーチが三つ連なり、ドリス式円柱が支えている。アーチには、薄明かりの太い光線が注いでいる。規則的な直方体に切った石を重ねた壁は、ほぼ左右対称に描かれ、左から右へと差し込む明るい光によって、ドラマチックなシーンになっている。やはり左から右へとアクションが起きているところで、そのアクションに、三つのアーチがリズムをつけている。

左側のアーチの下では若い男三人が互いに腰に手を回して立っている。三人とも同じ姿勢をとっているので、同じシルエットが繰り返されているように見える。三人は、紋章入りのヘルメットをかぶり、革紐のサンダルを履き、赤、青、白の布をあしらったトーガを着て、脚は六十度に開き、片方の腕を目の高さで水平に伸ばし、手のひらを大地に向けている。

三人のうち真ん中の男が、手前にいる男の金属の帯を巻いた腰に右腕を回しているのが見える。手前の男は左手に持った槍の棒の部分をふくらはぎに押し当てている。三人の右、中央のアーチの下に描かれているのはグレーのあごひげと髪の男だ。その男が三人に向かってかざしている三本の剣に向かって、三人は腕を伸ばしている。

三人の男、三本の剣、三つのアーチが視覚的なリズムを出しているが、さらに右側のアーチの下には、苦痛に打ちひしがれた三人の女たちが腰かけて、うなだれている。いちばん奥にいる女性は、青いチュニックの布地で子どもふたりを包み込むように抱いていて、そのうち年上の子どもが男性たちを見ていた。残りの女性ふたりは、絵の右端で互いに頭をもたげ、嘆き合っている。非常に洗練された筆づかいだが、気取りはない。男たちの足にうっすらと浮かび上がる静脈から、アーチの石の表面に走る細い亀裂まで、微細なディテールが、非常に精緻な線と表現力によって描き出されている。

「おじいちゃんは、お仕事で何度も戦場に行ったんだよね。でも私は戦いも武器も大嫌いだよ」

「おじいちゃんだって大嫌いだよ。血が流れたり、人が死んだりするのを見るのが好きな人なんて、そうそういないよ。この絵は、紀元前七世紀の古代ローマ史の事件に基づいている。ローマと、隣り合う都市だったアルバの間で紛争が起きていたが、大量の犠牲者を出さないですむように決着をつけるため、それぞれの都市から最強の戦士が三人ずつ選ばれた。ローマからはホラティウス三兄弟、アルバからはクリアトゥス三兄弟が出て、一騎打ちをすることに決まった。ところがホラティウス家とクリアトゥス家は親戚関係にあったから、両家が殺し合いをするということは、家族にとってはとてつもない犠牲を意味する。絵の右側にいる女性ふたりは、クリアトゥス家の娘であり、ホラティウス家の長男の妻でもあるサビナと、ホラティウス家の娘であり、クリアトゥス家の息子を夫に持つカミラだ。どちらが勝っても、女性たちは耐えがたい苦しみを味わうことになる。それにもかかわらず、ホラティウス家の三人の息子たちは、父親に対して、相手を殺すか自分が死ぬまで、自らを犠牲にして戦うという誓いを立てているんだ」

「ひどすぎるよ！　こんな絵を描くなんて、残酷だよ」

モナの言葉は正しい。しかし、アンリはおごそかな沈黙を保ちつつ、作品が生まれた時代背景を考えた。この絵を描いたジャック＝ルイ・ダヴィッドは、フランス革命期に設立された国民公会に選出され、フランス国王ルイ十六世の死刑に賛成票を投じ、一般治安委員会の委員として、流血を伴う恐怖政治に加わった。かつてスポンサーになってくれた人たちや仲間たちが、革命時に発明された新しい機械であるギロチンで処刑されるのを見過ごしたことになる。

さらに一七九四年、ダヴィッドは、友人ロベスピエールがギロチンで処刑される決定に反対しなかった。その後も民主主義への情熱と、フランス革命の指導者で新聞「人民の友」の発行でも知られたジャン＝ポール・マラーへの信頼を保ちつつ、十年後には皇帝ナポレオンを崇拝するようになった。ダヴィッドの作品《マラーの死》は、マラーが皮膚病のために浴槽に入っていて暗殺された場面を描いたものだ。尊敬に値するとは言えない人物だったダヴィッドについて、こんな背景を説明すれば、ただでさえ強い反感を抱いているモナは、絵に込められたメッセージを受け取ることなどできなくなるだろう。

「ダヴィッドは、残酷であることを好んだわけではなく、反乱を起こしたかったんだ。自由思想やそれに伴うモラルを真っ向から攻撃した」

「あ、自由思想については覚えているよ。ヴァトーの絵の前で話してくれたでしょう？」

「ルイ十五世のもとで広がった自由思想の精神は、ルイ十六世のもとでも健在だった。それを体現していたのが、ヴェネチアの作家で冒険家のジャコモ・カサノヴァであり、前回見た画家のフラゴナールだった。そして自由思想の代表人物といえば、ロココ美術を代表する画家のフランソワ・ブーシェだ。ブーシェは死ぬ前に、まだ若いダヴィッドと短期間交流があったが、年長のブーシェは助言を与えるだけで教えることはなく、ダヴィッドが時代を代表する画家になるのを見届けることもなかった。ダヴィッドにとっては、そのほうがよかったのかもしれない。ヴィクトル・ユーゴーは、ダヴィッドはブーシェを『ギロチンにかけた』と述べている。もちろん、象徴的な意味でだけどね。ダヴィッドは大衆に賞賛され、弟子たちに慕われ、権力を手に入れ、そしてロココ美術にとどめを刺した人物ともいえる。《ホラティウス兄弟の誓い》を見れば、背景の室内は精密な幾何学模様のようだし、主人公たちは絶対に信条を曲げない態度で描かれている。すべてが厳格で、きちんとしていて、秩序があり、そして英雄的な大義に支えられているんだ。ゲインズバラが描いた《庭園での会話》とは別世界だよね」

「ヴァトーのかわいそうなピエロなんか、完全に無視されちゃうだろうね」

「モナ、いいこと言うね！　一八〇四年、ルーヴル美術館の初代館長に就任したヴィヴァン・ドゥノンがピエロの絵を偶然発見して買ったという話を覚えているかな。ダヴィッドは、これを激しく非難したんだよ」

「ダヴィッドはちょっと怖いね。けんかっ早いタイプだったんだ。そうでしょう？」

「それは違うよ。おじいちゃんは、ダヴィッドを尊敬している。《ホラティウス兄弟の誓い》は、啓蒙主義の理想をまっすぐに表現している。啓蒙主義は、理性、文明、平等を掲げ、利己的な利益、権力の恣意性、宗教的教義の曖昧《あいまい》さを非難した。三人の戦士たちを見てごらん。伸ばした腕、広げた足は、揺るぐことのない決意を表している。兄弟の腰に回した手は、連帯の象徴だ。ダヴィッドが、人間の体を非常に正確に描いているのにも着目しよう。筋肉ひとつひとつが、兄弟の行動に込められた意味を強調しているんだ。ダヴィッドはまずモデルの裸体をデッサンし、それから解剖学的なディテールを細やかに描き、さらに、勢いを出すために手足を少し長くするといった微調整を加えた」

「なんだか、彫刻みたいだよね」

「そうだね。ダヴィッドは彫刻家ではなかったが、描かれた人物は彫刻のように見える。着ている服は寒色系だし、顔の色に注目すると、ピンク色とグレー色が混ざり合ったような肌をしている。光の効果は、体のでこぼこと骨格を強調するように使われている。ダヴィッドが生まれた一七四八年は、ポンペイの遺跡が再発見された年だった。古代都市がそのままの形で見つかったんだよ」

「だからダヴィッドは古代の戦いを描いたの?」

「そうだよ。ルネサンス時代にはすでに、古代への関心が高まっていたが、一八世紀後半になるとブームが再燃した。ダヴィッドは、ヨハン・ヨアヒム・ヴィンケルマンという名のプロイセン生まれの美術史家と知り合いになり、その著作を読んでいた。ヴィンケルマンは、ギリシャやイタリアの都市に残る古代遺跡を長い時間をかけて探検し、そこで見つかった様式を分類したことで知られる。驚異的な知識を持つ人物だったが、悲しいことに、ヴィンケルマンはわずか五十歳で宿の一室で殺害された。それはともかく、ダヴィッドは古代を規範とする絵画を探求し、新古典主義と呼ばれるようになった」

「でもおじいちゃん、ていうことは、ダヴィッドは過去の時代に生きたかったと思っていたのかな」

「そこがパラドックスなんだ。何度も言うようだけれど、ダヴィッドは反乱する男であり、反乱する男が過去の時代を懐かしむなんていうことはまずない。ダヴィッドはむしろ、こう言っているんじゃないかな。私たちの義務は、歴史を知り、そこからインスピレーションを得て、価値観の教訓とし、理想の未来を築き上げること、つまりは啓蒙にある。ではここで、カールした金髪の子どもを見てみよう。奥のほうにいて、悲しむおばあさんの服に隠れている。全体の絵の中ではほんのディテールにすぎない。子どもの表情は、不安げだろうか？　間違いなく不安げだよね。そうでないわけがない。まだ小さな子どもだが、死を覚悟して誓いを立てるホラティウス兄弟の光景をじっと見つめている。現在起きている悲劇を超えて、未来の再生への希望を象徴する存在だ。目の前で繰り広げられているドラマとホラティウス兄弟への憧れとの間で揺れ動いていることの子は、すでに反乱を起こしつつあるんだ」

「おじいちゃんの勝ちだよ！　私もなんだか、ダヴィッドが好きになってきた」

「それはうれしいね。この作品は一七八四年に描かれた。その五年後、一七八九年七月一四日に何が起こったか覚えてる？　いつも、自由の精が上に乗っている七月革命記念柱の下を通るたびに、説明してるよね」

「バスティーユ襲撃だ！」

「その通り。その前に、もうひとつ事件があった。六月二〇日、ヴェルサイユ宮殿のジュ・ド・ポームの間で、公正な憲法を制定することを誓う集会が開かれたんだ。絶対主義に反対して、貴族と聖職者以外のいわゆる第三身分の代表が集結し、フランス革命の始まりとなった。ダヴィッドはこの歴史的瞬間を描くよう依頼され、巨大なカンバスに取り組んだが、ついに完成できなかった。でもダヴィッドにとって大きな意味を持ったのは、同年八月四日の特権廃止と、八月二六日のフランス人権宣言だ。宣言ではすべての人が、生まれながらにして自由であり、平等な権利を持つと述べている。まさに、待ちかねていた啓蒙主義の理想が、ようやく実現したんだ。反乱の成果が表れたってわけだ」

モナとアンリは、絵にお別れを言い、帰り道についた。モナは、今日の午後ルーヴル美術館で見た絵とそれにまつわる逸話に、大きな衝撃を受けていた。モントルイユのバラ通りの角にあるアパルトマンの入り口で、モナは心配そうに祖父を見つめた。ダヴィッドの描いた金髪の子どもを思わせる無垢な視線だ。

「ねえ、おじいちゃん。私も反乱を起こしているようなものだね」

アンリはほほえむ。モナが愛おしくてたまらない。そしてこう答えた。

「違うよ。モナが起こしているのは、革命だ」

16

マリー＝ギエルミーヌ・ブノワ
すべての人の尊厳を守る

「M、R、T、V、F、U」

右目は合格。次は左目。

「E、N、C、X、O、Z」

左目も完璧だった。ヴァン・オルスト医師による視力検査の結果は、異常なし。あの事件から四カ月経って、カミーユはようやく心底、安心した。モナは、十日前に父親の店でまた突然目が見えなくなったのだが、誰にもそのことを話していない。目の調子がいいのがモナ自身もうれしくて、視力検査表の近くに貼ってあるポスターの小さな字も楽々読めると自慢し、もっと細かい字だって読めそうだと言った。そこでヴァン・オルスト医師は、診察室の向こう側の壁に画びょうでとめられている細かい字の長い文章を指差した。モナはこれもすらすらと読みはじめた。

「私は医師として認められた以上、名誉と信義に忠実であることを誓います。患者の体と精神の健康、社会に生きる個人としての健康を実現し、維持し、促進することが、私の最優先の任務です。すべての人の人格と自律性、意思を尊重します。患者の状況や信条を理由とした差別は決して許さず、すべての患者の尊厳を守ります」

カミーユも、この全文を暗記しているヴァン・オルスト医師も、モナに「おめでとう」と言った。暗闇の中に放り込まれるという衝撃的な体験をした患者が、完璧な視力を保っている。これは類まれな症例だ。

そこで医師は、さらに難しい課題を課した。やはり部屋のいちばん向こう側に立って本を開き、書いてある内容を読むように言うと、今度もモナは迷いなく読んでみせた。

「もっと詳しく分析する必要がありますが、少なくとも十八点は達成していますね」と医師は母娘に告げた。

「すごい、やったねモナ！　二十点中十八点だって」

「いいえ、お母さん、そうではありません。標準が十点のところ十八点。射撃のトップ選手並みの視力です」

病院を出ると、カミーユは空を見上げ、パリの街をモナを連れて晴れやかな気持ちで歩いた。

「モナはいったいどうしてそんなに目がいいんだろうね？　きっとパパに似たんだね。私じゃないな。射撃のトップ選手並みだっていうのは大げさかもしれないけど、空軍パイロットくらいにはなれるかもしれないよ。パリ祭でアクロバット飛行をしたら、シャンゼリゼから手を振ってあげるよ！」

「病院で掲示板に貼ってあったあの文章は何？」

モナは母親の興奮をよそに、まじめな顔で尋ねた。

「え、文章って？」

「私が最後に読んだ文章があったじゃない？」

「ああ、あれね。『ヒポクラテスの誓い』っていうんだったと思う」

「ヒポクラテスって誰？」

「古代ギリシャのお医者さんで、人類史上、最初の医師と言われている人だよ。『ヒポクラテスの誓い』は神に捧げた宣誓文で、ヒポクラテスはこれによって医者の仕事についての大原則を定めたと言われている。ほかの病院でも、診察室の壁に貼ってあるのを見たことがあるよ」

「感動的な文章だったね。私も、すべての人の尊厳を守る人になりたいな」

＊

今日は水曜日。アンリはルーヴル美術館に行くたびに、ガラスのピラミッドの幾何学的な美に見とれ、隣接するショッピング・アーケードの低俗さを呪った。モナが無邪気にみやげ物や広告に夢中になるたびに、偉大な美術作品をモナの記憶に留めなくてはと、改めて誓うのだった。もうすぐイオ・ミン・ペイが設計したガラスのピラミッドが見えてくるというところで、ふたりは思わず足を止めた。新しくファストフード店がオープンしていて、店頭には高さ二メートルのホットドッグの看板が置かれている。縦になってパンに挟まったソーセージには手足と顔があり、まるで自分自身を食べるのが待ちきれないとでもいうかのように、マスタードを絞り出しながら舌なめずりをしていた。アンリは消費主義が生み出す醜悪なデザインから目をそらしたくなったが、モナはというと、急におなかがすいてたまらないと訴えた。

アンリは渋々、モナに続いて店に入り、せめて早く食べ終わるようにと促した。モナは満足げにホットドッグを食べながら、「今日はどんな絵を見るの？」と聞き、アンリは答えた。「モナ・リザの妹みたいな絵だよ」

若い黒人女性を四分の三正面像で描いた肖像画だ。こちらから見てやや右向きに座っているが、顔も視線もまっすぐ正面を見ている。絵の左側には、女性が座っているひじかけ椅子の背もたれの一部が小さく見えている。椅子は木枠とつやのある鋲がほんの一部見えているだけで、あとは枠からひじかけまで、ほぼ全体が、ひだの寄った青い布で覆われている。

女性は太ももくらいまでが絵の中に収まっているが、腹部から脚はたっぷりとした白いドレスですっかり隠れていて、体の線すらも見えない。ドレスは胸の周囲に細い赤いリボンがめぐらされているが、胸の下まで下げられていて、肩も胸もあらわになっているため、まるで白いシーツを身にまとっているように見える。左腕はひじをほぼ直角に曲げた状態で、左手でドレスを押さえている。右手はドレスの上から下腹部に当てられている。女性は椅子に座っているが、ベッドにいる人が上半身を起こしているような姿勢に見える。胸の片方と、細い肩はむき出しで、そのシルエットが絵の真ん中でエレガントな斜めの線を描いている。すらりとした首が、大きなモスリンのターバンを巻いた頭を支えている。顔は卵形で、まゆは細い。ターバンの布端は垂れていて、グレーベージュの無地の背景がその向こうに透けて見えている。こめかみから額にかけては、ターバンからおくれ毛が少し出ている。右耳には金色に光る輪のイヤリングが下がっている。あらわになった胸、肩の三角筋、鎖骨、そしていちばん明るく見える顔の四カ所に、光を受けているゾーンがあり、黒い肌がつややかに見える。閉じた口の真上では、微妙な光線によって影が弱まっていて、まっすぐの鼻筋、そして大きな黒い目を強調している。

作品の背景が無地で目立たないことから、絵は一見奥行きに欠けるようだが、この大きな眼球に全世界が収まっている。目の上には細いまゆがある。作品には「Laville Leroulx, F. Benoist」というサインがある。

十五分間、辛抱強く絵をじっと眺めてから、モナは「Laville Leroulx, F. Benoist（ラヴィル・ルルー、F・ブノワ）」というサインを指差した。二行にわたって書かれたその名前は長いし複雑すぎる。それに、絵の中のとても目立つ場所に書かれているのもびっくりだ。

「画家が作品のどこにどのようにサインするかは、長い間、慣習も規則もなかったんだよ。画家が絵画に自分の名前を書く習慣が一般化したのはルネサンス期で、画家は作品にサインを入れることで社会的な地位を確立し、さらには作品が本物であることを証明できるようになった。とはいえ、その後も一九世紀まで、絵にサインをしないことは少なくなかったし、絵のどこにサインするかも決まっていなかったんだ。この絵では、無地の背景の部分に筆記体で書かれたサインがとても目立っていて、アーティストの個性を際立たせている。さらに、モデルの右手のすぐそばに書かれているのも思わせぶりで、モデルと画家が特別な関係にあることを示しているのかもしれない。まずはサインの名前が誰なのかを読み解いてみよう。『Laville Leroulx（ラヴィル・ルルー）』は、この絵を描いた画家の旧姓で、『Benoist（ブノワ）』は夫の姓であり、つまりは結婚後の姓だ。というわけで、羅列された名前の正体は、ひとりの女性画家、マリー＝ギエルミーヌ・ブノワだ」

「有名な画家なの？」

「すばらしい作品を残しているが、名前はほとんど知られていない。もうひとりの女性画家のマルグリット・ジェラールを覚えているかな？　歴史的に、女性に対する偏見は根強く、マリー＝ギエルミーヌ・ブノワも画家として活躍するうえでさまざまな障壁に突き当たった。夫のブノワ・ダンジェは一七九三年に闇取引に巻き込まれてスイスに亡命し、マリー＝ギエルミーヌはフランス革命の恐怖政治による弾圧を受け、一家を支えるために道徳的な教訓を示す絵を描いて売った。そして一八一四年、夫が国務顧問に任命され、政治家として脚光を浴びると、夫の求めで画家としてのキャリアを諦めた。でも、画家として活躍した短い期間に、この比類のない肖像画を残すことができたというわけだ。女性画家がほかの女性を称えた絵だということをはじめとして、当時としてはとても画期的な絵だったんだよ」

「おじいちゃん、もったいぶるのはやめてよ。とうに気づいているよ。今まで一緒に見てきた作品に登場していたのは、全員が白い肌の人物だった。黒人の絵を見るのは初めてだよね」

「革命前までのフランスでは、黒人はもっぱら奴隷として扱われていたからね。フランス革命によって一七九四年にいったん奴隷制は廃止され、ジロデという画家が、かつて奴隷貿易の拠点としてアフリカ人が集められたゴレ島の出身の代議士を肖像画に描き、一七九七年と一七九八年に発表した。でも、一八〇二年にはナポレオンが奴隷制を復活させている。ブノワはその直前の一八〇〇年、西洋美術のタブーを破り、黒人をモデルにこの絵を描いた。当時は、茶色い色素をカンバスに描くと目に不快感を与えるなどという人種差別に基づくバカバカしい迷信がまかり通っていて、芸術アカデミーはこの絵を『絵画への反抗』と批判した。それがどんなに的外れだったかは一目瞭然だよね。黒人女性の肌のニュアンスは、顔や胸に輝くグラデーションがあり、黒檀色からブロンズ色までの微妙な色彩が表現されていて、当時の絵によく描かれていた白人の肌色と比べてまったく遜色がない。さらに、白いドレスとのコントラストによって、黒人の肌色の美しさが見事に引き出されている」

「おじいちゃんって、自分が見たいものにだけ注目するよね。青い布だって描かれているの、気がついた？」

「もちろんだよ。じゃあ、モナは気づいたかな？　ドレスに赤いリボンがついているのを。青、白、赤……これは一七九四年にジャック＝ルイ・ダヴィッドによって制定されたフランス国旗をほのめかしているんだよ」

「ふうん。おじいちゃんがここでまたダヴィッドの話を出してきたのは、ほかにも理由があるでしょう。ダヴィッドの《ホラティウス兄弟の誓い》は、すごく冷たい感じがする絵だったよね。正直なところ、実は、この絵も同じような感じがしてたんだ。言おうかどうしようか、迷ってたけど」

「思ったことは何でも自由に言ってほしいな。芸術作品の前では、こんなふうに感じるなんておかしいとか、こんなことを言ったらバカみたいだとかいうことは、一切ないんだ。むしろ、自分の感覚を信じて、どこからその感覚が来るのかを見つけることが大事だよ。この肖像画は、確かに、冷たい感じがするよね。ブノワが一七八六年にダヴィッドのアトリエで修業し、新古典主義を学んだからに違いない。派手さやかわいらしさを排除し、きちんとした秩序を追求するのが、新古典主義の特徴なんだ。背景には何も描かれていない。モデルは目立った化粧をしていないし、シンプルな金のイヤリングを除けばジュエリーをつけていなくて、顔も無表情だ。この黒人の女性は、エキゾチックで情熱的な想像をかき立てるような存在だけれど、ブノワはステレオタイプを断固として受けつけない。あえて、華やかな演出やわざとらしい表現を避けているんだ。画家として冷静な目でモデルを見つめているから、絵には高貴な感じが漂い、女性の威厳をも感じさせる」

「おじいちゃん」と、モナは笑って言った。「私ももう大きいから、本音で話そうよ。そうは言っても、この女の人、おっぱいを見せてるけど？」

「モナが言いたいことはわかるよ。胸元を見せているのはなぜかといえば、男性の買い手をおびき寄せようという思いが隠されているからかもしれないね。でも、もっと比喩的に考えると、おっぱいは女性が赤ちゃんを育てる力の象徴でもあるし、フェミニスト的な見方もできる。ギリシャ神話の女性戦士の部族アマゾネスが弓を肩にかけられるように右の乳房を切りとったという逸話を思い起こさせるんだ」

この話を聞いてモナはびっくりし、思わず祖父の腰に抱きついた。アンリは少し待ってからひざまずき、モナの興奮を抑えるように声を少し小さくして話を続けた。

「一七世紀の中頃から、芸術家たちが作品を大勢の人に見せるために、今日のアートフェアのような重要な行事が開かれるようになった。これを、会場になっていたルーヴル美術館の展示室、サロン・カレにちなんで、サロンと呼んでいた。今度もっと詳しく話すけれど、サロンは画家や彫刻家が技を競う重要なイベントで、貴族や著名人の肖像画や、政治的・道徳的な意味合いのある歴史上の場面を描いた大型絵画が壁を埋めた。サロンという美術界の最高峰の場で公開されることで、肖像画に描かれた人物も晴れの場で称えられることになったんだ。そして、ブノワのこの絵は一八〇〇年にサロンで展示された。わかるかな？　女性画家が、黒人女性というテーマを芸術の頂点にすえたんだ。人種間の上下関係を打ち破り、白人と黒人を隔てていた壁を打ち破り、マドレーヌに敬意を表したというわけだ」

「マドレーヌって、この絵の女の人の名前？」

「そう。マドレーヌは西インド諸島出身で、ブノワの夫の実家でメイドとして働いていた。この絵がルーヴル美術館に所蔵されてから二百年もの間、誰も、モデルの黒人女性が誰かを突き止める必要なんてないと思っていたんだよ。でも、ようやく美術史家が調査を行った結果、作品の題名は《黒人女性の肖像》から《マドレーヌの肖像》に変更された」

「え？　絵の題名を、勝手に変えちゃっていいの？」

「古い絵の場合、そういうことは珍しくないんだよ。さっき話したサインと同じで、絵の題名も、歴史的にはあまり重視されていなかったんだ。画家がどんな題名にするか迷ったり、正確とはいえない題名をつけていたりした場合、後から変更されることもあったんだよ。大事なのは、歴代の題名を正確に記録しておくことだ。それだって、美術史家の重要な仕事だよ」

ルーヴル美術館を出るとき、モナは無口になり、少し恥ずかしがっているように見えた。アンリは、今日の絵はちょっと刺激的すぎたかなと思っていたが、モナはとうとうがまんができなくなって言った。

「ねえ、おじいちゃん、帰りにもう一個ホットドッグをおごってよ」

アンリは意表をつかれた。モナはセミヌードの絵だからといって動揺するような子じゃないんだ。アンリはにっこりして、手足のある巨大なホットドッグが目印のファストフード店に向かった。

17

フランシスコ・デ・ゴヤ
怪物はどこにでもいる

モナがギヨームに見事な平手打ちを食らわせた事件は、まだみんなの記憶に新しかった。でも、結局、ギヨームをはじめとするサッカー好きの男の子たちが校庭を占領する状況に変わりはなく、リリは次第にいらだちを募らせるようになった。リリはある日、汚れたボールが足元に転がってきたのを拾い、それを胸に抱えたまま叫んだ。

「校庭はみんなのものだよ！」

大勢の男の子たちが、リリに向かって集まってきた。リリはたじろいだが、ジャッドとモナを引き連れ、勇敢に立ち向かった。リリは、ギヨームとペナルティキックで勝負したいと申し出た。

「もしも私たち三人のうち誰かがゴールを決めたら、校庭を仲間とのサッカーでひとりじめするのはもう終わりにしてほしい」

男の子たちから罵声が飛ぶ中、ギヨームは自信満々でゴールの前に陣取った。

三人はゴールから五メートルほど後ろに下がった。最初に挑戦したリリは、ボールを蹴る直前にバランスを失い尻もちをついてしまった。男の子たちは、その姿を指差して大笑いした。ジャッドは、リリがボールに触っていないから、まだゲームは始まっていないと果敢に反論し、地面にへたり込んだままのリリを見て、自分が代表として勝負に挑むと宣言した。男の子たちが静まり返る中、ギヨームだけが大声で言った。

「黒人にサッカーは無理だ」

ウズベキスタン系のジャッドは、切れ長の目をしている。的外れな人種差別発言に、ジャッドの胸に静かな怒りが込み上げてきた。そして一瞬のためらいもなく、体をまっすぐゴールに向けて、鋭く正確な動きでボールを蹴った。ボールはわずかにカーブして地面すれすれに飛び、ポストに激しく当たって跳ね返り、ギヨームのふくらはぎを直撃した。ギヨームは衝撃のあまりかがみ込んだ。ふと振り向くと、ボールがネットの中に沈んでいた。

ジャッドは友人たちと抱き合い、喜びを爆発させた。EURO2000の決勝で、伝説のボレーを決めたフランス代表のトレゼゲ選手のように。リリは転んだことも忘れ、踊りながら「勝った、勝った」と歌うように叫んでいた。男の子たちはボールでボールが跳ね返った角度を見つけ出そうと、何度もボールに向かってボールを蹴っていた。負けたことが信じられないという顔で立ちすくんでいたギヨームに向かって、ジャッドはとどめを刺すように叫んだ。

「落第生は出て行け！」

ギヨームは打ちひしがれ、ますますうなだれている。ジャッドが勝ってうれしかったはずのモナも、ジャッドの残酷な言葉にショックを受けて、ギヨームのほうを見た。するとギヨームは突然、校庭の向こう側に向かって走り出し、トイレに駆け込むと、声を上げて泣いた。

旧約聖書で、羊飼いの少年ダビデに倒された大男ゴリアテのような気分だった。もう年齢も体つきも中学生なのに小学校に通わされていて、誰よりも頭ひとつ分背が高くていつも目立ってしまう。いばっているのは、実は友だちがいなくて自分の居場所が見つけられないからだった。つらさが一気に込み上げてきた。ジャッドの言葉に心の急所を突かれたのだ。

モナはギヨームを追ってトイレに入り、ドアをノックした。

「出てきて」

モナは大きな声で言った。

「言ったでしょう？　校庭はみんなのものなの。ねえ、一緒に遊ぼうよ」

＊

ルーヴル美術館に向かう道すがら、リシュリュー通りのアーケードをモナと歩いているとき、アンリの肩を後ろから叩く人がいた。

「すみません。いつかお会いしたのですが、覚えていらっしゃいますか」

アンリが振り返ると、若い男女が手をつないで立っている。アンリはめがねをかけ直した。なんとなく見覚えはあるけれど、いつ、どこで会ったかは思い出せない。でも、モナはすぐににっこりしてこう言った。

「ほら、おじいちゃん、フランス・ハルスの絵の前で会った人たちだよ」

三カ月前にフランス・ハルスの《ジプシー女》の前で、アンリとモナの会話をこっそり立ち聞きしていて、それから話しかけてきた若者たちだった。アンリもようやく笑顔になった。

「そうでした。まだ恋人かどうかわからないっておっしゃっていましたよね。あれから進展はありましたか？」

ふたりは目を合わせて、ちょっと恥ずかしそうに、おどけたような笑いを浮かべ、うなずいた。

「ただお礼を言いたかっただけなんです。本当にすばらしいお話を聞かせていただいたので。今日はメソポタミア美術を見に行くところです。お邪魔してすみませんでした」
メソポタミア――モナは、複雑な響きを味わいながらつぶやいてみた。大きな象みたいな感じがする。
「そうですか、ではメソポタミアの魔神パズズ像に、よろしくお伝えください」とアンリは言った。
「私たちは、ゴヤと待ち合わせがあるので」

無地の黒い背景に、特徴のない木製のトレイに乗せられた獣の壊れた死体が描かれていた。カンバスは縦四十五センチ、横六十二センチで、日常的な物を描く静物画に適した小さなサイズだ。絵の左側に、右を向いて、子羊の頭が置かれている。まぶたは半開きになっている。唇の間から歯が三本見えているのは、首を切られたときの衝撃のせいかもしれない。皮は一部はがされていて、顔の輪郭まで皮下組織が赤く見えている。そのほかの部分は、ベージュの毛が残っていて、そのあちこちに血がついている。

頭の右側に、たっぷり肉のついた肋骨が二つ重ねて置かれている。ひとつは絵のちょうど中央に縦に置かれていて、その後ろ側にもうひとつが横に置かれている。紫や赤のグラデーションの色合いのせいで、肉はやや腐りかけ、どす黒く濁ったような印象だ。

赤系の色のほかに目立つ色は白だ。ゼラチン質で丸い形の腎臓は、黄色みを帯びた白や、グレーがかった白で描かれている。腎臓は長く伸びるひも状の組織によって肋骨にぶらさがっている。太い筆で描きなぐるように描かれ、全体に荒々しく力強い表現は、見る人の気持ちをかき乱す。

モナは言いようのない嫌な気持ちに襲われ、たったの十分間で音を上げ、絵から目を離した。どうしてこんなふうに感じるのか、自分でもうまく表現できない。美しさを追求する営みであるはずの絵が、三つの肉の塊と化した哀れな動物の姿を差し出すのはなぜだろう？　アンリは、モナの反応を予想していた。十歳の子にゴヤを理解させようというのが、かなり大胆な挑戦であることは十分わかっている。

「まず、この絵は静物画だ。静物画は一般に、いろんな種類の絵の中でいちばん低い地位にあると考えられていた。動かない状態の物や動物を描くことで、画家の技術を誇示し、日常の事物の美を明らかにできると考えられてきた一方で、静物画は道徳的なメッセージを伝えたり、人々の精神を高揚させたりすることはできないという主張もあったんだ。ゴヤが静物画をほとんど描かなかったのも、そんな事情がある。それに、ゴヤはスペインの国王カルロス四世とフェルディナンド七世のもとで宮廷画家として活躍していたから、その立場にも静物画はふさわしくなかった。というわけで、この作品はゴヤが残した珍しい静物画だけれど、やはりゴヤならではの独創性が存分に発揮されている」

「私たちの身の回りにある物の美しさを示すのが静物画だっていうわりには、ゴヤは、恐ろしい物を描いているよね」

「確かに、この絵はふつうの静物画とはどこかが違う。モナは、どこが違うと思う？」

「そう聞かれても、答えるのは難しいな。この肉は料理の材料で、台所に置かれているんだと思う」

モナは珍しく神妙な顔で、静かに答えた。

「そうかもしれないね、モナ。でも、肉屋で売っている肉とはちょっと違うよね。モツ煮込みの材料になる腎臓は骨についたままだし、肉と骨も塊のままで、さばいていない。それになんと言っても、頭には柔らかい毛皮がまだついている。二つの肋骨の塊も、断面の縁を見ると、まだ毛皮がついているらしい。途中まで解体されていながら、皮をはがし終わっていない子羊は、不衛生で退廃的ですらある。赤い肉はもちろん食べられる運命にあるが、人体の断片にも似ている。食肉であると同時に、死体でもあるんだ」

そう聞いて、モナはさらに気分が悪くなった。アンリは今日はこの辺で切り上げるべきかとも思ったが、すぐに思い直した。モナが永久に視力を失うとしたら？　このままでは、歴史上最も偉大な芸術家のひとりであるゴヤについて、誤解に基づく嫌な記憶しか残らない。そこで、絵の解説をいったん離れて、ゴヤの人生について話すことにした。

「ゴヤの絵を理解するためには、その人生について知らなくてはならない。ゴヤは大変な努力をして画家としての評価を築き上げ、王族たちの肖像画や宗教画を描いた。ところが、やっと安定した生活ができるようになった四十代の後半に、大きく作風を変え、人間の暗い内面を探求しはじめる」

「何が起きたの？」

「一七四六年生まれのゴヤは、一七九二年、アンダルシア地方のカディスで重い病気にかかった。マラリアだったらしい。ゴヤは何週間も熱にうなされて死にかけた。一命は取り留めたものの、耳が聞こえなくなった。さらに悪いことに、絶え間のない耳鳴りに悩まされることになる」

「頭がおかしくなりそうだね」

「おかしくはならなかったけど、それをきっかけに、文明の裏にある闇や紆余曲折《うよきょくせつ》を描くようになったんだ。伝統やキリスト教に基づく規範をすべてくつがえすようになった。この絵はまさにそのいい例なんだよ。ユダヤ教やキリスト教の伝統では、子羊は信仰者の群れやキリストの犠牲を意味する。ユダヤ教とキリスト教の伝統では、子羊は忠実な群れであり、いけにえを意味する。しかしここでは、子羊は無惨に切り刻まれて、冒瀆《ぼうとく》されている。ふつう、人は若い頃はいろんな騒ぎを起こしたとしても、歳をとると穏やかになり、安らぎを求めるようになるものだけれど、ゴヤはその逆の道をたどったんだ。若い頃はおとなしい雇われ画家だったのに、中年になってから波乱に満ちた人生を送るようになった」

モナは、アンリの話を完全に理解している自信はなかったが、いつも以上に興味をそそられた。アンリはモナの肩に手をかけて、モナと並んで同じ背の高さになるように身をかがめ、血まみれの死体の絵を改めて眺めながら、情熱を込めて言った。

「ゴヤはすっかり世界に幻滅して、この絵を描いている。啓蒙思想について話したのは覚えているよね？　ゴヤは王族に仕えながらも、啓蒙思想に情熱を傾けた。ガスパール・メルチョール・デ・ホベジャーノスや、マルティン・サパテルといった当時のスペインの偉大な思想家たちと親しく交流した。キリスト教会の教えをただそのまま信じるのを否定し、自由思想を称え、崇高な進歩を目指した人たちだ。しかし、ゴヤと仲間の思想家たちは、自由思想が思わぬ方向に展開するのを目撃し、大きな挫折を味わうことになる。平等という理想によってギロチンによる処刑が正当化され、フランス革命によってナポレオン帝国が成立することになったんだ」

「でも、ナポレオンは英雄って呼ばれてるよね」

「フランス人にとっては英雄だったかもしれないけど、攻撃を受けた側から見たらどうだろう？　一八〇八年五月三日、ナポレオン帝国の支配下にあったスペインのマドリードで、ナポレオンの臣下ジョアシャン・ミュラの軍隊が、スペインの抵抗勢力をその場で射殺した。無惨な虐殺の現場をゴヤは目撃し、大きな絶望を抱き続け、六年後に絵に描いた。そして今日見ている静物画も、ちょうどこの時代、一八〇八年から一八一二年にかけて描かれている。この作品には、暴力というテーマが潜んでいる。ゴヤは子羊の顔から流れた血の上に、小さな文字で自分のサインを入れることで、哀れな子羊と自分を重ね合わせている。自分も頭を切り取られた存在だと訴えているんだ。それから、子羊の目の左下に、白い部分があるのを見てごらん。まるで涙がにじんだみたいに光っているよね。この絵には、不条理の流血を嘆く気持ちが脈打っているんだ」

モナは黙ったままだった。祖父は、モナにもっと近づいて、コテで絵の具を塗りつけたかのような質感をよく見るように言った。そして、低く、静かな声で、ゆっくりと話を続けた。

「ゴヤの絵は、怪物はどこにでもいると教えてくれる。取調官や軍人も、魔女も同じく怪物なんだ。迷信にも希望にも、あるいは笑いや歌の歌詞、パーティー会場、月の光の下にも、真昼の太陽の下にも、怪物は潜んでいる。人類は怪物を生み出し続けるだろう、人類は悪夢の機械なのだと、ゴヤの絵は教えてくれている。その恐ろしい事実を認め、私たち自身の中にある闇を見つめるように促しているんだ。さらに、この悲劇的な教訓を学んだら、怪物を自分の手で別の姿に変えさえすれば、もう恐れなくてもすむようになることも。有名なゴヤの版画《理性の眠りは怪物を生む》では、机に突っ伏していてミミズクやコウモリなど夜行性の動物に襲われる男の姿が描かれている。ここでいう『理性の眠り』には二重の意味があり、理性が不在になると怪物が生まれるという意味にも、理性が見る夢や気まぐれが怪物を生み出すという意味にもとれるんだ。モナ、この絵の中の腎臓をもう一度見てごらん」

「そうだね。まるで、肉から目が生えているみたい」

モナはそう言うと、自分の両目を手で覆った。アンリはそれ以上何も言わなかった。この思いがけずモナが口にした強烈なイメージについて、考えをめぐらせた。「肉から目が生えている」。ボードレールの詩の一節のようだ。

モナの子どもらしい言葉づかいに常日頃から感じている音楽のような魅力の秘密は、このあたりにあるのではないか。いや、やはり洗練された比喩とは、何の関係もないような気もする。まだまだ、探究し続けなくてはならない。

ふたりは頭の中でそれぞれの考えをめぐらせながら、疲れ切って帰り道についた。アンリがモナを連れてルーヴル美術館に来るようになってしばらく経つが、今日、モナはとりわけつらい思いをしたようだ。でも、一九世紀の激しい芸術を理解するためには、しかたがない。アンリはモナを、そして自分自身を誇りに思った。

それでもアンリは、パリの街を歩きながら思った。ゴヤの強烈な絵の後味を和らげてあげなくては。ゴヤがチョコレート好きだったという話をしよう。

「ねえ、モナ。ゴヤの好物がなんだったか、教えてあげようか」

「知ってるよ。ラムチョップでしょう?」

18

カスパー・ダーヴィト・フリードリヒ
絵を描くにはまず目を閉じなさい

ポールは店で飲んで、泥酔していた。足を組んで椅子に斜めに座り、机の上に両腕を伸ばし、頭を横向きに乗せて、ついに寝てしまったようだ。今日もつらい一日だった。夕闇が押し寄せる店内のジュークボックスから、デヴィッド・ボウイの「シャドウマン」が流れている。

モナは、父親の姿を眺めていた。どんな夢を見ているのかな。目を覚ましたら、ボトルラックが空き瓶で埋まっているのを見て、また自己嫌悪に陥るに違いない。モナは、このボトルラックが大嫌いだった。パパがハリネズミなんていう名前で呼ぶからだ。動物は好きだけれど、なぜかハリネズミだけは怖い。少し自然が豊かなところに行くと、石の下からハリネズミが出てくるのではないかと気が気でなくなる。

父親がいびきをかいて寝ている間、モナはガラクタをかき分けるように、店のあちこちを探検した。店の奥に、ポールが十代の頃から集めていたハート型のキーホルダーの入った木箱が何個も置かれているのを見つけた。モナはふと思いついて、五十個ほど入った箱をひとつ手にとると、父親のところに戻った。まだぐっすり寝ている。

モナはリリやジャッドと違ってビデオゲームは好きではないが、ゲームの終わりのほうで最強の敵が登場するのがお決まりだということは知っていた。相手の攻撃を避け、適切なテクニックを使ってやっつける必要がある。そうだ！　最強の敵といえば、このハリネズミだ。とげのような腕がたくさんあって、そこにいまわしいワインの空き瓶がかけられている。モナは、瓶を　本ずつつかみ、時間をかけて全部外し、鉄のハリネズミを裸にした。そして、最後のとどめとして、店の奥から持ってきたハートのキーホルダーを、空き瓶の代わりにひとつずつかけていった。すっかり姿を変えたボトルラックは、もう怖くなんかない。それにパパだって、大事なコレクションをクリスマスツリーみたいに飾ったのを見たら、喜んでくれるに違いない。

＊

アンリは今日も、ゴヤの静物画と同様、一九世紀の美術らしい苦悩に満ちた作品を見に行くことに決めている。モナにそう告げると、難しい質問が返ってきた。

「この世で最も美しいものに誓うっておじいちゃんが言うときに、ゴヤのあの絵を思い浮かべる？」

「まあ、そうだね。どうして？」

「じゃあ、私のことも思い浮かべる？」

「うん、モナのことも思い浮かべるよ。モナのことは、そうでなくてもいつも考えてるし」

「ていうことは、牛の頭でも、私の頭でも、どっちでも同じってこと？」

「ちょっと待てよ。まず、あれは牛じゃなくて羊の頭だった。そして、羊とモナは比べ物にならないよ」

「そうなの？　本当に？」

「この世で最も美しいものに誓うよ」

アンリはそう言って、モナの髪にキスした。モナは満足そうに笑い、祖父の長い指にキスした。それからふたりは、先週見たのと同じくらい小さなサイズの絵の前に立った。

墳丘が正面の奥にある風景が描かれている。草やシダに覆われた丘は舌のような形で、大きな空を背景にして海に突き出す岬のようでもあり、船の甲板に立って船首を正面に見ているようでもある。前景にかしの木がそびえていて、根と枯れ枝がからみ合い、曲がりくねっているシルエットが、カンバスのうちの広大な割合を占めている。幹は曲がってねじれ、ところどころが枯れて折れていて、枝は苔むしていてうねりながら広がり、ところどころに赤茶けた葉がついている。その木の左側には、かつて別の木が枯れて折れた後らしく、ぎざぎざになった切り株がある。遠くは薄い青紫色のかすみがかかっていてぼんやりしているが、広大な眺めが広がっていて、緑に覆われた田園地帯と海が見えているらしい。

絵の下から五分の二くらいの高さに水平線があり、丘の端で途切れている。絵の左奥では、二つの巨大な崖が連なっているのが、はるか彼方に小さく見えている。その上には哀愁に満ちた夕焼け空が広がり、すじ雲が白とオレンジ色と淡い黄色の縞模様になっている。黒い鳥たちが飛び交っている様子が空に奥行きを感じさせ、絵の全体にわずかな生命感、そして象徴的な意味合いを加えている。鳥たちは近くでは木の周囲を飛び回ったり、枝に止まっていたりしている。遠くでは、夕焼け雲の上で群れをなし、羽を広げて滑るように飛んでいる。

モナは、まずはじっくりと時間をかけて作品を見るというルールに、もう慣れっこになっていた。今日はとりわけ、声をかけない限りいつまでも見ていそうなくらい絵に集中していた。アンリは、ゴヤの説明を締めくくったときと同じようにモナを気づかいながら、穏やかな声で説明を始めた。

「これはカスパー・ダーヴィト・フリードリヒという画家の風景画だ。森や雑草などの植物、カラスという動物、そして背景の丘に含まれる鉱物という三要素が見られる。また、古代ギリシャで世界の四元素とされた土、火、水、空気も、それぞれ、丘、夕焼け空、広大な海と空として描かれている。でも、いちばん目立っているのは、曲がりくねった枝を広げているかしの木だ。稲妻のようにジグザグにねじれ、荒々しい自然の中で木が繰り広げてきた闘争の歴史を物語るようだ。長い年月をかけて風雨が形作った彫刻のようだともいえる。ニコラ・プッサンの絵を見ながら、古くから人々が夢見た永遠の理想郷、アルカディアの話をしたのを覚えているかな？　この絵に描かれているのはまったく逆の世界だ。この木は『嵐と情熱』というロマン主義のテーマをそのまま表している。ロマン主義は、フリードリヒの国ドイツで一九世紀初頭に生まれた」

「いつか私が絵を見てロマンティックだと言ったら、おじいちゃんによれば、それは違うっていう話だったよね」

「ゲインズバラの絵を見たときだったね。ロマンティックという言葉はよく耳にするけれど、今はもっぱら愛し合うふたりの甘い気分を指すようになっている」

「パパとママが、ロウソクに火を灯してディナーをするときみたいにね」

「ま、そんなところだ。モナのパパとママにはもちろん、すてきなディナーを楽しんでほしいけれど、ロマンティックという言葉の元祖であるロマン派の芸術家たちは、甘い気分どころか、破壊的な野心を抱いていた。教会や王室や社会の規範に縛られず、常識を打ち破るような激しい行動や、道徳に反するような趣味も含めて、個人が思いのままに自由に人生を送ることをよしとしたんだ。さらには、人間は自然界に回帰するべきだと訴えた。ロマン主義においては、カラスの群れが占領する枯れ木も、美しい小鳥たちが雨宿りする緑豊かな木も、同じように尊ばれた」

「ロマン主義者は孤独を愛したってこと？　フリードリヒもそうだったの？」

「人間嫌いだったと言ってもいい。フリードリヒ自身は『人間を嫌いにならないですむように、人づきあいはしない』と言っていたくらいなんだ。でもだからといって、世間から完全に切り離されていたとか、世捨て人だったというわけではない。たとえば、一八一〇年、三十六歳のとき、ベルリンの芸術アカデミーに出展した絵はとりわけ評価が高く、プロイセン国王フリードリヒ・ヴィルヘルム三世に買い上げられた。でもフリードリヒは今日でこそ称賛されているけれど、生きているうちに評価を得た作品はごくわずかなんだ。フリードリヒの絵が好きな人はまれだった。死ぬ六年前に、ドレスデンにあった質素なアトリエを、フランスの偉大な彫刻家ダヴィッド・ダンジェが訪れた。これは特別にうれしかったはずだよ」

「どうして？」

「ダヴィッド・ダンジェは、フリードリヒをすばらしい芸術家だと認めていたんだ。『風景の悲劇に向かう旅程のようなもの』を描き出すと述べているんだよ。でも、ダンジェがこれだけ絶賛しても、結局フリードリヒは一八四〇年、無名のままこの世を去った。生涯の大半を過ごした地元ドレスデンの美術館でも、五十年後にはすっかり忘れ去られ、作品は倉庫に眠ったままだった。近年、一部の美術史家による努力のおかげで、ようやく評価されるようになったんだ」

「悲しいね。これだけの才能があったら、生きている間に成功できればよかったのに」

「カンバスの全体を覆いつくすように描かれた木は、フリードリヒ自身の運命を物語っている。曲がりくねった枝ぶりは、ヨーロッパ伝統の絵画『死の舞踏』の踊る骸骨のようでもあり、古い絵の表面にできる細かい亀裂のようにも見える。そして、フリードリヒの人生は大きな不幸の連続だった。幼い頃に妹と母親を亡くし、弟は自分の目の前で溺死した。弟が死んだ経緯については、湖で一緒にスケートをしていて氷が割れたとも、深い堀に落ちたとも言われている。その後、一八二〇年には親友が殺されたし、この絵が描かれた一八二二年には愛弟子が亡くなった。フリードリヒは五十歳の誕生日を迎える前からすでに数多くの親しい人に先立たれたことに、画家としても大きな影響を受けた。絵の奥に描かれている丘は墳丘で、つまりはお墓なのだけれど、ぱっと見ただけではわからない秘密のテーマとして、絵の中に隠されている。カンバスの裏を見ると、作者による手書きの説明があり、これはドイツ北東部のリューゲン島の風景で、かつてヨーロッパにいた部族であるフン族の戦士の埋葬地だとされている。名もない英雄を記念する墳丘は土に埋もれ、シダや、孤独にそびえるかしの木、無限に広がる空、バルト海の逆流、そして千羽ほどの獰猛なカラスの群れにまぎれて、自然の織物の中に溶け込んでいる」

「千羽は大げさすぎるよ。六十六羽だからね。それと、左側に、白い点が五つあるの気がついた？　私は帆船だと思う。あとは、木もよく見てごらんよ。おじいちゃんは一本しかないみたいに言ってたけど、実は二本立ってる」

「根元にあるのは枯れ木だよ」

モナは首を振った。そして人差し指をつき出し、絵に触らないようにしながら、大小二つの円を描いた。最初の円は大きなかしの木全体を囲んでいた。二つ目の小さい円は、かしの木の幹から右側に向かって延びている長い枝の上にある。その小さな円の中では、上に向かって小さな枝がかたまって生えていて、さらにその先が細枝に分かれ、先に葉がついている。大きなかしの木とそっくりな枝ぶりだ。大きなかしの木の枝の一部に見えていたのが、実は、背景にもう一本別のかしの木がそびえていて、それが小さく重なっているらしい。アンリはモナに言われて初めてそのことに気がつくと、絵の中でそこしか目につかなくなった。

モナが鋭い観察眼を発揮したことが、アンリはうれしくてたまらない。絵に隠された秘密を探すゲームをもっと続けたら、モナの類まれな観察眼を、さらに磨くことだってできるかもしれない。でも、アンリは思いとどまった。そんなことをすれば、画家のフリードリヒの思いを裏切ることになってしまう。この絵には、ディテールの遊びを超えた意味が込められている。モナが天才的な目を持っているのだとしたら、それを本人に自覚させるのは、別の機会にとっておこう。

「なるほど。おじいちゃんも気づかなかったよ。すごいなあ、よく見つけたね。でもね、ほかに考えるべきことがあるんだ。芸術家は変わった人たちだということは、もう知ってるよね？」

「だからこそ、おじいちゃんは芸術が好きなんでしょう？」

「フリードリヒは、画家を目指す弟子たちにこう言っていた。『体の目を閉じて、まず心の目で描くものを見つめなさい。それから、暗闇の中に見えたものを明るみに出しなさい。内側に向かうことで、自分の見た世界をほかの人たちに伝えるのです』。わかるかな？　画家たちに、絵を描くにはまず目を閉じなさいと言ったんだよ」

「目をつぶったまま絵を描くのは、大変そうだね」

「変な話だよね。フリードリヒの教えはほかにもある。画家の仕事は内側のビジョンをカンバスの上に写し出すことであり、そうやって完成した絵が偉大な作品だと認められるには、ある条件が必要だと言ったんだ」

「どんな条件？」

「絵を見る人の心の目に訴えかけなくてはならないという条件だ。つまり、絵が本物の芸術作品であるかどうかを見極めるには、おじいちゃんがいつもお願いしているのとは正反対のことをしなければならない」

「どういうこと？」

「目を閉じるんだ。そして、心の迷路をさまよい続けるんだ。《カラスのいる木》だけが与えてくれるような世界観や考え方に出合えるまで」

　モナはさっそく、目を閉じた。いつものように、まぶたの裏にいろんな色の光の水玉模様が見える。しばらく経って模様が消え、暗闇に包まれると、うれしさと悲しさが入り混じったような不思議な気持ちで胸がいっぱいになった。柔らかい綿に包まれたような子ども時代を抜け出して、大人の世界への第一歩を踏み出すときが来ているのを、モナは直感した。洞窟のように暗くて怖くて、でも魅力的な世界。言葉では言いつくせないそんな世界で、カラスや森や夕暮れ空が、未知の悲しみを見つめている。その悲しみは、いつか叫び声を上げるかもしれないが、今はただ、とらえどころのない影絵のように見えている。そんな奥深い風景を、モナは歩きはじめていた。

ふたりはルーヴル美術館を後にした。重い霧が立ち込めた午後だった。道ゆく人たちも影のように見える。モナは祖母のことを思ったが、祖母の顔さえ思い出せない。アンリもモナも沈黙を保ったまま、モントルイユのアパルトマンに向かった。何も言わなくても、ふたりの心は通い合っていた。ときおり手をつなぎ、お互いが存在していることの奇跡を味わいながら、大通りを歩き、角を曲がる。雨が降り出した。アンリはふとモナに尋ねた。

「カラスの数が六十六羽だって数えたの?」

「それがね」

モナはためらいながら答えた。

「六十六羽いるのが、ただ見えたんだ」

19

ウィリアム・ターナー
すべてのものは粒でできている

オテル・デュー病院での検査の間、モナはすっかり気分が悪くなった。もう耐えられない。脈拍、血圧、反射、瞳孔の状態など、検査の結果は問題なしだった。医師は、前回の視力検査でモナが超人的な視力を発揮したことから、さらに一歩踏み込んだ検査をしたいと言った。スポーツ選手やパイロット、それに兵士のために開発されたソフトウェアがあり、画面を見ながら、起伏を認識する能力、対象物に焦点を合わせる能力、地形を分析する能力、色を識別する能力を試すことができる。

「次回の診察ではこのテストに挑戦してみませんか？　ゲームみたいに楽しいから」

ヴァン・オルスト医師は勧めた。でも今日、モナの心は、二つの理由から不安でいっぱいだった。ひとつは、二カ月前に医師が「五分五分」と言っているのを耳にしたことだ。あれはどういう意味だったんだろう？　もうひとつの不安の種は、言うまでもなく、父親の店で目が見えなくなったことだ。まだ怖くて誰にも打ち明けられないでいる。時間が経つにつれ、この秘密が重く心にのしかかっていた。

医師が提案するエリート向けのテストに合格すれば、失明した件はとにかく、天才的な視力の持ち主だということが証明されるかもしれない。でも……。モナは考えれば考えるほど頭が混乱するばかりで途方に暮れたが、ぎこちなくほほえんでみせた。

母親は、モナのとまどいに気づいていた。医師はモナの頬を両手で包み、目を合わせながら話しかけて安心させようとしたが、モナはぎゅっと目を閉じた。医師の声が聞こえてくる。

「どうかな？」

モナは、ため息をつき、目を閉じたままぽつりと答えた。

「やってみます」

「よかった！　では、次回はコンピュータに視力テストを用意しておきますね」

「あの……」

モナはそう言って、やっと目を開け、母親の顔を見てから、医師のほうを向いて言った。

「試してみたいのは、催眠療法です」

医師は驚いたが、うれしそうにこう言った。

「それはすばらしい。大きな前進です」

カミーユは、その場に立ちつくした。一瞬のうちに、医師が最初に催眠療法を提案したときのことがよみがえってくる。モナ本人だって強い不信感をあらわにしていたし、ポールは激しく反対した。だからカミーユもその件には触れずにいたのだが、実はずっと、心の中の非合理的な部分に働きかけるという催眠療法に、密かに興味を感じていたのだ。

でもなぜ突然、モナはこのことを持ち出したのだろう？　突拍子もない言動に出るのは、自分に似たのかもしれない。

そしてカミーユは、モナが毎週水曜日に通っている精神科医のことも考えていた。優秀な精神科医らしいから、その効果が出ているということなんだろう。カミーユはそう信じたかった。

*

三月の水曜日。モナには知らせていなかったが、今日で、モナとのルーヴル美術館の訪問はおしまいにしようと、アンリは決めていた。これまでの訪問を思い出し、すでにノスタルジックな気分になっていた。美術入門の第一段階、ルーヴル美術館でのレッスンの最終回は、ターナーの炎のような絵を選んだ。どこかアンリの傷だらけの顔にも似た印象のある作品だ。

透き通った霧の向こうに、全体にまぶしいくらいに輝く風景が広がる。暖色系の色がちりばめられている。絵の手前は、地面の盛り上がりが黄色とオレンジ色のグラデーションだけで描かれていて、はっきりした輪郭線はない。地面は絵の左側で小高い丘になっていて、ふもとには赤いしみのように、ぼんやりと細長い人影が横たわっている。右側も同じように丘があり、二本の木が葉を茂らせて立っている様子が比較的はっきりと描かれているが、木は絵の端で切れていて、一部しか見えていない。

地面の中央では、手前から奥へと小道がわずかに曲がりながら延びているが、暗い岩らしき物体にさえぎられてそこで消えている。さらに小道の延長線上の遠くには、大河と合流する川が見える。合流地点までの間に川は二カ所でカーブしている。川はまず左向きに、次に右向きにカーブしながら、低い谷間を流れていく。最初のカーブの終わりくらいのところは、波しぶきを思わせるブルーグレーで、その周囲はとても淡いミモザのような黄色だ。さらに遠くには、ほとんど白に近い淡いブルーグレーで水面が描かれている。その周囲はぼやけているが、水平線から右側には細い陸地が延びていて、この線が、絵を上下にほぼ半分に区切っている。ただし、絵は輪郭が不在で全体がぼやけていて、絵の具を塗った面が集まって構成されている。絵の上半分は半透明の薄雲でぼんやり覆われた空で、右上では雲が途切れ、その向こうに青空が見えている。

モナはこのかすみのかかったような風景画の前で、二十二分間、絵の心地よさを味わいながらじっと立っていた。

「おじいちゃん、うっとりするくらいきれいだね。砂漠の風景なのかな?」

「そんなふうに見えるね。鮮やかな明るい色の油絵具をかなり薄めて、布かスポンジのようなものでカンバスのあちこちに塗った絵で、はっきり形が見分けられるのは木だけだし、確かに、全体が砂で覆われているみたいだよね。でもこれは砂漠ではなくて、イギリスのウェールズの風景なんだよ。ワイ川とセヴァーン川が合流する緑豊かな場所だ。谷の右手には中世の遺跡であるチェプストウ城が見えるはずだ。ターナーはデッサンの段階では城壁を描いたのだけれど、この絵の中には影も形も残っていない。上から絵の具で塗りつぶしてしまったんだ」

「デッサンが苦手だから、ごまかしたのかな?」

「ごまかしたわけじゃない。この風景の中に城がある様子を描いたってよかったはずだよね。ターナーは、同じ場所の風景を題材にした別の絵では、ちゃんと城を描いているんだよ。ターナーは子どもの頃からすばらしいデッサンの能力を発揮した。ロンドンの下町に生まれ育ったが、床屋とカツラ職人をしていた父親が才能を見出し、ティーンエイジャーの頃から絵を店に展示して人気を得て、モナよりもちょっと大きいくらいの年になると、建築家の宣伝用に、図面をもとに建物の完成予想図を描く仕事をしていた。イギリスのロイヤルアカデミーの美術学校に十四歳で入学し、二十六歳で正会員になった。まさに絵の天才だよ」

「そうか、同じイギリスの画家、ゲインズバラと同じように、若くして華々しくデビューしたってわけだね」

モナは祖父に教わった知識をひけらかしながら、得意げに言った。

「そうだね。ゲインズバラは一七八八年に亡くなり、ターナーは一七七五年生まれ。ふたりは出会ってはいないけれど、いくつか共通点がある。そのうち最も重要なのは、大胆な実験精神を発揮したことだ。当時、ジョージ三世の治世下にあったイギリスでは、自由は制限されていた。自由を掲げ、維持し、行使するには、気概を持つ必要があった。さらに、ターナーの時代に非常に影響力のあった批評家、ジョージ・ハウランド・ボーモントは、ターナーの色づかいや光彩の描き方は自由奔放すぎると批判した。今でこそ、アーティストは何をやってもいいと考えられているけれど、当時はそうではなかったんだ」

「ターナーのこの絵、どこが間違っているの？」

「何も間違ってはいない。ただ、クロムイエローという発色のいい顔料をたっぷり使っていることが、当時は問題視されたんだ。一九世紀初頭に売り出された顔料だ。ターナーは黄色という色に、異常なほどの執念を見せた。琥珀色、黄土色、シエナ色、それに茶色味を帯びた黄色まで、さまざまなバリエーションの黄色を使って描いた。風刺画で、ターナーはイーゼルの前で大きなほうきを持ち、足元に黄色いペンキのバケツを置いた姿で描かれたくらいだ。そして、特に川が始まるところはほとんど白に近い色だよね。ターナーの絵の透き通った輝きは、それまでの伝統を打ち破っていた。絵を描く前に、暗い色でカンバスを塗りつぶすのではなく、まず明るい色を塗ったんだ」

「この絵も、まるで本当に光っているみたいに見えるよね」

「ターナーは物理学に興味があった。当時、急速に進展していた光の研究について知識があったんだ。さらに、一七世紀フランスの画家ロランに憧れ、作品を模写していた。ロランは太陽が照りつける目もくらむような風景を描いている。ターナーの描く自然は黄色くきらめく光に満ちていて、絵のこちら側にいる私たちまで照らそうとしているかのようだ。自然に直接触れるときと同じくらい、絵を通して元素の動きを感じさせたいという野望が、ターナーにはあった」

「絵を見る人に、まるで自然の中にいるみたいに感じてほしかったっていうことかな」

「そうだよ。自然の中を歩くときや、あるいは嵐の中を航海するときの感覚を、そのまま体験できるような絵が描きたかったんだ。ターナーは嵐で荒れ狂う海に出て、船のマストにしがみつきながら竜巻が海水を吸い上げる様子を眺めたという言い伝えもある。真に迫った表現で豪雨や船の難破を描き、絵を見る人に波の激しさを実感させたいという一心で、危険をかえりみなかったんだ。ここにある絵を描くために、もしかしたら火の中に飛び込んだかもしれないね」

「ターナーは、おじいちゃんよりもさらに冒険好きだったってことだね！」

「ターナーも、先週話したロマン派の『嵐と情熱』の精神を追い求め、一日に何十キロも延々と歩き続けた。足に合った靴をはき、水筒とできるだけたくさんのスケッチブックを抱えて、イギリスの田舎でも、アルプスでも、ヴェネチアでも、どこへでも、どんなに風雨が強くても出かけて行った。そうやってターナーは『崇高』という感情を呼び起こす風景を探し求めた。つまりは、通常の美を超え、宇宙の力を前に人間の虚しさを実感させるような風景だ」

アンリは、ヴェルナー・ヘルツォーク監督の映画『アギーレ 神の怒り』を思い出していた。マチュピチュの風景を映した最初の場面では、霧の中に山々が浮かび上がり、まるでフリードリヒやターナーの絵画を思わせる。ヘルツォーク監督は、映画の世界を目指す若者たちに、「映画学校に三年通うよりも、三千百八十四キロ歩いたほうがいい」と教えた。この言葉にはターナーも共感したはずだ。アンリはそんなことを思いながら、優しい声で、説明を続けた。

「空の描き方を見てみよう。全体に霧がかかっていて、水平線では陸と水と大気の区別がつかないほどぼんやりしている。絵の左側はまるで蜃気楼みたいだよね。ターナーは光が拡散する様子を描くために、生涯をかけて光学の研究を続けた。水で顔料を薄めて作った水彩絵具で紙に描くことも、濃い油絵具でカンバスに描くことも、並行して実践した。当時の美術界では軽蔑されていた水彩画を、ターナーは高貴な技法に引き上げ、水彩画の流れるような軽やかさを油絵に応用したんだよ」

「つまり、油絵具で大きなカンバスに水彩画を描いたのが、この絵だっていうこと？」

「そうとも言える。そして、これはターナーが晩年になって描いた作品だ。日付もサインもなくて、未発表のまま、死後にアトリエで似たようなスタイルのほかの絵とともに発見された。ここで、疑問が生まれる。実際の風景とは似ても似つかないこの作品は、ターナーが本当に思い通りに描いた絵なのだろうか？　ターナーがどんな絵を描こうとしていたのかを明確に証明する資料は残されていないから、ここは慎重に考えなきゃいけない。もしかしたら、この絵は未完成なのかもしれない」

「でも、なぜ疑わなきゃいけないの？　だって、これは、絶対にターナーが描きたかった通り完成させた絵だって、私は思うな」

「おじいちゃんも、モナの意見に賛成だよ。だけど、絵について判断するとき、その後に描かれた絵についての知識を無視することはできないんだ。ターナーは一八五一年に亡くなり、後世の画家たちがどんな絵を描くかは、もちろん知る由もなかった。だけど、モナもおじいちゃんも、ターナーの死後、今までに描かれた数えきれないほどの絵を知っている。だからターナーの絵のことが、ターナー以上によくわかるんだ」

モナは、頭がこんがらがった。まったく訳がわからない。船のマストにつかまって荒海を眺めたターナーと同じように、祖父の操縦する船のマストにしがみついて、美術という果てしない海の真ん中で、嵐の中を揺られているような気分だった。アンリは続けた。

「言い換えれば、現代の私たちは、ターナー以降の美術史を知っているからこそ、ターナーのこの絵は未完成ではないということがわかる。モナだって、美術史について自分は何も知らないと思っているかもしれないけど、今、ターナーのこの絵が完成した作品だって確信できたよね？　それは、もっと後世に描かれた別の画家の絵をよく知っているからに違いない。ターナーが死んだ後に描かれたから、ターナーは見たことがない絵だ」

「おじいちゃん、ちょっと待ってよ」

「なんで？」

モナはいらいらした調子で言い返した。

「だって、今まで一緒に見てきたのは、どれも、ターナーより古い時代の作品だったよ」

「でもそれとは別に、モナにはいつも見ている作品があって、そのおかげでターナーの絵に親しみを感じられる。だからこそ、まるで風景をばらばらに分解したみたいなこの絵を楽しめる。そう言っているだけだよ」

「私がこの絵を好きなのは、これまでルーヴルで見た絵のいくつかと似たところがあるからだよ。それに……」

モナは言葉を選びながら話した。

「赤い小さな人物はまるで点みたいだし、おじいちゃんが言ったように、絵全体がちりをかぶったみたいだよね」

「おじいちゃんはちりなんて一言も言ってないよ。モナが自分でそう思ったんだし、それで合ってるよ。なぜなら、ターナーの絵が私たちに語っているのは、世界のすべては飛び交うちりのような粒でできているっていうことなんだ。ほら、ちゃんとわかってるじゃないか」

「ふうん」

「そのうち思い出すさ」

モナはまだ半信半疑だった。

ふたりはルーヴル美術館を後にした。モントルイユのアパルトマンに着くと、モナは祖父をぎゅっと抱きしめてさようならを言い、自分の部屋に直行した。水曜日の終わりは、いつも疲れ切ってしまう。ベッドに身を投げ、やっとほっとした。すると、壁がわずかに揺れたような気がした。そこに何かがある。なんだろう？ そうだ！ 頭を後ろに傾けて、背中をそらして壁を見ると、オルセー美術館の点描画のポスターが目に入った。

「そうか、スーラだ」

モナはつぶやいた。

「おじいちゃんが言ってたのは、この絵のことだ」

第二部

オルセー美術館

20

ギュスターヴ・クールベ
大声で叫び、まっすぐ歩く

「絶対に嫌だ」

リリは、こぶしを握りしめて怒り出した。

学年末の模型制作で、モナとリリは最初から意見が対立してしまった。モナは父親の店の模型を作りたいと提案したが、リリは断固として拒否した。くじ引きでせっかく一緒になれたのに、最初から仲違いだ。でも早く計画を立てないと間に合わない。モナは、自分のアイデアにリリが賛成してくれる自信があったのに。

それから、リリは一言も口をきいてくれなくなった。リリが理由を話してくれたのは、数日経った水曜日の放課後だった。

放課後、リリはモナとジャッドを校庭の隅に呼び出して一気にこう打ち明けた。

「パパが、夏にイタリアに帰ることになった。私はパパと一緒に引っ越して、イタリアで中学に行くんだ。ママはパリに残る。猫は連れて行きたいけど、どうなるかわからない。だから、どうしても、うちのダイニングルームの模型が作りたいんだ。小さなテーブルがあって、前はいつもそこで三人でごはんを食べていた。でも、もうお別れだから」

春は始まったばかりで、夏休みまであと三カ月ある。でも、夏になれば、リリはお父さんについてイタリアに行ってしまう。もう十代になった三人は、小学生どうしの友情を、楽しかった思い出にするしかないのだ。

そんな考えが、にわかに現実味を帯びてきて、モナの目に涙があふれた。

校門の外で、モナを呼ぶ声がした。おじいちゃんだ！　モナは、リリとジャッドがすすり泣く声を後ろに聞きながら、振り返らずに校庭を駆け抜けた。悲しみに追いつかれないくらい速く走った。風を切って走るうちに、涙は乾いた。祖父に抱きついて深呼吸をすると、その手を取った。

すると何も知らない祖父が、明るい声でこう言うのが聞こえてきた。

「ルーヴル美術館のレッスンはもう終わり。今日からは、違う美術館に行こう」

もう終わり？

祖父の陽気な口調とは裏腹に、モナは胸が苦しくなった。モナの想像の中で、ルーヴル美術館は突然、荒れ果てて朽ちた。まるで、フランスの画家ユベール・ロベールが一七九六年に描いた《廃墟になったルーヴル美術館のグランド・ギャラリーの想像図》と同じように。

モナは祖父に思いを打ち明け、ルーヴル美術館にお別れをしに行きたいと言った。アンリは愛情を込めてほほえんだ。ルーヴルは楽しかったよね。だけど、ほかの美術館にも出合うべき作品がたくさんある。モナも結局、納得した。過ぎ去った時間にこだわっているわけにはいかない。前を向いて歩かなくては。

＊

そこでアンリは、ペイのピラミッドには行かず、東側にある大きな中庭、クール・カレを横切り、セーヌ川をロワイヤル橋で渡って右に曲がり、大きな建物の前庭に着いた。馬や象の巨大なブロンズ彫刻が目を引く。

「毎週水曜日の児童精神科の診療は、別のクリニックで行われることになった。クリニックの名前はオルセー美術館。住所はレジオン・ドヌール通り一番地」

アンリがふたりの秘密を確かめるように、わざとまじめな顔でそう言うと、モナはやっと笑った。

「この立派な建物は、以前は駅舎だったんだよ。オルセー美術館は、一八四八年から一九一四年までの作品だけを集めている。セーヌ川の向こう岸にあるルーヴル美術館に比べると時代は限られているけれど、同じくらい見逃せない珠玉の作品がたくさん見られるんだ。今日の絵も、そのひとつだよ」


巨大なカンバスに、田園地帯の真ん中で開かれている葬儀の様子が、パノラマのように描かれている。空には灰色の雲が低く垂れこめている。左右には崖があり、その間は地面が低くなっている。左側の崖には家が数軒建っている。草がまばらに生えた泥地に掘られた墓穴が、絵の手前、ほぼ中央に少し斜めに見えている。墓穴は絵の下の縁で切れていて、まるで絵を見ている私たちの足元まで続いているかのようだ。つまり、絵を見る人は、墓穴の中に入っているようなものだ。墓の縁には頭蓋骨が置かれていて、その横では猟犬が顔をそむけて立っている。

遠くの風景と、ごく近くに描かれたこれらのディテールの間には、三十六人の人物がはっきりと描かれている。修正した跡なのか、明確には識別できない人影を含めると、四十五人か五十人ほどの参列者が描かれている。経年変化で絵の具の色がくすんでいるせいで、人物のシルエットは遠近感を失い、混沌としている。でも実際には、遠近法が用いられていることが、人物の配置をよく見るとわかる。

画面の奥には、数人の人物が手前の人物たちよりも小さく、少しだけ高い位置に描かれていて、後列の人の顔が見えるように段差をつけて撮影した集合写真のようになっているのだ。奥の列には、左端から順に、若い男性、白衣の司祭たち、黒い服を着た男性数人、そして幅広い年齢の女性たちが並んでいる。女性たちは泣きながら蛇行した列を作って、墓穴のほうに向かって歩いている。ハンカチで顔を覆う女性もいる。その足取りを追うことで、絵の中で、列と平面が手前から奥へと順に並んでいる様子が理解できる。手前の左側には柩が見える。柩は、二本の骨をX字型に組み合わせた印のついた白布で覆われていて、大きな黒い帽子をかぶった男性四人がそれを担いで墓穴に向かって運んでいくのを聖歌隊の男の子二人が先導している。その横に口ひげを生やした大きな鼻の男性がいて、背の高い十字架を担ぎ、こちらをにらんでいる。その十字架の上にある小さなキリスト像は、絵の中では地平線の上に位置している。すぐ近くで墓穴を取り囲んでいるのは、祈禱《きとう》書を読む司祭、ひざまずく墓掘り人、沈んだまなざしの地元の名士らしい男性二人、赤い服を着た男性二人、白い長靴下を履いた男性、青い長靴下を履いた男性である。

モナは三十分ほどかけて、絵の前を行ったり来たりしていたが、謎にぶつかってしまった。田園地帯で行われている葬式という悲しい場面であることは、見ればわかる。でも一方で、絵はわからないことだらけだった。《オルナンの埋葬》という題名を見ても、助けにはならない。

「オルナンってどこ？　誰のお葬式なの？」

「オルナンはフランス東部、スイスに近いフランシュ・コンテ地方にあり、この絵を描いたギュスターヴ・クールベが育った小さな村だ。クールベは村のことならなんでも知っていたし、絵には家族や知り合いが登場しているんだよ。絵の中央で、涙をぬぐっている男性のすぐ上にいる横顔の男性はクールベの父親で、右端には母親と妹がいるし、知り合いもたくさん描かれている。小さなアトリエに次々とモデルになる人物を呼んで、少しずつ絵を描いていったんだ。ところが、柩の中身だけは謎のままだ」

「何もかもが暗い絵だよね。とっても悲しい。でも、おもしろい人物もいるよ。聖歌隊の男の子たちとか、酔っ払いとか、こっちを見ている人とか」

「そう、このように、ドラマチックな絵の中にどこか笑えるところを織り交ぜるというのが、クールベの絵の特徴で、これを批判する人もいた。たとえば、有名な詩人テオフィル・ゴーティエは、クールベが葬儀という ドラマを真剣に表現したかったのか、それともただ大型絵画という形を借りたカリカチュアにすぎないのかわからないと述べている。ゴーティエは特に、中央にいる赤い服を着た男性ふたりに着目した。教会の香《こう》部屋《べや》係で、洗礼は受けていないもののキリスト教の儀式を正しく執り行うべき人たちなのだが、ゴーティエによれば、赤ら顔の酔っ払いとして描かれているのが、けしからんというのだ」

「クールベは、まじめな人だったのかな」

「快活で、挑発するのが好きな人で、『芸術を低俗なものにしなくてはならない』と宣言した。一八三九年、二十歳でパリに移り住むと、既存の価値観や決まりにがんじがらめになった社会の中でやっていかなくてはならないことに気づくが、クールベは世渡り上手で、才能をのびのびと発揮した。ルーヴル美術館と小さな美術学校で絵を学び、カフェに入り浸って、自由気ままに一文なしで暮らす人たちや、ユートピアを夢見る哲学者、退廃的に生きる作家たちと交流した。ビールを浴びるように飲み、陽気に歌い、新しい歴史をつくろうとしたんだ。親しかった詩人シャルル・ボードレールは、クールベは自分が世界を救える自信だってあるみたいだと言ってからかったんだよ」

「ふつう、世界を救うことになっているのはキリストだよね。でも、十字架のてっぺんのキリスト像は、すごく小さく描かれている」

「そして、空は雲で覆われていて光がない。手前の頭蓋骨は、最初の人間であるアダムの頭蓋骨を象徴しているけれど、それも半分に割れている。忠実さを象徴するはずの犬は、そっぽを向いている。葬儀を執り行う人たちや司祭も、ふつうの人間として描かれている。葬式は宗教画のようなスケールで描かれているけれど、日常的で、俗っぽくて、泥臭い雰囲気だよね。ある批評家は、『オルナンで埋葬されるのは耐えられないと思わせる』と酷評した。ふつうならサロンでの展示は拒否されるような絵だけれど、クールベはこの絵の前年、一八四九年に別の絵でサロンへの出展を許されていたことから、この絵も展示できたんだよ。そして、大きな騒ぎを巻き起こした」

「私はいい絵だと思うけどな。近くで見ると、黒の色合いがきれいだし、白とのコントラストがいいよね」

「おじいちゃんもそう思う。それに、クールベの支持者が言ったことなんだけど、『芸術の民主主義』を表す絵だよね」

「ああ、わかったよ。これって、フランス・ハルスの《ジプシー女》とか、黒人のメイドを描いたマリー＝ギエルミーヌ・ブノワの《マドレーヌの肖像》と同じで、低く見られている人たちを立派な人物として描いた絵ってことだよね」

「その通りだ。民主主義の社会ですべての人の意見が代議員によって政治に反映されるのと同じように、どんなにみすぼらしい人も権力のある人も、同じように絵に描かれる権利がある。そのことを、高らかに宣言する絵なんだ。一八四八年の二月革命を受けて七月王政が崩壊し、ナポレオン一世の甥《おい》に当たるルイ＝ナポレオン・ボナパルトが独裁を始めた頃に、この絵は発表された。共和制の理想は葬り去られたが、クールベが生まれ育った田舎の小さな村の民衆はまだ戦っているということを、この絵は物語っているんじゃないかな。なぜなら、墓穴のすぐそばには青い長靴下と白い長靴下の老人がしっかりとした足取りで立っている。ふたりは実在する人物で、一七九三年のフランス革命の立役者だった退役軍人なんだよ」

「絵に登場できて、誇らしかっただろうなあ」

「でもね、絵には数十人の人物が描かれているけれど、みんながみんな喜んだわけじゃない。モデルになったときはクールベの理想に共鳴していた人たちも、その後、絵が醜いという批評家の意見に加担した。クールベの絵は人々を侮辱していると考える人もいたし、政治的にクールベと対立する人が大勢いた。教会関係者と、フランス革命の理想を懐かしむ人は敵どうしだったからね。柩にかけた白布の印は、キリスト教とは真っ向から対立する秘密結社フリーメーソンを連想させる。パリの人たちは、クールベが絵に込めた微妙なニュアンスや緊張感が理解できなかった。ダヴィッドの《ホラティウス兄弟の誓い》のすっきりした線や人々の描写と比べても、クールベの絵は暗く敵意に満ちた人々の集まりに見える。クールベについて、一部のジャーナリストは、社会の慣習を根底からくつがえすために田舎からパリにやってきたお騒がせ者の無政府主義者だと非難した。これは誇張かもしれないが、まったくのうそでもなかった。クールベは生涯を通して、画家として数々のタブーを打ち破った。中でも、酒に酔って一頭のロバの背に無理やりまたがる司祭たちを描いた《法話の帰り道》や、女性の性器のアップを大きく描いた《世界の起源》はよく知られている」

アンリはそう言ってから、しまったと思った。モナが「じゃあさっそく《世界の起源》を見に行こう」と言い出すのではないか？

でも、モナはそんなそぶりは見せず、相変わらず絵の柩をじっと見つめている。ここで人々が葬ろうとしているものの正体とは？　おじいちゃんはただ「謎」と言ったけれど、実はもっと何か知っていそうだ。

実際、アンリはクールベの絵が大好きで、美術史の研究書を読みあさっていた。柩の中身についてはさまざまな仮説がある。一八三四年に亡くなったクールベの妹ではないか。いや、手前にいる男性たちのうちの誰かの妻かもしれない。もっと象徴的に、今はなきフランス共和国が葬られているのだという説もある。クールベ自身は、ロマン主義の死を追悼しているのだという注釈を披露している。でも、アンリはもっと野心的な解釈を支持していた。

「この絵を描くために、クールベは生きたモデルにポーズをとらせた」

アンリは、秘密を打ち明けるように言った。

「でもね、現実にはない個性を付け加えたんだ。絵の左端にいるまるで幽霊みたいな老人は、この作品を完成させたとき、亡くなったばかりだったんだ」

「いったい誰だったの？」

アンリは感極まった様子で答えた。

「ジャン＝アントワーヌ・ウドー。クールベのおじいさんだ。白と青の長靴下を履いているふたりと同様、おじいさんの存在は、フランス革命の絆を象徴している。なぜなら、クールベのおじいさんは革命議会の議員で、クールベにとっての英雄だった。クールベは、生涯を通しておじいさんに教えられた言葉を胸に刻んでいたんだよ。それはこんな言葉だ」

アンリは、ささやくように言った。

「大声で叫び、まっすぐ歩け」

クールベの祖父の言葉は、自分の大好きなおじいちゃんの言葉として、モナの耳に響いた。

「いい言葉だね。『大声で叫び、まっすぐ歩け』」

モナは繰り返した。

「この絵は、サロンの息詰まるような空気の中での叫びだった。批評やアカデミーの因習に押しつぶされないように、胸を張って『まっすぐ歩く』こと。真摯な叫びによってクールベが訴えたのは、写実主義《リアリズム》、つまり、不快や矛盾も含む現実を表現することを目指す芸術運動だった。完璧な人生などないし、不完全だからこそ人生は味わい深くなるのだから」

「クールベ、大好き!」

実はアンリもまた、歴史上のどの画家よりもクールベを敬愛していた。一八七一年のパリ・コミューンから百周年に当たる一九七一年には、オルナンの墓地からクールベの遺骨を掘り出して、フランスの歴代の偉人たちを祀るパリのパンテオンに埋葬するという計画に、モナの祖母と一緒に参加したことだってある(ただし、計画は失敗に終わったのだが)。

普仏戦争でフランスが敗戦し、プロイセンが侵略したのを受けて、甘んじて降伏したフランス政府と対立してパリ市民が蜂起して、革命政権が成立した。クールベは勇敢にこの動きに参加している。

クールベの理想は、伝統を尊重しながら未来を見すえ、平和と平等を重んじる社会主義だった。しかし、クールベの理想は敗れ、重い代償を支払わなくてはならなくなった。投獄され、それからスイスに亡命し、不名誉の中で病に倒れ、一八七七年の大晦日、父親に看取られ、早すぎる死を迎えた。五十八歳だった。

オルセー美術館を後にしながら、いつか自分が、クールベの遺体をパリのパンテオンに埋葬してみせると、モナは祖父に誓った。アンリもおもしろがって、その計画に賛同した。

セーヌ川にかかる橋を渡りながら、ふたりは軽やかで陽気な気分になった。パリコミューン二百周年の二〇七一年に向けて、そろそろ準備を始めようか。

21

アンリ・ファンタン=ラ・トゥール
死者は私たちとともにいる

ポールの店はいよいよ立ち行かなくなった。会計士は毎週、未払いの請求書について催促の電話をかけてくる。カミーユは、アルコールに溺れるポールの姿をモナに見せたくなかった。「放課後はうちに帰ってきたら」と言ったが、モナは相変わらず、店に行くのが好きだった。

その日もポールは赤ワインですっかり酔っていた。でもモナが店で宿題をしていたので、なんとかおとなしく座っていた。店の外をぼんやり見ていると、通りの反対側を行ったり来たりする人影がある。

「あのお客さんだったりして」

ポールはつぶやいた。モナは反射的に顔を上げた。三十メートルほど離れていたが、モナにははっきり見えた。やっぱりあの人形を買ったお客さんだ！　でも早足で行ってしまう。

「パパ、呼び戻して、人形を全部見せるチャンスだよ。早くして！」

「モナ、もう向こうに行ってしまったんだし、無理やり呼び込むなんて」

モナは、母親そっくりの口調で抗議した。

「パパ、立ち上がって、店の外に出て、お客さんを連れてくるの。急いで！　今なら間に合う」

モナは父親のそでを引き、ドアを開けて歩道に押し出した。ポールは弱々しい声で「あの」と言った。

「もっと大きな声で」

モナに言われて、ポールは目を覚ました。

「お客様」

今度ははっきりと声が響いた。仕立てのいい若草色のスーツを着たあの老紳士が振り返った。二カ月前と同じように洒落込んでいる。ふたりを見ると笑いながら言った。

「ああ、こんにちは。お店を見つけようとしていたところです。どこだかわからなくなっていたので助かりました」

ポールは息を荒らげて言った。

「いらっしゃいませ。どうぞお入りください。ヴェルチュニがたくさん入荷していますから」

老紳士は、ネオンの下にモナが置いた人形にとりわけ興味を惹かれた様子だった。ほかのヴェルチュニの人形も、ひとつずつ丁寧に見ていく。

「自分でジオラマを作って、この人たちを置いて想像上の場面を作り上げるのが楽しいんですよ」

老紳士は、目を人形から離さずに話を続けた。

「私は官僚でしたが、引退して気ままな年金生活です。仲間は回顧録を書いたり、ペンネームで大衆小説を書いたりしています。私はといえば、ミニチュア劇場でさまざまな人物の人生を物語るというわけです。実に愉快ですよ」

まるで劇のセリフみたいにそう言うと、馬に乗った兵隊の人形を指でつまんで、ぱかぱかと走らせた。

「かつて私は乗馬で有名なソミュールで兵役についていたんですよ。でも上官に向かって、あなたは戦争に行くには太りすぎですねと言って怒らせ、さらには決闘を挑んだところ、追放されたんですがね」

老紳士は話を終えると、ポケットに手を入れて中を探った。

「十五個いただきたいのがありました。一個五十ユーロでいいですよね」

「はい、その通りです」

ポールは、急に背筋を伸ばして答えた。

「七百五十ユーロ、ここに現金であります。それと、ここの住所を紙に書いてくださいますか？　インターネットも携帯電話もないのですが、幸い、まだメモの字は読めますからね。今度こそは、通りで呼んでもらわなくても、自分で店に来ますから。ヴェルチュニをもっと入荷しておいてくださいよ。ああ、ありがとう。ではごきげんよう」

＊

オルセー美術館の展示室で、モナは、巨大なカンバスを前にして心が震えていた。混沌のエネルギーが渦巻いている。モナは持ち前の観察眼を発揮した。じっと見ていると、野獣と戦士たちの戦いの場面であることがわかった。モナが指差すと、アンリはウジェーヌ・ドラクロワの《ライオン狩り》の下絵だと説明した。これをもとに完成した絵は、ストックホルムのスウェーデン国立美術館が所蔵している。

そのときアンリは、ドラクロワの作品をモナに見せていなかったことに気づいた。ロマン主義の絵画としては、ゴヤ、フリードリヒ、ターナーをルーヴル美術館で見せたが、ドラクロワの名作である《ダンテの小舟》や《サルダナパールの死》、はたまた《民衆を導く自由の女神》を紹介するチャンスを逃してしまった。ドラクロワは、情熱の表現と色づかいにおいて、それまでの美術の常識を揺るがした画家であり、ジャン＝オーギュスト＝ドミニク・アングルとのライバル関係も特筆に値する。ドラクロワはほとばしる色彩の力を誇り、

「目のための饗宴」としての絵画を追求した。一方でアングルは誇り高く「デッサンこそ誠実な芸術である」と反論した。《ライオン狩り》の習作は、興味深い作品ではあるがあくまでも習作であるから、これで埋め合わせるのは適切ではない。

アンリは結局、縦百六十センチ、横二百五十センチの堂々たる絵の前に、モナを連れて行った。

絵の真ん中にもう一枚絵がある。男性の肖像画だ。男性は五十代と思われ、きれいに手入れした口ひげをたくわえていて、威厳があり、高慢にすら見える。肖像画は上半身だけで、体を向かって右側に向けている。この肖像画は鈍く光る金箔の額に入っていて、壁の中央にかかっている。壁は赤地に目立たない縦線の模様がある。肖像画の下に花束が飾られていて、その両脇に、似通った雰囲気の男性十人が集まり、前後二列に並んでいる。年代もほぼ同世代で、いちばん若い人が二十代後半くらい、最年長は四十代と思われる。ひとりを除いて全員が洗練されたシンプルなスーツを着ているが、蝶ネクタイ、通常のネクタイ、肩にかけたショール、膨らみをつけて折ったポケットチーフなどの小物づかいで着こなしにさりげない個性を見せている。いずれも都会の知識人らしい洗練された装いで、長めの髪や自然なポーズの立ち姿に、自由な感性を漂わせている。

全員まなざしが鋭く、十人中七人が正面を向いている。壁際にいるのは四人で、中央の肖像画の左右にそれぞれふたりずつが並んでいる。手前にいる六人のうち四人は座っている。とりわけ目立つのが、肖像画のすぐ右に立っているぼさぼさの金髪の男性で、薄紫色のネッカチーフをつけ、ジャケットのボタンを開けて下に着たウエストコートを見せ、片手をポケットに入れて立っている。

もうひとり、左から三番目の男性も立っている。杖をついていて、体は横向きだが顔は観客のほうを見ていて、全身黒の装いのせいもあって存在感がある。その後ろでは、まばゆいばかりの白のゆったりとしたシャツを着た青年が、絵の具を出したパレットを持って座っている。

神のような人物にオマージュを捧げるために、人々が集まっている。祭壇画のような絵だ。モナはそこに描かれた人物たちをひとりずつ見ていった。神のような人物とはウジェーヌ・ドラクロワという画家らしい。でも、ドラクロワはこの絵のテーマであって、絵を描いたのは別の画家だ。アンリはようやく話しはじめた。

「ドラクロワが一八六三年に亡くなったとき、美術史の膨大な部分が一緒に葬られた。ドラクロワは美術界のアンファン・テリブル（恐るべき子ども）として出発し、ロマン主義そのもののような生き方をした画家で、数々のスキャンダルを引き起こし、芸術界に自由をもたらした英雄として死んだ。でも、ここでドラクロワの肖像画を囲んでいる人物たちのほとんどは、このことを知らない。なぜなら、ドラクロワが酔っ払いの野蛮人と酷評された一八二〇年代には生まれていなかったのだ」

「白いシャツを着ている人はすごく若そうだけど、パレットを持っているからには、画家なんだよね？」

「そう、実は、この絵を描いた画家のアンリ・ファンタン＝ラ・トゥール自身だ。ファンタンと呼ばれることもある。まだ二十八歳だったけれど、すでに才能を発揮していた。自分を絵の左側に描いて、さらに九人の友人たちを、ドラクロワの肖像画の周囲に集合させた。肖像画は絵画の中に描かれた絵画だ。しかも、この肖像画は実際には存在しない。ファンタン＝ラ・トゥールが写真をもとに描いた想像上の肖像画なんだよ」

モナは右側に座っている人物ふたりを指差して言った。

「でもこの人たちはお年寄りでしょう？　白髪まじりだし、顔にしわがあるから」

「おじいちゃんには、それほどの年には見えないけどね。でも、この絵の中では確かに年長のほうで、ふたりとも一八二一年生まれだ。肖像画のすぐ下で腕を組んで正面を向いているのは、重要な批評家シャンフルーリだ。クールベの写実主義が非難されたときに珍しく称賛した人物として知られるが、猫についての本などユニークな著作を遺した作家でもある。右側に座っているのはやはり猫好きで知られる詩人のシャルル・ボードレールで、ドラクロワを惜しんでか、しかめっつらだね。ボードレールはドラクロワに捧げる賛辞を書いた。『ドラクロワが今世紀の栄光のために、誰よりも巧みに描いたなんとも言えない神秘の正体は何だろう？　それは目に見えない、得体の知れないものであり、夢であり、神経であり、魂である』」

「ふうん……」

話が難しくなってきたので、モナはただそう言った。

「ドラクロワは輝かしい大先輩として描かれているが、周りにいる人たちはドラクロワの仲間にも弟子にも見えない——というのが、当時の批評家たちがこの絵に浴びせた批判だ。ひとりずつ見ていくと、手前の左端は、雑誌『レアリスム』の編集長で写実主義の画家クールベと親交のあったデュランティ。その後ろに立っているふたりはルイ・コルディエとアルフォンス・ルグロで、反対側の右端にいるアルベール・ド・バレロワとともに画家だったが、成功していたとは言いがたい。その隣の奥の方には、ボードレールの友人で天才的な彫刻家だったフェリックス・ブラックモンがいるが、小さく暗く描かれていて目立たない。そして、ファンタン＝ラ・トゥールのすぐ隣に横向きに立っていて、ドラクロワとよく似た顔つきをしているのが、アメリカ人画家ホイッスラー。新しい社会や都市の日常生活を描くことによって絵画を革新して成功した画家だから、ロマン主義らしい野心を持っていたドラクロワの後継者とはいえない。それに、集まっている人物の顔ぶれだけではなく、脱力した姿勢も茶色やグレーなどのくすんだ色彩も、ロマン主義的な理想とは正反対に見える」

「だけど、おじいちゃん、飾られている花を忘れてるよ」

「そう、花は大切な要素だ。ドラクロワの肖像画に捧げられているのだから。ファンタン＝ラ・トゥールはやがて、花の絵をたくさん描いたが、とりわけよく知られているのは芸術家たちのグループ肖像だ。ポール・ヴェルレーヌと、まだ無名だった若きアルチュール・ランボーが並んでいる様子を描いた《テーブルの片隅》は、後世の人々にこよなく愛されている。でもファンタン＝ラ・トゥールの絵に当時の文化人の生活を記録したという価値しか認めないのは間違いだ。描かれているモデルではなく、絵そのものに注目してみよう。絵の具の質感や筆づかいはどう？」


モナはどんな答えをするだろう？　アンリは、モナが独特の話し方に加えて、美術鑑賞のうえで鋭い感受性を発揮するようになったことにも、気づいていた。作品が何を素材にどのように作られているか？　その作品の世界における存在意義とは？　そんな問いかけをして、自分の言葉で美術について語れるようになったのだ。これまで一緒に作品を見てきた体験を活かして、美術を見る目と、目が捉えたものを伝えるための語彙とが急速に形成されている。モナはとうとう口を開いた。

「絵は写実的に描かれているけど、ぼやけてもいるよね」


モナの言いたいことはわかる。アンリは、あえて言葉づかいを訂正した。

「ぼやけているというより、正確には暗示的というべきだ」


モナはいつものように、大人みたいに話してもらえたのがうれしくて、「アンジテキ」と小さな声で繰り返した。アンリは話を続けた。

「ドラクロワが、生きている人たちと同じ大きさで描かれているのがわかるかな？」

「本当だ。まるで、ドラクロワが生きていてそこにいるみたい」

「そうだよね。ファンタン＝ラ・トゥールにとっては、ドラクロワは今も自分たちとともにある。それが、この絵のテーマなんだよ。死者は私たちとともにいるし、私たちを見捨てたりはしない。一八五〇年代から一八六〇年代頃は、スピリチュアリズムや秘教が流行した時代だった。死者と交信し、呼び戻し、ともに暮らし続けることができると信じられていたんだ。今日のおまじないみたいなスピリチュアリズムとは違って、死者の魂が生きている私たちとともにあり、昼を見守り、夜をともに過ごしてくれていると信じていたんだ」

「じゃあ、ドラクロワの絵をただまねするより、ドラクロワみたいに新しいことに挑む勇気を持ちたいって思ってたんだね」

「さすがだね。モナはちゃんと理解してくれた。人は、若い人たちに対して、自分が死んだ後、同じ道を歩んでほしいなんて思わない。自分らしい人生を、誇りを持って生きてほしいと願うものなんだ」

モナは、祖父の言葉に思いをめぐらせ、胸の奥がキリリと痛むのを感じた。でも、アンリは明るい調子で絵についての話を続けた。

「ドラクロワは若い頃は大胆な絵で物議を醸したが、自分の道を貫いた結果、世界に称賛される画家になり、サロンの審査員を務めるまでになった。一八五九年、ある若い画家がサロンに、足元に酒瓶が転がっている酔っ払いを描いた絵《アブサンを飲む人》を提出した。審査員の間では低俗だから落選だという意見が相次ぐ中で、ただひとりだけ入選にしたいという人がいた」

「ドラクロワでしょう！」

「そうだ。審査員仲間はみんな驚いた。しかも、ドラクロワの絵とは違って写実的な絵だったからね。でもドラクロワは、画家の確かな表現力に注目したんだ。ドラクロワの願いは、ロマン主義の表面的な継承などではなくて、反逆精神を受け継ぐ新世代の画家の出現だった。そして、この若い画家に希望を見出したんだ」

「その画家って誰だったの？」

アンリは、ゆっくりとした身振りで、絵の中でまだ触れていなかった唯一の人物の周りをなぞるように、指で円を描いた。ドラクロワの肖像の右側に、ポケットに手を入れて立っている。乱れた金髪で、スカーフをえりに結んでいる。

「この人。エドゥアール・マネだ」

アンリは重々しく言ったが、モナはにわかに興奮した。

「『マネ』って、『モナ』にちょっと似てるね！　マネの絵、さっそく見に行こうよ！」

「この世の最も美しいものに誓って、いつか、マネの絵のすばらしさを堪能しよう。でも、今日はもう帰る時間だ」

ふたりはオルセー美術館を出て、四月のセーヌ川を渡った。木々が芽吹いている。パリの人々はチュイルリー公園の草の上で、ピクニックを楽しんでいた。春が来たのだ。

22

ローザ・ボヌール
動物は尊く気高い

ヴァン・オルスト医師はモナの求めに応じて、小児科医の白衣を脱ぎ、催眠療法士としての診療を始めた。これまで数え切れないほどの検査をしたけれど、モナが失明の発作を起こした原因は見つからないままだ。催眠療法を使えば、モナの心に潜む原因がわかるかもしれないと、医師は最初から勧めていた。

それをかたくなに拒んでいたモナの気持ちが変わったのは、毎週水曜日に通っている児童精神科医の治療の成果だと、母親と主治医は思い込んでいる。実際には、モナが前向きな気持ちになれたのは、いくつもの絵や彫刻を見ながら祖父と語り合ったおかげだ。でも祖父との秘密は固く守っている。

医師は、柔らかい革張りの大きなひじかけ椅子にモナを座らせ、頭を後ろにもたれさせるように言った。モナの両肩から十センチほどのところに両手をかざし、まるで目に見えない液体で包み込むかのような動きをした。それから、穏やかな声で指示を始めた。

「力を抜いて、好きな曲を思い浮かべてください。音をひとつずつ、ゆっくりと頭の中でたどりましょう。無限にメロディーを引き伸ばしていきましょう」

それから、右手と左手、右足と左足に、順に注意を向けるように言った。

最後に、モナの額に指を三本当て、「まぶたが重くなり、閉じます」と繰り返した。モナは何度もまばたきをした。

医師はモナの意識を、穏やかな変性意識状態に導いた。今回は初めてなので、失明が起きたつらい瞬間を思い出させて感情を揺さぶるようなことはしない。むしろ、うれしい気持ちや喜びを感じるように促した。モナが否定的な考えに支配されそうになるたびに、安心させてくれる人物を呼び出すということを繰り返し、催眠状態に慣れさせるのだ。

モナは、全身が麻痺するような心地よい感覚に襲われた。閉じた目に、灰色と白の入り混じった滝が見える。ぼんやりと夢を見ていて、何も焼き付けられていないフィルムが目の前で映写されているかのようだ。愛する人を思い浮かべようとすると、母と父の感覚が膨らんでいく。そして、ぼんやりと抽象的な形で、祖父の印象が圧倒する大きさで浮かび上がってきた。モナは、そのオーラに包まれた。モナはどこでもない場所、言葉に言い表せない場所で、宙を浮かんでいた。

そのとき、音も立てずに、時空を超えた巨大な何かが現れた。

「愛する人たちについて考えましょう」

医師の声がまるで呪文のように聞こえてくる。モナの精神は揺れ動いた。甘さと悲しみが入り混じったような不思議な感情が膨らんでいく。そのとき、ぱちぱちと指を鳴らす音が聞こえた。目を開けると、医師がにっこりと笑ってこちらを見ている。

家に帰ると、モナは奇妙なくらい気分がよかったのだが、そのことについてどう考えればいいのか、両親になんと言えばいいのか、さっぱりわからなかった。母親にどうだったと聞かれて、モナはただこう言った。

「ねえママ、いつかきっと、おばあちゃんのことを私に話してね」

＊

オルセー美術館に入って奥に進むと、階段の下に巨大な台座があり、ブロンズのライオン像がそびえ立っていた。

「アントワーヌ＝ルイ・バリーの作品だよ」

アンリは言った。

「パリ植物園付属の動物園に通い詰めて、一九世紀前半にイタリアで動物を題材とする芸術を復興させた彫刻家だ」

モナはにわかに興味を惹かれた様子で、目をきらきらさせている。

「バリーは動物を見るのが大好きで、動物の世界にエデンの園のような魅力を感じたんだ」

アンリは今日、まさに動物をテーマにした絵の話をするつもりだった。モナのために選んだのは、迫力ある猛獣でも、愛くるしい犬猫でもなく、平凡な牛の絵だった。


横に長い風景を描いた大型作品だ。犂《すき》で耕した跡のうねのある農地が、絵の左から右まで続いている。カンバスの約半分を占める空は、青の濃淡が混ざり合い、寒い朝の光に満ちている。農夫が操る犂を牛六頭が引いていて、脇には牛飼いが槍を持って付き添っている。これが前後に二組続いている。

絵の背景には緑豊かな田園風景が広がっていて、左側には森林に覆われた丘陵があり、木の間から二軒の家の屋根が見えている。風景はやや斜めの視点からとらえられていて、耕した土のうねが平行ではなく、構図の左から外れた地点に集まる放射線状に描かれている。そのため、絵の右にある物ほど大きく描かれていて、耕地が少しだけ傾斜して右に向かって上り坂になっているように見える。

牛たちはほぼ全体がクリーム色で、左右二列に三頭ずつ並んでいる。遠くの牛たちはぼんやりした塊のように見えるが、手前の牛たちはくっきりと描かれていて、特に手前の列で口から泡を吹きながら歩いている牛たちの横顔が印象的だ。先頭の牛はほかよりも濃いベージュで、三頭目の牛は、全十二頭の牛の中で一頭だけ赤毛だ。この二頭に挟まれている真ん中の牛が、絵の中心に描かれている。こちらにわずかに顔を向け、目には哀れな表情を浮かべている。そばを歩いている若い農夫が、もっと早く歩けと、槍で突いたところなのだろう。

二十五分間にわたって、モナは絵のディテールを観察していた。とりわけ牛の皮の微妙な色づかいをなめるように見た。さらには、草原に縁取られた耕地の土がおいしそうなチョコレート色なのにも着目した。困ったな。おじいちゃんとは知性を駆使して絵を見る約束なのに、どうしても、映画『チャーリーとチョコレート工場』のチョコレートの川を思い浮かべてよだれが出ちゃう。

ローザ・ボヌールの《耕作、ニヴェルネ地方にて》は、クールベの《オルナンの埋葬》と同じように田園風景だが、クールベの絵とは、テーマはもちろん、画風がまったく異なっている。クールベが不透明の濃い泥の色や灰色で画面を塗り込めたのに対して、ローザ・ボヌールのカンバスは、グラッシを塗って出した表面のつやと、まるでココアパウダーのような土のうねの表現のおかげで食欲をそそるのだ。

「これも、女性画家の名作だよ」

アンリはそう言って話を始めた。

「名前を見たから女の人だってもうわかったよ。本当にいい絵だよね。ローザ・ボヌールっていう画家だね」

「一九世紀は変革の世紀で、人々の認識が大きく変わった時代だった。ローザ・ボヌールの人生も波乱に満ちていた。一八二二年に貧しい家庭に生まれ、お針子になると思われていたが、十三歳で母を亡くし、お金がなかったために共同墓地に母が埋葬された直後から、絵を描くようになった。芸術家だった父親の指導を受けたんだ。画家としてのキャリアを追求し、やがてアメリカを中心に国際的に認められるようになる。自分の道を切り拓くために、並外れた強さを示し、女性に対するさまざまな偏見と闘った」

「どんなふうに？」

「女性でありながら、髪を短くし、葉巻を吸い、ズボンを履いた。当時は女性がズボンを履くには男装の許可を得なくてはならなかったんだよ。結婚せず、ほかの女性と暮らした。ジェンダーや階層によって、あるいは出身地が都市か農村かによって生まれる差別に反旗を翻したんだ。でも、この絵はそれ以上のことを物語っている」

アンリは柔らかく深い声で話した。その横に立っていたモナは、祖父と絵の間にすべり込むようにして、絵に背を向け、祖父と向き合った。そして、牛の列が途切れている部分に自分の顔が重なるように立ち、愛らしい仕草をした。ほほえみながらまゆを寄せ、まるで「私も一言、言ってもいいですか」とでも言うように指を立てたのだ。

「おじいちゃん、これも農村の暮らしを描いたすばらしい絵だね。それに、牛たちと農夫たちを絵のほぼ全体を占めるように大きく描いている。田舎の美しいものを全部示すためにね。たとえば、丘に広がる森や畑、そこで働く人々……」

モナはそこまで言ってからためらった。

「ほかに美しいものは？」

アンリが促すと、モナはとまどいながらも答えた。

「牛」

「牛が美しい？　よだれを垂らしている牛も？」

「だって、よだれを垂らしてるのは事実だし、牛は牛だけど、この絵を見ていると、やっぱり美しい動物だなという気がしてくる。でも私がそう思うのは、たぶん間違ってるかな」

「全然！　それどころか、ローザ・ボヌールもモナと同じように考えたんだ。ボヌールの目には、動物は人間と同じくらい美しいものに映っていた。動物が大好きで、この絵を描いた数年後には、絵のおかげで得た大金を元手に、パリに大きなアトリエを、そしてフォンテーヌブローの森のそばに城を買った。そして、馬、羊、ヤギ、牛、猫、犬、鳥に囲まれて暮らしたんだ。そのほかにもヤクやガゼルも飼っていたし、そしてなんと調教師から贈られたライオンのつがいもいたんだよ！」

「じゃあ、人間より動物が好きだったってことかな」

「そうかもしれない。『人間という種は全般に、動物ほど優秀ではない』とまで言ったんだ。そして、ボヌールの描き方を見ると、動物を人間に近づけようとするのではなく、それぞれの動物らしさを、たとえば牛特有の風貌を尊重していることがわかる。この絵を見てごらん。牛に付き添う農夫たちは目立たないように、特徴のない平面的でシンプルな表現で描いている。一方、牛は絵の全体に大きく描かれている。シャロレー・ニヴェルネ地方特有の牛で、皮のしわや陰、クリーム色とベージュと茶色のニュアンス、それに毛の硬さやカールの具合、傷んだ感じまでが細やかに表現されている。ローザ・ボヌールの絵の中では、牛は威厳を持った存在に見える。きっと、ボヌールは気が遠くなるくらいの時間をかけて牛を観察したに違いない。馬に乗って農村を訪れたときにはもちろん牛をじっくり見ただろうし、ルーヴル美術館にある動物画も見たはずだ。ボヌールは田舎の出身だったが、動物画の長い伝統を汲む画家でもあるんだ」

「この絵の牛はこき使われていて、すごくかわいそうに見えるね。とてもきつい仕事を、長い時間、何度も何度もさせられているっていうことが伝わってくる」

「そうだ。この絵で、牛の過酷な労働をとりわけドラマチックに演出している仕掛けは、『消失線』だ。ある一点に集まる線によって遠近感を生み出し、奥行きを生み出すんだ。土のうねの線を延長していくと、絵の左縁の外側で交わる。右側には、延々と耕地が続いているように見える。この特徴的な構図によって、牛は少し上り坂になっているどこまでも続く土地を耕しているように見え、悲壮感がさらに強められているんだ」

さっきまで、耕した土からチョコレート工場の川を連想していたモナは、絵の悲劇的な側面を理解しつつあった。農地を耕して人々を養うために、悲惨な重労働を課されている動物たち。それでも、ボヌールの作品は、農村の厳しさを明るい青空に照らされた牧歌的な田園風景のなかに見せている。

《耕作、ニヴェルネ地方にて》は一八四九年にサロンで展示されて絶賛されたが、その三年前の一八四六年にジョルジュ・サンドが発表した小説『魔の沼』の一場面に影響された可能性がある。そうアンリは解説した。

でもモナは、絵のとあるディテールに夢中になっていた。

「ゲインズバラの《庭園での会話》で、女の人が、絵のこっち側にいる私たちを見ていたのを覚えている？」

「そうだったね。あれは……」

「ちょっと待って」

モナは急いで口をはさんだ。

「あのとき、あの女の人は、クンカイを与えているって言ったよね」

モナは、「訓戒」という洗練された言葉を味わうように発音した。

「すごいなあ、モナの記憶力は象並みだ」

「ローザ・ボヌールの絵では、この牛がクンカイを与えている。そうでしょう？」

そう言いながら、モナは絵の中で、いちばんはっきり描かれている中央の牛を指差した。大きな目でこちらを見つめている牛は、確かに何かを訴えかけているかのようだ。

「そうだね。牛はうつろなまなざしをしていて、知性のかけらもないなんて言われがちだけど、そんなのは誤解だと、ボヌールは考えた。牛の瞳を大きく描き、牛の気持ちに注意を向け、共感するよう呼びかけている。それがこの作品に込められたメッセージだ」

「おじいちゃん、もしもこの牛たちをいじめる人がいたら、私がやっつけちゃうよ。それにね、パパとママが見てないところでは、私はいつもベジタリアンなんだよ」

「モナは、ローザ・ボヌールも会員だった動物愛護協会に入るといいかもしれないね。一九世紀のイギリス、オランダ、バイエルンで始まり、一八四五年にイタリアとフランスにも進出した。ローザ・ボヌールは、いちばん初期に加わったひとりなんだよ」

「でもおじいちゃん、人間より動物が優れているっていうのは、本当だと思う？」

「前も言ったけど、人には自分の考えを持ち、それを言う権利があるとだけ言っておこう。そして、動物があまりにも長い間、軽蔑の目で見られ、わずかな配慮もなく人間の要求に従わされ、奴隷のように扱われてきたのも事実だ。一八世紀から、フランスのジャン＝ジャック・ルソーやイギリスのジェレミー・ベンサムといった哲学者が、動物は感覚を持った存在であると主張した。動物の苦痛は、ものを言わないからこそ悲劇的であり、それに目を向けるべきだと訴えたんだ。それは大きな前進だった。ローザ・ボヌールの絵画もその動きに貢献したという点で、称賛に値する」

オルセー美術館を後にすると、セーヌ川沿いを散歩する犬とすれ違うたびに、モナはまるで知り合いに会ったみたいに挨拶し、アンリは内心苦笑いした。数週間前、ルーヴル美術館を訪れたとき、ホットドッグを二つも食べたことを指摘した。モナはちょっときまり悪そうに答えた。

「でも、少なくとも今日は、チョコレートの川に飛び込みたい気分だよ」

23

ジェームズ・マクニール・ホイッスラー
お母さんは最高だ

リリはすっかり無口で反抗的になった。まだ十一歳になったばかりなのに、両親に離婚すると突然知らされて、大人の世界に突き落とされた気分だった。無邪気に遊んでいる場合ではない。リリは誰に対しても敵意を向け、リュックを持つときはわざとだらしなく片側の肩だけに引っかけた。アジ先生はリリが暴力的になったことに気づいていた。ポケットティッシュやめがねなど、さまざまな持ち物を握りつぶそうとしているのを見逃さなかった。

人生はなんて不公平なんだろう――子どもがそんなふうに思うようになるきっかけは、たいてい、ささいなできごとだ。ジャン＝ジャック・ルソーは『告白』の中で、五十年も前の記憶を取り上げ、自分の身の潔白を必死で主張している。ルソー少年は、まったく身に覚えがないのに、くしの歯を折ったという嫌疑をかけられて罰を受けた。たかがくしについて、しかも自分の非ではなかったのに責められたという体験は、後のルソーが自分の哲学を形成するうえで重要な要素となった。ひいては、ヨーロッパで自由主義の文学と政治思想が打ち立てられるきっかけを作ったのだ。

現代の民主主義国家の基本である社会契約には、折れたくしのかけらが入っている。でも、もしもリリの暗い心をのぞき込んだら、何が見えるだろう？　両親の離婚で外国に引っ越すことになり、親友であるジャッドとモナに会えなくなることの悲しみだ。でも、あたりの物を握りつぶしたくなるような暴力的な感情の正体は、いったい何だろう？　それを引き出すには、モナの洞察力が必要だった。

モナが課題の模型作りのためにふたりだけで会ったときも、リリは不機嫌だった。リリはキッチンの模型の設計図を描いていた。猫のトイレを設けるスペースを取れそうにない。そんなのありえない！　リリが頭をかきむしるのを見ていて、モナはふと思い出した。リリはあの日校庭で、「猫は連れて行きたいけど、どうなるかわからない」と言ってたっけ。

「結局、猫は連れて行けるんでしょう？」

モナが尋ねると、リリは答えずに、図を描きかけた紙をびりびりと破った。リリの気持ちなど、両親は全然気にかけてくれない。もう猫のもらい手を探しはじめたところかもしれない。もらい手が見つからなければどこかに捨ててしまうつもりなのだろう。

リリの心の闇が、暴力になって表出していた。リリの父親も母親も自分のことで精一杯で、猫のことなど考えている余裕がない。しかし、そのおかげでリリは苦しみを深めていて、モナだけがそのことに気づいている。そのとき、モナはいいことを思いついた。

「そうだ！　どうせ引っ越しちゃうんだし、キッチンはもうやめよう。イタリアのリリの部屋の模型を作ろうよ！　これからどんな部屋に住みたいかを考えるほうがずっと楽しいよ。ベッドは二段ベッドにして、上にジャッドが寝られるようにするといいね。あの子、高いところが好きだから。で、私はどんなところでも寝られるから、ゲスト用マットレスで十分。それから机と棚も必要だね。そして何よりも大事なのは、猫のためのかごだよね。寝心地がよくなるように、リリとおそろいの赤い毛布を敷いてあげよう」

リリは黙って聞いていた。モナは付け足した。

「リリのパパとママは別れちゃうとしても、猫はリリの弟みたいなものでしょう？」

「そうかな」

リリはそれだけ言うと、モナを抱きしめた。

＊

その水曜日、アンリはモナにこう言った。

「今日オルセー美術館で見るのは、前に一度会ったことのある人の絵だ」

「マネ？」

「おしい！　アンリ・ファンタン＝ラ・トゥールの絵に、アメリカ人画家、ジェームズ・ホイッスラーが描かれていたのを覚えているかな？」

モナは、胸を張って立っているホイッスラーの姿を思い出した。今日の絵は、ホイッスラーが描いた大型の肖像画だ。正方形に近いがやや横長という縦横比が珍しい。


高齢の女性が白髪をまとめてレースのボンネットをかぶり、ひもを肩に垂らし、絵の中で左向きに置かれた質素な木の椅子に腰かけていて、背もたれの二本の細い木だけが見えている。あごにしわが寄り、頰はピンク色に染まっている。目を大きく見開き、まゆを寄せて、絵の左の外にある何かを見つめている。背が高く、ゆったりとした黒いドレスを着ていて、まるで黒い塊のように見える。

木の足台に足を乗せているが、靴はドレスに覆われていてほとんど見えない。両手は太ももの上で握りしめ、白い布地のハンカチを手に持っている。ハンカチの白さは、指やそで先の白さと調和している。硬いポーズをとっているのだが、胸からふくらはぎにかけてしなやかなS字型のカーブを描いている。

背景はすべて、グレーのグラデーションで塗られていて、暖色は使われていない。絵の右側のほぼ四分の三は淡いグレーの壁で、床との境界には焦茶色の幅木がついている。左側の四分の一の部分は、カーテンが床まで垂れている。床には、木の床に溶け込むように薄いすり切れたじゅうたんが敷かれている。ひだの寄っているカーテンには、斜めの線や花びらのような点、モノグラムなどの模様がぼんやりと見える。絵の中心からやや右よりの壁の上、カーテンに近い高い位置に、小さな横長の絵がかかっている。砂浜と建物の見える風景画らしく、全体が灰色がかっている。

モナはじっくりと時間をかけて絵を見た後、まるで二つの絵をつなげたみたいな奇妙な題名に気づいた。

《灰色と黒のアレンジメント第一番　画家の母の肖像》。

「アレンジメントという言葉は、音楽用語だ。ホイッスラーは、ほかにも多くの作品の題名に音楽用語を取り入れている。恋人の肖像画には『白のシンフォニー』、全体に薄めた絵の具を重ねて透明感を出した風景画には『ハーモニー』や『ノクターン』といった題名をつけたんだ」

「でも、椅子に座っているおばあさんは、歌うどころか、黙り込んでる。それに、今おじいちゃんは透明感って言ったけど、真っ黒の分厚い布のドレスを着てるよ！」

「確かにそうだね。そして、ドレスの部分が黒く塗りつぶされているおかげで、絵を見ている人にとっては、何が描かれているかとは無関係に、黒を軸に展開している色彩そのものを味わうことができる。ちょうど音楽に耳を傾けるときのようにね。異なる色が調和しあい、影響しあって変化し、対比が生まれる。この絵の楽しさは、形や色合いの違うさまざまな長方形がハーモニーを奏でているところにある。いちばん下には灰色のじゅうたんの長方形があり、その上には焦茶色の幅木の長方形。形と大きさの異なる長方形がいくつも登場しているんだ。縦長の長方形もあって、灰褐色に淡い黄色の模様のあるカーテンと、淡い灰色の壁がそうだ。絵の大半を占めているのがこの壁で、縦と横が四対三の長方形になっている。余談だけど、四対三の対比は目に優しくバランスよく見えるので、後には無声映画のスクリーンや、一九五〇年代以降はテレビにもこの対比の画面が使われるようになったんだよ」

「でもおじいちゃん、壁に絵がかかっているのを忘れてるよ。何の絵？」

「ホイッスラー自身の版画で、テムズ川を描いているんだけど、霧がかかったロンドンの風景だから輪郭線が見えなくて、灰色、黒、白が入り混じっているだけだ。この版画も、音楽のハーモニーに加わっている。ホイッスラーは日本の浮世絵からもインスピレーションを得ていたんだよ。当時のヨーロッパでは東洋の文化が注目を集めていて、ホイッスラーはとりわけ、北斎が大好きだった。北斎の《冨嶽三十六景　神奈川沖浪裏》は、ヨーロッパでは《大波》という愛称で今もとても親しまれている。絵の左側に下がっているカーテンも、日本風の花模様だけど、着物の生地を使っているんだって」

「上の端っこに何か描いてあるよね？」

「ホイッスラーがサイン代わりにしていた蝶のマークだ。一八六六年、ホイッスラーには個人的に大きな変化が起きた。突然思い立って船に乗ってヨーロッパを離れ、地球の裏側に向かった。当時植民地だったチリのバルパライソで、チリ軍に入隊し、支配者のスペイン軍を相手に戦ったんだ。まったく無関係の植民地戦争に、なぜわざわざ参加したのか？　その理由を問われても、ホイッスラーは生涯説明できなかった。これはホイッスラーの人生の謎のひとつだ。以前は人懐っこい空想家だったのが、ロンドンに戻ってきたときには別人のように怒りっぽく、暴力的な反逆者になってしまったんだ。この蝶は、変身を遂げた自分を象徴しているんだよ」

「でも、誰に対する反逆者だったの？」

「ありとあらゆる人に対して。そしてとりわけ、若い頃に最も敬愛していた画家、つまり写実主義を追求したクールベに対してだ」

「《オルナンの埋葬》を描いた画家だね」

「そう。ホイッスラーにとって、クールベは、かつては尊敬する友人だったのに敵になった。ホイッスラーは、クールベのせいで自分は芸術家として歩むべき道を間違ったと考えたんだ。そしてターナーの足跡をたどりはじめ、クールベとは距離を置き、現実とはかけ離れた絵を描くようになった。独自の作風を追求したホイッスラーは、批評家ジョン・ラスキンに『大衆の顔に絵の具のつぼを投げつけた』と非難されたんだよ」

「ふうん、そうか。私は、この黒い服のおばあさんを見て、《オルナンの埋葬》に出てくる女の人たちを思い出したんだけど」

「そうだよね。かつてはクールベに憧れていたわけだから、つい、似てしまったんじゃないかな」

「でもホイッスラーは間違ってたと思うな。肖像画を描くなら、モデルの真ん前に立って描くべきだったよ」

「ホイッスラーはわざとお母さんの横に回って、正面ではなく横顔を描いた。ささいな違いのようだけれど、当時の美術界ではルール違反だった。画家は顔の表情を探究して人物の性格を明らかにするべきだと考えられていたのに、この絵では人物が真横から描かれていて、まるで影絵か、切り紙細工みたいだ」

「自分のお母さんの絵なんだよね。大好きな人だったはずだね」

「ホイッスラーはお母さんに強い愛情を抱いていた。バルパライソから戻ると、ロンドンのお母さんのもとに戻った。これは、野心に満ちた絵だけれど、同時に、お母さんに対する愛情を表現した作品と見ることもできる。ホイッスラーは一八六〇年代初頭、白い服の美少女たちの肖像を描いて名声を得た。白は、純潔と新鮮な生命を象徴する色だ。十年後、敬意を込めて、敬虔な信者を思わせる黒い服を着た姿で、お母さんをメランコリックに描いた。これは、お母さんが生きているうちに姿をとどめるホイッスラーなりのやり方だった」

「ホイッスラーのお母さんは、もうおばあさんで体が弱っていたとか?」

「そうじゃない。この絵を描いたときはまだ六十七歳で、亡くなったのは十年ほど後だから。ホイッスラーはお母さんと強い絆で結ばれていたし、この肖像画にも愛着を抱いて、さらにその愛情を深めた。絵が完成してもずっと手元に置いておいたんだ。フランス政府が一八九一年に作品を買いたいと申し入れると、しかたなく手放したけどね」

「でもおじいちゃん、ホイッスラーはアメリカ人で、チリに行って、ロンドンに住んでた人でしょう。それなのに絵はフランスに渡ったってこと?」

「それには理由がある。一八七二年にホイッスラーが絵を発表すると、イギリスでは、構図が大胆すぎるし、室内装飾は地味すぎるというので酷評された。アメリカでは、一九三三年にフランスから絵が貸し出されて、アメリカの各地を巡回したときに初めて評価されたんだよ。そのときは、ルーズベルト大統領が、この絵を母の日の記念切手のデザインに選んで、『アメリカの母親たちの思い出と栄誉を讃えて』という言葉を添えた切手が発行された。そして一九三八年にはペンシルベニア州アシュランドの丘の上に、この絵の肖像をかたどった横向きのブロンズ像が設置された。台座には『母——この世に母ほど神聖なものはない』という碑文が刻まれていて、マザーズ・メモリアル、つまり母親の記念碑として、今日まで親しまれている」

「これまで美術館で作品を見るたびに、おじいちゃんは『この作品はこんなことを語りかけているんだよ』って教えてくれたよね。でもこの絵の場合、まだよくわからないな。この絵が言いたいことは二つあって、ひとつは、お母さんは聖なる存在でありいちばん大切な人だっていうこと。もうひとつは、絵に描かれているものよりも色のほうが大切だっていうことなんだよね？　でも、この二つの考え方は、真逆だよね」

アンリはモナの知性に驚かされた。ふたりの美術鑑賞のメカニズムを、完璧につかんでいる。そして、絵からどんなモラルや哲学を学ぶべきかを、自分で考えられるようになりつつあるのだ。

モナが今日のレッスンから学んだ二つのことは、美術史の重要な二つのコンセプトをまとめている。ひとつは、現実の世界について図像が表していることを理解するという図像学的アプローチであり、もうひとつは、現実から切り離して絵そのものをとらえる形式主義的なアプローチだ。

「両方とも正解だよ。つまり正解が二つあると言えそうだ。ただし、モナが言う通り、その二つの正解は正反対だよね。だから、『アレンジメント』であり『肖像画』でもあるこの絵から何を学べばいいのかを、モナは自分で決めればいいんじゃないかな」

モナの心は揺らいだ。正直に言うと、「お母さんが大好き」「お母さんありがとう」というホイッスラーの気持ちがこもっている絵だと思って見るとわかりやすいし、そうやって見ると、どんどんこの絵が好きになれそうだ。でも、「絵を見るときは、純粋に形と色に注目するべきだ」って言ったほうが、大人びていて、アートをよく知っている人っていう感じがする。

モナは迷った。考えれば考えるほど、心の中がざわざわする。大人扱いしてもらいたいから、やっぱり、おじいちゃんの期待に応えるように答えるべきだよね。ホイッスラーが遂げた美術史上の重大な転換点について、知ったかぶりをして言おう。

でも、その空虚な言葉はただ宙に浮かんだだけで、とうとう声にはならなかった。実際にモナの口から発せられたのは、心からまっすぐ響く言葉だった。

「この絵が私たちに語りかけているのは、お母さんは最高だってことだと思う」

しまった！　おじいちゃんはなんだか難しい顔をして黙っている。やっぱり、期待外れの答えだったよね。

でもアンリは実は、うれしさのあまり声が出なかったのだ。感動で体が震えていた。こんなにすばらしい孫を持って、なんて自分は幸せなのだろう。モナは、愛情の尊さを信じている。そして、絵を描くことは、何よりもまず、愛することなのだ。

24

ジュリア・マーガレット・キャメロン
人生は曲がり道

ポールは、思いがけない幸運なできごとについて、興奮した様子でカミーユに話し続けた。突然まとまった収入が得られて救われた。でも、カミーユは疑い深い様子だった。そこで、モナは母親を連れて店に行くことにした。

モナは店の奥に母親を案内し、説明を始めた。年末に、ペイントされた小さな鉛の人形が詰まった木箱を、ここで偶然見つけた。ピエロの人形を店のウインドウに置いておいたら、この人形が好きだという客が偶然見つけて買って行った。元官僚で年金生活をしている変わり者の老紳士だ。モナが人形をもっと箱から出して店にディスプレイしておいたら、春になってようやくまた店に来てくれて、出しておいた人形を全部買っていった。それからは、さらに二回店に来てくれて、来るたびにたくさん買ってくれている。そして、在庫が補充される限り、店に通い続けると言ってくれた。

カミーユはモナの説明を黙って聞きながら、複雑な表情をしていた。ポールによれば、この老紳士は理想的なお客さんで、何も質問もせず、自分でかなり高い値段をつけて、現金で支払う。趣味でヴェルチュニを集めていて、小さな人形を自分で作った舞台背景の中に置いて、自分の思い出を再現するミニチュア劇場のようにして楽しんでいる。店に通い続けてもらえるように、毎回十二個ずつだけ店に出すことに決めている。木箱には人形が全部で三百個あまり入っていた。その価値は一万五千ユーロ、闇市場では二万ユーロにも達すると見込まれる。母親が困った顔をしているのを見て、モナは人形を手にとって見せた。太った駅長さん、机に向かう小学生、コメディ映画の主人公、ムッシュ・ユロにそっくりな自転車に乗ったおじさん――。

カミーユはため息をついた。

「ふたりとも、その木箱について私が何か知っているかもしれないとは考えなかったの?」

ポールはとまどって、こう答えた。

「そうだね、ごめん。聞けばよかった」

「一言言ってくれたら、ママが集めていた人形だってことがわかったのにね」

「ママって、カミーユのこと?」

「いいえ、私のお母さん」

つまり、アンリの亡き妻でありモナの祖母にあたるコレットだ。カミーユは首を左右に振った。三人の間に沈黙が流れ、カミーユは悲しげに少しだけ笑った。

「おばあちゃんが亡くなって、遺品を処分していたおじいちゃんが、人形を集めてどこかにやって、あとは忘れてもらいたいと言ってきたの。それが、今になって姿を現したってわけ」

モナは、いたたまれない気持ちになった。取り返しのつかないことをしてしまった。モナが泣きそうになっていると、カミーユはすぐにモナをきつく抱きしめた。

「ママ、ごめんね」とモナはささやいた。

「やめてよ、謝る必要なんかない。誰か喜んでくれる人の手に渡って、おばあちゃんはうれしいはずだよ。この話を聞いたら笑ったかも。これでよかったんだよ」

「ママ、教えて」とモナが言うと、カミーユは一転して険しい顔になり、そっとつぶやいた。

「だからって、おばあちゃんのことは聞かないでね」

＊

その水曜日、オルセー美術館の前庭は、日光浴をする人たちでにぎわっていた。アルフレッド・ジャクマールによるサイの彫刻を背景に、スマートフォンで自撮りしているカップルがいる。ルーヴル美術館で会った、あの若いふたりだ。モナは駆け寄って行って、写真を撮ってあげると言った。

ふたりはモナたちに気づくと「また会えるなんて」と喜んだ。モナが写真を撮ってあげたあと、ふたりはモナとアンリの写真も撮りたいと申し出た。アンリの周りを跳ね回っていたモナを、アンリはひょいと肩車し、モナは両腕を広げた。高さ三メートルの人間の塔になったふたりの後ろは、ロワイヤル橋。その下をセーヌ川が流れ、対岸にはルーヴル美術館がある。そこでさまざまな絵や彫刻と過ごした水曜日の記憶は、すでに遠いものに思える。思い出深い写真が撮れた。

そして今日、アンリとモナが見に行くのも美しい写真だった。ジュリア・マーガレット・キャメロンが一八七二年に撮影した作品だ。

女性の姿を上半身から肩にかけて白黒で捉えた写真だ。女性が着ているドレスは大きな黒い塊になっていて、ディテールは見えない。背景には二十個ほどの花びらか葉のような小さな白い点がちりばめられている。女性の卵形の顔とそれを支える長い首も白く写っている。頭は気づかないくらい微妙に後ろに傾いている。あごは少し上に向けられていて、ローアングルで撮っているような印象を与え、モデルに落ち着きと気高さを与えている。

整った優しげな顔立ちは、曲線で構成されている。淡い色の髪は左右に分けられていて、シンプルなボンネットで後ろにまとめられている。アーチのようなまゆ、大きな目とふっくらとしたまぶた、丸い小鼻と唇も曲線を描いている。下唇の下には、絵の具のタッチに似た反射が見られる。女性は笑ってはいないが、強いまなざしと優美な口元から、明るさを感じさせる。無表情ではなく微妙な表情を浮かべていて、喜び、憂鬱、倦怠感など、見る人によって、どんな感情でも投影できそうだ。全体的な質感は、わずかにざらついていて、若干ぼかされたようにも見える。


写真を長い時間をかけて見るのは、絵画よりもずっと大変だ。絵なら、ディテールや筆づかいを目で追っていればいいが、写真はそうはいかない。とはいえ、モデルとなっているダックワース夫人は葉や花を背に、まるで大きな花冠をかぶっているようにも見え、繊細で美しかった。

「おじいちゃん、スマホの写真とは全然違うね」

「よくわかったね」

アンリは皮肉を込めていった。

「ジュリア・マーガレット・キャメロンは、このたった一枚の写真を撮るのに何時間も、何日もかけたに違いない。一九世紀の写真家は、光学と化学の法則に精通し、それを駆使しなくてはならなかった」

アンリは初期の写真史について詳しく解説した。

「一八二六年から一八二七年頃、フランス人のニセフォール・ニエプスがカメラ・オブスクラを使い、窓から見える風景の画像を、塩化銀を塗った紙に定着させた。ニエプスが早くして死んでしまうと、その協力者だったルイ・ダゲールは研究を続け、立体感までも表現する銀板写真を開発し、これがダゲレオタイプと呼ばれるようになった。ダゲールは抜け目がなく、一八三九年という非常に早い時期に特許を申請し、写真を発明した人物となった。でもダゲールは、ニエプスをさしおいて自分の名声が広まったことを悔やんだ。また、やはり初期の写真術の開発に貢献したイギリス人ウィリアム・ヘンリー・フォックス・タルボットにも敬意を持っていた。ダゲールが公式にダゲレオタイプを発表してから数週間後、タルボットは二つの利点を持つカロタイプを提案した。ダゲレオタイプが画像を硬い表面に固定するのに対し、タルボットのカロタイプは画像を紙に固定したうえ、何よりも画期的だったのは、ネガの作成を可能にしたことだった。ダゲレオタイプは一点しか写真が撮れなかったが、カロタイプのネガを使えば写真のコントラストや明るさを調整できる」

モナは夢中になってアンリの話を聞いた。

「そして、ジュリア・マーガレット・キャメロンが登場する。なんという女性だろう！　父親は、東インド会社の官吏だったイギリス紳士で、その父親から不屈のバイタリティを受け継いだ。才気にあふれ、繊細な感性と教養の持ち主であり、社交界で著名な作家や哲学者と親交があった。しかし、夫が遠く離れた植民地に赴任し、また子どもたちが独り立ちすると、ヴィクトリア朝の厳格な慣習によって、留守を守る女性として長い時間を家で過ごすことになった。一八六三年、カメラをプレゼントされると、写真の実験に多大なエネルギーを注ぎ、その可能性を最大限に引き出そうと努めた。複雑怪奇な機械だったからね。石炭倉庫と鶏小屋を本格的なスタジオに改造し、非の打ち所がないほど精巧なネガと美しいグレーのグラデーションを生み出すような方法で写真を撮った。この写真の顔の陰影、瞳孔の周りの虹彩のニュアンス、唇の曲線を見ればわかるよね。この方法はコロディオン湿板方式と呼ばれる」

「またずいぶんと難しい言葉が出てきたね」

「そうだね、でも、こんな写真を完成させるために、数えきれないほどの化学的な工程を全部覚えるほうが、この言葉を暗記するよりもよっぽど大変だったはずだよ。一枚写真を成功させるために、百枚くらいは失敗作があったはずだ」

「昔は写真を撮るよりも絵を描くほうが簡単だったんだね。今ではその逆だよね」

アンリは写真と絵画という二つのメディアの対立をこのように考えたことはなかった。でもこれは、モナに一九世紀の大論争について話すいいチャンスだ。モナは祖父が難しい説明を始めようとしているのを察知し、眉間にしわを寄せ、全神経を集中させた。

「ジュリア・マーガレット・キャメロンの時代には、写真は革命的な技術ではあっても写真家にできるのは単なる機械的な操作でしかないというのが一般的な考え方だった。現実をそのまま写すだけで、写真家の工夫や意図が入り込む余地はなく、いかなる形の理想化も不可能だと思われていた。たとえば詩人シャルル・ボードレールは、『写真は想像力を殺す』とまで言ったんだよ。でもジュリア・マーガレット・キャメロンは、写真は絵画に匹敵すると信じていた。作品の多くは、当時のイギリス絵画の流れであるラファエル前派を思わせる。花と一緒に夢見る少女たちが描かれる華やかな絵画で、シェイクスピアの演劇や同時代のヴィクトリア朝文学に基づく神話や寓話に影響を受けていた。このダックワース夫人の写真は人物の肖像であると同時に、モデルの優しげで夢見るような顔、その背景の植物は、ラファエル前派の流れを汲んでいる」

「おじいちゃん、これが絵だったらいいのにね。だって絵なら、白黒じゃなくて色がつけられるから」

「まさにそこが、重要な点だった。ジュリア・マーガレット・キャメロンを含む初期の写真家たちは、基本的なツールである色彩を使うことができなかったから、構図のほか、光に注意を払った。それに、撮影のときもネガを印画紙に焼き付けるときも、ブレやぼやけに細心の注意を払った」

「でも、この写真はぼやけているよ」

「確かにそうだね。正確には、『ブレやぼやけがうまく出るように注意を払った』と言うべきだ。キャメロンは、環境と機材を完璧に整えた。特に重要だったのが光をとどめるためにコロディオンの液体で濡らしたプレートだ。また、長時間露光させる必要があったから、モデルはじっとしていなければならなかった。撮影中に何かのアクシデントがあってモデルが少しでも動くと、写真に記録される像がぼやけた。でもキャメロンは、そのほうが、単なる現実の記録ではなくて被写体に美しさと表情を与えることになると考えていた。だから、アクシデントを修正するのではなく、むしろ最大限に利用しようと試みた」

「おじいちゃんが次になんて言うかは予想がつくよ。当時の人たちは、キャメロンの写真をこき下ろしたんでしょう」

「大げさな言い方はしたくない。でも、当時の専門家や技術者の間では、キャメロンは何よりもピンボケの写真家として記憶されたと言っていい。批判を受けて、キャメロンは傷ついたけれど、それでも自分らしい写真を追求した。この写真では、ダックワース夫人の顔のごくわずかな動きや現像のずれによって、輪郭がぼやけている。おかげで、灰色の目、髪とそれを覆うボンネット、頬骨の浮き出た頬、モデルの背景の花や葉が増幅されている。まるで大聖堂で共鳴する音楽のようだ。明確さは失われたかもしれないけれど、その分、深みと叙情性が増している」

「やっぱりこの写真は、ブレやぼやけがなければ、さらにきれいな写真だったと思うけど」

「おじいちゃんの意見では、もしも完璧な写真だったとしたら、こんなふうに魅惑的な力のある肖像にはならなかったと思うな。この肖像は超自然的なオーラに包まれているし、モデルの魂が表れている」

「英語には、『ビガー・ザン・ライフ』、つまり実物以上に大きいという的確な表現がある。この写真はまさにそうだ。ぼやけているおかげで、実物を超えた何かがそこに焼き付いているんだ。キャメロンは一八七九年に亡くなった。その後数十年にわたり、正確ではなく表現を重んじる芸術写真が発展することになった。これを『ピクトリアリズム』と呼ぶ。フランス語の画家《パントル》の語源にもなったラテン語の『pictor』に由来する言葉で、絵を描くように写真を撮影することを指したんだよ」

「おじいちゃん、写真のモデルになったダックワース夫人が誰なのか言うのを忘れてるよ」

「結婚前の名前はジュリア・ジャクソン。キャメロンの最愛の姪で、キャメロンはジュリアのゴッドマザーだった。美人だったから当時の著名な画家たちのモデルを務めることが多かった。ダックワース夫人の娘は二〇世紀になって、小説家になり、大叔母にあたるジュリア・マーガレット・キャメロンの完全に忘れ去られていた写真を発掘し、出版する。この小説家がいなかったら、写真界の《モナ・リザ》というべきこの肖像を今の私たちが見る機会は永遠に失われたままだっただろう」

「その小説家の名前は？」

「ヴァージニア・ウルフ」

その英語の名前には、甘美な響きがあった。モナは、日の前の写真が放つ不思議な魅力に通じるような波動を感じた。そのときモナは、突然気づいた。

「さっき、肩車している写真を撮ってもらったけど、私たちのアドレスを伝えるのをすっかり忘れた」

「本当だ。なんでふたりともうっかりしてたんだろう」

アンリはモナをどうやって慰めていいかわからなかった。モナは泣きそうになった。おじいちゃんに肩車してもらったところをせっかく撮ってもらったのに。

25

エドゥアール・マネ
少ないほど豊かである

今日は、催眠療法の二回目だ。ヴァン・オルスト医師の診療室で、モナは初回の体験について話した。ふだんと違った意識の状態になるのは心地よい体験だった。目を開ける直前、誰かがそばにいて優しく慰めてくれているのを感じた。それと同時に、その人が大きな悲しみを抱えているのがわかった。

医師はモナに、「その感覚に名前をつけられますか?」と聞いた。モナは心に浮かんだ人の名前を答えようとしたが、言いようのない塊がのどにつかえて言葉が出ない。

医師はモナに「心配はありません」と言ってくれた。「まったく問題はないから、安心してください。今日もモナさんにお願いしたいのは、自分が好きな人について考えることだけ。そして、もしもそれがうまくいったら、次回は失明の発作が起こる前の数分間を追体験するように導いて、原因を探れるかもしれません」と、医師は説明した。

モナは、準備ができているという自信があった。柔らかい革のソファに沈み込むように座る。まるで宇宙船に乗り込んだ宇宙飛行士みたいな気分だった。ヴァン・オルスト医師は、モナの額に三本の指を当ててそっと押した。そして、「まぶたが重くなり、閉じます」と言った。

今回は、灰色と白の模様のあるトンネルの中を、猛スピードで移動しているような感覚が訪れた。モナはその感覚に身をまかせた。「完璧に私は守られている」と感じた。医師の声が聞こえてくる。「いちばん安心できる場所にいると想像してみましょう」。でも、その声は遠くから、廊下の端の片隅から、やっと聞き取れるくらいのボリュームで聞こえてくる。とうとうヴァン・オルスト医師の言葉は消え去り、さまざまな感覚が入り混じり、モナを包んだ。

モナの心はトンネルを抜けて、完全な幸福の状態に着地した。おじいちゃん、パパ、ママの三人の姿が見え、話し声が聞こえ、おじいちゃんのオーデコロンの匂いが漂っている。ただ、その間に得体の知れない暗い雲が動いているのが見える。モナの心は、この雲をつかむかどうかは自分次第だと知っている。

雲は、世界中で最も美しくて最も不幸な秘密の結晶であり、大きな謎だった。生命の気高くて悲劇的な側面というべきなのか。

死という言葉が浮かんできた。死が近くにあるからこそ、生が実感できるのだと、モナの勇敢な心は悟った。子ども時代を終えようとしているその心は、逆に、もっと幼かった時代に、意識を持つ以前に時間をさかのぼった。ジグソーパズルの最後の数ピースが組み合わされるように、雲がゆっくりと形になっていくのが見える。

ふと見ると、祖母が、モナの心の中にいた。きれいにまとめた白髪、凜とした額ときらきらと輝く目、控えめにほほえむ口元が見える。細い指でモナの手をなでて、穏やかに言った。「さようなら、愛しい人」。

そのときヴァン・オルスト医師が、ぱちんと指を鳴らした。

「おばあちゃん、おばあちゃん」

モナはあえぐように繰り返した。

＊

モナは途方に暮れた。いつものようにオルセー美術館の前庭に到着し、そこにいる人たちの顔を眺めた。先週、祖父と一緒の写真を撮ってくれたあのふたりを見つけようとして。モナは猫のようにすばやくそこにいる群衆のすべての顔を見た。全員の顔を見分け、あのふたりはここにいないと確かめるまで、数秒しかかからなかった。

オルセー美術館に入ると、アンリはうれしそうに言った。四週間前の水曜日にファンタン＝ラ・トゥールの絵の前で約束した通り、今日はマネの絵を見に行こう。

モナはぼんやりとうなずき、あきらめ切れずに、見学者の中を探し続けた。顔、顔、顔。今度は後ろを振り返る。すると、信じられないことが起きた。

「おじいちゃん！　見て」

モナは叫んだ。振り返ると、十メートルほど後ろに、見覚えのある女の人が見えた。ルーヴル美術館で、ティツィアーノの《田園の奏楽》、そしてカナレットの《サン・マルコ湾から見た埠頭》の前で会った緑のショールの人だ。アンリは肩をすくめただけで、壁のほうに向き直り、今日の絵を眺めた。小さな絵だ。

ただテーブルの上に一本のアスパラガスが置かれているだけの絵である。しかし、この絵は構図がとても変わっていて、絵の上端までテーブルの表面が続いている。絵の具が乾かないうちに塗り重ねるプリマ技法を用い、テーブルとアスパラガスが融け合うように、即興的に描かれている。クリーム色で、濃い灰色の筋が約二十本、水平に近い斜めに描かれていて、右上には「m」のサインがある。アスパラガスは、絵の下のほうに横幅いっぱいに配置されていて、ごくわずかに右に行くにつれて斜めに上になっている。アスパラガスの茎の端は、少しだけテーブルの端からはみ出していて、紫がかった先端は少しだけテーブルから反り上がっている。

テーブルは、アスパラガスの先端よりもずっと向こうまで続いている。テーブルの手前の縁は、十二度ほどの角度で右に行くにつれて斜めになっていて、絵の右端では、縦の長さ十七センチのうち下から五センチほどのところで切れている。その結果、クリーム色のテーブルの下に焦茶色の部分が見えて、まるでカメオのような立体感のある対比を見せている。

「マネは反逆者だって言ってたよね？　それなのに野菜を描いた絵なの？　しかも、アスパラガスは、私が大嫌いな野菜だよ」

「これだけ平凡なものを描いた絵を見ると、マネが同時代の社会を相手に真剣勝負を繰り広げていた画家だとは想像しにくいよね。それはおじいちゃんも認めるけど、とにかくここで、マネの人生を振り返ってみよう。

一八三二年にパリの裕福な家庭に生まれた。海軍兵学校を受験するが不合格になり、画家としての道を歩みはじめる。そして、前にも言った通り、一八五九年にサロンに《アブサンを飲む人》を提出したが、審査員たちは不合格とした。ただし……」

「ドラクロワだけは違ったんだったよね！」

「そう、よく覚えていたね。でも、《アブサンを飲む人》のせいで、マネは先生であるトマ・クチュールとも仲違いした。その四年後には、野外で男性たちとピクニックをしている裸の女性を描いた《草上の昼食》でサロンに再挑戦するがやはり落選し、サロンに受け入れられなかった作品を集めた展覧会『落選展』で展示した。

すると、この絵はそこでものしられて、絵を杖でたたく人も登場した。その後も一八六五年には娼婦を描いた《オランピア》を発表し、わいせつで低俗な絵を描いたと非難されたし、一八六九年には、皇帝ナポレオン三世の外交政策を批判する版画に対して内務省から検閲を受けた。時代への反逆は、まだまだ続いた。マネを好んでいたシャルル・ボードレールは、マネを『衰退しつつある芸術を先導する第一人者』と評している。また、一八七〇年には、マネは友人のエドモン・デュランティと美術についての論争を繰り広げたのちに平手打ちにし、ふたりは決闘で決着をつけようと剣を取り、マネはデュランティを負傷させたが、ビールで乾杯して和解した。マネはホイッスラーともけんかし、クールベとは距離を置いた。また、印象派の父と呼ばれるものの、印象派の展覧会に参加することはなかった」

モナも印象派という言葉には聞き覚えがあった。でも、祖父は詳しくはまた今度説明しようと言って、《アスパラガス》の解説を始めた。この絵を知ることは、印象派とは何かを、そしてマネが印象派の画家ではない一方でその創始者であったという事実を理解することにつながる。

複雑な議論になっても、モナは一言も聞き逃すまいと耳を傾けている。アンリはその期待に応えようと、真剣に話した。

「このカンバスには、マネが絵を描くのに用いた技法そのものが表されている。ここに表現されているのは一個の野菜であると同時に、マネの絵を描く行為そのものなんだ。アスパラガスの白い茎に見られるつやを際立たせる鉛白ならではの輝きのニュアンスを表している。対照的に、焦茶色の床はカンバスの横糸が見えるほど薄く塗られている。それから、テーブルのあちこちに見える灰色の横筋は、テンの毛でできた絵筆でさっとかすった跡だ」

「ルーヴル美術館で見たゴヤの《羊の頭のある静物》と同じように、これもセイブツガだよね」

モナは、「静物画」という用語を恐る恐る使ってみた。

「セイブツガは昔、低く見られていたんだよね」

「よく覚えていたね」

アンリは目を細めた。

「そうだよ。でも一九世紀になると、静物画は一転して重要なジャンルとみなされるようになったんだ。その理由はこうだ。以前は王室や国家、教会などだけが絵を買うことができたが、この時代になると、中流階級の人たちが絵画を愛好し、買うようになった。より幅広い人たちが美術を楽しめるようになったんだ。新しく出現した中産階級の美術ファンは、お金も場所も持っていたとはいえ、王侯や国家、教会とは違って巨万の富があったわけではない。だから、求められる絵の種類も変化した。戦争や神話を描いた大作よりも、控えめで身近な題材の絵が好まれるようになったというわけ。具体的には、人物の近くから描いた肖像画や、風景画、日常の場面、そして、静物画だ」

「じゃあ、誰かがマネに、アスパラガスが一本だけの絵を描いてくださいってお願いしたってこと?」

「いや、そうじゃない。もっとおもしろい逸話があるんだよ。シャルル・エフルッシという当時の大コレクターから注文を受けて、アスパラガスひと束の絵を描いたマネは、八百フランを請求した。今のマネの絵の値段が一枚数百万ユーロを下らないのを考えると比べ物にならないけれど、当時としてはあまりにも法外な値段だった。当時の平均日給は五フラン程度だったからね。ちなみに、この絵はドイツの美術館が所蔵している。それはともかく、シャルル・エフルッシは絵がとても気に入って、マネに千フランを支払った。そこでマネはエスプリを発揮し、アスパラガスを一本だけ別の小さなカンバスに描いて、気前よくおまけとしてプレゼントしたんだ。『実はアスパラガスが一本足りなかったので』と書き添えてね。マネが私たちに見るように促しているのは、取り立てて見るに値しないような物だ。単なるアスパラガスであり、ごく平凡なテーブルの一部分である。マネは気まぐれのように、そんな物の絵を描いてプレゼントした。私たちにこの絵が語りかけているのは、こんなささやかな幸せこそが、人生の輝きであり、生きていることの意味だということだ。つい見過ごしてしまいがちな日常があるからこそ、世界はすばらしい場所になる。英語では『レス・イズ・モア』、つまり『少ないほど豊かだ』という表現があるけれど、本当にその通りだよね」

「でも、ささやかとか言うけど、マネは繰り返し筆を動かして絵を描いたわけでしょう」

「そうだ。何回筆を動かしたか、ほとんど数えられそうだ」

「アスパラガスの頭の部分は四十回くらい、茎はもうちょっと回数が多いし、少し長めのストロークで筆を動かしているね。野菜を描くのに百回も筆を動かしたのはすごいなあ」

「え、数えたの？」

「ただ、見えるの。フリードリヒの絵にカラスが何羽いるかわかったときと同じように」

アンリはモナが何を言いたいのか完璧に理解できたわけではなかったが、魔法みたいに見えたものを識別できる超人的な能力があるのだということはわかった。音の高さを直感的に認識できる絶対音感が一部の人に備わっているのと同じように、モナには「絶対視力」のようなものがあるらしい。

とはいえ、本人に向かってモナは特別な子どもだと言うのはどうしても避けたかった。一〇〇パーセント確信が持てるわけではないし、それにたとえ本当だったとしても、モナの素直な性格が失われてしまうかもしれない。何よりも、モナが言葉には出さなくても常に失明という恐怖と闘っていることが、一緒に過ごしていると伝わってくるからだ。いつかまた失明してしまうかもしれないのに、「絶対視力」という希望を与えるのは、残酷すぎる。

「次回は印象派について説明してほしいな」とモナが言った。

「いいね。じゃあ、モネを見に行こう」

「モネか……マネやモナと間違えそうだね」

「心配しないで！　サン＝ラザール駅のホームで待ち合わせだよ」

《アスパラガス》に別れを告げて、美術館の出口に向かおうとしたとき、アンリとモナは美術館を訪れている女性にぶつかった。アンリとモナは、自分たちの背後に立っていた女性に出くわした。幻影のように見える。あの緑のショールの人だ。

「申し訳ありませんが、モネの《サン＝ラザール駅》は見られません」

ささやくような、澄んだ声だった。

「どういうことですか。余計なお世話です」

アンリはいらいらして聞いた。

「お邪魔してすみません。自己紹介をさせてください」

と、その人はアンリに名刺を差し出した。「エレーヌ・スタイン」と書いてある。

「オルセー美術館の学芸員です。学芸員というのは」と、今度はモナに向かって言った。「美術作品を管理し、展覧会を開き、多くの人に作品を知ってもらうための仕事をしている人のことです」

「でも」と、モナはにっこり笑って言った。「エレーヌさんとは、ルーヴル美術館で二度お会いしましたよね？」

「ええ、その通りです。仕事のためによく行くんです。ルーヴルでも、ここオルセーでも、モナさん、ですよね、と、おじいさまの話を何度もこっそり聞いていました。私は六十五歳なのでもうすぐ引退です。おふたりのお話を聞いているとね、今まで学芸員の仕事をやってきてよかったなと、心から思えるんです。おふたりのように美術を見て、語り合える人たちがいらっしゃるとわかったのは、引退前の最高の贈り物でした。お邪魔してごめんなさいね。でも、一言、お礼が言いたくて」

アンリは感じ入ったように言った。「おほめの言葉をくださり、こちらこそありがとうございます。でもなぜ、モネの《サン＝ラザール駅》が見られないんですか？」

「今、展示していないんです。額を修理する必要があって、収蔵庫に置かれています」

「なんてことだ。大好きな絵なのに」

「収蔵庫って？」

モナが祖父に向かって聞いた。何千点もの宝物のような美術品が保管され、修復が行われている美術館の倉庫についてアンリが説明しようとする間もなく、エレーヌが言った。

「来週の水曜日、一緒に収蔵庫に行きましょうよ！　どんなところか案内してあげる。それに、モネもゆっくり見られるしね」

26

クロード・モネ
万物は流転する

教室の後ろには、完成した模型が十数個、置かれている。モナとリリが厚紙で作った模型は、リリがイタリアで暮らす子ども部屋だ。真ん中には大きな猫用のベッドが置かれている。子どもたちは、想像のおもむくままに、ときにはありえないような奇想天外な建物やモニュメントをミニチュアで作りあげた。ほほえましい失敗作が目につく一方で、パリ・モンマルトルの丘にあるサクレ・クール寺院の見事な建築模型を完成させた子たちもいる。

そんな中で異彩を放っているのが、ジャッドとディエゴの作品だ。いつもは同級生にバカにされているディエゴが、見事な月の模型を作り上げたのだ。メリエス監督による伝説的な無声映画『月世界旅行』のセットを思わせる幻想的な作品で、紙を貼り合わせて作った球体が、銀色にスプレー塗装してから透明な糸で吊るしてあり、小さなモーターによってゆっくりと回転し、月面のいくつものクレーターが電球の照明に浮かび上がるという仕組みになっている。

くじ引きでディエゴと組になっていたジャッドは、さんざん文句を言った末に模型作りを放棄してディエゴにまかせっきりだったのに、見事な作品が完成したのを見て、すっかり態度を変えた。子どもの切り替えの早さとはそんなものだ。そして、タンタンが活躍する『月世界探険』に出てくるような赤と白の市松模様のロケットを月面に着陸させたいと言い出し、ひとりで模型を作ったディエゴの猛反対に遭った。

モナは、ディエゴを説得してほしいとジャッドに頼まれたが、考えた末に、ディエゴの味方についた。ふたりの前でモナははっきり「見事な作品を台無しにしたら、ディエゴに悪いよ」と言ったので、ジャッドは親友の裏切りに驚いた。モナはさらに、「このままのほうが賞が取れると思う」と、正直に思ったことを伝えた。ディエゴは天にも昇る心地だった。同級生が味方になってくれるなんて、初めてだ。興奮してモナの頬に思いっきりキスしようとするのを、モナはやんわり断った。

*

アンリとモナが、指定された通りにオルセー美術館の通用口に行くと、学芸員のエレーヌは待ち合わせの時間きっかりに現れた。アンリは挨拶と感謝の言葉を述べながら、エレーヌの鋭いまなざしと洗練された身のこなしに、密かに感服していた。自然で飾らない人柄だけれど、深い知性がにじみ出ている。

エレーヌはふたりを中に案内した。複数台の監視カメラが見守る廊下を抜け、大きな金属製のエレベーターを乗り継いでいく。すれ違う同僚や部下は、丁寧に挨拶するだけで、職員専用の通路をなぜ老人と女の子を連れて歩いているのかを問いただすことはなかった。

二カ所の重い扉をくぐると、そこは、無限に広がるように見える広大な倉庫だった。絵画で埋め尽くされたスライド式の鉄格子が何十枚も続いている。中二階には彫刻が並んでいた。そして、大きな木箱が無数に置かれているのは、海外の展覧会に貸し出される作品や戻ってきたばかりの作品だと、エレーヌは説明してくれた。それから、修復中の作業部屋の様子を、廊下の窓からのぞかせてくれた。オーギュスト・ロダンのブロンズ彫刻の表面を、若い女性が真剣な面持ちで修復している。

美術館の舞台裏には、モナの想像をはるかに超えためくるめく世界が広がっていた。そこは、人混みにも騒音にも邪魔されずに芸術と向き合える場所。まるで夢の美術館だった。

でもエレーヌの特別なはからいは、それで終わりではなかった。モナとアンリのお目当てであるモネの《サン＝ラザール駅》を、エレーヌは一九世紀の折りたたみ式イーゼルの上に置いた。当時、屋外で絵を描くために開発された三脚付きのイーゼルだ。一八四〇年代から、錫《すず》製のチューブ入りの絵の具が一般向けに販売され、アトリエの外で絵を描くことが可能になったのだ。これを「戸外制作」と呼ぶ。

印象派の画家たちは、自然豊かなフォンテーヌブローの森やコートダジュールの海岸だけでなく、都会でも戸外制作を行った。一八七七年、モネは駅のホームで、機関車の乗客たちが見守る中、三人が今目にしているこの絵を完成させた。

地平線に向かって、ゆるやかに曲がりくねった線路が並行して何本も伸びている。地平線の手前は大都会の風景だ。鉄骨の高架橋と、さらに遠くには背の高い建物が並んでいて、太陽の光に照らされている。左側には石造りの七階建ての大きな建物があり、屋根は亜鉛板で覆われている。手前には、大きなガラスの屋根がカンバスの幅いっぱいに描かれている。この屋根は、頂点が約一二〇度の角度をなす二等辺三角形で、巨大な駅舎全体が左右対称になっている。両側で屋根を支える二本の細い柱と、屋根の下で格子状に交差する鉄骨も左右対称で、全体が正六角形の上半分のように見える。下半分の頂点は絵の手前にあり、絵を描いている画家のいる場所に相当する。

並行する線路の上を、汽車が三本走っていて、絵の左から右に行くほど遠くにある。汽車を真後ろから見ているために、向こうに向かって連なる前方の車両は見えない。いちばん近くに見えている左端の汽車は静止している。ほかの汽車二本は煙を上げてこちらに向かっているところだ。絵のほぼ中心線にある中央の黒い蒸気機関車は、三本の中で最も存在感があるが、細部は描かれず、黒い絵の具をつけた筆で数回カンバスをなぞっただけで大まかに描かれている。

これと同じように、色のしみのように無機質に描かれているのが、右側に立つ群衆だ。乗客や鉄道員、見送りの人たちなのだろうが、それぞれの人物の特徴はまったくわからない。筆づかいによって無数に生み出される絵の具の色のしみや筋や厚塗りの部分が、影、波動、振動を表現していて、それによって汽車の上げる白煙が、青みがかった影や、水蒸気による光の屈折で明るく光を反射する部分も含めて見えている。

飾り気のない風景なのに、魔法のように心を惹きつける絵だ。モナは長い時間をかけて絵を眺めた。祖父と、そして学芸員と並んで立っていると、まるで宝物を前にした鑑定士になった気分だった。使われている色を細かく見ているうちに、ルーヴル美術館で見たある絵が思い浮かび、モナは思い切って、祖父に向かってこう言った。

「ねえおじいちゃん、白っぽい建物の壁には、ターナーと同じ黄色を使っているよね。ただし、もっと白を混ぜているけど」

鋭い指摘だった。エレーヌがモナとアンリの会話を聞くのが初めてでなかったとしたら、単なる聞きかじりだと思っただろう。

「よく気がついたね」

アンリはうなずいた。

「モネは、すべてのものが絶えず変化し、変動していることを示している。幻想は、固定された視線が生み出すもので、真実とは、すべてが絶え間なく変化し、交互に繰り返される印象の連続にすぎない。目のわずかな動き、頭のぐらつき、空気の流れ、光の絶え間ない変化によって、色の見え方は変わり続ける。さあ、ここにモネがいて、イーゼルの前で絵を描いていると想像してごらん。モネに、そばにある壁は何色ですかと聞かれたとしよう。何て答える？」

モナは絵から目を離し、壁を見て、肩をすくめて言った。

「モネさん、灰色です」

「その通り。だけどよく見ていると一色の灰色ではなくて、いろんな色合いが混ざり合っていることがわかる。明るい白っぽい色の部分も黒っぽい部分もあるよね。また、光に当たると黄色に見えるかもしれないけれど、少し視点をずらして横から見ると、その黄色は消えてしまう。灰色の中に、無限のバリエーションが含まれているんだ。そこで考えてみよう。煙は何色かと誰かに尋ねたら、たいていは灰色だと答えるだろう。でも、モネは煙を何色で描いているかな？」

「青！」

「そう。もっと細かく言うと、コバルトブルーに白鉛を混ぜている。モネはさらに、世界の変動を壮大なスケールでとらえ、新しい時代に出現した駅や列車、蒸気を表現している。絵の上にある大きな三角屋根から、モナは何を連想する？」

「ルーヴル美術館の前にあるガラスのピラミッドかな。ダメな答えでごめんね」

「全然ダメじゃないよ！　ルーヴルのガラスのピラミッドは、もとは古代エジプト文明のピラミッドにインスピレーションを受けて作られた。ピラミッドは遠い過去の遺産だけれど、近代の象徴でもある。そして、ここに描かれている駅は、近代という新しい時代そのものと言えるんだ」

「キンダイって何？」

「一言で説明するのはちょっと大変だな。さしあたっては、ひとつの考え方で、小さな種みたいなものだと思って話を聞いていてくれればいいよ。そのうち芽が出て、意味がわかってくるはずだ」

モナはただうなずいた。アンリは話を続けた。

「この絵における近代とは、パリ改造のことだ。第二帝政のセーヌ県知事オスマンによるパリ改造で、パリの街並みは新しい空気を送り込まれた。この絵には、パリに変容をもたらした産業革命の象徴に加えて、左側の奥に、今日のパリでよく見かける白い石造りの建物が建っている。これが、モネがこの絵を描いた当時、パリを刷新するためにオスマンが設けた基準に沿った建築なんだよ。駅の屋根のガラスは、やはり当時、技術の発達を受けて建築に使われるようになった素材で、モネはその透明感と軽さに惹かれていた。それから、モネは機関車を描くことで、蒸気機関のエネルギーを称えた。蒸気機関車が好きだっただけでなく、強い動力であり、世界の変化の象徴でもあった蒸気に注目したんだ。この絵は当時起きていた数多くの変化の象徴だし、すばやくリズミカルな筆づかいは、人々の暮らしや社会のスピードを反映している。モネは、疾走する近代を、時代にふさわしい新しいやり方で描いたというわけだね」

モナは笑顔になった。もう、「小さな種」が発芽したらしい。そこでアンリは、モネがイーゼルの前に座っている様子を想像しながら、話を続けた。

「駅構内で絵を描く許可を得たモネは、七つのバージョンの絵を描いた。モネは、鉄道員に機関車の操作を頼んで、煙を吐き出させたり、停まっている位置を前後に移動させたりしたんだって。まるで、機関車を俳優に見立てて演技をさせる舞台監督みたいにね。モネは、同じテーマをさまざまな異なるアプローチで描いた。光、色、雰囲気、空、空気、影、大きな物の見え方など、さまざまな変化を可能な限り表現するためだった。絵の『連作』という形式を生み出したのはモネだったというのが、美術史上の通説になっている。一八九二年から一八九四年にかけて、モネはルーアン大聖堂の外観の絵を四十枚も描いている。『たとえ石であっても、すべては移り変わる』とモネは言った。時間を止めるものだった絵画が、時間の経過の表現になったんだ。この絵が私たちに語りかけているのは、古代ギリシャの哲学者ヘラクレイトスの言葉『万物は流転する』という法則。ギリシャ語で『パンタレイ』だ」

「パンタレイ」とモナは繰り返した。

「モネは、自分でも汽車に乗ったのかな?」

「もちろん! 一八五〇年以降、ノルマンディー地方への鉄道が発着するサン＝ラザール駅から、画家たちはこぞって旅立った。ノルマンディー地方や周辺の自然が豊かな場所は、絵を描くのにふさわしい風景に出合える。言ってみれば戸外のアトリエだったんだよ。だからこの絵は、近代の風景であると同時に、ボードレールが詩にうたった『旅への誘い』でもある」

じっとふたりの会話を聞いていたエレーヌが、ダイヤモンドのように澄んだ声で話しはじめた。

「モネは、パリも好きだし、ノルマンディーも好きだから、どちらに暮らそうかとずいぶん迷っていたんですよ」

それからエレーヌは、モネの伝記的な事実を説明してくれた。ル・アーヴルで過ごした少年時代に風刺画家として名を上げ、これが画家としてのキャリアの始まりになった。そして、ウジェーヌ・ブーダンと出会い、外光のもとで自然を描くことを教えられた。モネの画家としての旅路を振り返るエレーヌは、キャリアの終わりを迎える自分とモネを重ね合わせているのか、少し悲しげに見えた。

「風刺画を描いていた頃は、人物の顔の特徴をとらえるのが天才的に上手だったモネが、年月が経つにつれ、人のシルエットさえ、きちんと描かなくなったんです」

そう言って、エレーヌは絵の右側を指差した。

「見てください、モナさん。人物がこんなふうにぼんやりしていますよね」

モナは改めて絵を見た。本当にそうだ。画家がどんな思いで描いたのかを知って作品を見るのは、なんて楽しいんだろう。それは心躍る感覚だった。

アンリは、先生役をエレーヌに受け渡すつもりはないとばかりに、こう付け足した。

「モネは結局、パリを引き払って、ノルマンディーのジヴェルニーに引っ越した。見事な庭のある美しい家だ。そして一八九九年から死ぬまでそこで絵を描き続けた。自分で育てた睡蓮の絵だ」

エレーヌは続けた。

「そう。モネは、歳をとるとほとんど目が見えなくなったのですが、その後も生涯、絵を描き続けました。モネは宇宙への愛と平和への願いを宣言するように、生命の本質が脈打つ花を描いたのです」

三人の間に、長い沈黙が流れた。

アンリとモナは、エレーヌの美しい言葉をかみしめていた。ふたりの頭には、モナが失明するかもしれないという事実がよぎった。暗黙のタブーになっていたので、口に出して言うことはなかったけれど。

でも今、沈黙は、絵画の鼓動によって満たされていた。蒸気機関車の車輪の音ではなく、クロード・モネの震えるような筆づかいの鼓動だ。

「ええと」

モナは突然、はにかんだように言った。

「モネが印象派と言われるのはなぜ?」

「そうだった。まだ説明していなかったよね。なんだかすてきな響きだけれど、一八七四年、ルイ・ルロワという美術評論家が、モネ、ルノワール、ピサロ、シスレー、セザンヌ、ドガらが開いた展覧会で、ぼんやりした未完成のような絵をからかって『印象派』と名づけたと言われている。でも、モネをはじめとする画家たちは動じることなく、自分の思う絵を描き続けた。そして、印象派は今も世界中の人たちに愛されている」

アンリはそこで話をやめた。モナはエレーヌに、「特別な贈り物をありがとうございます」と言った。本当は、抱きつきたい気分だったけれど、賢くて早熟な子に見られたいという思いから、ぐっとこらえた。出口に向かって歩き出したそのとき、ふと、モナは気がついた。モネの絵は、美術館の壁ではなくてイーゼルに立てかけられていた。絵の裏側を見るというまたとないチャンスだ！　そこで、ふたりに頼んで引き返した。《サン＝ラザール駅》の裏側に回ると、すっかり茶色くなったカンバスの裏と木製のフレームが見える。びっくりするほど雑に作られた壊れやすいものに見える。

「絵画の裏側」とは、複雑な読み方、博学な解釈、大胆な解読、何百もの仮説だけではない。絵の具の下に隠されているただの布のことでもあるのだと、モナは知った。人間の精神を永遠にとどめる絵画の素顔は、拍子抜けするくらい単純で、モナは、美術が自分と同じ人間の営みであるということを実感し、果てしない親しみを感じた。

モナは納得して、絵に別れを告げた。

27

エドガー・ドガ
人生を踊り明かそう

ヴェルチュニが好きな老紳士は、店に足しげく通ってくれるようになった。それが呼び水になったかのように客が増えて、売り上げも伸びた。ポールはジュークボックスで、元気な音楽を好んでかけるようになった。一九八〇年代初期のフランス・ギャルの曲「闘え（レジスト）」がとりわけお気に入りで、モナもこの曲が大好きになった。父娘でこぶしを握りしめてマイクを持っているつもりになり、デュエットで歌うこともある。

父親が元気になったのを喜びつつ、モナの頭は、別のことでいっぱいだった。ヴェルチュニの置物がおばあちゃんのものだったからには、形見の品がほかにも見つかるかもしれない。でも大人たちは、おばあちゃんについて聞こうとすればダメと言うだけだ。だから、自分で調べるしかない。地下室に降りていくはしごが怖くて仕方がないが、そんなことを言っている場合ではない。

ある日、ポールが会計士と電話で難しそうな話を始めたので、モナは地下室に降りてみることにした。重いシャッターを上げてはしごを降りると、薄暗い地下室が広がっている。目が見えなくなったときのつらい記憶がよみがえる。頭上の鉄格子から、わずかな光が差している。モナはペンダントを握りしめた。まるで、ペンダントに悪霊を追い払う魔法の力が宿っているかのように。

大小さまざまな段ボール箱や木箱が積み重ねてある。少し探してみただけで、ヴェルチュニの箱と同じ大きさの木箱が、三つ積み重なっているのが見つかった。

これも祖母の形見だろうか？　モナは近づき、目の前にある箱を開けてみた。中には、手紙入りの封筒がたくさん入っている。そのうちの一通を手に取ったとき、父親が遠くから呼ぶ声が聞こえた。心臓が激しく鼓動する。モナは封筒をジーンズのウエストにはさんで、「今行くね」と言いながら、急いではしごを上った。

一日が過ぎた。モナは夜、パパとママに「おやすみ」を言って自分の部屋に入ると、ようやく封筒の中身を見た。すっかりセピア色になった小さな新聞記事の切り抜き。一九六七年九月九日付の新聞で、見出しには「コレット・ヴュイユマン、尊厳をかけて闘う」とある。

人の輪に囲まれて、ひとり立っている若い女性の写真が掲載されていた。記事を読んでみたが、意味が理解できない。デモ、病気、死、そして刑務所。祖母は重苦しい世界に生きていたらしい。

そんなことってある？　モナは、両親に問いただしたい気持ちになったが、なぜ勝手に地下室の箱を見たのかと逆に聞かれるだけだろう。おじいちゃんもダメだ。おばあちゃんの話題を持ち出しただけで、いつも黙り込んでしまうんだ。

モナはペンダントを揺らしながら、いいアイデアはないかと考えをめぐらせた。そうだ！　ヴァン・オルスト先生に、私の心を解き明かすためだと説明したら、協力してもらえるかもしれない。先生にこっそり調べてもらうのはどうだろう？　ずいぶん昔の記事だから、何もかもが変わってしまっているだろうけれど、何かわかることがあるかもしれない。

＊

オルセー美術館に近い通りに大道芸人が出ていた。全身真っ白の服を着て肌を白塗りにした三人の男が、まるで大理石の彫刻のようにポーズを取って並んでいる。その前に置かれた箱に、観光客が次々とコインを投げ入れていた。

「ただ動かずにいるだけでお金がもらえるなんて変だね」

モナの言葉にアンリもうなずいた。アンリは、この種の大道芸が大嫌いだ。何の技術を見せるわけでもない。しかも、足元で一匹のダックスフントが用を足すと、三人組は突然飛びのき、犬にどなり散らした。モナは大声で笑った。アンリはモナの手を引いて美術館の中に急いで入った。今日は口直しに、一流の芸を披露しているドガの踊り子を見に行こう。

灰色がかった舞台を上から眺めた絵だ。舞台の書き割りには小さな家が簡単に描かれている。舞台に登場した若いバレリーナが右側に描かれていて、絵のおよそ三分の一を占めている。手足を伸ばし、体を斜めに傾けるアラベスク・パンシェで観客に挨拶している。舞台にかかとまで着いた右足は見えているが、左足は前かがみになった上半身の後ろにすっかり隠れている。体は観客のほうに突き出されている。頬はピンク色で、目を半分閉じ、うっとりとした表情で、頭を少し後ろに傾けている。頭は花飾りのついたティアラをかぶり、首には黒いリボンを巻いている。白く輝く衣装にも、ピンク色の花飾りがあしらわれている。

背景は、絵の左上の隅に、バレリーナに対して斜めの場所に舞台裏が描かれているが、舞台との間にかかっているはずのカーテンは描かれていない。黄土色と控えめな緑色の混合によって、自然の地形を思わせる岩壁のような舞台装置が描かれていて、その大きくくぼんだ部分に、舞台裏にいるらしい人物が大胆なストロークで表されている。別のバレリーナ三人と、その手前に黒のスーツを着た男性一人が立っているが、顔は舞台装置の陰に隠れていいて見えない。

モナはバレエに興味がないということを、アンリは知っていた。バレリーナになりたいと思ったり、レッスンを受けたりしたことはないし、オペラ座バレエ学校の生徒を指す「オペラ座の子ネズミたち」という表現も、聞いたことがなかった。でも、ゲインズバラの描いた恋人たちの絵を見たときと同じように、モナはこの絵の美しさに興奮した。ちょっとうわずった声で、モナは絵について語りはじめた。

「見て、おじいちゃん、すごく幸せそうだよね。このポーズでわかるよ。はっきりと説明できないけど、飛んでいるように見える。ほらね、飛んでいるみたいだよ。それに、白い衣装がまるで白鳥みたいに見える。もちろんこのバレリーナが絵の主役だけど、ほかにもいろんなものが登場している。たとえば後ろで見ているバレリーナたちと、黒服を着た男性。男性はズボンと上着の一部しか描かれていなくて、顔は隠れてる。まるでホラー映画だよ。顔が隠れていると、正体がわからないから、ますます怖くなって、それが『サスペンス』になるんだよ」

「サスペンス」という言葉をモナがたどたどしく言ったので、アンリはつい笑った。

「黒ずくめの男はちょっと怖いけど、バレリーナは幸せだよね。空を飛べるんだから」

「いいこと言うね、モナ。じゃあ、空を飛んでいるように見えるのはなぜだろう？　バレリーナの腕に注目しよう。右のひじは曲げ、左は伸ばしている。この仕草のおかげで、構図の外にいる観客に向かって挨拶していることがわかるね。ドガは、観客を直接描かずに、その存在を示しているというわけだ」

「構図の外」と、モナはつぶやいた。

「ということは、絵を見ている私たちは、観客席とは違うところにいるのかな？」

「観客席ではあるけれど、特別な場所なんじゃないかな。天井に近いボックス席だと思う。そして、それだけ高い場所からバレリーナを見下ろしているために、何かが消えている」

「消えているのは、後ろに上げているほうの脚だね」

「そう、角度のせいで見えないよね。それが飛んでいるみたいに感じさせる秘密だ」

「的外れかもしれないけど、おじいちゃんはよく画家は絵の中で『コントラスト』を使っているって言うよね」

モナは「コントラスト」という言葉を言い間違わないように集中して言った。

「空を飛んでいるみたいなバレリーナと、舞台のそでにいる人たちとの間にコントラストがあるって言えるんじゃないかな」

「全然的外れなんかじゃないよ。ドガの絵は、ただ見たままを描いているような印象を与えるけれど、実際には、ドガはまるで演出家のように舞台や人物を自分で設定して絵を描いた。舞台を見ながら描いたわけではなくて、オペラ座で見たバレエにインスピレーションを受けて、アトリエで自分のヴィジョンを再現したんだ。ここでは、二つの現実が組み合わされている。舞台と舞台裏だ。舞台裏は、不思議な描き方だよね」

「洞窟みたい」

「そう。そしてドガは、エトワールのバレリーナの生き生きとした輝きと、息詰まるような舞台裏を対比させている。黒服の男は、華やかなバレエの世界を裏で支配している男性という闇の部分を示している。ドガといえば踊り子の画家というイメージがあるけれど、音楽や舞台芸術を題材に、権力を振りかざす年長の男性たちを描いた画家でもあった」

アンリはドガについて知られている事実について考えた。ステファン・マラルメやポール・ヴァレリーら当時の詩人たちに絶賛されたが、自分自身にも他人にも厳しく、人間嫌いだった。この絵で舞台裏にいる黒服の男は、ドガ自身の姿かもしれない。モデルに対してどなったり、自分が望む表情やポーズを要求して泣かせたりして、「芸術は悪徳だ。芸術とは結婚するのではなく、犯すのだ」と述べた。でも、モナには言わないでおこう。作品の理解を邪魔するかもしれない。

「モナ、よく見てごらん。ドガがどれだけ実験的な画家だったかがわかるよね。美術史では、画家はたいてい特定の技法に分類されるものだけれど、ドガは複数の技法を組み合わせて使った。最もよく知られている例は、ろう人形に本物のチュチュを着せて人毛を植えつけた彫刻《十四歳の小さな踊り子》だ。一八八一年に公開されて大騒動になった。素材を混合させるやり方が型破りだったし、モデルの少女が醜くていかがわしいと考えられたからだ。この《エトワール》も、ユニークなやり方で制作された。モノタイプと呼ばれる特殊な版画に、パステルを塗り重ねているんだ。モノタイプは、金属板に絵の具やインクを塗りつけ、これをひっかいたり拭いたりして絵を描く技法で、こうして準備ができた金属板に湿らせた紙を重ねてプレス機にかけ、ネガを作る。くっきりした版画は最初の一枚しか得られないので、モノタイプと呼ばれる。『モノ』はギリシャ語で『一回』、『タイプ』は『印』を意味する。そしてドガは、うっすらとしか絵が出ていない二枚目の版画を用いて、そこにパステルを塗り重ねて絵を完成させたんだ」

「まるでパパがお店で品物を修理したり、ディスプレーを手作りするのと同じだね。こだわりがあるのはわかるんだけど、周りはうんざりさせられるんだよね」と、モナは苦笑いした。

「まあ、話を聞いてほしい。ドガは、有名なパスツールの弟子であるアンリ・ロシェという化学者・生物学者をアトリエに呼んで、さまざまな色調のパステルを作ってもらった。チュチュを見ると、色とりどりの線が躍動感と、エトワールにふさわしい輝きを与えている」

「ちょっとモネみたいだね」

「実際、ドガはモネと交流があったし、印象派と結びつけられることもある。ただし、本人はそれを嫌っていたし、アトリエでの制作にこだわり、古今の絵画の膨大なコレクションで彩られた自宅にこもって、デッサンや写真、そして何よりも自分の記憶に基づいて絵を描き続けた。モネは、携帯用イーゼルとカンバス、パレットを持ち出して戸外で風に吹かれながら絵を描いたんだったよね。一方でドガは戸外制作を敵視して、『自然の中で風景画を描く人々を監視すべきだ』と政府に求めたこともあるほどなんだよ。それに、ほかにも言っておくべきことがある」

「何？」

「モネの場合、油絵具を点のように塗ることで、印象派らしい特徴を出していたよね。でもドガは、筆で線を描いている。ドガは、ファンタン＝ラ・トゥールや印象派の画家たちと同様、ドラクロワの華やかな色彩を愛したし、やはり偉大な画家であるドミニク・アングルも敬愛していた。アングルから、線を正確に描けば、優美な体や姿勢が表現できるということを学んだ」

「このバレリーナ、本当に優雅だもんね」

そう言うと、モナは片足を上げてドガの作品に最敬礼し、危うく倒れそうになった。アンリがさっと支えると、そばで見ていた監視員がにっこりして拍手を送った。

「人間の動作には常に意味がある。私たちは日々、数えきれないほどの動作をしているよね。移動のために歩く、食べるためにフォークを口に運ぶ、眠るために横になる。これらの日常的な動作には、それぞれ目的がある。でも、バレエの振り付けは日常の実用性から切り離され、美のためだけにある。ドガはすてきな詩の中で、バレリーナについてこう書いている。『サテンの足は、針のように、快楽の絵を刺繍する』」

「足が刺繍するだって？　ちょっと変だよ」

「そうかな。バレリーナが小刻みにステップを踏むと、まるでミシンの針みたいだって思うけど。でも、やっぱりこの詩には、確かに突飛なところがあるね」

アンリはモナの見方を認めた。モナが、大人が言うことを鵜呑みにするのではなく、自分の頭と心で芸術や文学をとらえようとするのはすばらしいことだ。

「この作品が教えてくれるのは、人生をただ生きるだけではなく、ときには人生を踊り明かそうということ。身振りや動作は、規則を逸脱したっていい。果てしなく繰り返される日常だけが、人生ではないんだよ」

モナは黙って考えた。「人生を踊る」こともできるというのは、奇妙な考えだ。アジ先生の文法の授業を思い出した。「人生」は「踊る」の直接目的語になれるのだろうか？　モナは、自分の足がミシン針のように動くところを想像してみた。

28

ポール・セザンヌ　行け！　闘え！　今だ！

ヴァン・オルスト医師は、モナに告げた。

「これまで二回、催眠療法が成功したので、今回はいよいよ、半年あまり前に目が見えなくなったときまでさかのぼってみましょう」

革張りのひじかけ椅子に座ったモナは、やはり緊張していた。伏目がちになり、口をぎゅっと閉じているモナを見て、医師は優しく言った。

「モナさん、前回、誰かがそばにいて優しく慰めてくれている感覚がしたのを覚えていますか？　もしも嫌な感じがしたら、その人のことを思い出せばいいんですよ」

ヴァン・オルスト医師は、モナの額に三本の指を置いた。モナは夢の世界に沈んだ。

医師の声に体と心をまかせていると、あのときの光景がよみがえった。モントルイユのアパルトマン。台所のテーブル。日曜日の夕食のにおい。算数の宿題。母親の存在。モナははっきりと、自分があの呪われた夜の行動を繰り返しているのを感じる。

怖いけれど、止められない。宿題の邪魔にならないように首にさげていたペンダントを外すと、失明の発作が襲ってきた。宇宙のブラックホールのような得体の知れない闇がテーブルの上に広がる。この悪夢から逃れなければならないと、必死でもがいても、暗闇の渦にさらに引き込まれていく。力ずくであらがう代わりに、渦のリズムに合わせて踊ってみよう。片足だけ渦の上に乗せ、滑るように進み、スケーターのように優雅に回る。モナの心は勝利したらしい。でも、渦の回転に巻き込まれて踊る体はすっかり小さくなっていた。モナは赤ちゃんの時代にさかのぼったのだ。

一歳半のモナを、公園で、花咲く散歩道の向こうから、祖母が呼んでいる。モナは両足で不器用に体を支え、安らぎと好奇心から「あー」と声を出し、一歩ずつ、左右の足を交代で前に出した。「歩く」という初歩的な動作の練習だ。

催眠によって、モナは最初の一歩を追体験した。青空のもと、一歩を踏み出す。コレットは両手を差し出して待っている。首にさがっている貝殻のペンダントをモナは見つめ、それを目標に進んだ。しっかりとした足取りで、一メートル、二メートル、四メートル、六メートル。大好きなおばあちゃんに抱き上げられて、歓声を上げる。

モナは公園で、このとき、人生を生き抜くことを学んだ。最後に、おぼろげな記憶がよみがえってきた。通りかかった人が立ち止まって「コレット・ヴュイユマンさんですね。心から尊敬しています」と話しかけてくる。そしてその姿は消えた。ヴァン・オルスト医師の指が鳴った。

*

アンリはその水曜日、シャツの外側にペンダントをつけていた。ついペンダントを見えるようにさげていたことに、アンリは気づいていない様子だった。モナはオルセー美術館に向かって歩きながら、「おじいちゃんはどうして、おばあちゃんとこの貝殻を選んだの？」と尋ねた。

いつもは悲しそうに首を振るだけなのに、今日の祖父は口を開いた。

「おばあちゃんは闘う人だった。このペンダントはお守りだったんだよ。世の中の暴力や、人生の不運から身を守るためのね」

「闘う人？　どういうこと？」

でも祖父は難しい顔で黙ってしまった。ふたりは今日の絵の前にたどり着いた。その山の絵を見て、アンリはやっと気を取り直したかのように、すっと背筋を伸ばした。


見晴らしのいいテラスから眺めた地中海沿岸の風景だ。手前には松の木がそびえ、その向こうに平野が広がり、そのさらに奥には堂々とした山が見える。山は高曇りの空の下、地面から大きく盛り上がっている。絵の全体が、ダイナミックな筆づかいによる黄土色や緑や青の線で構成されていて、さわやかな透明感がある。起伏に富んだ地形や断崖は暖色のバリエーションで、立体感を感じさせる。影はない。

絵の左側は、手前にテラスの手すりが岬のように突き出していて、そのすぐ向こうに雑木林があり、一本だけ背の高い松が立っている。右側は、手前から雑木林と牧草地に続いて、水道橋の十二のアーチが見える。絵の中央は開けていて、絵筆で黄色や緑の水平の線を描き連ね、ストライプのように牧草地や畑が描かれていて、ところどころに赤い屋根の四角い家が混ざっている。いちばん奥にある山の稜線は絵の左から緩やかに上昇し、頂上は狭い台地のようになっていて、右側は急斜面に続いてなだらかな山脈になっている。

展示パネルにセザンヌの名前を見つけて、モナは思わず、フランス・ギャルの往年のヒット曲を口ずさんだ。セザンヌといえば、父親の店で、古いジュークボックスからいつも流れている「画家セザンヌ」だ。「ここにいるのがその男／麦わら帽子をかぶり／しみだらけのスモックを着て／不精ひげを生やした／セザンヌは絵を描く／手に魔法をかけて」。このフレーズを、モナはしっかりした音程で歌った。

「最後まで歌って」と祖父に言われて、モナは少し音量を上げて歌い続けた。周りにいた見学客も耳を傾ける。

「幸せが存在するとしたら／それはアーティストの試作のようなもの」

アンリは、ポップソングの歌詞を論じはじめた。アンリには、学問からポップカルチャーまで、どんなテーマでも興味深い議論ができるという非凡な才能がある。

「『アーティストの試作』といえば、ふつうは彫刻や版画に使われる言葉だ。ここにあるのは油絵だから、ちょっと違うね。でもセザンヌがこの絵を描いたときに麦わら帽子をかぶっていたことは間違いない。プロヴァンスの太陽が照りつけていただろうから」

「つまり、セザンヌはモネと同じように、外で絵を描いたの？」

「そう。しかも、モネとセザンヌは親しい友人で、お互いに尊敬し合っていた。さらに、セザンヌはモネをはじめとする画家たちとともに一八七四年の展覧会に参加し、批評家ルイ・ルロワによって印象派と呼ばれた。それに、モネとセザンヌには連作を描いたという共通点もあって、モネはサン＝ラザール駅、ルーアン大聖堂、そして睡蓮の連作を描き、セザンヌはプロヴァンス地方のサント・ヴィクトワール山の絵を九十枚近く描いているんだよ」

「セザンヌの絵は、岩や畑を見ると、まるで、輪郭がはっきりした小さなかけらが集まってできているみたいだよね。モネの絵はもっとぼんやりした点でできているみたいだったけど」

「いい表現だね。セザンヌ自身、『印象派を、美術館の作品のように堅固で永続的なものにしたい』と語っている。モネは、色をはかない霧のように配して、見たものを暗示的に描いた。それに対して、セザンヌはこの

《サント・ヴィクトワール山》で、短い線の連なりではあっても、山の様子、平野の畑、木々の枝、手前のテラスなどをはっきりと描いている。モネが、人間の目が知覚するもののはかなさを伝えるために対象をぼんやりと薄めて描いたのに対して、セザンヌは対象を単純化し、安定した幾何学的な絵を目指した。一九〇四年には、セザンヌは後輩の画家エミール・ベルナールに、『自然を円柱、球、円錐によって扱うように』とアドバイスしている」

モナは心の中で、自分が小さい頃に描いた絵を思い出していた。セザンヌが目指したのは、ああいうシンプルな絵だったのかな。ただの円錐形でいいなら、子どもでもモミの木が描ける。セザンヌは本当に、それでいいと思っていたのかな？

「やっぱりアーティストって変だよ。大人になって、たくさん絵を描いて、いろんな考えや技術や理論を学んだのに、結局は子どもみたいな絵を描くなんて」

アンリはこのパラドックスを解き明かそうと、説明を始めた。

「セザンヌは、芸術に子どものような純粋さを求め、それを究極まで追求したんだ。子どもの絵のように、どこにも影を描かない。遠近法で背景にあるものは小さく目立たなくなるということもない。すべてのモチーフに同じ重要性がある。子どもが鳥と車を同じ大きさで描くのは、同じくらい大切で、同じくらい目立たせたいと思うからだ。セザンヌもこれと同じだよ」

それを聞いてモナは大笑いした。

「まさか！　冗談はやめてよ、おじいちゃん」

子どもには大人にはない天才的な資質があることを、当の子ども自身に理解させるのは、簡単なことではない。でも、アンリはあきらめずに、説明を続けた。

「ちょっと聞いて。風景の奥行きを出そうとしていないという点で、やっぱりセザンヌの絵は子どもの絵みたいだ。これは、モチーフが浮かび上がることを目指していた結果なんだよ。セザンヌの静物画を見ると、交差し合う線や物の配置によって、描かれている物が絵の手前にこぼれ落ちそうな感じがする。影をよく見てみよう。ふつう、画家は影をへこみとして、モチーフを和らげるように描く。でもセザンヌ自身がサント・ヴィクトワール山をきちんと描けるようになったのは、影を虹色に輝かせ、それが膨らんで中心から逃げていくように描かなくてはならないと気づいたときだったと語っている。だから、影はへこみではなく、むしろ出っ張りとして描かれているのがわかるね」

ここでモナは、ルーヴル美術館で見たマルグリット・ジェラールの絵の左隅に描かれていた金属の球を思い出した。アンリは続けた。

「この絵では、セザンヌは何も暗闇に隠すことはしていない。松の木を見てごらん。木というよりもほかの何かに似ていないかな?」

モナは、松の葉を表す水平と斜めの線の連なりを見た。

「緑色だけど、まるで炎みたいだね」

アンリはうなずいた。

「セザンヌは故郷の南フランスをこよなく愛した。晩年、サント・ヴィクトワール山は太陽を求めていて、鉱物が燃える炎だと言ったんだよ。セザンヌは一八三九年にエクス゠アン゠プロヴァンスで生まれ、銀行家のお父さんの反対を押し切って、画家になった。お父さんはその後も、『人は天才によって死に、金銭によって食う』と言って息子の選択を嘆いたらしい。セザンヌは長い間、当時の有名な作家エミール・ゾラの友情と励ましを頼りに絵を描き続けたが、残念なことに、ゾラとも少しずつ疎遠になっていった。また、印象派の画家の多くは先見の明のあった画商、ポール・デュラン＝リュエルの支援を受けていたのに、セザンヌは経済的な支援をほとんど得られず、この絵を完成させた当時、つまり一八九〇年頃まで、作品はほとんど売れなかった。それでも、セザンヌは『絵画には、誰が本当の味方かがわかるはずだ』と、果てしない勇気をふりしぼって、ひとりぼっちで絵を描き続けたんだよ。そんなセザンヌが心の友にしていたのが、二世紀前の古典主義の画家、ニコラ・プッサンだ。前に、ルーヴル美術館でプッサンの作品を見たよね。セザンヌは自分の絵について『プッサンが生まれ変わって自然を描いた』ようなものと述べている。一七世紀の巨匠のまねをして同じような絵を描いたという意味ではない。サント・ヴィクトワール山を前にして、当時のプッサンと同じことを心にとどめて絵を描いた」

「ちゃんと覚えてるよ。プッサンは、清らかで気高い精神で、どこまでも平和で落ち着いた絵を描こうとしたんだよね」

「そうだ。構図に安定感があって完璧なバランスが取れている絵を目指した」

「セザンヌは絵を描くとき、いつも平和な心でいられたのかな」

「そうではなかったらしい。常に燃えているかまどのように、内なる炎が絶えることはなかった。合言葉は『感覚』だった。自然に存在するありとあらゆる感覚をとらえ、そこから完璧な絵を引き出そうとした。モナは今、フランス・ギャルの『画家セザンヌ』を歌っていたね。ドイツの詩人ライナー・マリア・リルケはセザンヌの芸術を称賛し、『まるで絵の中のそれぞれの点が、ほかのすべての点を知っているかのようだ』と言った。その言葉をヒントにして絵を見直してみると、風景の中心近くにある二つの赤い屋根が、絵の中のさまざまな色とつながりを持っているように描かれているのがわかる。たとえば、山肌の紫がかった部分や、空のうっすらとした雲を示す小さな曲線、あるいは畑を表す水平の線などだ」

「フランス・ギャルが、セザンヌは『世界を照らす』と歌っているよね。つまり、そういうことなんだ」

「そう。セザンヌは目を見開いて、すべてを見ようとした。集中して見続けたから、目だけがひとり歩きしているようですらあった。宇宙を、そして絵画を見つめようと、限界に達するまで努力を重ねた。途方に暮れて、ひと筆描いてから、次にカンバスに筆を置くまでに二十分もかかることさえあった。作業は何日も続いた。サント・ヴィクトワール山の前で過ごした果てしない時間に、山ではなく自分自身が浸食されたという趣旨の言葉を述べているくらいだ。それでもセザンヌはあきらめず、粘り強く描き続けた」

「セザンヌにとってこの山を描くことは、山登りみたいだったのかな」と、モナは首をかしげながら言った。

「その通り。セザンヌはまるで懸命に登頂を目指すように、山を描いた。そして、挫折や疑念にもかかわらず、登山道を切り拓き、歩み続けた」

「おじいちゃん、絵の教訓は何か、今日は私が言ってもいい？」

モナが突然思いついたように、大声で言った。

「もちろん」

祖父が言うと、モナはまたフランス・ギャルの歌を歌いはじめた。今度は「画家セザンヌ」ではなく、最近父親とデュエットした「闘え（レジスト）」だ。まるでセザンヌの生き方そのもののような歌詞である。

「行け！　闘え！　今だ！　あきらめるな！」

モナはこう歌いながら、両手を広げ、美術館の高い天井を見上げた。髪を乱し、うっとりと、生きている喜びに満たされながら。

29

エドワード・バーン＝ジョーンズ
憂鬱は宝物

アジ先生のクラスでは、毎週一回、子どもが先生役になって好きなテーマの授業をするという発表の時間が設けられていた。モナは自分の発表の日に、ジョルジュ・スーラのポスターをはがして、学校に持っていった。足を組んでスツールに座っている若い女性を、真横から描いている絵だ。

モナは点描画について、絵の具の小さな点の積み重ねで描く絵のことだと説明した。この女性の顔ははかなげで、肌や背景は夢のようなきらめきを放っている。モナは絵の背景を説明し、ターナーがもやのかかったような風景画を描き、マネ、モネ、セザンヌらが、純粋な色彩と暗示を好み、影や明確な輪郭を排除したことに触れた。

モナは、両親にも祖父にも頼らず、自分だけで内容をリサーチした。ルーヴル美術館とオルセー美術館で祖父から学んだことやインターネットから得た情報をもとに、自分の言葉でスーラについて語ることにした。

「スーラは新印象派です。つまり、印象派よりもさらに進んで、本当にちりでできたような絵を描こうとしたのです」

モナは堂々と説明しながら、ふと、自分は何のためにこんな話をしているのだろうと思いはじめた。立派なおじいちゃんの話と比べて、自分の説明はただ空回りしている。自分が教壇で話していると同時に、席で話を聞いているみたいに感じる。

「私、全然ダメだ」。そう思うと、目には涙があふれてきた。

それでも、リハーサルを重ねていたおかげで、説明はすらすらと口から出てきた。

「ジョルジュ・スーラは若くして亡くなり、残された作品は数点だけです。パレットの上で色を混ぜ合わせるのではなくて、色の点をぎっしりと描いて、見る人の目の中で、色が混ざり合うようにしました」

モナは、自分の言っていることが誰にも理解されていないか、誤解されていると確信した。うずくまって泣いてしまいたい。でも、なんとかがんばって話を続けた。

「スーラは、作品を見る人が、点描画の美しさに『内側から洗われる』気分になることを夢見ていました」

この表現を聞いて、ディエゴが笑っている。

「一九世紀の画家たちは、当時まだ白黒だった写真に対抗するために色彩の研究に励んだことも、忘れてはなりません」

やっと終わった。モナは祖父のことを考え続け、祖父の博識と自分との間に乗り越えられないギャップを実感した。「私、全然ダメだ……」

モナが自分の席に戻っても、教室は静まり返ったままだった。そこで、アジ先生は冷静に、拍手を送るように求め、拍手が湧き起こった。みんな、慰めてくれてるだけだよね。モナはそんなふうに思った。本当は誰もが、本物の美術の先生みたいだと、あっけに取られていたのに。

＊

オルセー美術館に行くために祖父と待ち合わせたとき、モナは学校での発表はどうだったかと尋ねられて、何も答えられなかった。祖父は成功を喜んで、誇らしいと思ってくれるだろう。でもモナは、美術を自分の頭と心で理解できるようになったことで、言葉にできない不安にさいなまれていた。

英雄である祖父がいないところで美術を理解し、楽しむなど考えられない。魔法のような子ども時代に別れを告げて、大人になった自分を認めるなんて嫌だ。

モナは世界の最も美しいものに誓って、祖父と連れ立たずに美術館を訪れることは一生ないと、世界に宣言したい気分だった。でも、祖父の手をぎゅっと握り、エドワード・バーン＝ジョーンズの《運命の輪》に向き合うと、モナは絵に心を奪われた。

夢のような色調と、なめらかな筆致で描かれた独自の奇妙さを持つ想像上の光景だ。

ブルーグレーのドレスを着た若い女が横向きで、目を閉じ、頭をボンネットで覆い、裸足で、非常に大きな木の車輪を回している。その縁には、小さなベールを下半身にまとっただけの筋肉質の男がふたりいる。その下には、頭に月桂冠をつけた三人目の男がいて、肩から上だけが絵の構図の中に入っている。

絵の構図はとてもユニークだ。大きな木の車輪が絵の右端の三分の一に描かれている。向かって右のほうを向いている車輪は、大きくクローズアップされているため、上下は絵の枠からはみ出ている。車輪は絵を見る人のほうに向かって転がっていて、フレームから抜け出したら衝突するところだ。円形の構造物の回転によって体を押しつぶすという古典的な拷問の場面らしい。この絵に描かれた男たちは、硬直しているわけではない。背中をそらせてもがいているようで、その動きや手足のしなやかさには官能性が感じられ、表情は半ば眠ったようだ。車輪の中央に位置する男は、黄金の冠をかぶり、笏《しゃく》を持っている。

全体の不思議なプロポーションも注目に値する。左側で三人を拷問するべく車輪を回している女は、遠近法の効果を考慮しても男たちの二倍ほどの背丈があり、鉱物の台座の上に立っていて、女神のように見えた。さらに、車輪そのものが、周囲の風景に比べて巨大だった。背景にごくわずかに垣間見えるのは、金属のような空の下に、古代都市が広がる風景だ。そこには、わずかな草木が生えている。

モナは息を呑んだ。男の人の体がまるで本物みたいに描かれている。肌の色も、筋肉の筋も、ひだやドレープの立体感も、そこにいるみたいだ。モナの視線は、空から地上を見下ろすときのように、絵をなめるように動いた。祖父の声で、モナは現実に引き戻された。

「謎めいた女神が、車輪を使って三人の男たちに拷問を加えている。上から奴隷、王、詩人だ。クローズアップされた女神と車輪の後ろには、遠くに小さく、石造りの古い神殿か要塞が見えている。ネクロポリスかもしれない。すべてがうっすらと灰色がかっていて、そのせいで光景に生々しさはなく、混乱した夢のような謎めいた世界が広がる」

「じゃあ、結局、絵は謎のままってことだね。残念」

モナはがっかりして肩を落とした。

「そんなことはないよ。エドワード・バーン＝ジョーンズは一八三三年生まれで、独学で画家になった。ラファエル前派と呼ばれるイギリスの画家たちのひとりだ。ちょっと難しい言葉だけど、ラファエル前派というのは、ラファエロよりも前の時代の理想を取り戻したいと望んだ画家たちのグループのことだ」

「ラファエロといえば、若い聖母マリアと赤ちゃんのキリストを描いた画家だったよね」

「そう。近代を先取りした画家でもあった」

「近代」という言葉は、モネの《サン＝ラザール駅》のときも登場したのを、モナは思い出した。

「ラファエロは一六世紀の画家だけれど、すでに自然についての知識と科学技術を重視していた。後世になるとラファエロを崇拝する画家たちがいた一方で、ラファエル前派兄弟団を結成したイギリスの画家たちは、ラファエロが中世の芸術にあった精神性を消してしまい、芸術を堕落させたと批判した」

「なるほど」

「バーン＝ジョーンズが生きていたのは、産業革命が進行していたイギリスのヴィクトリア朝時代だ。大英帝国が大きな経済成長を遂げた時代であり、知識と合理的な思考に基づく進歩が称えられた時代だった。でも産業革命には弊害もあり、科学や機械を重んじ、文学や芸術の精神性が軽んじられるようになった。バーン＝ジョーンズらイギリスのラファエル前派の画家や、ヨーロッパ全体に広がった象徴主義の画家たちは、それを受け入れなかった」

モナは「ラファエルゼンパ」「ショウチョウシュギ」とつぶやいた。アンリはうなずいた。

「象徴派を代表するフランスの画家ギュスターヴ・モローとオディロン・ルドン、それに、ベルギーのジェームズ・アンソールとフェルナン・クノップフ、ドイツのマックス・クリンガーらは、この時代、精神性を追求し、謎めいた神秘的な絵を描いた」

アンリは説明しながら、ヴェルヴェット・アンダーグラウンドの曲「毛皮のヴィーナス」の激しいヴィオラの音色を思い出した。人間の知性の堕落を歌う過激なこの曲を、かつてコレットと繰り返し聴いたものだった。アンリは話を進めた。

「モナと一緒にこれまで見た絵を振り返ると、モネは変化する都市を描き、ドガは近代的な舞台芸術を描き、セザンヌは風景を描いていた。つまり、外側を向いた作品ばかりだったよね。これに対して、バーン＝ジョーンズは内なる感情を、寓意を用いて描いている。回転し続ける運命の車輪は、運命は気まぐれだという古くからの考えを表しているんだ。たとえ権力を持つ王や才能ある詩人でも、幸福や才能は時の流れに左右される。なぜなら万物は流転するからだ」

モナは、オルセー美術館の収蔵庫で聞いた表現を思い出して叫んだ。

「パンタレイ！」

アンリはモナの記憶力に驚いたが、そのまま話を続けた。

「モネは、とどまることのない時間の流れ、自然や社会が変わりゆくさまを、暗示的に表現した。バーン＝ジョーンズはもっと直接的な表現で、個人の運命の流れや人生の曲がり道を示そうとした」

モナはこの説明にあまり納得していないようだったが、おとなしくうなずいた。

「ここで、モナが好きななぞなぞをしよう。ラファエル前派は、ルネサンスに疑念を抱き、ルネサンス以前の時代の理想を取り戻そうとした。それなのに……」

アンリがそこまで言うと、モナは「それなのに」と言葉を継いだ。そしてまるで予言のように重々しく言った。「車輪の上の体は、ルーヴル美術館で見た、死んでいく奴隷に似ているよ。ミケランジェロの彫刻だったよね」

「その通り」

アンリは、モナの眼力と記憶力に改めて驚き、そして続けた。

「この三人の男たちは、ミケランジェロからインスピレーションを得て、苦しみと優美さのイメージの両方を伝えている。まるで銀色の光が体をなでているかのように描かれているよね。運命の気まぐれというテーマは衝撃的だけれど、バーン＝ジョーンズは、それを心地よく、魅力的な絵にしているんだ」

「でも、どうして？」

「この絵は、憂鬱という感情を呼び起こす。子どもには無縁で、年齢を重ねるにつれてより鋭くなる感情だ。産業革命の時代は、実用性や効率が重んじられ、物質主義が称えられたのに、この絵が描いているのは正反対の価値観だ」

「ミケランジェロを見に行ったとき、おじいちゃんはやっぱり憂鬱っていう言葉を使ったよね」

「よく覚えているね。憂鬱とは、これという理由がなく湧き起こってくる悲しみで、慰めるのが難しい。漠然としているからこそ悲しみと苦しみが激しく心に迫る状態であり、何事にも意味が見出せないし、未来はただ消えゆくだけだと感じてしまうんだ。車輪を見てごらん。この車輪は、絵から、つまり世界から人間をひとりずつ放り出すような形で組み立てられている。憂鬱とは、これ以外は何も起こらないということだ」

モナはまゆをひそめた。繊細な感受性を持つモナは、悲しみと苦しみが魅力的になりうるという考えに、興味を持ってくれたようだと、アンリは思った。

「憂鬱はただ訪れる。太陽の光が喜びをもたらし、月の光が憂鬱をもたらす。この絵ではすべてが銀色の光に包まれている。勇敢でまっすぐな顔が強さを示し、少しうつむいた顔は憂鬱を示す。でも、ここでは女神が地面に目を伏せている。緑の庭や新しい建物が生命を表現するのに対して、灰色に風化した古い石の建築物は憂鬱を表現する。夜の闇、うつむいた人物の横顔、鉱物的な装飾は、言いようのないくらい美しく、そして悲しい。この悲しみの香りは、存在の神秘を感じさせる。モナ、聞いて。人生を楽しむのはいいけれど、表面的な喜びはやがて風化してしまう。その反対に、憂鬱のおかげで、自分自身について、世界の意味について問い直し、人生の深みをのぞき込めるようになるんだ。芸術家はそれを知っていて憂鬱を追求した。この絵が言いたいのは、憂鬱を大切に慈しもうということだ」

「だからこの女神も美しいのかな」

「当時の詩人たちは、女性は宿命的だという通念を持っていた。運命の女神はモナが言うように、よくも悪くも美しい。バーン＝ジョーンズにとっては、最悪の不幸が最良の幸福にも見えたんだ」

バーン＝ジョーンズと仲間の画家たちは、言葉のあやを楽しみ、マゾヒストとしか言いようのない屈折した快楽を味わっていた。そうだった！　アンリは思い出した。このマゾヒストという言葉は、ラファエル前派と同時代の造語だった。考案したのはレオポルト・ザッヘル＝マゾッホという作家で、一八七〇年に『毛皮を着たヴィーナス』という小説を書いた。そして、この小説がインスピレーションとなって、ヴェルヴェット・アンダーグラウンドは、「毛皮のヴィーナス」を発表したのだった。

いつか、モナと一緒に、ティーンエイジャーの頃の自分に戻ってこの曲を聴いてみよう。

30

フィンセント・ファン・ゴッホ めまいを見つめる

モナがコレットについての古い新聞記事を見つけてから、三週間が経った。記事の内容は難しすぎて理解できないところもあったが、これ以上知りたくないと思った。祖母について、嫌な面を知ってしまったような気がした。この印象を記憶から消したい。でも、もう忘れようとしても無理だ。

催眠中に祖母が登場したのも、モナにとっては強烈な体験だった。魂の波動が、モナの中で渦巻いた。店で父親が接客している間、奥の部屋にひとりでいると、また地下室に降りて別の封筒の中を見てみたいという誘惑に駆られた。正直に言うと、父親の目を盗むというスリルもある。でも、これ以上、何かを見つけて祖母について嫌な思いをすることになったら、どうしよう。

同時に、祖母についてもっと知りたいのにかなわないという悲しみは、膨らむ一方だった。ある日曜日の夕方、店の奥の部屋で、積み重ねられた段ボールの間に座って宿題をしていると、ふと、さらにつらい考えが浮かんだ。

おばあちゃんの声も、まなざしも、笑い声も、ちょっとした仕草も、私は知らない。

涙が込み上げてきた。モナは自分に「ダメダメ、泣いたら怒られるよ」と言い聞かせた。誰にも打ち明けられない悲しみとモナは闘っていた。薄紫色のシャツのそでで何度ふいても、涙は止まらなかった。

モナはとうとう立ち上がった。やっぱり、店のすみずみまで探して、おばあちゃんについての手がかりを見つけるしかない。地下室のシャッターの前まで来て、下から開けようとしてしゃがんだ。そして、そのまま立ち上がれなくなった。新たな記憶がよみがえってきたのだ。

モナは三歳だった。おばあちゃんのひざの上で、さまざまな箱を一緒に見ている。小さな宝箱がある。モナは自分でふたを開け、中身を取り出してみた。なんておもしろいんだろう。色褪せた写真、宝石やジュエリーなど、いろんな物が出てくる。モナは聖母子像が彫られた金のメダルを取り出した。裏面にはコレットという名前が刻まれていた。

おばあちゃんは、「そんなメダルは、もう私にとっては何の意味もなくなってしまった」と言った。そして、首にかけた貝殻のペンダントを見せた。「本当の宝物はこっちなの。いつかはモナのものになる」

モナは自分の肩に、祖母の手の重さを感じた。限りない優しさと愛を感じる。まぶたを閉じたまま、モナは涙を流し続けた。祖母の幻から離れることができなかった。シャッターの前にしゃがみ込んで、愛する人が現実にはそこにいないという悲しみに包まれていた。目を開けたとき、モナの肩には祖母の手はなく、かわりに父親の長い腕がモナをしっかりと抱きしめていた。父親がささやいた。

「涙をふいて。パパがここにいるから」

＊

オルセー美術館に行く道すがらも、モナは憂鬱を引きずっていた。祖母のことで頭がいっぱいだけれど、祖父に話す勇気はない。そこで、こんなふうに聞いてみた。

「永遠に失われたものを見つけることはできると思う？」

アンリは言葉を失った。モナはやはり、失明する事態を恐れているに違いない。そう思いながら、無理やりほほえんでみせた。そして、モナを安心させるために、「フィリップ・ド・シャンパーニュの絵を思い出して」と言った。

そうだった。奇跡を信じなくてはならない。モナは思った。でも、ルーヴル美術館で聞いた修道女の祈りについての話は、あのときはあんなに感動したのに、今のモナの心には響かなかった。おじいちゃんが今この場で、奇跡は本当に起こるって証明してくれたらいいのに。

もちろん、奇跡は思い通りに起こせるものではないことを、モナは知っていた。おじいちゃんを困らせたりはしたくない。ただ、十歳の心は、無邪気であるがゆえに、欲しいものをあきらめきれないというだけだ。

「おじいちゃん、奇跡を起こしてみてよ」

アンリはほほえみ、ため息をついた。

「わかった。今日だけは特別だ。毎週水曜日に奇跡をひとつっていうわけにはいかないからね」

モナは目を見開いた。おじいちゃんの奇跡ってなんだろう?

ふたりはオルセー美術館に入るための列に並んでいたのだが、アンリは三十メートルほど先を指差した。モナはすぐに気づいた。あの日、ここで自分たちを撮影した若いふたりがそこにいた。モナは思わず叫び声をあげ、祖父の手を離してふたりに駆け寄り、「写真はとってありますよね」と詰め寄った。

「もちろん、とってありますよ。また会えてよかった」

モナとアンリはあたりを見渡した。強い太陽が照らしている。モナは自分のアドレスを伝え、写真を送ってもらった。

「おじいちゃん、これってまるで夢みたいだよ」

モナは何度もそう言って、うれしさのあまり跳び上がった。
「じゃあ、今日は夢で見たような風景を描いた画家について話そうか」
アンリはつぶやいた。

春らしい草地に立つ教会が描かれている縦長の絵だ。草地は逆三角形で、ほぼ左右対称に分かれた二本の道が教会を取り囲むように延びていて、教会の向こうではまた一本に収束しているようだ。筆の跡がはっきりわかるように描かれていて、道は黄色と茶色で、晴れた日の暖かな色調だ。少し斜めから見た教会はずんぐりした形で、正面ではなく後ろから描かれている。絵の左から順に、礼拝堂の外壁、切妻壁に支えられた後陣、そして小後陣があり、大きな窓三枚と小さな窓二枚が並んでいる。その奥には、切妻屋根の鐘楼がそびえる。教会はゴシックとロマネスクが融合した建築だ。

濃淡の青色で構成された空に雲はないが、丸く曲線を描く筆づかいのおかげで、空気の塊が激しく動いているように見える。雨空かもしれないのだが、おそらく夜の帳《とばり》が下りつつあるのだろう。絵の右上と左上の角は暗い。背景の空気の動きに合わせて、屋根、角柱、コーニスという建築の要素は、酔った人の視線でとらえたかのように、わずかに揺らいでいる。教会の向こうには、地平線上に木立と、オレンジ色の屋根の建物が見えていて、村があるらしいことがわかる。そして、左側の小道には、ワンピースに帽子をかぶった農民女性の後ろ姿が、絵のほかの部分と同様、大胆な筆づかいで描かれている。

モナはその絵に魅了されて、三十分も見入っていた。やっと口を開くと、こう言った。
「パパが飲みすぎたときって、きっと世界がこんなふうに見えてるんだよ」

モナは手をひらひらさせて、教会のアンバランスさ、浮遊感を身振りで示した。

「モナのパパは、モナを愛しているし、すばらしい人だ。そして繊細な感性の持ち主だから、それをさらに研ぎ澄ますために酔いたいときもあるんだろう。ゴッホも、アブサンをよく飲んだ。緑の妖精の異名を持つアブサンは、現在では禁止されている強い酒だが、当時はワインよりも安かった。ゴッホの天才と情熱はアブサンに刺激された。そしてモナの言う通り、この絵では輪郭が微妙に曲がり、揺らいでいるし、灰色の教会の屋根はオレンジ色で塗られている」

「ゴッホは病気だったの？」

「心に問題を抱えていた。この絵では、左右対称に分かれた道は、脳の分裂を象徴していると解釈することもできる。つまり、どこか自分を失ってしまっていたんだ」

「ゴッホは意地悪だったっていうこと？」

「むしろその逆だよ。心の病気と意地の悪さの間には、何の関係もない。ゴッホは確かに攻撃的になることがあったが、今の言葉で言えば、むしろ共感力が強かったんだ。感受性が非常に鋭く、他人が感じていることを自分も感じてしまう。出会う人すべてに共感し、同じようになりたいと思い、大きな愛情を抱いた。絵の左側に小さく描かれた農家の女性の後ろ姿にも、彼の魂が注ぎ込まれている。ゴッホはこのことについて、一八八八年に弟のテオに宛てた手紙の中で感動的な言葉を残している。『人を愛することほど真に芸術的なことはない』」

「おじいちゃん、すてきだね！　それが今日の絵から学ぶべきことだって言って！　お願い」

「ちょっと待って。ゴッホが抱いた愛は、絵の中でどんなふうに表現されているか、わかるかな？」

二本の道に囲まれた草むらがハート形に見える。それは楽しい発見だったけれど本物の意味での象徴とはいえない。モナは十分に美術鑑賞の経験を積んできたので、そのことがちゃんとわかった。

「教会、かな?」

カミーユは、キリスト教の話題が出るたびに、軽蔑したように笑う。ポールもつられて笑うだけだ。でもアンリはキリスト教の信仰に敬意を持っているということを、モナは知っていた。

「そう、ゴッホにとって、この教会こそが愛の象徴なんだ。ゴッホはオランダ人で、カトリックではなくプロテスタントだったけれど、熱心な信者だった。若い頃は牧師志望で、常にふつうの人たちの間で暮らしたいと考えていた。その謙虚さは、教会の描き方にも表れている。豪華な入り口がある正面ではなく、わざわざ後陣を描いている。つまり、顔じゃなくて、裏側ってわけだ」

モナが思わず笑い声を立てると、そばで絵を見ていた人が不平を言った。声がしたほうを見ると、一九世紀のファッションを大げさにまねして、スカーフをえり元に結んだインテリ気取りらしい青年がいた。モナは口先だけで謝ったが、本気でないという印に、背中に片手を回して内緒で指を組んだ。モナは祖父にちょっとかがんでほしいと頼み、耳に口を近づけて、思ったことをささやいた。

なぜ突然笑いたくなったか? それは、ゴッホがこの一二世紀の歴史建築の後ろ姿を、まるで「動物の顔ではなくおしりを描くように」描いたと思ったからだ。

「教会のおしりってこんななんだね」

この子はなんて想像力が豊かなんだ。しかもこの発言は的外れではない。ゴッホがいたずらっぽい遊び心の持ち主だという認識はなかなかいい。結局のところ、ときに精神が見せてくれる異常な風景は、自分だけの祝祭のようなのかもしれない。それでも、ゴッホは絵に重厚さを加えている。

「この絵はとても色鮮やかでカラフルだけれど、ゴッホがいつもこのような色合いで絵を描いていたわけではない。ゴッホは若い頃、炭鉱地帯をよく訪れていたし、初期の絵はどれも石炭のような色だ。ゴッホの絵が色とりどりになったきっかけは、アントワープでルーベンスに出会い、パリで印象派に出会い、そしてポール・ゴーギャンに出会ったことだった。一八九〇年、オーヴェル＝シュル＝オワーズでこの絵を完成させたとき、ゴッホは光の探求の絶頂にいた」

「ゴッホは幸せだったっていうこと？」

「そういうわけではない」

アンリは一瞬ためらった。

「もちろん、モナの言う通り、ゴッホは絵を描くことに並々ならぬ喜びを感じていた。筆を持つだけで天にも昇るような心地になったんだよ。でも、絵の華やかさとは裏腹に、人生は悲しいことが多かった。パリに住むようになってから、希望と失望が交互に訪れた。仲間意識が強かったから、ポール・ゴーギャンと芸術家のコロニーを作ろうと思って、ふたりで南仏のアルルに滞在した。ところがゴーギャンはゴッホとの共同生活に耐えられなくなり、パリに戻ると宣言した。悩んだゴッホはカミソリで自分の耳の一部を切り落とした。ゴッホは精神病院に収容された。数カ月後に退院したが、病状は深刻だった。最終的にオーヴェル＝シュル＝オワーズという小さな町に来たのは、教会からほんの数メートルのところにガシェという医者が住んでいたからだ」

「もしも私がそのお医者さんだったとしたら、特にゴッホの絵は青がすばらしいとほめたと思うな」

「ゴッホは青が大好きで、この教会の澄んだコバルトブルーのステンドグラスに映し出される深い青色によって、青空を表現した。建物の壁は輝く紫の石でできているけれど、絵の下のほうはまったく違っている……」

「空は、暗くなっているみたい。特に左上と右上の隅が暗い。教会は少し明るいけれど、でもやっぱり暗い部分も混ざっている。それに対して、草地を通る道は明るくて、春だとわかる。昼と夜が混ざってるんだよね」

「そうだね。対抗する二つの自然の力が、ゴッホの絵の正確さによって、同時に保たれている」

「この絵はどこか液体みたい」

モナは重々しく言った。

「だって、セザンヌの話をしたときのことを覚えている？　堅固という言葉を使っていたよね。これはまったく違う。まるで崩れてしまいそう」

「そうだね。絵のタッチが破壊的だから」

アンリが言った。

「この絵は、二本に分かれた小道のように引き裂かれていて、不安定だ。ここで思い出したいのが、ゴッホと驚くほど似た道筋をたどった詩人、アルチュール・ランボーだ。ゴッホは一八五三年生まれで一八九〇年に死んだが、ランボーは生まれたのも死んだのもちょうど一年後。一八五四年生まれで一八九一年に死んだ。ふたりとも短い生涯だったが伝説的な作品を遺し、表現へのこだわりを持った芸術家であり、時代に認められなかった。ゴッホが生涯に売った絵はたったの一点だけ。また、ランボーはヴェルレーヌと、ゴッホはゴーギャンと、芸術的に豊かであると同時に破滅的な関係を持った。特にゴッホは、この絵を完成させてから二カ月も経たないうちに、ピストル自殺で生涯を終えた。ランボーとゴッホが会うことはなかったが、ランボーは最も有名な作品『地獄の季節』の中で、この絵の教訓を言い当てている」

「ランボーの詩は何て書いてあるの？」

「『私はめまいを見つめていた』とランボーは書いた」

「そうなんだ」

モナは、これまでにない大人びた表情で、ため息をつきながら言った。

「この絵は、まるで、永遠に続くめまいのようだね」

ふたりは、頭がくらくらするように感じながら、絵を後にした。モナは美術館の廊下で、再びあのスカーフの若者と目が合った。もったいぶった顔をして、モナに向かって軽蔑したような笑いを浮かべた。

モナは思い切り舌を出した。あなたには、ゴッホの気持ちも、私の気持ちも、わからないんでしょう。

31

カミーユ・クローデル
愛とは欲望であり、欲望とは欠如である

ヴァン・オルスト医師が三本の指を額に当てると、モナは今日もまた前回と同じように、食卓で失明の発作に襲われたときの記憶の渦に引き込まれていった。まるで溺れている人のように、もがいてもどうにもならない。無意識の奇妙な渦の中では、突然暗闇に包み込まれるという恐ろしい体験に、遠い昔の万華鏡のような記憶が入り混じっていた。

一時的に目が見えなくなったことで、現実世界とは根本的に異なる法則が支配する時間のトンネルへの道が開かれたらしい。求心力と遠心力が謎めいた深淵に向かって伸びていき、そこにほのかな光が震えながら差し込む。

モナはくらくらしながら、地中から噴出したマグマのような記憶の中にいた。ドアのすき間から、おばあちゃんとママが見える。おばあちゃんは、ママに向かってきっぱり「ノン」と言う。ママは怒った様子で悔しそうに涙を流し、こぶしを握りしめている。

ぼんやりと大きなテーブルが見えてくる。「コレットに乾杯」とグラスをぶつけ合う音が聞こえた。それに、エコーのように、おばあちゃんの声がかぶさる。「何があっても、このお守りがモナを守ってくれる」とその声は言った。この言葉に伴う映像はない。ただ声だけが、肌で感じる感覚とともに聞こえてきた。そして、貝殻をテグスに通したペンダントが首にかけられる感覚があった。先のとがった巻き貝の硬い貝殻だ。

記憶の渦は加速した。モナの脳はその船長であり乗客でもあったのだが、もはやスピードについて行けなくなった。

ヴァン・オルスト医師の合図を待たずに、モナは突然目を覚まし、けいれんして胃の中のものを吐いた。モナは恥ずかしくてたまらない。ヴァン・オルスト医師にとっても初めての事態だったので、モナに同情するとともに、珍しい症例として興味をそそられずにはいられなかった。

カミーユは診察室に入ってきて娘の状態を見ると、医師に対する怒りを爆発させた。医師は「申し訳ありません」とだけ言った。モナは「大丈夫」と言った。母親に何を見たかは黙っていようと決めていた。

カミーユは地下鉄の中で、大したことではなかったと思い直すよう努めた。

「あの医者、五分五分ですとか言ってたけれど、モナなら一〇〇パーセント大丈夫だよ！」

モナは目を見張った。ママはやっと、「五分五分」という言葉を私の前で言った。一〇〇パーセントとか言われても、やっぱり不安でたまらない。今年の初め、ママとお医者さんが話していたのをよく覚えている。

「一生目が見えなくなる確率っていう意味だよね？」

モナに聞かれて、カミーユは目を見開いて、それからにやりと笑った。

「違う違う！　催眠にかかるかどうかは五分五分だって言ってたんだよ」

そうだったのか！　モナは自分が誤解していたことがわかってほっとした。それでも吐き気は治まらない。

モントルイユのアパルトマンに帰ると、背の高い祖父に肩車をしてもらったときに感じためまいを思い出して、不快感を忘れようとした。オルセー美術館の前庭で肩車してもらって写した写真は、プリントして、スーラのポスターのすぐ脇に貼ってあった。

＊

オルセー美術館で、パリ美術学校の学生らしい十数人の若者が彫刻を囲んでいた。大きな大理石の塊の上に、ボンネットをかぶった女性の頭が突き出ている。オーギュスト・ロダンの《ラ・パンセ》だ。学生たちは、その彫刻をスケッチブックにデッサンしていた。形のない素材から像が出現しつつあるような彫刻だ。素材の中に閉じ込められている女性が、頭だけをなんとか突き出したように見える。

黙々と描いている学生たちを見ていたモナは、そのうちひとりの学生がくすくす笑っているのに気づいた。あのおねえさん、何を笑ってるんだろう？　デッサンをこっそり見てみよう。

モナがさりげなく近づいて見ると、ロダンが彫った頭部を中心に作品を完璧に再現しているのだが、その上に、セリフの吹き出しを書き加えずにはいられなかったらしい。「私、外に出たいんです」とある。

モナの視線に気づいて、学生はにっこりすると、名前を尋ね、「モナさんへ」という献辞を書き添え、デッサンをくれた。アンリはモナに「よかったね」と言いながら、今日はカミーユ・クローデルに賛辞を贈ろうと思い立った。大理石から突き出ている頭のモデルだが、それだけにはとうていとどまらない優れた芸術家だった。ふたりは、迫力のあるブロンズ彫刻の前に来た。

三人の人物を表現した彫刻だ。右側では裸の若い女がひざをついて、自分を捨てようとする老いた男に哀れみを訴えている。男は三人の中央にいて、陰部の覆い以外は裸で、懇願する女から背を向け、きっぱりと決断したという様子で立ち去ろうとしている。男のこわばった体は嵐で傾いた木のように斜めになっている。その左側では、老女が堕天使のように男を背中から抱きかかえていて、若い女を捨てるように、そそのかしているかのようだ。

男は筋肉質ではなく、胴体の皮膚はしわが寄っているし、顔はやつれていて歯を食いしばっているが、しなやかな脚線と動きを感じさせる姿勢のおかげで、力強さが感じられる。男は大きな手を後ろに伸ばし、若い女を追い払っている。男の後ろにいる老女は、髪はぼろ布のようで、頬がひどくこけている。老女の背中にはグロテスクなマントか翼らしきものがついている。老女は男が立ち去ろうとしているところを、腕に手をかけて後押ししているようだ。男の肩の上に見えている老女の顔は、男の額すれすれのところにあり、「後ろを振り向くな」とささやいているようだ。

老女と男は低い岩の上にいて、若い女は前かがみの姿勢で低い場所からふたりを見上げ、怒りと絶望、屈辱の入り混じったような表情をしている。髪の毛を地味なシニヨンに整えた頭が、男の太ももと同じくらいの高さにある。男の指先と若い女の指先は、わずか数センチしか離れていない。ふたりは非常に近いところにいるのに、無限に隔てられている。


男の人は不思議な顔をしていると、モナは思った。たくさんの深いしわが刻まれている。まるで傷のようなのだが、祖父の頬骨から右のまゆにかけてついている傷痕とは違う。時の流れによって、内側から刻まれた傷みたいなしわだ。

すがる若い女性から遠ざかろうとしている老人と、その背後にいる老女をモナは指差して、

「このおじいさんとおばあさん、なんだか怖いね」と言った。

「老いと死の象徴だからね。つまり……」

「寓話！」

「よくわかったね。そう、これは人生最大の悲劇の寓話なんだ。骨と皮でできているおばあさんは、おじいさんを人生の終わりに向かわせるあらがえない運命を表している」

「おじいちゃん、人は何歳から老人になるの?」

「答えは人それぞれだよ、モナ。おじいちゃんは客観的には老人だけど、自分ではそんなふうには感じない。少なくとも、モナと一緒にいるときはね。でも、モナの疑問についてもう少し考えるために、この作品の謎解きをしてみよう。ここでは、人が老いることを、衰えとして描いている。カミーユ・クローデルは、親指の先であちこちに筋をつけることによって、その悲劇を明らかにする。おばあさんの顔は、目が深くくぼんでいて、まるで目玉が引きちぎられたあとみたいに見えるよね。老いれば、確実に肉体は衰える。でも、この彫刻が注目させるのは、自分が老年に入ったという主観的な認識だ。人が自分自身で若さを捨て、若さに背を向けようと決心したときが、人が老いるときなんだ」

《オルナンの埋葬》を見ながらおじいちゃんが語ってくれた内容とも、私とおじいちゃんの関係にも通じる。モナはそう思った。おじいちゃんは、自分の中にある永遠の若さを、私に託そうとしている。そのことはうれしいし誇りに思うのだけれど、この作品を見ていると混乱する。

「この作品は、実はカミーユ・クローデルとオーギュスト・ロダンというふたりのアーティストがたどった運命を暗示している。ふたりは深く愛し合っていたが、数々の障害によって愛を阻まれた。彫刻家のロダンは当時、パリで最も権威のあるアトリエを率いていて、カミーユの先生であり、愛人だった。ロダンには、ローズという長年のパートナーがいて、カミーユよりもずっと年上のローズは、当然のことながら、自分の男を取られるのを拒んだ。カミーユはこの状況に非常に苦しむことになる。最終的に、ロダンはカミーユに、ローズとは一生別れないと告げた。そして彼は亡くなる数カ月前にローズと結婚した。そのショックから生まれたのが、《分別盛り》なんだ」

「ロダンがローズに引きずられて去っていくので、ひざまずいて泣いているのがカミーユだってこと？」

「そうだよ、モナ。ただし、カミーユ・クローデルはただ自分のためにこの彫刻を制作したわけではない。フランス国家から公式の注文を受けた特別な作品だったんだ。その機会に、自分自身の人生にインスピレーションを得てこの彫刻を作り上げた。ロダンによって自分の身に降りかかった不幸を表現すると同時に、芸術家として認められることを望んだというわけだ」

「でもちょっと変だよ。だって、ロダンが先生だったのなら、自分の先生のことはよく見せるのがふつうだよね」

「そうだね。でも、この作品のようなブロンズ彫刻を作るには大変な手間と時間がかかる。大理石の彫刻とは違って、素材を直接彫っていくわけではない。まず石膏で像を作り、そこから型を取ってブロンズで鋳造するから、費用も莫大になる。ロダンは、自分の不利になるような悲劇の場面を表現した作品をカミーユが制作していると知ると、フランス国家が注文を取り消すように工作した。こうしてロダンはスキャンダルを防いだわけだ」

「ローズも、自分がどんな姿で彫刻に登場しているかを見たら、さぞかし怒っただろうね」

「そうだね。カミーユにとっては、ロダンの弟子としてではなく、独立した芸術家として認められるチャンスだったのに、ロダンは直前でそれを阻んだというわけだ」

「でもおじいちゃん、私たちの目の前に、作品はちゃんと存在しているよ！」

モナの率直さに、アンリはフリードリヒ・エンゲルスの有名な言葉を思い浮かべた。「プディングの証明は食べることにある」。《分別盛り》のたどった運命を説明しなくてはならない。

「フランス政府は、あっさりカミーユへの注文を取り下げた。けれど、ティシエという名の将校が、制作途中だった作品を見て心を奪われ、ブロンズで彫刻を作ってほしいと個人的に注文した。これにより、等身大の半分ほどという立派なサイズで作品を完成させることができたんだ。美術の傑作の誕生は、小さな奇跡のようなめぐりあわせに左右されることもあるんだね」

モナは、この彫刻の恩人である将校ティシエを思い浮かべ、親しみを込めて、こめかみに手を当てた軍隊風の敬礼をした。

カミーユ・クローデルがたどった悲惨な運命を、アンリはそれ以上語らなかった。精神的に不安定になり、生前に手にするはずだった栄光を逃し、ヴォークリューズの精神病院に収容された。そこで、寒さと飢えに苦しみ、ほかの入院患者の悲鳴を聞きながら過ごすことになる。

一九三〇年代、ロダンが死んだとわかっていても、ロダンが自分を迫害し続ける命令を出したという妄想を抱いた。詩人であり大使だった弟のポールにも看取られることなく一九四三年の秋に亡くなり、集団墓地に埋葬された。

地面にひざまずき、むなしく愛の祈りを叫ぶ若い女性の姿に、悲惨な運命が崇高に刻まれている。モナは、その手から目が離せなくなった。

「指を曲げて何かをつかもうとしているところだね」

「モナ、いいところに注目しているね。芸術家は、手の表現に細心の注意を払うんだよ。どうしてかわかるかな?」

「簡単だよ！　芸術家は手で作品を作るからだよね」

「正解。手は仕事をするための道具であり、その道具から感動的な表現が生まれる。手はまた、雄弁に物語る力がある。彫刻をもう一度見てごらん。全体を横切る斜めのラインの真ん中に、三つの手がある。若い女性は両手を開いて差し出していて、見捨てられたことに気づくのは、男の静脈の浮き出た筋張った手首と、指を伸ばしたままの手が、ためらうことなく遠ざかっているからだ。これらの手は、別れ、拒絶、そして破滅を意味する」

「あのね、おじいちゃん、まるでいちばん大切なものは、ふたりの手と手の間の空間にあるみたいだね」

「まさにそうだ。どんなに大きな作品でも、彫刻は素材の部分と空洞の部分でできている。そして、カミーユ・クローデルの《分別盛り》には、重厚なブロンズ彫刻であっても、主な部分は空隙だというパラドックスがある」

「ふうん」

モナはいぶかしげにうなずいた。

「空隙というのは、ブロンズがない部分のことだよ」

「もう一度説明してくれる？」

「モナ、愛ほど美しいものはないんだ。人に惹きつけられ、誰かを想う気持ちほど強いものはない。その気持ちが報われたとき、人は絶対的な幸福を感じる。でも、クローデルの彫刻が教えてくれているのは、何が起ころうとも、愛が完全に満たされることはないという偉大な教訓だ。たとえ、この世に人間が生きている短い期間に愛し合えたとしても、時間と死は、やがて恋人たちを引き離す」

「でも、それじゃあ悲しすぎるよ」

「そう、もちろん悲しいことだ。最悪の悲劇とさえ言える。でも、満たされないという事実こそが、欲望を支えているということを、モナにも知っておいてほしいな。そのおかげで、私たちは生き、感情を持ち、行動する。この彫刻が愛の悲劇的な側面を示していることは確かだけれど、人物の姿勢や構図を見て、モナも感動を覚えたんじゃないかな」

「つまり……当たり前だけど、ここには、行動があるよね」

「そうだ。人物は力強いエネルギーに動かされている。動きのある構図に表されているのは、その場に沈み込むのではなく、前に進もうとする力だ。ギリシャ語のエロス対タナトス、つまり愛と死の対立そのものではないが、エロスが欲求不満によって爆発している。《分別盛り》は、プラトンの教えを表している。プラトンは古代ギリシャの偉大な哲学者で、『愛とは欲望であり、欲望とは欠如である』と言ったんだ」

モナは肩をすくめた。今回ばかりは、おじいちゃんの結論がまったく理解できない。「ああ、本当に大人の話なんだ」とモナは思った。

モナはモントルイユのアパルトマンに帰ると、学生がくれたデッサンを、祖父に肩車してもらって両手を広げている写真の隣に貼った。そして眠りにつきながら、祖父が語った教訓を復習しようとしたけれど、十歳のモナには、あまりにも抽象的すぎた。

モナはその晩、ギヨームの夢を見た。

32

グスタフ・クリムト
死の原動力を活かそう

食堂を出て、モナは校庭の遊具に座った。猫の背中に乗って揺らせるようになっている小さい子向けの遊具で、モナはもう大きくなったので以前のように揺らして遊ぶことはできない。ただ椅子代わりに座って、校庭を眺めていた。夏の解放感に包まれた子どもたちが、歓声を上げながら遊んでいる光景を、モナは幸せな気持ちで眺めていた。とりわけ元気よく走り回っている友だちには、いたずらっぽく「その調子！」などと声をかけた。子どもたちはさらに大声で叫び、走り回った。

太陽の強い光を浴びていたモナは、奇妙な感覚に襲われた。長い夏休みが終われば、九月からは遠く離れた中学校に通うことになる。通い慣れていて、あまりにも長い時間を過ごしたこの小学校は、モナにとって子ども時代そのものを意味した。ここを卒業するときが来たのだと、モナは改めて思った。

明るさに目がくらみ、顔を横に向けると、隣の遊具に、あのギヨームが座っているのが見えた。昨晩の夢を思い出し、密かにほほえんだ。それから黙って彼を見つめた。ギヨームは丸いべっ甲のめがねをかけていた。ほんの数カ月前まで子どもたちの誰もが恐れていた攻撃的な顔ではなくなり、別人のようにおだやかに見える。もうサッカーはしない。苦手だった勉強も努力して、優等生になった。子犬の背中にまたがり、ギヨームは『ハリー・ポッターと賢者の石』を読んでいた。

ふたりの間にあったことは遠い過去になり、時間という魔法のおかげで、ほとんど消えてしまった。小さすぎる遊具にふたり並んで座っていると、ティーンエイジャーを目前にしたギヨームが、モナにはまるで、これまでと違う男の子のように見えた。

ギヨームは本から顔を上げ、モナのほうを見た。ふたりは見つめ合う。どれくらいの時間、そうしていられるだろう。校庭の喧噪と砂ぼこりが遠のく。数秒が、数分にも、数年にも、数世紀にも感じられる。モナはギヨームに見とれた。そして、自分がギヨームに見られていると、自分もきれいになっていくように感じた。とまどいと、うっとりする気持ちが入り混じったような感覚だ。ふたりはそのとき、大きな声で叫び、窮屈な殻を打ち破って抱き合いたい気分になった。

でも、モナもギヨームもただ黙っていた。息を呑んだままで、身動きひとつしない。人生の朝ともいうべき時期に出会えた幸福に、ふたりは静かに浸っていた。

*

七月が近づくにつれ、モナには新たな心配事が生じた。毎週水曜日、おじいちゃんと会うのも、夏休みが来るのと同時に終わりになるかもしれない。秘密の約束をしてから八カ月が経っていた。でも理屈のうえでは、夏休みに入れば「精神科医」の治療もおしまいのはずだ。そしてそのうち、両親が詳しいことを聞いてくるかもしれない！　何と言えばいいだろう？

アンリは、カミーユとポールが「精神科医」については自分に一任すると誓ったことを思い出させて、モナを安心させた。「水曜日の午後は、おじいちゃんが責任を持ち、その代わり自分の思う通りにするっていう決まりだよ」。そう言われてモナはうなずき、ほっそりとした体を、オーデコロンの染み込んだジャケットに押しつけて抱きついた。かつて、モナは祖父のひざに抱きついたものだった。それが、腰になり、胸になった。モナはそれでも小さな頃と同じ気持ちで祖父に抱きつきながら、恥ずかしそうに尋ねた。

「おじいちゃん、ところで、セイシンカイって何だっけ?」

アンリはほほえんだ。そうだ、精神分析とともに花開いたウィーンの世紀末の芸術を見に行くべきときが来た。無意識を描いた画家グスタフ・クリムトの作品をモナに紹介しよう。しかも急がなくてはならない。何十年もの間、オルセー美術館の所蔵だったクリムトの絵画は、所有者だったオーストリアのユダヤ人から奪われた美術品であり、遺族にまもなく返還されることが決まっているからだ。

一メートル四方ほどの正方形のカンバスに、果樹園が描かれている。木が画面いっぱいにクローズアップされていて、何かが描かれているというよりは、立体感も遠近法も無視して緑の小さな点で全体が豊かに彩られているという印象だ。でも、緑以外の色も使われていて、果物か花びらだろうと思わせる。モーヴ、オレンジ色、黄色の小さなきらめきがちりばめられている。紅潮した頰のようなピンク色の丸いばらの花は、「キュイス・ド・ナンフ(ニンフの太もも)」という品種かもしれない。

下のほうを左から右へと見ていくと、葉の束よりも明るい色合いの草の上に生えている六本の木がある。まず、左端の少し奥に緑の葉を茂らせた木の幹があり、その右、カンバスの下端にずんぐりしたばら、続いてもっと背の高い二本目のばらが植えられている。さらに右にはまた緑の木がある(左から三分の二くらいのところだ)。その右(やはり少し奥)に三本目の緑の木が生えている。右端には三本目のばらが生えている。

葉と花を豊かにつけた木々がからみ合い、色彩が細かく煮え立つように入り混じっていて、星が点滅する夜空のようにずっと見つめていたくなる。緑の木はしっかりと直立していて、こんもりと丸い樹形で、細かい枝に繊細な葉を豊かに茂らせている。特に、左から三分の二くらいのところに生えている木は、葉を大きく茂らせていて、画面の大部分を占めている。それでも、絵の左上と右上の角には、かろうじて背景が見えている。左上には青みがかっていて赤い点のある別の木の葉が、右上には遠くの野原と曇り空が見えている。

モナは、脈動するような絵に心を奪われた。そして、授業でスーラの点描画について発表したときのことを思い出した。この果樹園には何百もの植物の香りが漂っていそうだ。

「おじいちゃんのオーデコロンをかいだときみたいかもしれない」とモナは言い、アンリは熱く、語りはじめた。

「グスタフ・クリムトは、当時の常識を打ち砕いた。もちろん、突然そうできたわけではない。初めは、当時の慣習に従って、歴史主義の絵画を描いていた。歴史主義とは、人類の歴史における偉大な瞬間をテーマに精密に描く、洗練された華やかな絵画だ」

「でも、はっきり言って風景にしては変だよね。全部がまぜこぜになっていて、木が溶け合っているみたいに見える。しかも、実際には木を横から見ている絵なのに、まるで上から果樹園を見下ろしているみたい。それに、クリムトは人物も物語もどこかに置いてきちゃったみたいだ。もしかして私が見落としたかな」

「何も見落としていないよ。この絵は一九〇五年の作品だ。クリムトはその八年前、一八九七年からウィーン分離派を主導していて、画風を完全に変えていた。ウィーン分離派は伝統と決別し、新しい時代にふさわしいヴィジョンを提案する芸術運動で、その頃からクリムトは鮮烈でエロティックな絵を描くようになった。挑発するかのように、古典的な美しさを持つ若い女性の姿に死の恐ろしさを重ね合わせ、金を使って描いた作品が多い。ベートーヴェンの『交響曲第九番』を表現した壮大な壁画《ベートーヴェン・フリーズ》では、真珠貝のような目をした巨大な猿が、裸の女性たちに囲まれている」

モナは小声で猿のうなり声をまねしたが、アンリはそれを無視して続けた。

「クリムトは何度もスキャンダルを引き起こしたし、作品が検閲されたこともある。変わり者で、旅行嫌いで、あちこちの女性と関係を持ち、子どもを十数人もうけた。アトリエにこもって制作に専念するために、自宅のドアには誰にも開けさせないという張り紙をしていた。でも、スキャンダルをはねのけてウィーンのスター芸術家になり、熱心なパトロンがついた。ヨーロッパの最先端を行っていたウィーンという都市で、富と名声を手に入れたんだ」

「ウィーンはどんな街だったの？」

「オーストリア＝ハンガリー帝国の首都で、何世紀にもわたりヨーロッパに君臨していたハプスブルク家が統治していた。クリムトが生きた時代のウィーンは舞踏会やコンサートが盛んで、偉大な芸術家や科学者など、人類の歴史を変えた人物が暮らしていた。ただし、悪い方向に変えた人物もいたのだけれどね」

モナはそう言われても、きょとんとしていた。アンリが名前を出さなかったその人物とは、アドルフ・ヒトラーだ。一九〇七年、クリムトが《接吻》に魂を傾けて取り組んでいた年に、ヒトラーはウィーン美術学校に出願し、不合格になった。実際に起きなかったできごとを想像し、その結果について仮説を立てることを、歴史家たちは軽蔑するが、やはり、ここで「もしも」と思わずにはいられない。凡庸なヒトラー少年のぱっとしない風景画が、少なくとも合格最低ラインの点を与えられていたら、二〇世紀はどうなっただろうか？

ウィーンは、アルノルト・シェーンベルクの無調音楽、装飾を大胆に削ぎ落としたアドルフ・ロースの建築、作家・ジャーナリスト・編集者のカール・クラウスによる徹底的な時代批判、エゴン・シーレとオスカー・ココシュカの激しい美術を生み出した。文化都市ウィーンは、その一方で、ある人物を見捨てて、人類最大の悲劇を招く犯罪者となる運命に追いやるという黙示的な罪を犯したのだと、アンリは思った。アンリはモナへの説明を再開した。

「さて、視覚芸術とは何かを考えてみよう。そこに含まれるのは絵画だけではないことが、ちょっと身の周りを見渡せば明らかだよね。実用的であるだけではなく、視覚的にも日常生活を快適にするさまざまなデザインが考え出されてきた。ポスターの文字の読みやすさ、家具の雰囲気、窓の透明感、床や標識や布地の色などを、建築家やインテリアデザイナーは常に考えている。たとえば地下道など、精彩を欠いた天井の低い殺風景な場所を歩くと、息が詰まるように感じるかもしれない。この問題は、クリムトが活動した二〇世紀初頭のウィーンでは、非常に深刻に受け止められていた。当時、朝食の食器から建物の屋根、壁を飾る絵に至るまで、すべての人が生活する環境をよくするための改革が始まった。純粋に幾何学的な形を図式化するとともに、高級かそうでないかを区別することなく、ありとあらゆる芸術と職業を統合することを目指したんだ」

「おじいちゃん、それってどういうこと？」

「この世代のクリエーターたちは、木工やガラス、洋服などの職人と、彫刻家や画家など芸術家の間に、価値の違いはないと考えた。どちらも同じくらい大切で、立派な職業だというんだ。ここでクリムトの絵を見てごらん。画面全体が色彩の点で覆われていて、ばらの咲く果樹園が単純化され、非常に平面的に描かれている。この絵の美学は、三つのインスピレーションに基づいている」

「まずは印象派に似ていると思うな」

「そう、一つ目の答えは印象派だ。二つ目はモザイクで、石、エナメル、ガラス、金などの小さなかけらを並べて絵や模様を作る古代の技法だが、二〇世紀初めに注目されてよみがえった。クリムトが点描画のように描いたこの絵は、テッセラと呼ばれる細かいモザイクにも似ている。最後に、クリムトの絵は、壁紙やタペストリー、布地の織り柄も連想させる。装飾芸術の技術と美学を取り入れているんだ」

「まるで自然の中にある小さな粒や種がちりばめられていて、そこから育った花や果実や木も一緒に描かれているみたい」

「そうだよ、モナ。まるで大輪の花が咲くところを見せているようだ」

「爆発のようにも見えるけど」

「なるほど、モナの言う通りだね。それは考えもしなかった」

アンリはしばらく黙ったまま、モナの発言について考えた。

「モナ、じゃあ、爆発とは、物理学では何を意味するかな？　エネルギーが勢いよく放出されて、衝撃の波が空気中に広がることだよね。ここでは、茶色の細い幹からこんもり茂った枝先の葉までの広がりと、細かく弾けるような色の点が、爆発みたいだ」

「そうだね。でも、ふつう爆発といえば爆弾のことで、死ぬ人も出てくる。その後に残されるのは空っぽの穴だよね」とモナは言った。

「それが、この絵では、むしろ生命が爆発している」とアンリは言い、またしばらく沈黙した。そして、こう言った。

「モナが直感的に感じたことを、最後まで追求してみなきゃね。爆発は危険で暴力的だ。周りのすべてを破壊し、無にしてしまう。まあ、この絵にそんな爆発的なエネルギーを見るのはとても正当なことだと思う。生命の情熱と、破壊的な衝動の出合いだ」

「でも、その両方が同時に存在できるのかな？」

「そのパラドックスに気づかせてくれたのはモナだよ」

モナはいぶかしげに、「ほめてくれてありがとう」と言った。

「エデンの園のようなこの果樹園では、生命が増殖し続けていて、限りない幸福感が満ちている。でもモナは、植物が爆発し、色とりどりのスプレーになって飛び散るみたいに感じて、そこに死の影を、何か静かなものを見たというわけだ。この絵の鍵はそこにある。ここに描かれているのは、相反する力と緊張のせめぎ合いなんだよ。生の原動力と死の原動力は似ているし、つながっている」

モナは考えた。今日の絵から学ぶべきことは何だろう？　なんだか難しいなあ。先週、カミーユ・クローデルの彫刻の前で使われた言葉が、今日も使えそうなことに気づいた。

でも、もっと根本的なところでは、開花のイメージに爆発のイメージを重ね合わせるという自分なりのヴィジョンが見えている。もしも爆弾ではなくて、大きなケーキや動物や地図のイメージを連想するとモナが言ったら、アンリはなんと言っただろう。

ただ即興的に湧いてきた主観的な見方から、絵画にある決定的なメッセージを導き出そうとするのは、作品に対するごまかしにならないだろうか？　それに、そもそもなぜモナは死のイメージを見たのだろうか？

「おじいちゃん、花がたくさん咲いている絵なのに、なぜ私には死の影が見えるんだろう」

「それはモナの無意識だよ」

「私の何？」

「無意識」

「ムイシキって？」

「グスタフ・クリムトは、ウィーンのベルクガッセ十九番地で、ある学者の隣に暮らしていた。この絵が描かれた頃、有名になりはじめていた学者で、クリムトはその言動に強い関心を抱いていたに違いない。この学者は、人間は、隠された考えの影響に従って行動するという考え方を推し進めたんだ。無意識とは私たちの心にある埋もれた部分だ。たとえば、モナがこの絵を見たときのように、あるイメージと別のイメージの間に奇妙な関連を見つけるのも無意識だ。私たちが目覚めている間にも、無意識は侵入してくるが、何よりも無意識が完全に自由に現れるのは、夢を見ているときだ。そして無意識は、知性には理解できないメッセージを通して、私たちが自分でも知らずにいる欲望や恐れを、許すことも禁じることもせず、そのまま明らかにする。そしてこの学者は、私たちが不幸なのは、こうしたことを自分自身に隠しているからだと主張し、新しい職業を作り、自ら実践した。実際に何をしたかというと、検閲も判断もせずに、希望や恐れ、愛や憎しみについて患者に話をさせた。それによって、患者が明るく、誇り高く、穏やかな気持ちになれる手助けをしたんだ」

「でも、ムイシキは心の中に隠されているのに、その学者はどうやってそれについて患者に話をさせたの？」

「催眠のような独自のテクニックを試したんだ」

「その学者は誰？」

「ジークムント・フロイト」

「で、フロイト先生が新しく始めた職業は何ていうの？」

「それが、精神科医だ」

33

ヴィルヘルム・ハマスホイ
内なる声に耳を傾けよう

モナはこんなに不快な音を聞いたことがなかった。耳障りで、がらがら声のようだ。別の時代から聞こえてくるみたい。それが店内に鳴り響くと、父親は突然手を伸ばして髪をつかんだ。まるで頭がおかしくなった人みたいに。目の前でけたたましい音を立てているのは、ダイヤル式の電話だった。受話器を取ると待ちきれない様子で尋ねた。

「カミーユ？」

声が聞こえる。

「カミーユです！」

ポールは椅子から跳び上がって喜んだ。

ああでもない、こうでもないと、父親が長い間、携帯電話への改造を試みていた一九五〇年代のベークライト製電話がついに通じたことを、そばで見ていたモナはようやく理解した。ポールは、携帯電話に変身した受話器に唇を押し当ててキスをして、「愛してる」と叫んだ。そして電話を切ると、モナに駆け寄り、頰を両手で包み、「この夏はのみの市でこの偉大な発明品を売ろう」と宣言し、待ちきれないというふうに足踏みをした。モナもうれしくなって一緒に笑った。父親の目の下のくまは消えて、顔色がよくなっていた。酒をやめたおかげか、すっかり若返ったみたいだ。

でも、モナは、こんなにうれしいはずの瞬間に、胸がざわついていた。早熟なモナには胸騒ぎの正体がわかっていた。この幸せもいつか終わってしまうという恐れが頭をもたげているのだ。すべてがうまくいっているとき、至福の時間を楽しむべきときに、また問題が起こるのではないかという不安が襲ってくる。その不安は、実際に問題が起きたときと同じくらい、人生を圧倒しかねない。人間の精神は、現在の困難には立ち向かえても、未来の不安を手なずけるのが苦手だということを、モナは十歳にして学んでしまった。

モナは突然、ユーモラスにグラスを掲げて祝福する身振りをし、父親にもグラスを持つように促した。ポールの幸福感は突然、どこかへ行ってしまった。娘が見せたぎこちないジェスチャーを見て、ポールは傷つき、がっかりした。悔しさと皮肉を込めて、モナにこう言った。

「それしか思いつかないの？　ありがとうよ」

モナの心には冷たい風が吹き荒れた。父親の残酷な反応に、モナは動揺した。パパを怒らせるつもりなどまったくなかったのに。ちょっとふざけてパパがまた飲んでいるところを演じて、その不吉な予感を幸せな瞬間に織り交ぜて、笑いをとりたかっただけだ。モナは黙り込んだ。ポールはいらいらした気持ちにさいなまれた。

その晩、ベッドに入ってからもむっつり黙り込んでいるポールの顔を見て、カミーユは「どうしたの」と問い詰めた。ポールは、店でのモナのことをぶつぶつと語った。ぼさぼさ髪のカミーユは、背筋を伸ばして言い放った。

「しっかりしてよ。モナは不安を乗り越えようとしただけ。ちょっと考えればわかるでしょう？」

そこでポールははっとした。そうだ、確かにカミーユの言う通りだった。

ポールは急いでモナの部屋に行き、優しくほほえみかけた。

「ごめんね、モナ。一緒に乾杯しよう。モナに乾杯!」

想像上のグラスが、薄暗がりで輝いた。

*

夏はまだ始まったばかりなのに、すでに厳しい暑さだ。チュイルリー公園を歩きながら、モナは祖父にチョコレートとバニラのアイスクリームを立て続けにおごらせた。そして、木もれ日の美しさに目を奪われた。目を閉じて上を見上げると、まぶたの向こうに、光の筋ときらめきが見える。モナは目をつぶったまま歌い出した。

アンリは、網膜に刻まれた斑点を表す「フォスフェーン」というすてきな言葉を教え、アーティスト、ブライオン・ガイシンとエンジニアのイアン・サマーヴィルが、一九六〇年代初頭、光学現象を増殖させ、瞑想状態を誘発するインスタレーション《ドリームマシン》を制作したことを語った。電球の周りに、複数のスリットが入った円筒を立ててレコードプレーヤーに取り付け、電球を中心に回転するようにした装置だ。目を閉じたまま、その装置に知覚を集中させて鑑賞する。モナは自分もやってみたいと言った。

「装置がないから無理だよ」

「パパに作ってもらおう!」

うだるような暑さの中、オルセー美術館は涼むのに最高だった。この日の絵は、デンマークの巨匠ヴィルヘルム・ハマスホイの冷たい感じのする室内画だ。

女性が壁に背を向けて座っている。厚手の黒いドレスの上に、背中にボタンのある薄い色のブラウスを着ている。背中は少し丸く開いていて背骨のいちばん上の部分と、うなじと栗色の髪を束ねた頭が見える。女性は絵の中心にいる。左から右にわずかに傾斜する肩のラインと、後ろに引かれている二の腕によって左右対称が少し崩されてはいるが、完璧にバランスが取れていて、神々しい調和を見せる。

後ろ側から見ている椅子は脚も座面も枠の外で見えず、ただ背もたれの棒が上部のしっかりした横木でつながれ、その下にも横木が二本ある。いちばん下の横木は細く、中央の横木は波打つ曲線のデザインで、丸みがある。この家具は質素な木製だ。構図の右側にある同様に質素なテーブルは、絵の縁で切れていて部分しか見えない。その上に縁が花のようになった白い皿が置かれている。

カンバスの平面に厳密に平行な壁を目の前にして座っている女性（両手は見えないように隠されている）には、微動する気配もない。つやのないくすんだ壁にひざをほとんどくっつけるように座り、壁をじっと見ているようだ。そこに何かが見つかったのだろうか？　壁は、絵の下から四分の一まである幅木によって区切られているが、装飾はない。灰色一色の壁なのだが、神秘的な光を放っている。暗く地味な室内に、昼間の光が差し込んでいるようだ。

モナは、限りなく時間をかけて作品を見ているうちに、女性自身が描かれた壁に向いているように、自分も絵に向いていることに気づいた。そのさらに背後に立っているアンリは、モナのうなじと絵の中のうなじが隣り合っているのを見て、ルネ・マグリットのシュルレアリスムの絵画のようだと思った。

「おじいちゃん！　結った髪も、小さなひだの寄った服も、花の形に波打つお皿も、全部が美しい。こんなに美しい絵を描けるようになるには、どれだけ学校で勉強すればいいんだろう？　芸術家は子どもの頃から、将来自分が芸術家になるって知ってるのかな?」

「偉大な画家の早熟さについての伝説はいろいろあるよ。おじいちゃんは、ヴィルヘルム・ハマスホイについて二つ知っている。ひとつは、わずか二歳にして、草むらから四つ葉のクローバーを見分けて拾うことができたという話だ。幼い頃から並外れた視力を持っていたんだね。もうひとつ、芸術的な才能については、八歳か九歳のとき、母親がトロールや小人が出てくる物語を読んで聞かせていると、鉛筆を手に取ってそれに基づいた絵を描いたのだが、あまりに力強い怪物ができあがったので怖くなり、逃げ出したという話だ」

「自分の絵が怖かったの?」

モナは信じられないという顔をした。

「そうだよ。とても怖かったらしい。でも、ハマスホイが追求したのは、幻想的な絵ではなかった。ハマスホイはデンマーク人で、北欧には、森の中で呪文を唱える魔女や、夜になると生き返る木々などの超自然的な神話がたくさんあるのだけれど、まったく違う絵を描くようになった。ごらんの通り、興味を持ったのは地味で平凡な室内なんだ」

「フェルメールに似てるよね?」

「そうだね。でも、飾り気がないところが違う。真ん中の椅子、重厚なテーブル、そしてモナが注目した白い皿だけで、ほとんど何もない部屋だ。ハマスホイは古い家具を高く評価していた。質素だけれど美しい木の家具でなくてはならなかった。それに、インテリアは飾り立てる必要はなく、良質でシンプルで控えめな家具を空間に配するのがいいと考えた」

「じゃあ、今の時代の家は嫌いだろうね」

「ハマスホイは少なくとも、大げさなもの、下品なものはすべて拒絶した。絵を描きたいと思ったきっかけは、線、特にその純粋さだと言った。これが、画家としての自分の姿勢についてハマスホイが公に語った数少ないことでもある。曲線でも直線でも、線の質に魅了され、その美しさを写し取ろうとした。たとえばこの絵では、壁の幅木や椅子の枠、それに左端で壁に帯状にできている影に興奮したに違いない。壁の影は、絵の構図の外に、カーテンか、部屋の角があるためにできているのだろう。ハマスホイは、こうしたすべての要素を『建築の衣服』と呼んだ」

「ハマスホイは、画家になる代わりに、インテリアデザイナーになったほうがよかったかもね」

「でも、選択肢がなかったんだ」

「え？　誰に命令されたの？」

「説明しよう。ハマスホイはとても内気な性格で、話すのが苦手で、神経質でいつも憂鬱だった。直接会ったことのある人の証言によると、ほとんど話さず、しかも耳が不自由だった。左耳は完全に聞こえなかったらしい。少し前に、セザンヌの絵を見ながら、偉大な詩人ライナー・マリア・リルケの話をしたのを覚えてるかな？　そのリルケがある日、コペンハーゲンのストランゲーゼ三十番地の二階の簡素で美しいアパートに、ハマスホイを訪ねたが、寡黙な性格に加えて言葉の壁があったために、ふたりはほとんど言葉を交わさないままだった。リルケは後にこう言った。『彼は絵を描くことだけに専念している。絵を描く以外のことはできないし、望んでもいないことがわかった』と。その通りだったと思う。ハマスホイは、天職である絵を描くことに取り憑かれていた。自分の絵について語ったり、分析したり、美学について議論したりすることさえ望まなかった。ただ黙々と、頑固に、いつも絵を描いていた。それが唯一の表現手段だったし、いわば唯一の生きる道だった。しかも何を描いたかといえば、いちばん身近な存在だ。それ以上でもそれ以下でもない。つまり、自分の家と持ち物。そして妻のイーダだ」

「おじいちゃん、でも、奥さんを後ろから描いてるよね。やっぱり変だよ。まるで、ホイッスラーのお母さんみたいだ。あれも、モデルの向きを間違えちゃった肖像画だと思った」

「ハマスホイは、絵画史上、特に古典的な肖像画であまり見かけることのない体の一部への憧れを表現したかったんだと思う」

「うなじ」と、モナは自分のうなじに触れながら言った。

「お見事。ここで描かれているうなじは、輝く小道のようにしなやかだ。それに、ホイッスラーに似ているというモナの見方も正解だよ。ハマスホイはホイッスラーの作品が好きで、とりわけ、その色に惹かれていた」

「でもおじいちゃん！　この絵を見ると、使われている色なんて、グレーだけだよ」

「色彩学的な見地から、使う色を限定することで最大の効果が得られると考えていたんだ。そして、静寂と思索を表現した。一般に、華やかな色づかいの絵なら、物理的なエネルギーが注ぎ込まれているように見える。逆に、ニュートラルで鉱物のような色づかいの絵なら、瞑想のような、非現実の印象を与える」

アンリは次に、親密な室内空間の誕生という歴史的な現象について、モナに説明した。

「一八世紀から一九世紀にかけて、都市化が進む社会で、家は目的別の部屋に細分化されていった。つまり、寝室、シャワールーム、女性専用の部屋、控え室など、家の中に小さな閉じた空間ができたのはその頃だったんだよ。その結果、人々は自分という存在、自分が抱く感覚や主観的な考えに注意を向けるようになった」

刺激的な議論だった。モナは軽くめまいを感じ、ふらふらした。暑さのせいかもしれない。アンリは説明を急いだ。

「イーダは、自宅の室内にすっかり溶け込んでいる。さらには、自分自身の中に、自分だけのものである心の奥深くにいる。そして、家と心にはつながりがある。ハマスホイは壁を、構図の外、左側にある窓からの光の効果で揺らめいているように描いている。この絵が見事なのは、モデルの手が、背中で隠れていて見えないことだ。肩と右のひじにわずかな動きがある以外は、イーダが読書をしているのか、刺繍をしているのかなど、何も示されていない。まったく何も。こうして、絵を見ているモナやおじいちゃんたちも、この壁を見て、沈黙のうちに壁に没入するように求められている」

「それが、ハマスホイの絵から学べること?」

「そう。内なる声に耳を傾けようと、この絵は語っている」

モナのめまいは、ますますひどくなっていた。それでもモナは、壁の揺らぎに、グレーでごくわずかに緑や青みが混ざっている表面に、目を凝らした。ぼんやりと白昼夢を見ているように感じた。作品には《休憩》という題名がついている。

モナの心は霧に覆われ、混乱のあまり、「四つ葉のクローバーか、トロールが隠れていそうだ」と言った。顔色が悪くなり、支離滅裂なことを言いはじめたモナを、アンリは展示室のベンチに座らせた。

暑い。息が苦しい。もう死にそうだとモナは思った。そして、マフラーやジャンパーを脱ぐのと同じように、反射的にペンダントを外し、空気を吸った。ようやく、脈拍が戻ってきた。

頭を上げたのは、グレーの壁の端をもう一度見たかったからだ。すると、目の前が黒い。そしてあたり一面に暗闇が広がる。数秒間、モナは凍りついた。あの悪夢が戻ってきたのだ。アンリは冷静さを片時も失うことなく、「息をして、モナ」と繰り返した。

「大丈夫」

モナは答えながら、必死で落ち着こうとしていた。片手で祖父の脚をつかみ、もう片方の手で、ペンダントを失くさないように首にかけた。心臓がリズムを取り戻すまで、何度も何度も息を吸っては吐いた。黒い画面が少しずつ明るくなった。目の前に、イーダのうなじが再び現れ、椅子の木枠、右側のテーブルに置かれた花冠のような白い皿、左側の影、そして最後に壁全体が現れた。ヴィルヘルム・ハマスホイの壁。モナは祖父を抱きしめた。

「大丈夫だよ、おじいちゃん。アイスクリームのせいだ。急いで食べたから」

「それだけじゃないだろう。かわいそうに。もしかして、トロールの姿でも見えたとか？」

「その通り」

「まさか」

「ほら、右のそでの、ひじのあたりに、トロールの顔が見えるよ。半開きでうめいているみたいな口、つぶれた大きな鼻が見える。片目は下にずれちゃってるね」

アンリは、改めて絵に目をやった。確かにモナの言う通りだった。

34

ピエト・モンドリアン
すべてをシンプルに

カミーユは礼儀正しく、しかし毅然とした口調で言った。

「先生、夏休みも近いですし、モナの調子はいいようです。先生のところでの三週間前のセッションの後、正直言って、この辺で少し休んだほうがいいと思ったのですが」

医師は困った顔をした。肩をすくめ、ため息をついて、納得していないというふうに苦笑いした。とはいえ、何も強制はしたくない。

「わかりました。ただし、検査だけはやっておきましょう。目については、眼底撮影と、眼圧と角膜の厚さの検査があります。検査が終わったら、夏休み明けに予約を取ってください」

医師はモナを見て、大きな悲しみを抑え、別れを告げようとした。しかしモナは、今日も黙ってはいなかった。「ちょっと待って」と母親に向かって言った。

カミーユは一瞬ためらった。でも、娘のきっぱりとした口調に、一度決めたら引き下がらない自分の性格を重ね合わせ、結局は催眠を行うことに同意して、モナを残して診察室を出た。

ゆっくりとまばたきして、体を椅子に沈み込ませ、モナはいつもの半分眠ったような状態に入った。そして再び、医師はモナに、失明の体験を再現するよう促した。その提案に何の反応もないまま、三十秒ほどが過ぎた。そのとき、まったく予期せぬことが起こった。

ヴァン・オルスト医師は、モナが失明したときの体験を再び詳しく語るのを聞いた。医師はもうほとんど細部まで暗記していた。ところが、その直後に、モナは数カ月前の父親の店での発作と、つい最近のオルセー美術館でハマスホイの絵の前での発作について話しはじめたのだ。

モナは、二度にわたる失明の再発について、周囲には隠していたのに、初めて告白している。医師はそのことを理解した。モナは、催眠状態に入ったことで秘密を明かしたのだ。

医師はできる限り注意深くモナの回想に耳を傾けた。モナは目を閉じたまま、ゆっくりと記憶をたどっていく。しかし、あるジェスチャーを繰り返した。医師は不思議に思った。モナを起こし、母親を診察室に連れ戻した。

モナの表情は変わっていた。最初の催眠の後のように、明るく輝いていた。カミーユはそれに気づき、医師の表情を見たが、そこから何も読み取ることはできなかったので、どうだったのでしょうかと質問した。医師は処方箋を書きながら、事務的に答えた。

「モナさんには予定通り、次回は検査を受けてもらいます。結果はその日のうちにわかります。異常が見つからなければ、九月までお休みにしましょう。ただし、引き続き児童精神科医には通ってください。効果を上げているようですから。九月には直接、その先生と話がしたいと思います」

モナは言葉を失った。ヴァン・オルスト医師が決めてくれたおかげで、七月と八月に祖父と美術館に通い続けられるのはよかった。でも、秘密の「精神科医」に会いたいとも言った。両親と先生に何と説明すればいいだろう？　モナはただ礼儀正しくほほえんだ。そして、「おじいちゃんが何とかしてくれる」と心の中で自分に向かってつぶやいた。

診察室のドアが閉まった。書類が山積みになった机を前にひとり座っていたヴァン・オルスト医師は、ブラックコーヒーをすすった。若い患者の症例について考えながら。最後に、シャーロック・ホームズのように「すべては一本の糸でつながっている」とつぶやいた。

＊

夏休みの間も、毎週水曜日にはモナと美術館に行けることがわかって、アンリはほっとした。カミーユに、「児童精神科医」はバカンスを取らず、治療を続けてくれると平然と告げた。もっと聞き出そうとするカミーユに、「最初の約束通り、信頼してまかせてほしい」と言い、カミーユはあきらめて受け入れるしかなかった。

アンリはというと、すでにモナとポンピドゥーセンターに行くのを心待ちにしていた。自分で計画した予定表では、オルセー美術館はあと一回で終わりで、いよいよ、最後の三分の一となる美術館、ポンピドゥーセンターに突入するのだ。そこで、美術史をたどり、モナのために巨大なフレスコ画を描くような壮大な試みが、完結することになる。

アンリは、ポンピドゥーセンターについてモナに説明した。セーヌ川を渡ったレ・アル地区にほど近い場所にある。壁を彩る原色の大きなパイプや、ガラスの壁の中を通っているエスカレーターが特徴的な現代建築だ。モナは興奮した。

でも今日は、その前に、オルセー美術館で最後の作品を見よう。一九世紀の絵画についてふたりが一緒に見てきた事柄を凝縮していると同時に、恐るべき近代を予告するような作品でもある。モナは、今日は途中でアイスクリームをひとつだけ食べた。

アンリはモナを、縦三十五センチ、横四十五センチの小さな絵の前に案内した。世界の見方をすっかり変えてしまった、とあるオランダ人画家が描いた絵だ。

二つの大きな干し草の山が並んでいる田舎の風景だ。その右側にはもうひとつ、小さな干し草の山がある。正面から左側に四分の三ほどずれた角度から、斜めに描かれている。そこに描かれているのが何なのかを確かめるには、展示パネルのタイトルを読んだほうがいい。薄雲の広がる空を除けば、ぱっと見ただけでは何の絵かよくわからないのだ。田舎でよく見かける圧縮された干し草の山が、少しだけぼってりと丸みを帯びた平行六面体として描かれている。しかも、干し草の山の正面は、濃いマゼンタ色やワイン色のグラデーションが、勢いのある縦長の線の集まりで描かれている。

干し草の山が置かれている地面（絵の面積の三分の一を占める）が何なのかは、ほとんどわからない。緑と青の縞模様で、岩棚か土手のような印象だ。その地面の部分には、白い斑点がぽつぽつとちりばめられているほか、右側には湿地に生えるまばらな植物（おそらく葦）を思わせる赤の縦線が数本描かれていた。干し草の山は、泥炭の広がる湿原、洪水が起きた草地、まだ水が抜けきっていない干拓地のような困難な土地に立っているのだと推測できる。

モナが絵の前で過ごした三十分間、観光客の群れはにぎやかだった。展示室の監視員たちは怖い顔で「フラッシュは使わないでください！」と英語で叫んでいた。モナは大人が大人に怒られるのを見るのが大好きだった。いつもの仕返しができたように感じる。見学者たちは、この絵の作者が誰かを知ると、失望というほどではなくても、驚きととまどいに満ちたまなざしを向けた。混乱した空気があたりに漂い、ある恰幅のいい紳士は、左下の小さなモノグラムにめがねを三回も近づけ、監視員に怒ったように言った。

「この絵がモンドリアンのはずがないよ」

モナは祖父の顔をちらりと見た。

「モナ、いいかい？　ピエト・モンドリアンは、格子と青、黄、赤の原色でできている『抽象画』と呼ばれる作品で世界中に知られている。第一次世界大戦後にモンドリアンが描いた一連の絵は、美術だけでなく、デザインや建築にも革命をもたらした。一八九〇年代に画家としてのキャリアをスタートさせた当時は写実的な絵を描いて、自然を正確に描写しようとしていたという事実は、あまり知られていない」

「でもおじいちゃん、本当にそうかな？」

「確かにこの絵は写実的とはいえないね。一九〇八年の絵で、曖昧《あいまい》で不安定な感じがする」

「そう、風景が揺れている。かき乱されていると言ってもいいかな」

「いい表現だよ。モンドリアンは、古代の普遍的な真理を明らかにできると主張する教義に非常に興味を持っていた。当時ヨーロッパで大流行していた神智学だ」

「神智学って、宗教なの？」

「ある意味ではそうだ。非難する人はセクトだと言い、支持する人は偉大な知恵だと主張する。神智学は東西のありとあらゆる信仰と教義を融合させて、地球上に調和を創り出し、すべての人間が啓蒙されることを目指した。その目的は、本質的なものに到達するために可能な限り自分自身を浄化すること。シンプルな生き方と知恵の探求だ。そして、モンドリアンの全作品を目の前に集めたとすれば、その初期から成熟期までモンドリアンがたどった道筋は、やはり、できるだけ単純なものの追求だったことがわかるはずだ。現実の細部をカンバスに写し出す具象から出発し、次第に最も初歩的な単純化された幾何学の形へと向かっていったんだよ。そして、今日の作品は、モンドリアンの道筋のちょうど中間に位置する点で、とても興味深い。美術史における表現主義に相当する作品であり、ゴッホとゴーギャンから大きな影響を受けているんだよ。《叫び》で有名なノルウェーのエドヴァルド・ムンクも、やはり表現主義の流れを作った芸術家のひとりだ。ムンクは、芸術とは、人間の神経、心、脳、目を通して思い描かれるイメージの形であると語った。網膜から重要な器官、現在の感情、過去の記憶、体液を経由して皮膚の表面まで、人間を構成するすべての要素を統合するものとして、絵画をとらえたんだ」

モナはちょっと混乱してきた。祖父の言葉から、具体的な例を導き出せば、理解できるかもしれない。オランダの田舎道を歩くモンドリアンを想像して、自らなりきって演じはじめた。

「じゃあ、私がモンドリアンだったとするよ。畑の中を静かに歩いている。干し草の山が見えてきた」

モナは大きく目を見開いた。

「ああ、この風景には感動が、喜びが巻き起こる」

モナは跳び上がってみせた。

「それから、苦しみやほかの気持ちも。そして、干し草の絵を描くときになって、あの風景を見たときの気持ちが、全部思い出される」

モナは手のひらを胸の前に出して、指を細かく動かして揺れる感情を表現した。

「そして突然、本当は緑色だった部分を、茶色や赤で描いてみたいっていう気分になる。自分の心や神経で感じたのは、そんな色だから」

モナは胸を手のひらで叩いた。

「目の前に見えた風景とは違う絵になったけどね……わかったかな？」

モンドリアンになりきったまま、モナは言った。

「よくわかりますよ、モンドリアンさん。カンバスのサイズが小さければ小さいほど、自分が親しんでいる個人的なものを絵に込めたくなるんですよね？」

モナは演技をやめ、長い間、黙って絵を見つめていた。絵はゆっくりと正体を現した。

「おじいちゃん。この絵が、ゴッホに似ているというのはよくわかるよ。ゴッホの前に見たモネやセザンヌにも通じるところがある。だけど……」

「そうだね。だけど、何？」

「でも不思議。どうしても、私の頭には、別の画家が浮かんでくる。バカみたいだって知ってるんだけど。おじいちゃんは、いったいなんでって思うだろうな」

「誰？　モナ、教えてよ」

「……おじいちゃん、覚えてる？　《モナ・リザ》を見て、人生にほほえみかけようってモナ・リザは言ってるんだよって教えてくれたよね」

アンリはうなずいた。

「でもレオナルド・ダ・ヴィンチは、そこにたどり着くために、世界のいたるところにエネルギーがあることを示したんだったよね」

モナは少しためらいながら続けた。

「生命の鼓動によって動き続けている風景だって教えてくれた」

「そうだ。それで？」

「この絵も、レオナルドと同じように、モンドリアンが、世界のそこら中に生命が満ちていて、震えているように感じさせたいから、太い筆を使ったんだと思う。まるで生きているかのように、呼吸しているかのように……」

「脈打っているように」

「そう、そうだ！　ゴヤの子羊肉の絵の前でも脈打っているっていう言葉を使ったよね。それに……」。モナはくすりと笑った。

「モンドリアンが描いた干し草の山、ちょっとローストビーフの塊みたいだよね」

「料理にたとえるのはちょっとやりすぎかな。でも、モンドリアンが伝えようとしている感覚をわかってくれたみたいだね。モンドリアンの絵は、ありふれた干し草の山にある本質的なエネルギーを表現している。さらに、雲の流れるような白によって包み込み、宇宙的な次元を与えているんだ。モンドリアンは、世界を形作っているすべての要素から放たれる魂を、絵を見る人に体験させようとして、この絵を描いた。すべての要素を原始の存在としてひとつずつ見つめるよう呼びかけている」

「おじいちゃん、気がついた？　干し草のところは筆の跡が網の目みたいになっている！」

「モナ、それもいいポイントだよ。さっき言ったように、モンドリアンはこの作品を制作したとき、転換期にあった。自分の絵を、純粋な構造に縮小する準備をしていたんだ。この作品を描いた直後の一九一〇年代、垂直線と水平線の網の目で空間を整理しようとした」

「でも、どうして？」

「垂直線には精神的な価値があり、水平線にはこの世の地についた価値があると考えた。カンバスを格子のように構成し、あちこちに直角を作り出すことで、宇宙の隠れた調和を明らかにすることを目指した。単なる思いつきではなくて、神智学を知ったからこそ得られた考えだった」

モナは少し混乱したけれど、カンバスの幅を横切る筋、特に前景を示す筋と垂直を形成する（必ずしも厳密ではない）上向きのダイナミックな線がたくさん描かれていることに気づいた。ただし、この前景が、いちばん気になる点だった。

結局のところ、現実の風景に絵を似せようとしながらも、かなり自由に描いているように、モナには思えた。

オランダの干拓地についてのおじいちゃんの説明を聞いても、やっぱり、汚れたパレットのように見える。

「神智学、表現主義、そして抽象画。モンドリアンの絵から学べる内容は、なんだか込み入ってるね」

「確かに込み入った知識を覚えてもいいんだけど、そうする必要もない。モンドリアンを理解するには、『もっとシンプルに』という一言だけ覚えておけばいい。モンドリアンは、描き方を、スタイルをシンプルにして、自然の色と一致するかどうかを気にすることなく、単純な色を使った。しかも、干し草という日常のごくありふれた物を描いた。私たちは変わろうと思うとき、複雑な物へと向かうべきだと考えがちだよね。引き算ではなく、足し算によって、変化は進行すると考えている。モンドリアンはその逆を教えてくれるんだ。シンプルに、シンプルに。モナ。わかる？」

「うん、わかったと思う。わかったよ」

第三部

ポンピドゥーセンター

35

ヴァシリー・カンディンスキー
精神を追求しよう

小学校生活は残り少なくなった。夏休みが終われば中学生になる。でもモナはそんなことは忘れて、学年末のお楽しみ会で、リリとジャッドと一緒にはしゃいでいた。校庭で、ノックダウンボールに三人は何度も挑戦した。積み上げた空き缶に向かってボールを投げ、けたたましい音を立てて空き缶が崩れ落ちるたびに、抱き合って笑ったり、悲鳴を上げたりした。

教室には親たちも招かれていた。アジ先生が、いよいよ子どもたちの模型を発表する。ディエゴが実質的にひとりで作った見事な月の模型は、クラスでいちばんの話題を集めていた。アジ先生が「次はディエゴとジャッドの作品です」と説明し、子どもから話を聞いていた親たちも集まってきていよいよ実物を見ようとしたとき、思いもかけないことが起きた。

照明のついた箱の中をなめらかに回るはずの銀色の球が、ぺたんこにつぶれて、まるでクレープみたいになってぶらさがっている。何かにぶつかっただけでこんなふうになるとは思えない。誰かが妬《ねた》んで壊したとか？

いつのまにか変わり果てた月の姿は、悪魔の残酷なしわざのように思われた。

「作品は残念ながら壊れてしまいました」。アジ先生がそう告げると、ディエゴは三秒か四秒くらい考え込んだ後、黙って教室を出て行き、それっきり戻ってこなかった。

リリとモナの作品が発表される番になった。リリがイタリアで暮らす新しい部屋の模型だ。バスケットの中に小さな猫が寝ているのがかわいいという声で持ちきりになった。それはヴェルチュニの鉛の猫で、モナがポールの店からもらってきたものだった。モナは、ヴェルチュニを買い集めているお客さんが、人生を振り返って記憶のシーンを人形で再演すると言っていたのを思い出し、その過程を逆にして未来が見える劇場を作ろうと思い立ったのだ。

祈るような気持ちで、ミニチュアのリリの部屋の中に猫を置いて、リリの父親に訴えかけたのだった。教室に来ていたリリの父親は、娘の作品を見てすべてを理解した。その場で「猫を連れて行こう」とリリに約束した。

リリは調子づいて、さらに父親におねだりした。

「イタリアに引っ越したらすぐに、モナとジャッドを招待してもいいでしょう？」

父親は、「万聖節の連休に来てもらったらいい」と言い、リリは猛然と抗議した。

「万聖節の連休なんて十月末からだから、ずっと先だよ！　ひどすぎる。パパなんか大嫌い。もう嫌だ！」

親子のやり取りを聞いていたモナは、リリを落ち着かせようと、こう言った。

「リリ、四カ月後。よく考えてみると、一年十二カ月のうちの四カ月だから、つまりは一年の三分の一だけじゃない」

リリは分数で考え直してみた。しかも、夏休みまでまだ少しある。そう考えると心が落ち着いた。見方を変えれば、モナの言う通り、万聖節はそう遠くないような気がしてくる。リリはモナとジャッドを誘って一緒に校庭に駆け出し、また缶にボールを投げるゲームに夢中になった。

アンリは多くのフランス人たちと同様、ポンピドゥーセンターのことを「ボーブール」と呼ぶ。近代美術を愛し、センターの設立に尽力したフランスのポンピドゥー大統領にちなむ正式名称よりも、古い中世の地区名にちなむ愛称「ボーブール」に親しみを感じるのだ。

＊

モナはポンピドゥーセンターを見たことがなかった。鮮やかな色彩の大きなパイプが並んでいて、巨大なおもちゃのようだ。こんなにふざけた姿の建物が美術館だなんて、信じられない。いたずらっぽい雰囲気は、七月の陽気にぴったりだった。

緩やかな斜面になっている前庭では、ふたりの少年たちが楽しげに、筋肉質の体を駆使して、アクロバティックな曲芸を見せている。ひとりは手を地面について腕を地面に垂直になるように伸ばし、両足を地面から離して逆立ちし、アルファベットの「I」の字のようになっていた。もうひとりは、手のひらで相棒の両足の裏を手のひらでつかんで、その体をよじのぼり、同じ姿勢を取ろうと試みているところだった。

ポンピドゥーセンターも、ひっくり返したみたいな建築だ。エスカレーターやエレベーター、換気用ダクト、水道の配管、電気配線や機械類が、ふつうは壁の中に隠されるのに、すべて外側から見えている。

「おじいちゃん、あのパイプの中に入って、滑り台みたいに滑ったら楽しそうだね」

「遊園地じゃないんだから、それは無理だな。さあ、絵を見に行こう」

美術館の中は、シンプルな展示室が並んでいた。アンリは、紙に描かれた小さな作品の前にモナを案内した。

白馬にまたがった騎士が、赤いマントをなびかせている。馬は斜めに跳び上がり、左から右へと空間を疾走している。馬の脚は、障害物を飛び越えたりギャロップしたりするときのように、前後に伸びている。これは習作、すなわちこの後に完成させる予定の絵の準備として描かれた小さな作品だ。非常に単純化されていて、子どもの絵のように不器用な感じにも見える。騎士と馬は横向きの姿で、墨でさっと大ざっぱに描かれているだけだ。

背景は、夕暮れか夜明けを思わせるオレンジ色の濃淡に塗られている。周囲には、何とも形容しがたい訳のわからないモチーフがちりばめられている。長方形の画面のほぼ四隅に、それぞれひとつずつ、四つのモチーフが描かれている。左下は、緑色の塊の上に重ねて、骸骨のような、または松の葉のような形が黒く描かれている。左上にはもっと大きな緑色の丸みを帯びた塊があり、細かいジグザグから始まる曲線がその周囲を囲んでいる。右上は、細長い雲のようなモチーフが、馬の体とほぼ平行に斜めに延びている。その雲のようなモチーフと、騎士のマントの間には、マントの上にちょうど乗っているかのように太陽の半分が描かれている。右下の角はむしばまれたかのような、丸く切り取られた形をしていて、そこに赤紫色のモチーフがあり、植物の根のような黒い線が上に向かって延びている。

絵の全体に、影のような黒い点がまるで宙に浮いているかのように散らばっている。絵の周りには、深い青で塗られた太い枠がある。騎士に使われているのと同じ青色だ。

モナはその絵を二十分ほど観察した。単純に見える絵の裏に、複雑な要素が隠されているに違いない。展示パネルに書かれた画家の名前も気に入った。ヴァシリー・カンディンスキー。透明な響きがある。

「ロシア人の名前だよ」とアンリは言った。

「一八六六年にモスクワで生まれた。この小さな絵は一九一一年の作品だ。この絵を描いたとき、カンディンスキーは四十五歳で、非常に冷静で合理的だった。大学教授に招請されたのに断ったこともあった。絵を描くときは、スモックではなくスーツでばっちり決めていた」

「それにしては、描く絵は子どもの絵みたいだね」

「そんなふうに見えるかもしれないけど、セザンヌの絵の前で話したことを、覚えていない？」

「覚えてるけど、一応、もう一回言ってくれる？」

セザンヌをはじめ一部の画家は、子どもの絵のような純粋さをあえて追求したという事実を、アンリは改めて説明した。成熟した画家らしくない初歩的な絵に立ち返ることに、最大限の可能性を追求したのだ。

「モナ、この絵には、何の形か見分けられるものも描かれているよね。いくつわかるかな？」

「まず、白い馬に乗っている人でしょ？　青い服の上にマントをはおっていて、空に向かって飛び立つところみたいに斜めになっている。そして、その周りには、訳のわからない物が散らばっている。炭みたいな黒い塊があちこちに浮かんでいて」

「そう、言葉で表すことはできない物が、騎士が飛び立つ空間に漂っている。木、雲の浮かぶ空、丘など、ことなく自然のモチーフを思わせるけれど、実際には自由な形であり、現実にある物に似せようという意図はない。だからこそ、興味をそそる。つまり、抽象だ。今日はこれをテーマに話をしよう。一九〇八年のある晩、カンディンスキーはドイツのムルナウという町にあった自分のアトリエに戻った。そして、見慣れたアトリエで、突然、まったく予期せぬものを発見した。もの悲しい色合いだけで画面が満たされている謎の絵画で、何もわかる物の姿は描かれていない。絵については何も思い出せないまま、カンディンスキーは強い印象を受けた」

「どうしてアトリエにあったんだろう？　誰かがいたずらしたのかな？」

「カンディンスキーの運命のしわざだったんだ。種明かしをすると、自分で描いた絵だったのに、夕闇の中でふと見たら見分けがつかなかったというわけ。その絵は横向きに倒れて置かれていたので、風景画には見えなくて、カンディンスキーの目に映ったのは、爆発する色彩と好き勝手に画面を走る線だけだった」

「なあんだ、実は向きが違ってただけだったんだ。つまり、水彩でも墨でも、大切なのは線の美しさとニュアンスだってことだね。おじいちゃんは、ホイッスラーの絵のときにもそういう話をしてくれたよね」

「よく覚えていてくれたね。さあ、もう一度、騎士を見てごらん」

「騎士は斜めの線を描いている」

どこか誇らしげに、感動を込めて、モナは続けた。

「そうやって馬に乗って跳び上がっているのだけれど、この絵は大げさで、まるで大空に飛び立つロケットみたい。オレンジ色のグラデーションや赤紫が、青色の枠の中で爆発している」

モナは、斜め上に手と腕を突き出し、カンディンスキーの馬や細長い雲と同じ角度にして、飛行機が飛び立つ様子を表現した。そのジェスチャーに合わせて、唇を震わせて大きなエンジン音を出した。アンリは驚き、モナの伸ばした指を優しく握った。そして突然、この絵が描かれた時代がまさに航空学の誕生と重なることに気づいた。

アンリはモナに、一九〇九年にルイ・ブレリオが単葉機で英仏海峡の横断に成功したこと、人類が宇宙旅行を夢見るようになったことを話した。

「カンディンスキーは、同世代の多くの芸術家たちと同じように、一見相反する二つの影響を受けていた。一方では、自然に親しみ、原始的で素朴な文化に回帰することに憧れた。他方では、二〇世紀初めのさまざまな新発見や技術革新に熱中していた」

「おじいちゃん、長い間、何百万人、何千万人もの人々が、空を飛んでみたいと思っていたわけでしょ。空の高いところには天国があると思っていたんだから。そしてカンディンスキーは、時代の進歩のおかげで、ついに人間は死ぬ前にも、神や天使に会いに行けるって言っているわけだね」

アンリはどこかほっとしながら、モナのほほえましい発言を聞いていた。純粋で無邪気で、まだ思春期までには時間がありそうだ。そして何よりも、モナが象徴とは何かをよりよく理解するためには、もっとさまざまなニュアンスを学ばなくてはならない。

「私たちがどんな乗り物に乗ったとしても、死後の世界へ行けるわけではないと、カンディンスキーは知っていた。カンディンスキーが天上の世界に到達する空想を描いたとしたら、それは、精神的な世界を追求するよう、人々に促すためだった」

モナはしばらく考えてから言った。

「騎士は自由だよね。馬に乗って好きなところに駆けて行けて、いつでも冒険ができる。しかも騎士は青色で描かれている。青は空の色だから大切な色だって、ラファエロの《美しき女庭師》を見ながら、おじいちゃんは教えてくれたよね。青い騎士は、どこへでも行ける人間の精神の寓意なんだ」

「そして青騎士は、カンディンスキーを中心とした芸術家集団のシンボルとなった。この絵はもともとその集団の年鑑の表紙の絵として描かれた。この年鑑の中で、カンディンスキーと仲間たちは、詩的なものや夢のようなものに大きな場所を与えたかったと説明している。それに青騎士の芸術家は、芸術と工芸を区別することなく、上下を設けることなく、両者の対話を望んだ。私たちの目の前にただ存在している物を表現する義務から解放されたかったんだ。モナ、よく見てごらん。この絵の中では、木々も、岩も、この風景にあるほかの何もかもが、外で私たちが目にするものとは似ても似つかない。むしろ心の風景に似ている。鮮やかな色彩や無秩序な線は、私たちの意識を抽象的な閃光がさっと照らすときに、その意識の中に見えるものだ」

「そして、私たちの無意識の中にも」

モナは、クリムトの絵を見ながら祖父がしてくれたフロイトの話を思い出していた。

「その通り。カンディンスキーは、人間の目や良心にだけ語りかけたのではない。それでは、人間の表面にしか関われないからね。そうではなくて、人間の魂に語りかけたかったんだ」

モナは驚いた様子で、長い間黙っていた。誰かの魂に語りかけるとはどういうことだろう？

アンリはモナが混乱している様子を見てとった。そして突然、アカペラで歌いはじめた。アンリの低い声が、展示室に朗々と響く。それはワーグナーの「ワルキューレの騎行」の旋律だった。

モナは足が震えるように感じ、その様子を見ていたアンリはほほえんだ。

「音楽が、人間のいちばん繊細な神経に直接語りかける力を持っていることを、モナも実感するよね？　熱心な音楽愛好家でもあったカンディンスキーは、絵画にも同じレベルの刺激を求め、総合的な感情を生み出せる新しい絵画を描きたいと考えた。カンディンスキーがこの絵を通して伝えたかったのは……」

アンリは続けた。

「物質的なものにも抽象的なものにも精神性を追求して生きよう、ということだ。カンディンスキーが言っているのは、ありとあらゆるものが聖なるものになり得るということだ。私たちを取り巻く世界、そのわずかな形、色、輪郭に注意を向けることで、ロシアの田舎にある最も質素な物や、一筋の光や鳥のさえずりの中にさえ、神聖さが宿っているのが見えるはずだ。内なる炎を目覚めさせるために教会に行く必要はない。火花は、火種は、いたるところにあるのだから」

モナはその後も、カンディンスキーの習作をしばらく見続けた。モナが夢中で見たのは青い騎士ではなくて、色彩、特に鮮やかな青と、植物の根のような黒い線だった。頭の中に「ワルキューレの騎行」が鳴り響いた。

36

マルセル・デュシャン
常識をひっくり返せ

七月の日差しが照りつける日曜日、ポールはモナを連れて、ノルマンディー地方の町、エヴルーのマルシェに出かけた。古着屋とパンケーキの屋台に挟まれた小さなストールで、古いダイヤル式電話を改造して作った携帯電話を六台展示した。スターモデルは木製の本体に金属のベル付きで、プルーストの時代を彷彿とさせるデザインである。通りかかる客が次々と立ち止まり、ついには人垣ができた。

ポールは次々と実演をして、注目を惹きつけた。「ここにあるのは見本で、オーダーメイドで予約を受け付けます。一台三百ユーロです」とポールは説明した。この日の成果は上々で、午後七時半までに、十一台の注文を受けた。

地元紙『パリ・ノルマンディー』の記者がやって来て、紙面での扱いの大きさはわからないが必ず記事を書くと約束し、ポールの写真を撮りたいと申し出た。モナは、片手に木製の受話器、もう片方の手にはタッチスクリーンの携帯電話を持ってポーズをとるように、父親に提案した。

ポールのストールに人だかりができたおかげで、近くにストールを設けていた古着屋とクレープ売りもにぎわい、売り上げが倍増したと大喜びだった。古着屋はモナに大きな赤いボンネットをくれたし、クレープ屋は「どれでも好きなクレープをどうぞ」と言ってくれたので、モナはリヴァロチーズとレタスが入ったそば粉のクレープを作ってもらった。

夕方になり、荷物をまとめて帰り支度をしていると、最後の客が声をかけてきた。

「そのベークライトの電話、六百ユーロ払うから、今すぐ譲ってくださいよ」

そして、二十ユーロ紙幣の束を渡そうとした。ポールはびっくりしたが、「これは見本なのでお渡しできません」と丁重に断った。

モントルイユへの帰り道、モナはずっと父親を見つめていた。その日の成功にもかかわらず、父親はいつもと変わらず控えめで優しかった。モナは、父親の成功がうれしくて、いくらだったらベークライトの電話を売ったかと尋ねた。ポールは「絶対に手放さない。初めて完成させた電話だからね」と答えた。

「一万ユーロでも？」

ポールは笑って、「五万ユーロでも！　だけど、パパがそう言ったのはママには内緒だよ」と答えた。

モナは、父親から、自分の「大発明」の話をしてもらうのが大好きだった。首に抱きつきたい衝動に駆られたけれど、運転中だから、事故を起こすわけにはいかない。代わりに、貝殻のペンダントを握りしめ、愛情というものの持つ神秘的な価値を感じた。

＊

アンリとモナは、ポンピドゥーセンターへ向かう途中、リヴォリ通りを通り過ぎた。この通りはオスマンのパリ改造で生まれた美しい大通りで、五十二番地には老舗デパートのＢＨＶ《ベー・アッシュ・ヴェー》がある。一階に大きなショーウインドウがいくつもあり、そのひとつに、ジェットシャワーのある豪華なバスルームが展示されていた。

「誰かが裸でシャワーしたら、通りから丸見えだね！」

モナは冗談で言ったのだが、祖父は大まじめに答えた。

「二〇世紀以降、そのような挑発行為は、立派なアート作品とみなされるようになったんだよ。パフォーマンスアートという」

モナはいぶかしげな顔で、耳を傾けた。

「第一次世界大戦中、ダダという芸術運動があった。『ダダ宣言』を行い、戦争の不条理を表現するために、はちゃめちゃな表現を試みた。理性や意味を徹底的に破壊し、無秩序であることを追求するアートだ。第二次世界大戦後になると、パフォーマンスアートが本格的に発展し、悪趣味と思われるような行為が作品として発表されるようになった。自分の腕を撃ち抜かせたり、カップルで向かいあって疲れ果てるまで大声を出したり、石の箱にわざと閉じ込められて一週間過ごしたり……無害で、愚かで、暴力的で、不条理な行為が、アートと見なされるようになったんだ」

モナはますます混乱した。アンリはいたずらっぽく、こう付け加えた。

「そして、そんなアートの冒険が始まったのが、ＢＨＶだったんだよ。何を売ってるのか、確かめてみる？」

モナはちょっとほっとして、「うん！」とうなずいた。でも、アンリはモナの手を取って、ＢＨＶの入り口を通り過ぎると、ポンピドゥーセンターに向かった。モナはますます混乱した。

通称「ハリネズミ」と呼ばれる亜鉛メッキを施した鉄製のボトルラックが、天井から吊るされている。土台の上に、五つの輪が順に積み重なっている。いちばん下の五段目の輪がいちばん大きくて、四段目がやや小さく、三段目から上はさらに小さくて同じ大きさだ。それぞれの輪から短い棒が等間隔で突き出ていて、約一一〇度の鈍角をなしている。どれもボトルは一本も干していない。短い棒を数えると、五段目の輪からは十三本、四段目の輪からは十本、三段目から上の輪からはそれぞれ九本突き出している。輪は四本の垂直な横木とリベットによって組み立てられている。

全体がワイヤーで天井から吊るされていて、宙に浮かんでいるように見え、照明が床に影を落としている。土台の輪には黒で「Marcel Duchamp 1964/Exempl./Rrose」と手書きされている。

モナは頭がくらくらした。いつも約束しているように長い時間をかけて見るのは、この作品に限っては絶対に無理だ。父親の店でボトルラックに感じていた怖い気持ちがよみがえってきて、モナは強い不安に襲われた。パパの店の「ハリネズミ」の仲間が、吊るされた状態で一流の美術館に置かれているなんて！

「おかしい。絶対ふざけているよ！」

「そう、アーティストはふざけている。そこがポイントなんだよ」

アンリは説明を始めた。

「モナ、これはただのボトルラックだ。どこにでもあるような、つまらない、安っぽいボトルラック。アーティストが自分でＢＨＶで買ったんだよ」

「なあんだ。おじいちゃんは、それで、ＢＨＶに入るみたいに言っておきながら、結局ここに私を連れてきたんだね。いたずらにもほどがあるよ！」

「いたずらにかけては、この作品を作ったアーティスト、マルセル・デュシャンにかなう人はいないだろう。この名前をよく覚えておいて。二〇世紀の美術に非常に大きな影響を与えた人物だから」

モナはあっけに取られた。やっぱりおじいちゃんは私をからかっているのかな？　でも、まじめな顔をしている。それからモナは、ミケランジェロやカミーユ・クローデルの大理石やブロンズの大きな彫刻を思い出し、「これも彫刻なの？」と聞いた。

「ある意味では、彫刻と言えるかもしれない。だって、立体的な作品で、平面の絵画じゃないからね。でも、彫刻であれ絵画であれ、デュシャンは伝統的なカテゴリーを攻撃し、粉々にしてしまった。このボトルラックはデュシャンが作ったものではない。デュシャンは単に選んだだけ。しかも、美しいところも醜いところもない物であって、特徴がないからこそ、デュシャンはこれを選んだんだ。すでに作られていて、そこにある物。デュシャンはそれを、もともと既製品を意味するレディ・メイドという英語で表現した」

「でも、おじいちゃん、これってアートの作品なの？」

「それこそが、大きな問題だ。デュシャンなら、これは作品だけれど『アートではない』作品だと答えただろう。おじいちゃんにも、これがアートの作品かどうかはわからない。でも、今、この瞬間に、目の前でアートになりつつあるところだよ。ほら、よく見ていてごらん」

モナは顔をしかめ、ようやくボトルラックときちんと向き合った。一分、二分、五分……黙って作品を見ていると、確かにおじいちゃんの言う通りだった！「ハリネズミ」がアートの作品に見えてくる。

アンリはデュシャンの有名なフレーズを借りて、沈黙を破ることにした。モナの心の奥底に響くことを期待して、一言ずつはっきりとこう言った。

「絵を描くのはそれを見る人だ、とデュシャンは言った。つまり、作品がアートとして成立するのは、モナみたいに、それを見る人が何かを受け止めてこそなんだ」

モナは思わず笑顔になった。美術館に行くたびに、自分が大切な役割を果たしているなんて！　私はふつうの女の子だけど、私のおかげで、そこに置かれている絵画、彫刻、写真、絵に光が当てられ、アートとしての生命を得る。

マルセル・デュシャンは、ボトルラックやほかの既製品を用いた作品で、鑑賞者に深い謎かけをする。どの瞬間から、あるいはどんな基準で、物は作品になるのだろう？　アンリがモナに感じ取ってほしいのも、その謎かけだ。デュシャンは答えを示さず、美学的、道徳的な探求を取り払った最小限の身振りによって、その問いだけを投げかける。もっと正確に言えば、感じさせるんだ。

「マルセル・デュシャンは、このほかにも挑発を続けた。たとえば、一九一七年、《泉》と題する作品を制作した。作品と言っても実際には、便器をひっくり返しただけ。ニューヨークの独立芸術家協会に、彫刻や絵画とともに展覧会で展示することを望んで匿名で提出したのだが、提出作品は無審査で展示するという規定があったにもかかわらず、協会は展示を却下した。自らもこの展覧会の実行委員だったデュシャンは、この騒動で永遠の問いを突きつけた。どこからがアートと言えるのか？　自然を模倣していることが条件？　それとも逆に、自然とは異なっていなければならない？　アーティストのサインがあればいい？　ギャラリーや美術館に飾られていなければならない？　ボトルラックや便器は、見たところは美しくも興味深くもないけれど、デュシャンにとっては不条理の証明となるというわけだ」

「そうだね。でも、作品を見た人を感動させるのがアートだと思ってたけど？」

「もちろん、そういう意見もある。とはいえ、感動なんてどうでもいいという意見も、正当なものだよ。それにね、モナ。理解できないとか、疑問に感じるとか、居心地が悪いとか、いらいらするとか、どんな反応も、突き詰めて言えば、アートがくれる感動と言えるんじゃないかな？　つい笑っちゃうっていうこともね。デュシャンの作品はなんと言っても、痛烈なユーモアで貫かれていることを忘れちゃいけないよ」

モナは考えた。この作品にはいらいらさせられる。でも、鉄の「ハリネズミ」が、美術館の展示室の天井からぶらさがっているという光景そのものが笑えるというのは、おじいちゃんの言う通りだ。

「やっぱり、これ、気に入ったかも。空中に浮かんでいるのもいいよね。まるでロケットみたい。カンディンスキーの青騎士と同じように、空に飛び立とうとしているんだ！」

「ロケットといえば、デュシャンはある日、アーティスト仲間のフェルナンド・レジェとコンスタンティン・ブランクーシと一緒に、航空ショーを見に行った。そして、飛行機のプロペラを見て、人間の手ではこれ以上のものは作れないと仲間たちに告げた。そして絵画は死んだと結論づけた」

「デュシャンがそう言ったのは、自分が不器用で、絵筆を持って描くのが苦手だったからだよ、絶対に」

「モナ、いいかい？　デュシャンは、絵の技量には何の問題もなかった。でも、一九一〇年代初頭までに、絵画は時代遅れの技法だと感じて、それでアートの伝統を破壊したいと願うようになったんだよ。この《瓶掛け》が一九一四年に制作されたのは偶然ではない。デュシャンが航空ショーを訪れたわずか数カ月後だったんだ。その頃には、絵画は死んだと確信するようになっていたというわけだ」

「一九六四年でしょう？　作品にそう書いてあるよ」

「さすが、モナはよく見ているね。デュシャンは一九一四年にボトルラックを買った。だからオリジナルはその年のものなのだ。ところがある日、妹が間違って捨ててしまった。そのためデュシャンは、一九六四年に、最初と同じ型のボトルラックを買い戻し、サインを入れて、各地の美術館に寄贈した。だから、ここにあるのは言ってみればオリジナルのレプリカなんだ。とはいえ、オリジナルとかレプリカとか言うのも変な話だよね。一九一四年の時点では、例のボトルラックと見分けがつかないボトルラックは、パリのＢＨＶで簡単に買えたわけだから」

「デュシャンって、話を聞いているだけで頭がくらくらするよ」

「デュシャンは常に、伝統を変えようとした。その作品は日常を支配するルールをひっくり返し、社会の習慣を、当然だと思われていることを、問い直すように誘う。社会の仕組みを解体し、当たり前だと思われていることが実はそうではないと教えてくれるんだ」

「なるほど」

「ボトルラックに書かれている字を読んでごらん。『Rrose Sélavy（ローズ・セラヴィ）』って書いてあるね」

「なんていう意味？」

「デュシャンが女装したときになりきった架空の人物の名前だよ。男と女ははっきり分かれているという当時の常識をくつがえし、デュシャンはその境界は行き来ができると言っているんだ」

「デュシャンって、何もかもを壊した人なんだね」

「そうだ。デュシャンが教えてくれるのは、常識を問い直さなくてはならないということだ。このボトルラックで、文字通りそれをやってのけたと言えるかもしれない。デュシャンの人生と仕事のすべては、美術館をはじめとするまじめな場所であっても、物事をめちゃくちゃにするということに捧げられていた」

展示室を出るとき、モナは、父親の店にあった「ハリネズミ」は、いったいどこに行ってしまったのだろうと思った。モナがなぜか怖くてたまらなかったあのボトルラックは、父親がアルコールに溺れていた頃の象徴でもあった。あの日、店の薄明かりの中で、ハートのキーホルダーをこっそり飾ったことを思い出した。あれは、「パパ大好き」と伝えるために私が作った彫刻だったのだ。

ありとあらゆる物をアートに変えてしまったデュシャンのおかげで、やっと気がついた。デュシャンは生活とアートの垣根をすっかりなくしてしまった。最高にすてきなことだと、モナは思った。

37

カジミール・マレーヴィチ
革命のための自律

カミーユは歯を食いしばり、険しい顔をしていた。モナにつきそって眼科病棟に来ている。モナは、ヴァン・オルスト医師が前回決めた一連の検査を受けている。その検査のひとつに、角膜に風を当てる眼圧測定があり、モナはこれが嫌でたまらなかった。

カミーユはモナがかわいそうで、叫びたいくらいの怒りを感じた。わが子の失明の可能性がぬぐいきれないという事態が、再び耐えがたくなっていた。なぜうちの子だけがこんな目に遭わなくてはならないのだろう？　そう考えると胃が痛くなるほどだった。

待合室で静かに座っている数人の人たちと一緒に、検査結果を待ちながら、モナは自分の運命を占うべく、挑戦することに決めた。二十秒以内に頭の中で三十まで数えることができれば、結果はシロだ。時計を見て、息を止め、頭の中で数を数えて目標を達成した。でも簡単すぎる気がしてきた。

本当の挑戦とは、父親が言うところの「バカになり切る」ゲームだ。十分以内に母親を笑わせることができれば、いい知らせだ。今は三時十一分。三時十三分に、変顔をたくさんしてみたが、カミーユは不審な顔をしただけだった。三時十五分、不器用な演技を試みたが、やっぱり失敗に終わった。三時十八分、もう一度にらめっこを試みた。もう時間がない。母親が笑うかどうかに命がかかっているのに。

静まり返っている待合室で、モナは大騒ぎするしかないと心に決めた。三時十九分。モナは立ち上がり、待合室の患者たちになぞなぞの問題を言い出した。カミーユはますます顔をしかめたが、モナは座ろうとはしなかった。ウサギのように前歯をむき出しにして、頭を前に突き出し、両手を頭の後ろに突き出して、ぱちぱちと叩いた。

「私が誰かわかりますか？」

モナは大声で待合室中に問いかけたが、パフォーマンスに対して、観衆たちは迷惑そうに文句を言うだけだった。モナはめげることなく、「正解は、ヘルメットなしでバイクに乗るウサギでした！」と勝ち誇ったように言い、振り返って肩をすくめ、母親の顔を見た。カミーユは目を丸くして、くすっと小さな笑い声をあげた。三時二十分だった。

*

アンリはカミーユから、モナの検査の結果を知らされた。異常が見つからなかっただけでなく、まれに見る特別に優れた視力の持ち主と言われたという。以前、ヴァン・オルスト医師が「視力は十点満点を大きく超える十八点。エリートや戦闘機のパイロットと同じレベルだ」と言ったことを、モナは祖父に話していなかった。自慢するみたいで嫌だったからだ。

アンリはカミーユの知らせを聞いてうれしかったが、表向きは平然としていた。「絶対視力」という言葉が、再びアンリの頭に浮かんだ。きっと、絶対視力とでもいうべき素質が、モナにはあるのだろう。モナは心だけではなく、目にも特別に鋭い感受性を持っているのだ。モナならきっと、カジミール・マレーヴィチの一見地味な作品が秘める果てしない広がりを感じることができるだろう。

白地に黒のシンプルな十字架が描かれている。ギリシャ十字と呼ばれる形で、縦と横の太い線の長さは同じで、互いの中央で交わっている。縦線も横線も太く、全体で絵の三分の一くらいの面積を占めている。絵の大きさは八十センチ四方だ。実際のところ、十字架の形に幾何学的な精密さはない。左右対称ではなく歪んでいる。太い横線は右端が傾いていて台形のようだし、十字の上の部分は微妙に左に傾いている。その形は規則性や正確さ、安定や均整とは無縁だ。

黒と白の色合いには、微妙なニュアンスとざらつきがある。徹底したミニマリズムに貫かれた無味乾燥な作品のようでいて、よく見ると震えているような、どこか官能的な印象も与える。

モナは、からかわれた仕返しがしたいという気分になった。おじいちゃんときたら、先週はボトルラックを見せたと思ったら、今度は白地に黒い十字が描かれているだけの絵だなんて。果実も花もなく、顔も風景もなく、戦争も平和もなく、赤や黄などの色もない。おじいちゃんは、このごく単純な絵を長い時間をかけて見るように挑戦しているんだ！　モナは負けじと四十分間、絵を見続けた。とうとうアンリが沈黙を破った。

「カジミール・マレーヴィチは一八七九年、現在のウクライナで生まれた。当時はロシア帝国の一部だった。ロシア帝国は当時、世界最大の国で皇帝が専制支配していた。マレーヴィチが亡くなった一九三五年には、ロシアはソビエト連邦となり、全体主義的独裁政権の支配下にある、さらに広大な領土になっていた」

「何が起こったの？」

「一九一七年にロシア革命が起きた。怒った女性労働者たちがストライキを起こし、これをきっかけに民衆が立ち上がり、ついには皇帝を降伏させたんだ。マレーヴィチは同世代の多くの芸術家たちと同じように、革命を支持しただけではなく、積極的に参加した。革命的な精神の持ち主だったんだ」

「ジャック＝ルイ・ダヴィッドを思い出すね！　だけど、こんな絵で反乱を起こすとは信じられないよ」

アンリは思った。実は、立ち上がり、憤慨し、不正に対して叫び、権力者に対して大衆を奮い立たせる方法は何千通りもある。そのときの状況に合った表現方法を見つけることが大切だ。そして、ダヴィッドはそれを見つけた。しかし、白い背景にそれ自身しか描かれていないこのシンプルな十字架、マレーヴィチの言うところの「零の形態」は、一九一五年当時、爆薬のように革命的だったということを、理解しなければならない。アンリは再び語りはじめた。

「実際、この絵を描き、展示したとき、マレーヴィチはヨーロッパで非常に重要な芸術運動だった未来派に属していた。未来派とは、ありとあらゆるものが絶えず変容するさまを表現する運動で、激しい作品が多かった。これに対してマレーヴィチは、極限まで削ぎ落とした抽象画で、未来派の論理を推し進めた。世界に変化を刻み込むためには、人間の奥深くにある基本から再出発しなくてはならないというのが、マレーヴィチの主張だった。魂に宿る色、単純な線、円、十字、正方形、斜め線、それに人間の最も純粋な内面から出発して、大変動を起こすことができるというのだ」

「でも変だよね」

モナは驚いて言った。

「最初は、この十字架はただの十字架だと思うよね。でも、線がちょっとだけ傾いている。動いているみたいに見える。十字架は生きてるんだ。だって十字架は……」

「震えているから」

アンリが助け船を出した。

「モナ、いいかい。マレーヴィチが表現しようとしているのは、本当にかすかで内に秘められた衝撃とリズムだ。でも、それが宇宙全体を決定づける力を持つんだ。具体的には、方向や重力、無重力、流動性、空間の交差、原子と惑星の回転などの関係性だ。マレーヴィチの絵には、アクションの最も小さな次元が、最初の震えが描かれている。そこから、すべての可能性が生まれて広がっていく。完全な自由を呼びかけているんだ」

「でもおじいちゃん、十字架はキリストの物語の象徴でもあるよね。マレーヴィチは、そのことを知っていたのかな」

「もちろん知っていた。この絵を描いたとき、ちゃんとそのことを考えていたんだよ。カンディンスキーと同じように、マレーヴィチは精神性を追求した。この意味で、マレーヴィチの抽象画は革命の火種だ。物質主義の拒絶を表明しているわけだから」

「何のキョゼツ?」

「物質主義の拒絶。物質主義とは、宇宙は物質だけで構成されていて、神や超越的なものに気を取られるのは無意味、あるいは幻想だとする世界観だ」

モナは「ブッシツシュギ」と頭の中で繰り返した。

「マレーヴィチは、目に見えないもの、形容しがたいものに強い執着を持っている。この十字架は教会で見るようなキリスト教の十字架ではないが、それでも神聖なオーラを帯びている」

「でも、おじいちゃんが今説明してくれたことを、当時この十字架の絵を見た人たちは、ちゃんと受け止められたのかな?」

「この絵を見て、愚かな挑発だと怒る人も、革命的だと認める人もいた。一九一五年という時代に、マレーヴィチはアートを既成概念から解き放ち、それに新たな勢いを与えようとしていた。しかし、それ以上に驚くべきことは、マレーヴィチの絵画が、限りなくシンプルで人畜無害なものに思われるのに、深刻な問題を引き起こしたということだ。説明しよう」

アンリの真剣な様子に、モナは背筋を伸ばして耳を傾けた。

「一九二二年にソビエト連邦が誕生した。帝国の専制支配から共産主義への移行という巨大な政治的・社会的変化に、マレーヴィチはむしろ好意的だった。しかし、すぐに多くの共産主義者が、アートに疑念を抱くようになった」

「どういうこと？」

「芸術的なものに反対する共産主義者は多かった。知的で個性的な前衛芸術に反感を抱いたんだ。共産主義者の目には、貴族やエリートだけの特権的な文化で、平等な社会の敵のように映ったんだ。さらに、芸術を革命とソビエト連邦のためだけに奉仕するものにしようとした」

「十字架と正方形でできたマレーヴィチの絵は、嫌われただろうね」

「実際、マレーヴィチは精神に問題がある危険人物とみなされた。極めて単純な形を描き、何でも可能だと主張し、誰もが自分自身の内面性、自分自身の中に見えるもの、自分の主観性に頼ることができると主張したために、厄介者にされたんだよ。そして、黒白だけで描かれた十字架など、テクスチャーと純粋な形だけでできた絵画の制作を禁じられ、監視され、屈辱を受け、一九三〇年中頃にがんになってあっけなく死んでしまった。マレーヴィチが示したかったのは、絵画は自律した領域にあるということだった。自律（autonome）とは、ギリシャ語で『自分自身に』を意味する auto と『法則』を意味する nomos に由来する。つまり、自律とは、自らに法則を与えるということだ。シンプルな幾何学を用いたマレーヴィチの美術は、それ自体の法則に従っている。自然から完全に切り離された美術というわけだ。私たちを取り巻く自然を模倣すれば、自然に屈服し、そこから疎外され、それにとらわれることになってしまう」

「それはおもしろいね。パパに、モナも大きくなったらジリツのときが来るよって言われるんだけど、今、その意味がよくわかった」

「マレーヴィチは『自由な白い深淵』を航海するようにすべての個人に促した。この十字架や《黒の正方形》などのマレーヴィチの絵を誤解する人は、これを美術史の終わり、絵画の死だと思うかもしれない」

「絵画は死んだ……マルセル・デュシャンもそう考えていたって、おじいちゃん、言ってたよね？」

「それが、マレーヴィチは全然そう思っていなかった。この十字架をはじめとする抽象画を、絶対主義を意味するシュプレマティズムと名づけて、絵画はそこで無限に豊かな出発点に立ち戻り、生まれ変わると信じていた。しかも、モナは気づいていないかもしれないけれど、今の時代のデザインや建築の多くが、マレーヴィチをはじめとする二〇世紀初頭の抽象画に大きな影響を受けているんだよ」

モナと祖父が、あまりに長い時間この絵を見ていたので、監視員が話しかけてきた。

「何か計画しているのではないでしょうね、犯罪とか」

アンリが驚いて聞き返した。「犯罪？」

「この十字架を一時間も見ているでしょう？　ふつう、十秒だって見る人はいませんよ」

「ちょっと待ってくださいよ。十歳の女の子とおじいさんが、いったい何をしでかすというのです？　もうちょっと待ってください。そうすれば来週まで邪魔しませんから」

「じゃあ、あと五分だけにしておいてください」

監視員は、ふたりから目を離すことなく席に戻った。モナは笑った。

「もういい。ほかの人たちに、この絵を見てもらおう」

38

ジョージア・オキーフ
世界は肉である

夏休みはゆっくりと過ぎていった。モナはモントルイユの児童館でほとんどの時間を過ごしたが、新しい友だちといてもつまらなかった。おしゃべりの相手が見つからなかったわけでも、仲間はずれにされたわけでもない。ただ、ジャッドとリリが恋しくてたまらなかった。でも、児童館には充実した図書室がある。モナは係の人に聞いた。

「すみません、ここで、文章を書いていていてもいいですか？」

珍しい質問に係員は驚いた様子だったが、

「誰かが書いたお話を読む代わりに、自分の物語を書こうっていうことだね。いいと思うよ」と答えた。

モナは日陰の席に座り、バッグから、大きな赤い表紙のノートと鉛筆、消しゴムを取り出した。感じたこと、その日の気分や、将来への希望を書き留めておく日記をつけはじめるつもりだったのが、白いページを見ているうちに、ルーヴル美術館やオルセー美術館、ポンピドゥーセンターにおじいちゃんと毎週通って美術鑑賞をした体験を、ここで整理しておかなければならないという思いが湧いてきた。わからないことがあったら、おじいちゃんに聞けばいいかな？　ううん、やっぱりそうじゃない。自分で答えを探してみよう。

そこで、モナは目を閉じた。ボッティチェリのひび割れたフレスコ画が、まぶたの裏に浮かんでくる。ヴィーナスと美の女神たち、そして贈り物を受け取る女の人。鉛筆を持って、丁寧に、モナはこう書いた。

「おじいちゃんが最初に教えてくれたのは、贈り物を受け取ろうということだった」

＊

七月の暑く乾燥した天気のせいで、街路樹のプラタナスは葉の一部が茶色くなっていた。モナは、祖父と並んで歩きながら、その葉に目を止め、ふと考えた。

「葉っぱから消えちゃった緑色は、どこに行くんだろう?」

アンリは、はっとして立ち止まった。その質問は、科学的には意味をなさないかもしれない。でも、形而上学的には、心に深く響く謎だった。アンリは黙って遠くを見てから、落ち着いた真剣な声でこう言った。

「本当だよね、モナ。いったい、緑色はどこに行くんだろう? 雪の白さは雪解けとともになくなり、火山の溶岩流の赤さは冷やされて黒くなり、アマランサスの花の紫は枯れて茶色になり、髪は白髪になり、青空は日が暮れて消えていく。これらの色は、いったいどこに行くのだろう? ひょっとしたら、色たちの天国があって、そこで歌い、叫び、爆発し、せめぎ合い、交錯しているんじゃないかな。それからさらに上に向かって何度も跳び上がっているかもしれない」

モナはそこで足を止め、巨人のようにそびえるマロニエの木を見上げた。やはり、葉の一部が茶色になっている。

「おじいちゃん、あの茶色い葉っぱは、もうすぐ秋が来るとオレンジ色に変わるんだ。もしかしたら、私がずっと見ていると、色が入れ替わって、黄色がオレンジ色に変わるのかな。色たちの天国は、私の心の中にあるんだ!」

モナはほほえみ、自分の詩的な空想に夢中になった。でも、ふと不安が浮かんできて、活気に満ちたモナの顔が突然曇った。

「もしも失明したとしても、色たちの天国は、ずっと私の心の中にいてくれるかな」

アンリは言葉を失った。なんと慰めればいいのかわからない。悲しげに瞳を潤ませているモナの手を取って、ポンピドゥーセンターに向かった。ジョージア・オキーフの絵が、慰めになるかもしれない。

精緻に描かれたしなやかな色彩の塊だ。赤、黄、オレンジに明確に色が分かれた波や舌のような形が描かれている。溶岩のような色合いで、純粋な抽象という印象を与える。ダイナミックな絵で、地層の連続のようなもので区切られているが、それぞれの地層は水平でも直線的でもなくて、自由自在に曲がりくねり、傾きながら、微妙に変化していく。硬さもなく、角度もなく、ただ光り輝くうねりになっているのだ。

注意すると、風景らしきものが見えてくる。ピンク、黄色、白の雲に支配された上部は、黄昏か夜明けの陽光に照らされた空に見えるし、その下は、黒とグレーの細かくカーブした太い筋が、岩山のようだ。岩山の下にある絵の半分では、鮮やかな温かみのある色合いの層が丸く膨れ上がっていて、そのさらに下、絵の下端では、肉のような色合いの数色の筋が波紋を描いている。これらの波紋は上空の雲の反響のようで、揺れる水面に歪んで映っているように見える。実は風景画が隠されていて、そこに描かれているのは果実のような色が渦巻く空の下、暗い岩山のふもとにあって周囲と融合する湖なのかもしれない。

先週の水曜日、モナはアンリの忍耐力を試そうと、無言でマレーヴィチの十字架をじっくりと眺めた。でも実際には、モナは毎週のトレーニングによって、時間をかけてひとつの作品に集中して向き合うことができるようになっていた。今日も、怠けることも疲れることもなく、絵を見続けた。

アンリがようやく、この絵を描いたアーティストについて説明を始めた。

「ジョージア・オキーフは一八八七年にアメリカで生まれた。当時はまだ新しい国だった。そしてとても大きな国で、経済的にも文化的にも急速に拡大しつつあった。ジョージア・オキーフの母親はハンガリーからの移民、父親はアイルランド系だった。ニューヨークでは、画家ウィリアム・メリット・チェイスに師事した。チェイスは当時大変な人気を博したアーティストだったが、ヨーロッパの伝統を引きずっていて、印象派の絵を描いていた」

「どんなに大好きでも、ある日、先生を乗り越えていくことが必要になる。先生ってそんな存在なんだよね」とモナは言った。「そのことを、ジョージア・オキーフはよく理解していたんだね」

「そうだよ。オキーフは、先生に学んだことをすべて捨てて、ゼロから自分の絵を描きはじめた。そうすることでアメリカ独自の精神を築き上げ、表現した数少ないアーティストのひとりになった。どういうことか、モナにはわかるかな?」

「私にとってはアメリカって言えば、砂漠、湖、山脈のある広大な風景。そしてニューヨークの巨大な摩天楼。そう、すべてが大きいのがアメリカっていうイメージだな」

「ジョージア・オキーフは、空に向かって伸びる巨大都市と、見渡す限り広がるおおらかな自然の両方を描いた。アメリカの都会と田舎という両方の顔を描いたアーティストであり、アメリカのスケールの大きさを表現している」

「この絵は、都会というより田舎だよね」

「アディロンダック山地のふもとにあるジョージ湖という特別な場所だ。一九世紀アメリカの画家たちは、探検家、冒険家でもあって、野生の広がる大自然を、敬意を持って大きなカンバスに描き、新しいエデンの園のようなアメリカの大地を見せた。ジョージア・オキーフの作品は、この流れに連なる画家なんだよ。ジョージ湖と、その上の黒ずんだ山、そして頭上に広がる空は、抽象化され、見分けがつかなくなり、もはや色の縞模様と化している。そこに見られる起伏、陰影、色の戯れは、柔らかく包み込むシルクの織物のようでもあり、温かな波のようでもある」

「自然が、優しくなでてくれているみたい」とモナはつぶやき、突然、祖父の手を取って肌に爪を立てた。アンリは鋭い痛みに、魂が裂けるように感じた。優しくなでるような自然——アンリは、子ども時代の最初の感覚、暖かい空気や春の匂いを吸ったときの最初の歓喜を思い出した。

ところが、アンリは自分が幼かった頃を思い出すたびに、憂いを感じずにはいられなかった。かつて自分もモナと同じ十歳だったと考えると、奇妙な感じがした。そして、いつかモナが自分の年齢になると思うと、めまいがする。十歳のときの自分はどんなふうに話していただろう。そしてモナがその八倍の歳になったら、何を語るのだろう？　ジョージア・オキーフの描いた色の縞模様が、突然、燃え盛る炎のように見える。自然は愛撫になり、愛撫は火になった。

「ジョージア・オキーフといえば、花をカンバスいっぱいにクローズアップして描いた絵が有名だ。この湖の風景が、肌を優しくなでる様子を思い起こさせるように、オキーフが描く花びらの花冠や、めしべや茎は、人間の解剖図を、体の一部を思い起こさせる。これをバイオモーフィズムということもある。生物の形態を模していることを指す言葉だ」

「そうだね。でも見て、おじいちゃん。この赤とピンクの部分、口が三つ見えるし、雲の上では誰かが寝ているみたいで、足や口が見えるよ。おもしろいね。それに、雲の形がいろんな物や動物に見えることがあるけど、この絵の山の上には、おしりが三つ浮かんでいるよ！　バイオモーフィズムって最高だね！」

そう言って、モナは笑い出した。アンリはあきれて顔をしかめたが、確かに、おしりに見えると認めざるをえなかった。それに、ジョージア・オキーフの花の絵が女性器を思わせるということを、モナにどうやって説明しようかと案じていたところだったので、正直なところほっとした。オキーフは女性的な植物や風景を性的に表現することで、自分のアイデンティティを主張しているのだと説明することもできるだろう。でも、オキーフの絵はそれだけにはとどまらない。アンリは、性的な解釈には触れず、哲学的な解釈を説明することにした。

「いいかい、人が自分の体について考えるとき、ふつうは、空間がまずあって、その空間という環境の中に確固とした自分が存在していると思っているよね。でも、オキーフの絵は異なる見方を示している。オキーフにとっては、世界の要素は解剖学的な要素に、解剖学的な要素は抽象的な要素に、抽象的な要素は世界の要素に……と限りなく融合する。まるですべてがループに巻き込まれているかのように。この絵の中で、いちばん目立つ形は何かわかるかな？」

そんな決まりきったことを、おじいちゃん、聞かないでよ！　とモナは思ったが、わざと皮肉っぽく言った。

「直線か曲線か、どっちかだね。やっぱり曲線かな？」

「そうだよね。S字型の曲線が全体に何本も描かれている。カーブを描く線は、流れるような生命を完璧に表している。そこに、水の流れや空の大気の変化を描いているととらえることもできる。あるいは空に浮かぶ雲が伸びたり縮んだり、くっつき合ったりしている様子かもしれない。オキーフは、こうした大気の現象に興味を持っていた。でもね、もっと踏み込んで、ここに描かれているのは宇宙の本質であり、宇宙にあるすべての物の流れだと考えるべきだと思う。人間の生物学的な体と、鉱物の元素でできた山や湖とが対立しているわけではない。それらは循環するひとつの流れの中にあるんだ。だから、粘膜や手足、それに肌の感覚が、この絵の中には描かれているというわけだ」

「そうだね。それにこの絵の中の肌には傷がある。この風景全体が一種の肌だと思えば、本当に血が流れ出ているところなんだ」

モナは、そう言ったきり、しばらく口をつぐんだ。

「私の勘違いだよね」

「全然勘違いじゃないよ！　モナは、オキーフがこの絵を通して伝えようとしていることを、すべて理解している。つまり、世界はひとつの肉体だということだ」

モナを混乱させたくなかったので、アンリはそこで話をやめたが、現象学を研究した哲学者モーリス・メルロ＝ポンティが、「世界の肉」あるいは「世界の普遍的な肉」について語ったことを思い出した。オキーフの絵では、人間の知覚が空や山や湖を感じるだけではなく、空や山や湖は、それらが世界の肉であるがゆえに、人間の存在を感じ、その感覚に貫かれている。

アンリがそんなことを考えていると、突然、モナは両手を上げた。小さな頬がさっと赤くなり、髪が急に逆立ったように見えた。カンバスに描かれた暖色の流れるような筋の中に、ほとんど気づかないほどの小さな緑の影を見つけ、二時間前に見た木々のことを思い出したのだった。生命が消えたらその色彩はどこへ行くのかという疑問の答えを、モナはオキーフの絵の中に見出したのだ。

「おじいちゃん、色たちの天国はここにあったんだね。絵の中に！」

39

ルネ・マグリット
無意識の声を聴こう

八月生まれのモナは、十一歳になった。毎年、誕生日の儀式は決まっていた。おやつの時間、父親がモントルイユの店を飾りつけ、大きなテーブルを出して、キッチンでチョコレートのビスケットを焼き、焼きたてのまだ柔らかいうちにロウソクを立てる。

モナは両親から「プレゼントを四つ、店の中に隠してある」と知らされた。ビスケットを食べながら、さっそく店の中を探しはじめた。わずか数分で三つの小さな包みを見つけた。小さな化粧箱入りのトランプ、イヤリング一組、六十ユーロ入りの封筒。それらが見つかるたびに、モナは跳び上がって喜んだ。

でも四つ目のプレゼントはなかなか見つからず、とうとうあきらめた。カミーユはあごをくいっと上げて、「あっちだよ。店の奥を見てごらん」と言った。

モナはそのとき突然、祖母を思い出して立ちすくんだ。モナの心は、祖母の記憶と、ポールが売り払ってしまったヴェルチュニの人形の記憶を奇妙に結びつけてしまった。おばあちゃんの顔と小さな鉛の人形が、心の中で重なる。

でも、モナの心が沈み込む前に、店の奥で耳慣れない物音がした。驚きですべてが吹き飛んだ。

「パパ、ママ、変な音がしたよ」

その「変な音」が、また聞こえた。今度はもっとはっきりと。

そしてまた同じ音だ。モナは心臓が高鳴るのを感じた。一歩一歩、奥に向かって近づいていく。思った通りだった！　店の片隅で、子犬が寝そべったまま吠えていた。スパニエルだ。モナは息を弾ませて、手のひらの下で震える子犬の柔らかな感触に夢中になって、背中の毛をなで続けた。

モナが子犬の目を見つめると、子犬もモナの目を見つめ返した。そして舌なめずりをして、小さな前足で立ち上がった。この子犬こそが、四つ目のプレゼントだった。まだ小さな命。モナは言葉では言い尽くせないような気持ちになった。初めて会うのに、心が通じ合う感じがする。同じ生き物として動物と気持ちを通わせられるのは、子どもの特権だ。

モナはうれしさのあまり涙を流しながら、小さな声でつぶやいた。

「あなたの名前は、コスモス」

コスモスは、短く二度吠えて答えた。

＊

水曜日。モナは子犬をバッグに入れてポンピドゥーセンターに連れて行きたいと言ったのだが、祖父にダメだと言われた。モナはしかたなくあきらめたが、コスモスのために自分に宿題を課した。それは、家に帰ったら、毎回、その日にアートを見て学んだことをコスモスに教えてあげるということだ。

アンリはその突拍子もないアイデアが気に入った。そして、「毎回作品の写真を撮るかインターネットで見つけるかして、コスモスに見せなくてはね」と冗談のつもりで提案した。

「そうだね。そうすればコスモスにもわかるから」と、モナはまじめに答えた。

誕生日にもらったプラスチックのトランプに作品の写真を貼り付けていくことにすると、モナは宣言した。

「コスモスは大喜びだろうな」とモナは言った。

アンリは密かに驚き、一九七〇年に現代アートについて猫のインタビューを録音した詩人でビジュアル・アーティストのマルセル・ブロータスを思い出した。ブロータスと同じベルギー人で、シュルレアリスムの巨匠である画家ルネ・マグリットの作品を、今日は見に行こう。

一足のショートブーツが中心に描かれている絵だ。ブーツの左右は少し間を空けて、平行に置かれていて、その様子が、四分の三の角度から斜めに描かれている。絵の右側に靴のかかとがあり、左側には、靴のつま先ではなく、足のつま先がある。靴が、右から左に向かって、徐々に足に変化しているのだ。より正確には、細かく丁寧に描かれた茶色の革が、足の甲の舟状骨あたりで、赤みを帯びた皮膚に変化していて、そこにかなり目立つ静脈が浮き出ている。ブーツから人間の足への移行は、境目はなく少しずつなめらかなので、自然に見える。数々のディテールのおかげで、ブーツと解剖学的構造の双方に信憑性が生まれている。

左右四組の穴に平行に通されている靴ひもは、ブーツの上の部分からほどけた状態で垂れ下がっている。やや伸びている足の爪は、真珠色だが先端だけは少し汚れていた。足の様子は人間の存在を示しているものの、足だけが切り取られた妖怪のようだ。クローズアップで描かれている足は青緑がかった木炭のような鈍い色合いだ。縦長のキャンバスの下から三分の一は、暗い色の砂利の混ざった土の地面が描かれている。上の三分の二は、地面から板塀が立っていて、あちこちに節が見える横長の木の板が四枚、水平に並んでいる。

モナは作品の前で四十分あまりを黙って過ごしてから、祖父との話を始めた。

「マグリットの絵は、どうやら前回のオキーフよりも、少し古典的な作品のようだよね。カンバスに描かれた具象的な油絵だから」

「この絵が古典的だなんて、おじいちゃん、どうかしてるよ！　これはホラーだ。学校の友達にも、リリもそうなんだけど、ゾンビ映画が好きな子がいるんだ。でも私は大嫌いだよ。今日の絵も、靴みたいに切り落とされた足と、くすんだ色が、ゾンビそのものだ。私、映画なら目を覆ってるところだよ！……ごめんね、おじいちゃん」

「自分の感想が、期待されている感想じゃないような気がするからと言って、あやまるのはやめよう。いいかい、モナ。何を感じても自由なんだよ。それに、さらにいい知らせがある。謎めいていて陰鬱《いんうつ》な雰囲気のマグリットの絵について、モナは居心地が悪いって感じるんだよね？　それこそまさに、モナがちゃんとこの絵を見る目を持っているっていう証拠なんだ。それこそが、マグリットがこの絵で表現したことなんだから」

「マグリットは私たちを怖がらせたいの？」

「そうだとしても、いいじゃないか。基本的なことを思い出してほしい。創造とは、美しいものを生み出すことだと思い込んでいる人もいるかもしれないが、それは間違いだ。絵画や彫刻、写真、それに文学や音楽や演劇も、人間の最も深い部分を刺激し、感情をかき立てる。そこには不安や悩みも含まれる。マグリットはシュルレアリスムの画家だ。モナは映画の話をしたけど、シュルレアリスムは、まさに映画の発明と同時代に生まれたアーティストたちが始めた運動だった。そして、当時作られていた映画は、幻想的な作品が多かった。シュルレアリストの多くはほとんど中毒と言っていいくらい映画狂で、映画館に通い詰め、特に一九二二年に公開されたフリードリヒ＝ヴィルヘルム・ムルナウ監督の『吸血鬼ノスフェラトゥ』に心酔した。小説『ドラキュラ』を映画化した作品だ」

「この絵は、おばけの絵だよね」

「どうしてそう思う？」

「だって、半分足で、半分靴みたいな体の一部が描かれているし、しかも、タイトルは《赤いモデル》。実際の絵と矛盾しているよね。使われている色といえば、赤どころか、冷たい色合いだけ。それに、いったいどこが『モデル』なんだろう？　途中から人間の皮みたいになっていく靴は、空っぽだ。でも、《赤いモデル》というタイトルが頭の中にあると、靴の中身を推測しなければならないような気がしてくる。だから、おばけかなって思った」

アンリは、モナを安心させるため、モナの髪の毛が乱れるくらい、手で頭をなでまわした。

「おじいちゃんにもそうしてあげるよ」

しゃがみ込んだ祖父の髪を、モナはぐちゃぐちゃに乱した。髪の毛がぶざまに顔にかかった祖父を見て、モナはくすくす笑った。

「そうそう、おばけを追い払ういちばんいい方法は、笑うことなんだよ」

知的で堂々とした紳士には似つかわしくないおまじないのようだが、アンリはこれを、宮崎駿監督の傑作『となりのトトロ』から教えられたのだった。この映画の初めのほうで、長い間人が住んでいなかった大きな家に引っ越してきて、おばけの気配を感じた一家の父親が、娘たちに無理やり笑っておばけの影を追い払うように教えるシーンだ。

「子どもの頃は、おばけはそこらじゅうにいるものだ。地下室の隅にも、日当たりの悪い小道の奥の茂みにも、それにベッドカバーや帽子のようなありふれた物の下にも。それから、壁紙の模様がおばけの顔に見えたり、お風呂の排水溝にも潜んでいるんじゃないかと思ったりする。フランス語の幽霊『ファントム』の語源は空想を意味する『ファンタズム』と同じ。人は大人になるにつれて、幽霊は空想の産物にすぎないと思うようになる」

このような精神の成長のおかげで人間は強くなり、自立できるのだと、アンリは思った。たとえば、子どもは大きくなると、部屋で一人で寝られるようになる。でも同時にそれは、自由に想像を羽ばたかせる力を失ってしまうということでもある。

「この絵は正確には悪夢そのものではないけれど、不思議な夢だから、不安をかき立てるようにも感じられる。背景の地面と木の塀についてはどう思う？」

「小石が散らばってて、おできがいっぱいできてる肌みたい」

モナは、気持ち悪そうに顔をしかめた。

「それから、塀の板にはたくさん節があって、目みたいに見えるね。そうだ！」

モナは手を額に当てて、興奮したように言った。

「お肉の中に、大きな潤んだ目が見えたことがあったよね。ルーヴルで見たゴヤの絵だった」

「おじいちゃんも、あのときモナがそう言ったのをよく覚えているよ。しかも、シュルレアリストたちはゴヤに大きな影響を受けていた。それに、油彩の技法において、ゴヤのような過去の巨匠に匹敵する腕を持っていたんだよ。この絵をよく見てごらん。解剖学的なプロポーションは完璧だし、つま先まで浮き出た血管が脈打っているみたいに見えるよね。本物みたいなリアルさがあるからこそ、奇妙な世界を描きながら全体として説得力がある絵になっているんだ。小石が混ざっている地面や、節のある板でさえ、私たちの想像力を、より正確には私たちの無意識を揺さぶることになる」

「ああ、おなじみのムイシキがまた出てきたね」

「その通りだよ。シュルレアリストは無意識を『心の本当の働き』だと考えていた。その一方で、理性や合理性、因習、道徳に従っているもの、つまり意識のレベルで起こることはすべて無関心だった。人々の心のもっと奥深いところにある層が、通常の意識を覆い隠すようになるべきだと、シュルレアリストは考えた」

「その、心の奥深いところにある層っていうのは、私たちが夢の中で訪ねる世界ってことだよね」

モナは、クリムトの《樹下の薔薇》を見たときの話を思い出していた。

「あまりに突飛な絵だから、かなり批判もされた。マグリットはしかも、これは革靴の製造工程を表した絵で、ただし、なめした革ではなくて皮膚から作られる靴だとコメントしている。つまり、革をなめすという作業は死体を扱うことにほかならないという見方を、この絵は示しているんだ。《赤いモデル》はブラックユーモア満載の作品なんだよ」

「おじいちゃん、でもね、私の場合、夢ではすべてがはっきりしていて、その中で見たイメージはよく覚えているんだけれど、まるで半分までで終わった映画みたいで、すぐにどこかに逃げていく。この絵を見ると、マグリットもまるで現実みたいにはっきりした夢を見ていたんだと思う」

「映画監督のアルフレッド・ヒッチコックも同じで、夢をぼんやりした映像で表現するのはバカげていると考えていた。ヒッチコックは映画『白い恐怖』を制作するにあたり、サルバドール・ダリに、夢の場面のセットのデザインを依頼したが、モナが言うように、すべてをはっきり見せるようにと注文した。シュルレアリスムの究極の野望は、現実と夢が混ざり合った世界を作り出すこと。つまり、話したり、歩いたり、食べたり、呼吸したり、ごくありふれた仕事をこなしたりするときに、周囲にある驚きや独創性を常に感じられる世界だった。沸き立つような無意識が、意識から永遠にあふれ出るようになることを望み、永久に幻想が支配する世界を創造したいと望んだというわけ。そうすれば、まるで夢の中を歩くように、人生をさまよえるようになると考えていたんだね」

モナは、もう自分の考えについて話すことはせず、ただ二重のディテールについての考察を付け加えた。ブーツの茶色い革と、ピンク色の肌の間、つまり、物と生きた人間との間は、数センチにわたって少しずつ変貌していく。

「この部分で、昼と夜がせめぎ合っているみたいだね」とモナは言った。

マグリットが、カンバスのその部分にとりわけ大きな思いを込めて描いたことを、モナは感じ取ったのだ。影と光が交錯していて、夢から覚醒へ、また覚醒から夢へという二つの状態を行き来する脳の隠喩になっている。

「モナも、自分の無意識の声を聴くんだ」とアンリは言った。

家に帰る時間だった。モナは子犬のコスモスとの約束について考えた。シュルレアリスム、幻覚、カンバスに描かれた油彩についてコスモスにもわかるように話してやらなければならない！　かなり盛りだくさんだ。

家に帰るなり、モナはコスモスを自分の部屋に連れて行って座らせた。辛抱強くおすわりをしているコスモスに、モナは作品の写真を見せて、数分かけて解説をした。コスモスは何かを察したのか、絵に向かって牙をむいた。

40

コンスタンティン・ブランクーシ
上を見上げよう

モナは、初めて目が見えなくなって病院を訪れた日に、脳のＭＲＩ検査を受けるために機械の中に入れられた体験を、ありありと覚えていた。今日、脳の状態をチェックするため、同じ検査を受けなくてはならない。検査台に横たわり、二メートルのトンネルの中に頭から入れられる。悪夢の再来だ。モナは小さな悲鳴を上げた。カミーユはできるだけ穏やかな声でモナを励ました。

「ママがここにいるから大丈夫。それに、この箱が守ってくれるし、すぐ終わるよ。モナ、心配しないで」

「守ってくれる」。その言葉が、突然、モナの気分を鎮めてくれた。検査台は居心地のいいベッドに変わった。モナは眠るように目を閉じて、身をまかせた。そして、何度も「守ってくれる」とつぶやいて、思考を集中させた。数分後、ヴァン・オルスト医師の診療室のひじかけ椅子に座ったときと同じように、心が別の世界に移動するのを感じた。やがて、催眠の中で浮かんできた記憶のひとつが、さらに鮮明によみがえった。

「何があっても、このお守りがモナを守ってくれる」

自分の首から貝殻のペンダントを外し、モナの首にかけながら、おばあちゃんはそう言った。おばあちゃんは何かを決心したように誇らしげで、そして、どこか悲しそうだった。マットレスの端に座っているおばあちゃんの姿が、まるですぐ目の前にいるかのように見えた。そして、おでこにキスしてくれる感触までも感じた。それからおばあちゃんはこう言った。「モナ、いつも自分の中に光を灯していて」

おばあちゃんのこの一言は、時の流れをすり抜けた。三歳のモナが聞いたときには理解できなかったそのメッセージが、十一歳になったばかりのモナに突然語りかけたのだ。

「おばあちゃん、次はいつ会えるの？」

モナは装置の中に入れられたまま、夢うつつで、ささやくように聞いた。

答えはなかった。これからもないだろう。

検査が終わり、モナとカミーユは、医師と一緒に脳を写したモノクロの画像を見た。医師は満面の笑みを浮かべて、何も異常は見られないと告げた。モナはペンダントを握りしめ、カミーユはそんなモナを抱きしめた。この喜びのスパイラルに引き込まれるように、医師は冗談のように言った。

「これから言うことは医学的には意味をなさないのですが、モナさんはすばらしい脳の持ち主です！　輝いて見えます。脳は大きなクルミみたいだとよく言われますが、まるで巨大な宝石のようです」

モナは、恥ずかしそうに肩をすくめただけだった。

「先生、それは単に思い込みではないでしょうか」と、カミーユはほほえみながら、控えめに言った。ほかに言うことが思いつかなかったのだ。でも、モナが毎週水曜日に祖父に連れられて通っている謎の児童精神科医は間違いなく凄腕だと、ひそかに考えていた。

＊

ポンピドゥーセンターの前庭に突き出た巨大な排気孔の脇に、鳥使いが立っていた。無数のハトが周囲を旋回するように飛び、鳥使いの足元や手首に止まり、顔からほんの数センチのところで羽ばたいた。くだらない！　ふだんから大道芸人を敵視しているアンリはとりわけ強い嫌悪感を覚えたが、自らを慰めようと、歴史的な鳥好きの人物の話をした。

「一三世紀には、聖フランチェスコが鳥たちを私の兄弟と呼んで、説教をしたんだ」

　でもモナは、まるで空中バレエのように羽ばたくハトの群れに、すっかり見とれていた。

「おじいちゃん、見て！　あの女の人、かかしと反対だね！」

　アンリは、いいことを思いついた。鳥が好きなら、コンスタンティン・ブランクーシの彫刻を見せよう。


研ぎ澄まされた細長い流線型の彫刻で、上に行くにつれて中ほどはわずかに膨らみ、最後は再びすぼまって尖っている。か弱さと強さをあわせ持つ彫刻は、高さが二メートル近くある。ブロンズは完璧に磨かれ、光を反射している。彫刻は、高さ約十五センチ、直径約十五センチの円筒形の台座の上に載っている。

**　より正確には、この台座から二つの段階を経て形が発展している。いちばん下には、後方に微妙に傾斜した非常に細い円錐形の部分があり、その部分の高さは全体の五分の一に満たないくらいだ。その上で、彫刻は少しずつ太くなっている。この膨らみは弓か炎のような印象を与える。あるいは、まさに羽根かもしれない。《空間の鳥》というタイトルがついている。**


　モナとアンリが今回彫刻を見ているのは、ポンピドゥーセンターの本館ではなく、隣接する小さな別館だった。ブランクーシのアトリエを再現している。本館とはまったく雰囲気が異なり、今も増殖し続けているかのように見えるくらい膨大な数の見事な作品に加え、槌《つち》、ノミ、丸ノミ、やすりなど、彫刻の道具が至るところに展示されている。モナはそれを見て、父親が日曜大工で使う工具を思い出したが、しばらく黙ったまま考え込んでいた。

「ブランクーシっていう名前、おじいちゃんが前に教えてくれたよね。デュシャンが航空ショーを見に行って、プロペラを見て感動したときに、一緒にいたアーティストのひとりでしょう？　そのとき以来、デュシャンは絵を描くのをやめて、いろんなものを壊しはじめたんだったよね」

「その通りだよ、モナ。デュシャンは、モナが今ここで見ているような彫刻というものを、めちゃくちゃにした。細かいことを説明する前に、まず知っておいてほしいのは、ブランクーシが生涯をかけて軽さにこだわり、『飛ぶことの本質』を追い求めたということだ」

「カンディンスキーの《青騎士》やマレーヴィチも、空を飛ぶことに憧れていたよね」

「そう。抽象画の歴史は、人間性を重力の支配から解放しようという欲望に貫かれているのかもしれないね。空を飛びたいという欲望は古代神話にも描かれていて、ギリシャ神話には太陽を目指したイカロスや、翼の生えた靴を履いたヘルメスが登場する。抽象とは、結局、死すべき地上の生の重さから解放されて、非物質的な高みに到達したいという思いにほかならない」

「私もおじいちゃんと一緒に飛び立ちたい。そしておじいちゃんには永遠に、私の先生でいてもらいたいな」

「それはともかく、ブランクーシについて知っておこう。ブランクーシは、ルーマニアのとても貧しい農家に生まれた。二十五歳でアーティストになるという夢を抱いてパリに向かった。リュックサックと笛だけを持って、二千五百キロを徒歩で旅した。フランスに到着すると、すぐにオーギュスト・ロダンに見出された」

「ああ、カミーユ・クローデルが恋した彫刻家だよね。自分よりずっと年上だったけど愛人になった」

「そうだ。そして、クローデルと同じように、ブランクーシもまた、巨匠であるロダンの助手に長く留まれば、独自の才能は開花しないと悟ったんだ。弟子入りしてたったの一カ月で、『高い木の陰では何も育たない』とロダンに告げ、自分の道を見つけるためにアトリエを去ったんだよ。さあ、ここで、この《空間の鳥》の話をしよう。一九二三年以降、大理石、石膏、ブロンズで制作された数多くのバージョンがある作品だ。ここにあるのは一九四一年に制作された作品で、最も後期に作られ、最も荘厳な傑作のひとつだ」

「本当に信じられないほどきれいだよね。特に、彫刻を見ながら少し動くと、反射する光も動くせいで、まるで生きているみたい。ねえ、それはともかく、さっき言いかけてたデュシャンの話をしてよ」

「一九二六年、ここにあるのとてもよく似たブロンズの《空間の鳥》の一点が、展覧会に出すためにアメリカに輸送された。ニューヨーク港の税関では、輸入品が美術品なら課税されないが、製品や商品なら価格の四〇パーセントの関税が課された。貿易を保護し、規制するための決まりだ。《空間の鳥》を審査した税関職員は、彫刻だから関税はかからないと考えるべきだった。ところが、これが彫刻だと信じようとせず、金属製品として四〇パーセントの関税をかけたことから、デュシャンの《瓶掛け》と同じ問題提起がなされた……」

モナは大急ぎで言った。

「覚えてるよ！　どこからがアートになるのかっていうことだね」

「その通りだ。ブランクーシにアメリカ国家を訴えるよう後押ししたのは、デュシャンだった。これがアートかどうかを、裁判で問うことになったんだ」

「それで、どうなったの？」

「結果は後で言うけど、ちょっとだけ考えてほしい。モナなら、ブランクーシをどう弁護したか言ってみて。おじいちゃんが、アメリカ政府側を弁護する役をするよ」

裁判ごっこだ！　モナはアンリの提案にすっかり乗り気になった。アンリがまず主張を繰り広げた。

「この物品は、タイトルが示すものとはまったく異なっています。細長い形をしているだけで、鳥とは似ても似つかない。これが鳥なんてことが、ありうるでしょうか？　羽毛も、くちばしも、翼も、脚もないのに？　彫刻家が仕事をした痕跡はどこにもありません」

モナは弁護士になり切って、大声を張り上げた。

「もちろん、彫刻家の手がかかっていますとも！　本当のアーティストとは、まったく新しい作品の創造によって人々の常識をくつがえそうとするものです。そして、新しいことをするには、ほかの人とは違う考え方をしなければならず、そこには大変な努力が必要です。美しい作品である限り、鳥に似ているかどうかなどという問いは、結局は無意味です」

アンリが抗論した。

「『美しい』とは、おかしな言葉ですね。だって、職人が作った真ちゅう製品だって、美しいでしょう？」

「確かにおっしゃる通りですね」と、モナはいたずらっぽく言った。「工業製品にも美しいものはあります。たとえば、飛行機のプロペラとかね！　でも、私はこの鳥の調和の取れた美が好きですし、金色の反射もすばらしいと思います」

「なるほど、それはいいでしょう。でも、なぜ鳥と名づけたのですか？　魚でも虎でもよかったでしょうに」

「上に向かってすっと伸びる線と尖った先端が、飛んでいるような印象を与えるからです。特に、下の部分がとても細くて、上に行けば行くほど、エネルギーが増していく様子が見て取れます」

「それでは」とアンリは大げさに悩んでいるかのような声で、付け加えた。「伝統的な芸術は失われたと言うべきでしょう」

モナは威勢よく反論を続けた。

「もちろん、伝統的な芸術が今後も存在する権利はありますよ。ただ、近年、抽象芸術が登場したのも事実です。マレーヴィチがいて、ジョージア・オキーフがいます。そして彫刻もまた、抽象化されつつあるのです。芸術とは変わっていくものです！」

アンリは、これに対して何も言わなかった。モナは、心配そうな顔で祖父の顔をのぞき込んだ。謙虚な性格が、またもや顔を出した。やっぱり、私に勝ち目はないよね？

「おめでとう、モナの勝ちだよ……そして実際、ブランクーシが裁判に勝ったんだ。一九二八年十一月、裁判官は評決を下した。《空間の鳥》がアートの作品だということに異議を唱える根拠はないと宣言し、アメリカ政府は敗訴した。特に、作品が表現している対象と作品の間に類似性がなければならないという主張を退けた。ブランクーシの代理人として証言台に立った証人は、モナが言った内容ととてもよく似た見解を述べた。

モナは、ブランクーシの完璧な弁護士になれただろうな」

「ブランクーシが、飛ぶとはどういうことかを表現したかったのは、常に上を見上げたいと思っていたからだよね。おじいちゃんも私も、上を見上げよう！」

決定的な瞬間だった。モナは生まれて初めて、美術作品について聞いた話をもとに自分でそこから学ぶべきことを引き出したのだった。そして、これまでもっぱら先生役だった祖父に、それを説いたのだった。

アンリは、革命が起きつつあると悟り、めまいを感じた。

「見上げよう！」

モナはまた繰り返した。

アンリは、しゃがみ込み、モナの腰をつかんで、力を込めて肩の上に持ち上げた。鳥のように空間に浮かんだモナを、アンリは見上げた。まぶしい未来が、そこに見えた。

41

ハンナ・ヘーヒ
自分らしさを大切にしよう

モナは児童館で、たいていひとりで過ごした。ほかの子と話すこともあったけれど、いつも、ぼんやりと考え事をしていたのだ。ある日の午後、モナは栗の木の下に腰を下ろした。大きな赤いノートを開き、レンブラントの自画像を見て自分自身を知らなくてはいけないと学んだことを思い起こしていると、ふと祖母のことを思い、涙が止まらなくなった。

五、六メートル離れたベンチに座っていた十代の少女三人が、泣いているモナに気づき、残酷な言葉と笑い声を浴びせた。それまでもモナはこの三人に気づいていたけれど、相手にしなかったし、今日も最初は無視しようとした。なんとなく怖かったから、それに、祖父と見た美術の名作についておさらいするという計画を邪魔されたくなかったからでもある。

しかし数分後、許せない気持ちが込み上げてきた。涙が乾くと、モナは顔を上げ、三人をじっと見つめた。

親分らしいひとりが、「何見てんだよ」と、驚いたように言った。

でも、モナは目をそらさなかった。

挑みかかるように自分の目を見ているモナに、親分はまた「何見てんだよ」と言った。

モナはそれでも、視線をそらさなかった。親分は何度も同じ言葉を繰り返しているうちに、怒りと悔しさが募り、思いがけず、涙をこぼした。

するとほかのふたりは、情けない親分を指差して笑った。モナは肩をすくめて、「ほら、もう大丈夫だから。忘れようよ」と、まっすぐな優しさを込めて言った。

親分は泣きやみ、無理やりほほえんだ。

＊

ポンピドゥーセンターに新しい作品を見に行く途中、アンリはモナに聞いた。

「コスモスのためのアート鑑賞レッスンは続いてる？」

「もちろん」とモナはそう答えると、思いついたようにこう続けた。

「ねえおじいちゃん。美術館で動物を描いた作品を見るのは楽しいよね。もしも動物が美術館に来られるなら、反対の立場で人間の絵が見たいはずだよ！　コスモスに、楽しい人間の絵について教えてあげたいな」

アンリはなるほどと思い、ハンナ・ヘーヒの《母》の前に立った。

異質な要素を寄せ集めてコラージュした肖像画で、奇妙な女性像が表現されている。特に顔は、実際の人間の顔の断片と、アフリカの仮面が組み合わされている。仮面は、額の中央から垂れ下がった鼻まで、隆起が続いている。髪の毛はなく、頭頂を横切る線（解剖学で冠状縫合と呼ばれる）に沿って、小さな卵形のモチーフが並んでいる。右目は、女性の目のモノクロ写真で、雑誌のページから切り取ったものだ。整った形の目の上には、カーブした細いまゆがある。一方、左目は仮面に彫られた単純化された目で、斜視のように視線がずれている。そのすぐ下、頬骨の上には、台形をつぶしたような形の穴が開いていて、退化した眼孔のようにも見える。この穴の向こうに、オレンジ、ピンク、グレーの水彩絵の具で描かれた縦縞の背景が見えている。

非対称な寄せ集めでできた大きな顔の下には、やはり写真の断片がある。人間の閉じた口元と小さな丸いあごの写真なのだが、全体に対して比率が小さすぎる。この部分と、地味なセーターで覆われた上半身は黄色のグラデーションで表現されている。肩がほっそりしていて、胸は、穴の上に垂れているように見える。穴の向こうには抽象的な背景が見えている。腹部の膨らみによって妊娠を表現する意図があったと思われる。腕は上腕二頭筋、ひじの手前で止まっている。全体は、太い幅の余白で縁取られている。

決められた通り、時間をかけて作品を見る間、モナは、奇妙に歪んだ肖像の上に重くのしかかる苦悩が胸に迫るのを感じた。小さな口は息が苦しそうだ。褪せたような色で塗られた水彩の背景が、顔のグレーと奇妙なコントラストを見せている。

「さあ、モナ、何が見えるか言ってごらん」

アンリは、優しく尋ねた。

「まず目につくのは仮面。顔にかぶっているみたいなんだけど、右目と口元からあごにかけての部分は、雑誌の切り抜きが仮面を上から隠しているようにも見える。何が上にあって、何が下にあるのかは曖昧《あいまい》で、正直言って、ちょっとまどわされてしまう」

「仮面は、重要な要素だ。そして、そこには、これまでちゃんと触れていなかった歴史的な背景がある。ハンナ・ヘーヒは一八八九年生まれのドイツ人の女性アーティストだ。二〇世紀初頭から、アフリカやオセアニアなどの異文化に魅了されたアーティストがヨーロッパにはたくさんいたが、ヘーヒもそのひとりで、民俗博物館が大好きだった。さらに、ヘーヒはいくつかの作品の画像を切り取り、女性の体の画像と組み合わせて作品を使った。ここでもそうだ。おなかがぽっかり空洞になっているように見える妊婦の肖像と、北アメリカのクワキウトル族の仮面を組み合わせている。ハンナ・ヘーヒの時代には、長い間軽蔑されてきたこれらのオブジェを、少数の好奇心旺盛な人々が見直すようになった。当時は未開美術《プリミティブアート》と呼ばれていた非ヨーロッパの工芸品や宝石、家具を、たとえば詩人のギヨーム・アポリネールや画家のパブロ・ピカソは高く評価していた。ピカソについてはまた今度詳しく話すけれど、ヘーヒやアポリネール、ピカソが示そうとしたのは、『未開』と『文明』の区別など意味がないということだ。第一次世界大戦中、ベルリンに住んでいたヘーヒは、近代の技術の進歩がもたらした災いを嘆いていた。それなのに、不幸にも二十年後には、第二次世界大戦が起きることになる」

「戦地で爆撃を受けて顔にけがをして、『壊れた顔』と呼ばれるようになった元兵士が大勢いたって聞いたことがあるよ」

「そうだ。この肖像画も、いわば、壊れた顔だよね。いろんな部分が貼り付けられていて、日曜大工のできそこないみたいだ」

モナにとって祖父は完璧な存在だったので、その顔にも大きな傷痕があり、片目が不自由であることを、モナはふだん忘れていた。でも、今は祖父の傷のことを考えないわけにはいかない。なぜそんな大けがをしたのか、細かい状況を祖父は語ろうとしない。何はともあれ、紫色の傷痕があるおじいちゃんの顔は、モナにとっては勇ましく崇高な顔だった。

「ハンナ・ヘーヒは戦争反対を高らかに表明した。戦争の恐怖は、『まるでコルセットのように体を圧迫』し、窒息させ、自由を切望させるものだと語った。ドイツには、多くの負傷兵がずたずたにされた体で帰還した。その姿を見て、人々は胸を締め付けられるような気持ちになった。それはおぞましい光景であると同時に、不幸にも、そして恐ろしいことには、不条理であり、喜劇的でさえあった」

「喜劇的？　苦しんでいる人たちを笑っていいの？」

「確かにあまりほめられたことじゃない。でも、芸術は、決してほめられたものではない感情も含めて、人間の本質を、すべての人の心の奥底にあるものを暴くものでもあるんじゃないかな。へーヒは、ダダのメンバーだった。BHVの前で、ダダたちが繰り広げた壮大な騒ぎのことは話したよね。ダダのアーティストたちは、戦争の恐怖によって傷ついた社会と醜い人間性を、遠慮のない皮肉を込めて表現した。へーヒの暴力的なパートナーだったラウル・ハウスマンもそうだ」

「どういうこと？」

「この作品は《母》というタイトルだよね。妊娠した女性を描いている。へーヒは若い頃、一九一六年と一九一八年の二回にわたり、妊娠中絶している。ハウスマンは残酷だった。一方では、家族の伝統を捨てて自由で解放された女性として生きるようにへーヒに望んだのだけれど、もう一方で、へーヒを思いのままに支配しようとした。へーヒはハウスマンを恐れ、見ていないところで絵を描き、階段を上ってくる音を聞くとすぐにやめるようになった」

「ひどい話だね。へーヒは、当然ハウスマンと別れたよね？」

「そう。へーヒは一九二二年に家を出て、ある女性と暮らした。《母》を完成させた頃には、ハウスマンと別れてから長い年月が経っていた。でも、その間もふたりはアーティストとして尊敬し合っていた。お互いに刺激を与え合ったことで、新しいアートを作れるようになったんだ」

「おじいちゃん、つまり、ふたりがコラージュを発明したってことだね」

「それに近いんだけど、コラージュについては、ピカソが元祖なんだ。ピカソは一九一二年、楕円形のカンバスにオイルクロスを貼り付け、その周りを本物のロープでぐるりと囲んで、コラージュ作品を作った。ピカソの作品はまた別の日に見に行こうね。話をハンナ・ヘーヒに戻すと、ヘーヒは一九一八年、ラウル・ハウスマンとともに、フォトモンタージュを発明した」

モナは祖父にならって、「フォトモンタージュ」と注意深く繰り返した。

「ヘーヒはさらに、フォトモンタージュに政治的な意味合いを持たせたんだよ。雑誌の大衆的な写真、学術的な図像、それに私的なイメージの断片を切り取って組み合わせた。形式を新しくするだけで満足するのではなく、伝統的にさまざまな物事に当てはめられていた統一性を打ち砕こうとした」

「この絵からは、妊娠が大きな不幸だと訴えているみたいな印象を感じる。この女の人、肩におもりがのしかかっているみたいに見えるよ」

「モナ、鋭い読みだね。ヘーヒの作品は確かにそういう要素が描かれている。でも、この女の人は、崩れ果てているわけではないと、おじいちゃんは思うんだ。この絵は見かけよりも、実はずっとポジティブなんじゃないかな。だって、顔の形を作り直し、組み立て直して、新しい美の基準を示しているわけだからね。そして、この作品は母性の象徴、つまりは新しい可能性と、予想もしていなかったアイデンティティの誕生を表している。二〇世紀の初めには、人々には決まった役割が与えられていた。特に女性は女性の役割の中にとどまるべきだと信じられていたことを思い出しておこう。ヘーヒの作品は、実際にはどう生きるのも自由だと教えてくれる。バランスが悪い顔だって、別に構わない。もしも誰もがみんな同じように、心も体も整っていたら、悲しいよね。バランスが悪いことは、いいことなんだ。だって、それは自分らしさであり、個性だから。ヘーヒは、そう教えてくれているんだ」

「それが、今日の作品から学ぶべきことだね」

「そうだよ。どんなときでも、自分らしさを大切にしていなくてはならない」

「でも、おじいちゃん。私の場合、バランスが悪いところってどこだろう？　休み時間によく言われるのは、目が大きすぎるってところだけど。それか、パパが言うみたいに、あごが小さいところかな？」

「おじいちゃんに言わせてもらえば、モナは、心が大きすぎる」

42

フリーダ・カーロ
私を殺さないものは、私を強くする

ポールには今日、大事なミーティングがあった。創業したばかりの、とあるスタートアップの若い経営陣が、携帯電話と通信できる昔ながらのダイヤル式電話を開発する相談がしたいと連絡してきたのだ。ポールは念入りに服を選び、きれいにひげをそり、香水をたっぷりつけた。そしてモナを連れて店に立ち寄り、見本や書類を集めると、「パパの幸運を祈ってて」と言い残して出ていった。

モナは鍵のかかった店で、ひとりで留守番をしていなければならなかった。壁には『パリ・ノルマンディー』紙に掲載された記事が貼ってある。ポールの電話機が、エヴルーのマルシェで大人気になったこと、そして、父親と一緒にストールで働いていた「モナさん」のことが書かれていた。新聞に、そんなふうに大人みたいに書かれたことが、モナはとても誇らしかった。

その記事を、モナは何度も繰り返し読んだ。そして読み返すたびに、自分だけの人生を歩きたい、自分という人格を築きたいという漠然とした、しかし強い願望をかき立てられた。

コスモスを抱いたまま、勇気を振り絞って、モナは店のいちばん奥の地下室への入り口にたどり着いた。ドアを開けて、はしごを降りていく。中は暗い。コスモスは震えて、クンクンと鳴きはじめた。モナは目が慣れてきたところで、コレットについての記事が入っている箱を見つけ、中身を無造作にあさった。今回は茶封筒を三封取り出して、急いではしごを上った。

「私たちだけの秘密だよ、コスモス」

そう言いながら、モナは戦利品を確かめた。それぞれの封筒には、一九六六年、一九六九年、一九七〇年の切り抜きが入っている。モナはひざまずいて、床に切り抜きを丁寧に並べ、その中に、謎めいた祖母の人生の断片をとらえようと集中した。

まず見出しを見ると、「コレット・ヴュイユマン、果敢に死にゆく」、「コレット・ヴュイユマン、尊厳ある最期への闘い」、そして最後は「自殺を呼びかけているのか?」という問いかけだった。どれもが、祖母を「闘う人」と呼んでいる。モナはこの言葉が好きだった。私も新聞に取り上げられたくらいだ。いつか、おばあちゃんみたいに「闘う人」になるのだと、心に誓った。

でも、繰り返し出てくる表現はそれだけではない。見慣れない言葉も記事の中にちりばめられている。甘いメロディーのような、とろりとしたハチミツのような、そしてどこか不穏な——「安楽死」という言葉だ。

*

パリの空は晴れていたが、遠くの雨雲の下では稲妻が光っていた。モナが悲しみに暮れているのが、アンリにひしひしと伝わってくる。モナはペンダントを握りしめたまま離そうとしない。無意識のうちに、まるでそれを引っ張れば何かの仕掛けが動きはじめるスイッチでもあるかのように、下に引っ張り続けている。アンリはポンピドゥーセンターの前で立ち止まった。雨が降り出しそうだったせいか、前庭は驚くほど静かだった。アンリはかがんでモナの手を取り、目を見つめて言った。

「モナ、話して。そうすれば気分がよくなるから。ほら、話せばすっきりするよ」

モナは悲しそうにほほえんだ。もう祖父の顔を見たくない。祖父の腕の中に顔を埋めて、耳に口を近づけた。ためらいながらも、モナは尋ねた。

「ねえおじいちゃん、人はいつ、自分が死ぬときがわかるの？」

長い沈黙が続き、アンリは何度も何度もモナを抱きしめた。モナは、アンリが必死で言葉を探しているのを感じた。あふれ出る感情に押されて空回りするピストンのように、その声にならない声は、のどの奥で行ったり来たりしていた。

アンリには、モナにかけるべき言葉を見つけられなかった。沈黙が、岬に向かって落ちる雷のようにとどろいた。おそらくフリーダ・カーロの絵が、こんなときにふさわしい言葉を見つける手助けをしてくれるだろう。

背景を均一なブルーに塗った三十歳くらいの女性の肖像画だ。厳しい顔つきの四分の三正面像で、向かって右ななめ前を向いている。左右の豊かなまゆはつながっていて、大きな鳥が翼を広げたような形だ。唇の上には細かい産毛が描かれている。うなじで黒髪を束ね、緑色のリボンを結び、頭のてっぺんにはメキシコヒマワリの花を飾っている。顔の造形は控えめで、自然主義的に描かれていて、飾り気はなく、無表情でほとんど素朴ともいうべき肖像だ。そのおかげで、時代を超越したアイコンのような威厳がある。とはいえ、肌色にはさまざまな色合いが見られ、血を閉じ込めたような赤い唇とともに、あふれるような生気を感じさせる。また、はっきりと強調された目は、内に秘めた強い決意を伝える。

顔の下は、長い首が、黄色の縁飾りのある緑色の服へと続いている。女性像の全体を取り囲むように、左右対称の凝った装飾がある。単純で素朴な極彩色のモチーフである。左右にはピンクと赤の花冠が三つ、上部には教会の丸天井を思わせる抽象的な装飾が施されていた。上部には、抽象と具象のはざまのようなモチーフがあり、礼拝堂の円天井や劇場の舞台の幕を思わせる。そして下部には、図式化された二羽の鳥が描かれている。くちばし、翼、尾は黄色、頭ととさかはピンクと赤の中間のような色だった。

花の一部や舞台の幕、それにモデルの肩と同じ高さにある鳥の頭の裏側に、肖像画の一部が透けて見える。それで、この額縁のモチーフは、描かれた肖像画を覆うガラス板の裏側に描かれていて、後から絵に重ね合わされたものであることがわかる。


モナは、祖父が絵の前でつらそうな様子になるのを初めて見た。いつも背筋を伸ばして立っている祖父が、今日ばかりは絵を見て生気を失ったとでもいうように、肩を落とし、背を丸めている。まるで枯れかけた木のようだ。

「おじいちゃん、大丈夫？」

モナはそっと尋ねた。

「うん、ありがとう」

アンリは、無理にほほえみながらモナの髪を温かい手でなでた。

「この絵を見るたびに、悲しみを感じずにはいられないんだ。ヨーロッパの美術館で、フリーダ・カーロの絵はこれ一点しかないから、貴重な絵だよ。ルーヴル美術館は一九三九年、メキシコでカーロの絵を発見したシュルレアリスムの作家アンドレ・ブルトンの勧めで、カーロ本人からこの作品を買った」

「ルーヴル美術館！　ああ、ルーヴル美術館！」

モナは感動を込めて繰り返した。

「じゃあ、この絵もルーヴルで見られたらいいのに！　《モナ・リザ》とこれと、二枚のカンバスが向かい合うように展示したら、いいと思うな。フリーダ・カーロとモナ・リザが見つめ合ったらすてきだよね」

「すばらしいアイデアだよ。もしもモナが学芸員になったら、きっとそれくらいのことをやってのけるだろうな。だけど、ちょっとモナの言ったことに間違いがあったと言わせてもらってもいいかな」

「うん、また監視員さんに怒られるってことでしょう」

「違うよ」

アンリはからかうみたいに言った。

「《モナ・リザ》はカンバスに描かれた絵じゃない。レオナルド・ダ・ヴィンチは薄いポプラの板にあの絵を描いた。そして、カーロのこの自画像も、カンバスではなくてアルミの板に描かれ、さらに、絵を描いたガラス板を重ねる技法で仕上げられている。この絵は二つの部分から構成されているんだ。まず、人物を見ることができる板があり、その上にガラス板が重ねられている。ガラス板の裏側には、違う絵が描かれている」

「頭の上の花や天井などの周りの飾りは、ガラスに描かれているんだよね。ところどころで、特に鳥の頭の部分で、下の絵と重なっているのがわかるよ」

「よく観察しているね。では、フリーダ・カーロはどうやってこの作品を作ったのかというと、自分で絵を描いて、それにメキシコの小さな村の民芸品を組み合わせたんだ」

「ということは、そのガラスの絵は、カーロとは違う人が描いたっていうこと？」

「そう、その通り。職人が作ったもので、宗教的な像を入れるための額縁だったんだ。フリーダはそれを自分の作品に取り入れた。ひとりの画家としての自分の表現と、民族の伝統を担う名もない職人たちの表現を同列に置くためだった」

アンリはいつものように、アーティストの技術的、また政治的な背景について熱っぽく話し、モナはそれを受け止めた。アーティストがアーティスト以外の人たちの技術に価値を見出すことがいかに重要であるかということを、モナはハンナ・ヘーヒ、ブランクーシ、デュシャン、カンディンスキーから学んできたが、カーロの作品からも改めて理解した。

「フリーダ・カーロは、困難な人生を送った。幼い頃にポリオにかかり、右脚が左脚よりも短くなり、足を引きずっていた。でも、学校の成績はとても優秀で、エネルギッシュで創造性に満ちていた。医学を学ぶためにメキシコシティで最高の学校に入学した。生徒二千人のうち女子は三十五人しかいなかったんだよ。ところが一九二五年、バスに乗っていて交通事故に巻き込まれた。足が砕け、肩は脱臼し、背骨と骨盤を骨折し、何週間も意識不明だった。昏睡状態から目覚めると、麻痺が残っていたのに、すぐに絵を描く道具がほしいと訴えたそうだ」

「でも、麻痺があったのに、どうやって絵を描いたの？」

「カンバスや紙を頭の上に置き、自分の顔が見えるように鏡を使って、横になって絵を描くための装置を作った。でもね、カーロは、手術や痛みにもかかわらず、常にすっと姿勢を正している女性だった。それが、モナには感じられるかな？　首は力強く、額は広くすっきりとしていて、視線は勢いがあり、きりっとしている。カーロはいつもまっすぐに生きていた。体が崩れないように石膏や鉄のコルセットを常に着用しなければならなかったけれど、絵を描くことで、精神的、肉体的苦痛は和らいだ。体の痛みが絶えることはなかったけれど、アートのおかげで、死の誘惑に負けることなく、生き続けたというわけだ」

「つまり、自殺したかったたっていうこと？」

アンリは頭を下げ、あごを食いしばった。すべてをモナに話すべきだろうか？　そう、フリーダ・カーロは自殺を望んでいた。命を奪ったのは肺炎だと言われているが、一九五四年の死は、自殺だったかもしれない。壊疽《えそ》のために右脚を切断した後、カーロはあまりの苦痛に、自ら死を決意したらしく、「幸せな最期でありますように、そして、私が二度と戻って来ませんように」と、日記に書き残している。覚悟を決めたカーロの言葉は、イタリア人作家チェーザレ・パヴェーゼが、一九五〇年、服毒自殺の前に遺した最後の言葉を思い出させる。「言葉はない。ひとつの行為だけだ。私はもう何も書かない」

でも、そのことをモナに話すことはできないと、アンリは思った。もしもモナがある日失明するとしたら、障がい者になったからといって、生きる意欲に疑問を持つようなことがあってはならない。作品を生と死の闘いという観点からしか理解しないとしたら、モナにも、そしてカーロにも失礼だ。

アンリは立ち上がり、モナの肩を抱いた。

「大事なのはそんなことじゃないんだ、モナ。大事なのは目の前のこと。何か見落としていないかな?」

「二羽の鳥?」

「そう、その通り。フリーダ・カーロは、あの牛の絵を描いたローザ・ボヌール同様、動物が大好きだった。五十枚ほどの自画像の多くには、猿や犬や猫に囲まれたカーロの姿が描かれている。オウムも飼っていた。ここでは、二羽の鳥が両側に描かれているね。とさかがあるけれど、おそらくハトのつもりだろう」

「きっと、この鳥たちは、フリーダ・カーロにとって守ってくれる存在だったんだよ。守護天使みたいにね。それに、ブランクーシの彫刻と同じで、飛ぶことの象徴でもある」

「そうだね。そして、メキシコ人画家のディエゴ・リベラとの恋も象徴していると思う。ハンナ・ヘーヒとラウル・ハウスマンとの関係に似て、情熱的な関係であり、アートにおける師匠との関係を背景にしたものだったが、私的なレベルでは虐待を受けた。カーロは特に、事故のために子どもを産めなかったことに苦しんだ。運命はときに残酷だね」

「いつも死と隣り合わせだったことを、絵を通して伝えたかったのかな」

「そうだね。でも、フリーダ・カーロの自画像は、誇り高い。ありとあらゆる殉教者を超えた存在である聖母のように自分を描くことで、もっと地に足のついた教訓を、どんな運命にもくじけないための教訓を説いているんじゃないかな」

「つまり、どういうこと?」

「私を殺さないものは、私を強くする」

フリードリヒ・ニーチェの言葉だ。それは、モナの心に強烈に刻み込まれた。どんなにつらい体験も、生きている限り、強くなるために必要な試練なんだ。

外では、にわか雨がパリを通り過ぎた後だった。舗道は濡れていた。モナは祖父に声をかけた。巨大で、幻覚のようなはっきりとした虹が、パリの上空を横切っていた。

ふたりとも、無意識のうちに、首からさげたペンダントの貝殻を握っていた。

43

パブロ・ピカソ　すべてを壊さなければならない

二カ月ぶりにオテル・デューの診察室に行くと、ヴァン・オルスト医師は机の前に座っていた。モナの検査結果はすべて良好だった。失明の発作の件を除けば、視力はむしろ、並外れて優れている。ヴァン・オルスト医師は夏休み前と同じように、カミーユに診察室から出るように言い、モナを革張りのひじかけ椅子に座らせた。そして、真剣に言った。

「モナさん、つらい経験になるかもしれないけれど、覚悟はできていますか？」

「私は死ぬんでしょうか？」

「まさか。死ぬなんてことはありません。でも、治療のため、私の仮説を検証できるように、事前に内容を話すことはできません」

モナは一瞬ためらったけれど、勇気を出してうなずいた。ヴァン・オルスト医師は、今日は催眠状態にはしないが、ただ楽にして深呼吸をしてもらいたいと、モナに指示した。モナが完全にリラックスしたと判断すると、「目を大きく開けて、まばたきをしないように。そして、貝殻のペンダントをそっと外して」と指示した。

モナは、貝殻のさがっているテグスを指でつまむと、できるだけゆっくり外した。

世界は、みるみる暗くなった。

病院の白い空間は、まず壁が真っ暗になり、次に床が、天井が、家具が、そして最後には病院全体が、暗闇に呑み込まれていった。自分の手足も見えなくなり、無に溶けていく。恐ろしかった。

モナの目は大きく見開かれ、瞳孔は開いたままになっていた。自宅の食卓で、父親の店で、祖父とオルセー美術館で経験した悪夢が再来したのだ。

医師の声が「息をしてください」と促した。温かい波のようなものが押し寄せてきて、体に力がみなぎってくる。手に持ったままだったペンダントを首にかけ、貝殻が胸の上にあるのを感じた。すると、まるで夜明けが一瞬にして夜を消し去ったかのように、あたりは明るくなった。

モナは息を整え、消え入るような震える声で、医師に自分の体験を話した。

「また光が消えました」

医師は患者の様子を見て考え込んでいたが、ふと我に返り、無理に笑顔になって言った。

「ええ、わかりましたよ。モナさん、がんばりましたね」

そして、娘を迎えに部屋に入ってきたカミーユに向かって、医師は毅然とした、かつ慎重な口調で説明した。

「モナさんはまだ、ペンダントを外してはいけません。あと少しです」

＊

アンリはモナに、クリーム色のリボンがついた大きな麦わら帽子をプレゼントしていた。その帽子はモナにとても似合っていた。

「最後にこれをかぶったのは、モナのおばあちゃんだったんだよ」と、アンリがつぶやいた。

モナはそれを聞いて、プレゼントがどれだけ大切なものかを理解し、泣き出した。目をこすって、あふれる涙を止めようとするうちに、抜けたまつ毛が、まぶたの裏に入り込んでしまった。足に刺さった微小なトゲのように、目に入り込んだたった一本のまつ毛は猛威を振るい、精密な目という臓器を事実上、停止させてしまう。

ようやくまつ毛が取れたとき、モナの全身は、強烈な安堵感に包まれた。心配そうに見ていたアンリもほっとした。モナが自分の目と格闘するほど、不安にさせる光景はない。

そして今日ポンピドゥーセンターでモナが発見するのは、目を錯乱させることにかけては美術史上、最強の大物ともいえるアーティストの作品だった。

ふたりの女性が描かれている。ひとりはベッドに裸で横たわり、構図のほぼ中央にいる。もうひとりは手前の右側の椅子に座り、マンドリンのネックの部分を持って座っている。左側には中身のない木の額縁が置かれている。これらすべての要素を見分けるには、かなりの努力を要する。全体が幾何学的な形にすっかり分断されて（頭、あご、ひざ、ひじの丸みはなくなり、すべてがとがった形になっている）、陰鬱な雰囲気に包まれている。

背景は、茶色、灰色、黒といった色調で、異なる視点から見た飾り気のない建築の要素を寄せ集めている。横たわっているモデルの肌は病的な青みがかったベージュで、マンドリンを持つモデルは青い肌で、髪の毛は緑色だ。ベッドと椅子はいかにも固くて座り心地が悪そうだ。そして何よりも、人体はひどく奇妙に描かれていた。

いろいろな部分が切り離され、左右非対称に、解剖学を無視して再結合されている。目は額の上のほうにあり、左右がちぐはぐで、口は唇のないただの線だし、奇妙にねじれていて、体全体のどこがどうなっているのかがわからない。たとえば、横たわっている女性は、下腹部を見れば絵を見ている人のほうを向いているようなのだが、脇腹にはおしりの二つの山があって、足か頭のほうから見て大ざっぱに描かれているように見える。両者のモデルとも、陰部が見えるようにこちらを向いているが、脇腹にはおしりの形がある。同様に、どちらのモデルも肩と乳房が混ざり合っているように見えた。顔、横顔、三面図、浮き彫りと平面、奥行きと表面という概念がすべて平面的に並べられていて、まるで割れた鏡の像のようだ。

パブロ・ピカソの《オーバード》を、長い時間をかけて見ながら、モナの心は高揚し続けた。伝統的な、あるいは学問的な文脈の中では、ふたりの女性はピカソ独自の美の化身であり、甘美で官能的な存在として描かれている。しかし、激しく手を加えられた怪物的ともいえる女性像に、モナは夢中になった。絵を作る線、量感、色がすべて、注意を惹きつけるその絵の表現力に、心をとらえられたのだ。

作品の前であぐらをかいて座っていたモナは口を開いたままで、なおも作品を見続けていた。その息づかいを聞いていたアンリは、とうとう沈黙を破った。

「一九四〇年、フランスはナチスに敗れ、パリは占領された。暴力的で、人種差別的で、反ユダヤ的な敵対勢力が自由の声を封殺し、街全体が奇妙で息苦しい雰囲気に包まれた。スペイン人画家のピカソもその一人だった。一八八一年、画家の息子としてマラガに生まれ、早熟な絵画の達人として、卓越した技術を発揮した。『私は子どもの頃、ラファエロのような絵を描いたが、子どものように絵を描けるようになるために一生を費やした』と言っている」

「セザンヌみたいだね」

「そう、セザンヌはピカソにとって偉大なお手本だった。《オーバード》を見ると、ふたりのモデルの顔、横顔、背中が同時にこちらに見える。すべてがばらばらになっているんだ。これは当時キュビズムと形容されたスタイルで、セザンヌに深い影響を受けて一九一〇年代に本格的に始動し、ピカソと友人のジョルジュ・ブラックが中心人物だった。キュビズムは、現実を破壊し、解体し、それから自分たちのやり方で現実を再構成し、世界の裏側を見せようとした。ピカソはその生涯でさまざまなスタイルの絵を描いたが、キュビズムのアプローチに頻繁に立ち戻った。一九四二年のこの《オーバード》もその一例なんだよ」

「まるで世界がばらばらに壊れてしまったみたいだね」

「そうだ。ピカソは、一九三七年にスペインの市場で一般市民が虐殺された様子を描いた有名な大型絵画《ゲルニカ》をはじめ、戦争を強く批判する作品を数多く制作した。一方で、日常的な題材を、ばらばらのかけらの寄せ集めのように描き、通常の物の見方を破壊する作品も発表しているんだよ」

「この絵には、私たちがよく知っている絵画のすべてが、少しずつ含まれている。たとえば、ティツィアーノの《田園の奏楽》の裸の女の人や、音楽のテーマ。でも、同じような場面だけれど、ピカソは悲しく、暗く描いている。屋外ではなくて室内で、すべてが歪んでいるし、色合いも暗いよね」

アンリは驚き、モナをほめたくなった。でもやめておこう。ピカソの絵について、ふたりはほとんど対等な立場で話しているのだから。

「おじいちゃん、私が思うに、ピカソは絵画をめちゃくちゃに破壊したようでいて、本当は、絵画をこのうえなく愛していたんだよ」

「おじいちゃんもそう思う。ピカソは美術史の巨匠たちに造詣が深かった。そしてこの《オーバード》は、モナの言う通り、ティツィアーノの絵に多くを負っている。ピカソはゴヤ、クールベ、マネも敬愛していた。そうした画家たちの絵を自分なりのやり方で描き直していたようにすら思われる。過去の作品を否定したわけではなくて、むしろ、そこにある優れた点をもっと伸ばすために、自分の新しいアートに生まれ変わらせたんだ。この《オーバード》では、すべてが崩壊してしまったかのようで、遠近法は崩壊して、全体がパズルみたいになっている。でも、基本的には偉大な絵画の伝統を引き継ぐ作品なんだ」

モナはしばらく考え込んだ。古典主義といえば、プッサンやダヴィッドの作品について、力強く安定した精緻な表現を指して使った言葉だ。モナはまた、モネなどの作品を見ながら近代について祖父と語り合ったことを思い出した。ピカソは、古典主義と近代という二つの概念を、奇跡的に出合わせたということなのか？

アンリが話を再開した。

「悲劇的な空気が、いろんなもので示されているね。顔は割れているみたいだし、体は生気を失って固まっている。天井の角張った模様や、暗い色彩にも、空虚な感じが漂っている」

「左にある額縁のことだよね。ふつうは絵か何かを入れるものだけれど、ここでは空っぽで、それだけがぽつんと置かれている。これは、絵を描くことをやめたアーティストの象徴なのかな？」

「この空っぽの額縁が表しているのは、沈黙するアーティストだ。右の女の人も、マンドリンを弾かないで、ただ手に持っているよね。ここで知っておかなくてはならないのが、ナチスがピカソの芸術を忌み嫌い、『退廃芸術』に指定していたことだ。ナチスは、芸術は人間の肉体を力強く美しく表現するものでなければならないと考えていた。ピカソが頭を緑色と青の三角形に描き、胸と脇の下の位置関係をめちゃくちゃにして描いたのは、ナチスにとっては人間に対する侮辱であり、人間を腐敗させ、退廃に導き、弱体化する行為にほかならなかったんだ」

「それに、見て。マットレスに、途中で折れ曲がっている九本の線が描かれているね。真ん中にあって、刑務所の鉄格子か、人をベッドに縛りつけるためのロープに見える。そして、横たわっている女の人の髪も九本の黒い線で描かれていて、髪もやっぱり金属のように重そうだよ」

そう聞いて、アンリは絵にさらに近づき、灰色の線で区切られた髪の束を数えた。確かに、九本だ。モナの目が、またしても一目見ただけで、それをとらえたのだ。ある意味、ピカソの驚異的な知覚を思い出させる。

ピカソの天才的な知覚を示すのが、やはり一九四二年に制作された牛の頭の彫刻だ。ガラクタの中から見つけた革のサドルと、自転車のハンドルを組み合わせて作った作品である。ピカソは類まれな観察眼の持ち主であり、周囲のありとあらゆるものを見た。そして、ピカソは、同じように鋭い視覚を持つ夜行性の鳥たちに魅了され、そこに自分自身を投影した。

「ピカソは結局、何をしたんだろう？　現実を解体し、それをすっかり裏返しにしてしまったと考えればいいんじゃないかな。現実は、すべらかで平坦なものではなく、でこぼこしていて、とがっていて、あちこちに切れ目や出っ張りがあるようなものに変身する。さっきモナの目に入ったまつ毛のように、見る人を視覚的に不快感に陥れるような作品を、ピカソは目指していた。友人でありライバルだったアンリ・マティスは、絵画を『体の疲れを癒やす座り心地のいいひじかけ椅子のようなもの』と表現したが、この《オーバード》はその真逆だ。マットレスそのものが牢屋みたいになってるんだから」

「すべてを壊そう。それが、戦争中に描かれたこの《オーバード》に込められたメッセージなんだね。鎖を壊し、鉄格子を壊そうっていうことだね」

「そうだ。そして、もっと言ってしまえば、身の回りの物すべてを壊して、その仕組みを理解しようということでもある。ピカソの絵は天才的であると同時に子どもの絵みたいでもある。天才的といえるのは、美術史の巨匠たちの足跡をたどっているし、世界の秘密を解き明かす作品になっているからだ。そして、世界の仕組みを発見するために、まるでおもちゃを壊す子どもみたいに、いろいろな物を分解したり壊したりしたというわけだ」

「それから、自分が好きなようにかけらをくっつけたってわけだね」とモナは肩をすくめた。

モナは、祖母の麦わら帽子をかぶってモントルイユのアパルトマンに戻った。とても誇らしい気分だった。コスモスが、帽子をかぶりたいとでもいうように、飛びついてきた。モナはコスモスの頭に帽子をかぶせ、まだ小さなコスモスが帽子の下にすっぽり入ってしまったのを見て笑った。

モナは帽子を再び手に取ると、クリーム色のリボンを外して、コスモスの首に結んだ。

「今晩は、ピカソの《オーバード》について話そう」と、モナはコスモスに言った。

でも、アートの授業を始めようとしたところで、モナは、うっかり重大なことを祖父に聞きそびれたことに気づいた。「オーバード」って、いったい何だろう？

44

ジャクソン・ポロック
トランス状態になってみよう

夏はあっという間に過ぎた。中学校に通いはじめる九月の初めの月曜日、モナが目を覚ますと、全身が汗でぐっしょり濡れていた。ようやく深夜に眠りについたのに、悪夢にうなされたのだ。新しい学校へ向かう途中、不安のあまり吐き気を催しながら、一緒に歩いていた母親の手に爪を立てた。なんとか不安を隠そうとしていたのだけれど、嫌な予感で胸がいっぱいだった。

数百人の中学生たちが、校舎になだれ込んでいた。心配そうな子も、勇ましい顔つきで颯爽と歩く子も、甲高い声でおしゃべりをする子も、大声を上げる子もいた。カミーユはモナの手を離すとき、無理にほほえんだが、モナの気持ちを察するとかわいそうでたまらなかった。

中学一年生の教室が並ぶ廊下は暗く陰気で、果てしなく続いているように感じられた。モナが三十人ほどの見知らぬクラスメートたちと一緒に押し込められた教室は、田舎の古い家みたいにほこりっぽいにおいがした。クラスは一転して静まり返り、ささやき声さえ聞こえなくなった。モナは、教室のいちばん後ろの席で、じっと座っていた。

とうとう、教師らしい若者が入ってきた。スリーピースのスーツに身を包み、スカーフを首に巻いている。その場にいるのが嫌でたまらないという気持ちを、高慢な態度と表情ににじませていた。

「私がフランス語の教師です」

そう告げた教師の顔を見て、モナは驚いた。オルセー美術館のゴッホの絵の前で会ったあの若者だ。モナが絵を見て笑ったときにそばにいて文句を言ってきた。その場では一応謝ったが、後で廊下で見かけたときには思いっきり舌を出したのだった。よりによって、あんな嫌なやつと、生徒の立場で再会するとは。

昨晩からの嫌な予感が当たってしまった。モナは背中を丸めた。世界はいったい、どうなっているんだろう。視点を変えれば、モナだって、他人にとっては謎の存在なのだ。現実は凍りついたかのようによそよそしく、理解できない。手がかりをつかむにはどうすればいいのだろう？　おそらく、自分から、そこに入り込もうとするしかない。

教師が出席をとりはじめた。生徒たちはおずおずと手を挙げ、聞き取れないくらい小さな声で返事をした。教師はそれを見て、ますます意地悪そうに笑った。モナは自分の名前が呼ばれると、手を挙げる代わりに、ペンケースをぎゅっと握った。ひっくり返ったペンケースから、中身がすべてこぼれ出し、大きな音を立てて床に散らかった。

「はい！」

モナはその音と同時に、大声で叫んだ。

教師は顔をしかめ、長い間、モナを見ていた。この横柄な生徒は何者だろう？　どこかで会ったような気がする。でも思い出せないまま、このできごとを不慮の事故として片付けたらしい。クラス中がモナに注目した。誰もがモナの顔を見たおかげで、モナには、新しい同級生全員の顔が見えた。

＊

水曜日の午後、麦わら帽子をかぶってポンピドゥーセンターに向かって歩きながら、モナはアンリに、自分に降りかかった思いがけない不幸について話した。

「おじいちゃん、信じられる？　私のフランス語の先生は、さらには担任の先生で、オルセー美術館で会ったあの嫌なやつだったの！」

なるほど、モナに、運命の気まぐれ、偶発性と必然性について詳しく説明してやる必要がありそうだ。でもモナの説明には、心をつかむところがあった。モナは「さらには」と言い続けた。それは大人の言い回し、成長の証だと、アンリは思った。自分自身は何歳で初めて「さらには」という表現を使っただろう？　もしも人生を巻き戻して、自分が使ってきた言葉をすべて再生することができたなら……たとえば「死」「美しい」「愛してる」、そして「さらには」などの言葉を最初に言ったときが思い出せたなら！

そう考えると、アンリはいらだちを覚えた。そして、人生においては、肯定形よりも前に感嘆形が登場することに気づいた。すべては、声にならない叫びから始まったのだ。アンリはそう気づくと心が晴れた。

その瞬間のアンリの脳をマッピングしたら、モナが今日ポンピドゥーセンターでふと足を止めて見入った絵のようだったに違いない。

抽象作品であり、色彩の筋やしずくが互いに交差し、絡み合い、重なり合う、物質のカオスのようだ。カンバスは、溝かしわのような線や点がすきまなくちりばめられていて、完全に飽和している。じっと見ていても、特定の模様は浮かび上がってこない。現実の世界にあるものになぞらえるなら、ずたずたに切り込みを入れられたじゅうたんに似ている。より正確には、画家のアトリエの床を保護するためのカーペットのあちこちに、薄めた塗料のしずくがこぼれて汚れてしまった状態と言ったほうが近い。

ただし、どろどろした塗料が無秩序に落ちてくるのを受け止めたようなそのカンバスには、一種の構造が見られる。意図的に組織化されているわけでも、構成されているわけでもなく、明確な中心も周縁もないのだが、そこにはリズムと全体的な一貫性がある。大きな黒いしみが十カ所ほど、白波に洗われる群島のように散らばっていた。また、いたるところに黄色と赤の点が散らばっていて、その上に銀色に輝くグレーの曲線が、ほかの色よりもはるかにたくさん絡みついている。

特筆すべきは、これらの色のひとつひとつが、互いに溶けあうことなく重なり合っていることだ。それほど、塗料は濃くてどろりとしている。さらに、この絵は無限に広がる全体から切り離された断片であるかのように感じられることも、注目に値する。

モナは、アメリカ人画家ジャクソン・ポロックのこの絵の前で三十分過ごしたいと言い、アンリを喜ばせた。この絵は縦六十センチ、横八十一センチと小さく、隣にはポロックの大型作品が展示されているのに、モナはあえて小さいほうを選んだ。アンリも、ポロックのアートは、小さなサイズのほうが理解しやすいと感じていた。

美術史家なら誰もがふたりの意見に反対するであろうことを、アンリは知っている。抽象表現主義は、戦後間もない時期にニューヨークで、マーク・ロスコ、フランツ・クライン、ウィレム・デ・クーニング、ロバート・マザウェルらが参加した運動だ。堂々とした抽象的な形が、大きな画面に爆発するように描かれている作品が多い。

でも、人間の天才の秘密を解き明かすために、必ずしも専門家が主張する道をたどる必要などない。モナは、自分の鼻に必死に止まろうとするハエを追い払った後、ようやく口を開いた。

「あのね、おじいちゃん、今まで私たちが見てきたのは、自分が何をどんなふうに描きたいかをわかっていて描いているアーティストの作品だった。今回初めて、それが完全に覆されている。すべてその場の思いつきで描かれた絵だよね。とはいっても、おじいちゃんが言おうとしていることは、もうわかっているよ」

「え、そう？　それなら自分で言ってごらん」

「おじいちゃんなら、この絵には実はもっと複雑な何かが秘められているって言うに決まってる」

「当たり。それで、モナがほかに気づいたことは？」

「色があちこちに、ありとあらゆる方向に投げつけられていて、変なテーブルクロスみたいに見える。その場の思いつきで描いたようでいて、実際にはそうではなくて、ポロックが意図した通りに、調和がとれているんだと思う」

アンリはさびしいような、うれしいような気持ちでほほえんだ。モナは、アンリが言おうと思っていたことをほとんど代弁してくれたのだ。でも、ここでポロックを歴史的な観点から説明しておこう。

「言葉で説明できるような明確なモチーフを忠実に描き、絵画をそれらしく見せるというヨーロッパの古い伝統を、ポロックは退けた。遠近法を的確に用いることで奥行きの錯覚を生み出すのではなく、根源的なエネルギーや素早い身振り、偶然性といったものを記録した絵画を描こうとしたんだ。これを、アクション・ペインティングという。ポロックにとって、カンバスは闘いの場だった。その絵には逸話も象徴も、物語もない。カンバスは、目の前のアーティストの怒りをただそのままとらえるだけで、暴力を表すのではなく、それ自体が暴力になる」

アンリはさらに続けた。

「このカンバスはイーゼルの上で描かれたものではない。ポロックはカンバスを床に広げて、それをいわば征服した。筆で何層にも絵の具を塗り重ねるのではなくて、塗料の入った缶に棒を浸し、投げつけた。乾燥して固くなった筆も使ったし、スポイトでしぶきや細い雲を表現した。絵の上に、黒い塊があるよね。これは、塗料の缶から直接液体を少し垂らした跡だ。初歩的な方法とわずかな色彩で、一平方メートルの半分にも満たない小さなカンバスに、まるで生き物の複雑な臓器や、あるいは細かい筋模様のある石、星座をちりばめた夜空のようにも見える密度の濃い絵を描いたんだ」

「おじいちゃん、私、ポロック大好きだよ！　だけど、まるで落書きみたいで、子どもでも同じことができるような気がする」

「ポロックについては、確かにそう言う人が多い。子どもたちが実際にはポロックみたいな絵を描かないのが残念だけどね」

「私、やってあげるよ！」

「今は遠慮しておくよ、モナ」とアンリはほほえんだ。

「それはさておき、ポロックを批判する人ばかりだったわけじゃない。それどころか、影響力のある批評家が美術史の集大成だと絶賛し、アートの愛好家や権力者にもてはやされた」

「権力者が、どうして？」

「戦後のアメリカは、今で言うところのソフトパワー、つまり文化やシンボル、価値観の力を強く信じていた。当時の多くのアメリカ人にとって、ポロックのような抽象画は、芸術を侮辱するように見えたかもしれない。それにポロックは気性が荒く、酒飲みで、政治的には左だったし、当時のアメリカは保守党政権だった。それでも、政府はポロックをぞんざいに扱うよりも、新大陸アメリカの自由と大胆さを体現する人物として、いわばアート界のジェームズ・ディーンとして売り込むほうが得になると考えたんだ。古いヨーロッパと一線を画するアメリカとして、ソ連に対して威光を示すための手段だったんだよ」

「そうだ、そういえばソ連は、マレーヴィチの抽象芸術を禁止したんだったよね。色彩が爆発したようなポロックの絵を見て、なんて変な絵だと思っただろうね！　でも、ポロック自身は、どう思っていたんだろう」

「ポロックはあまり自分の意見を言わなかったし、周囲にどう思われようと、関心を持たなかったんじゃないかな。若くして、一九五六年に飲酒運転による事故で死んでしまった。ポロックにとってのアメリカは、アメリカ先住民の国だった。リズムがあり、拍子があり、ほとんどいつも踊っているような国だ。アルコールによって、ポロックは自分自身から抜け出し、トランス状態を経験した。ポロックの絵画へのアプローチは、シャーマニズムに似ている。ポロックの考えでは、精神は旅をしなくてはならない。新しい平面や球体を発見し、自分自身の道を見つけるために、そして自然界に溶け込み、動物や物質と一体化するために。ポロックのアートがアメリカのアートだと言えるのは、その源流を突き詰めれば、アメリカ先住民の文化だからだ。このことは、多くの人によって繰り返し指摘されているんだよ」

ちょうどそのとき、モナの顔の前にまたハエが飛んできた。モナが手の甲で追い払うと、ハエはパニックになったように、空中で何度か輪を描いて隠れ場所を探し、ポロックの絵の左端にある白い部分に止まった。ハエが左右の複眼と三つの単眼をきょろきょろさせているのが、モナにははっきり見えて、突然めまいに襲われた。

「あのハエには、ポロックの絵がどんなふうに見えているんだろう」

「ポロックは、自分の絵を見る人にそんなふうに思ってほしかったんだよ。つまり、別の存在になったような気持ちを体験してほしかったんだ。さあ、モナも、目を閉じてごらん」

モナは目を閉じた。

「そして、自分がハエだと想像してみるんだ」

モナは集中して、祖父の声に従った。

「モナは、ふだんの百分の一の小ささになった。ということは、ポロックの絵の中で、モナには絵が百倍大きく見えているはずだよ」

「きれい」と、モナは目をぎゅっとつぶったまま言った。「色のしずくに見えていたものが、大きな滝みたいに見える。すごくきれい！」

「モナは、アブラムシにだってなれる。ものすごくちっぽけなアブラムシにね。そうすれば今度はすべてがもっと大きく見える」

モナは目を閉じたまま、想像の世界で、絵に止まったハエの気分で、足もとにある絵を見た。ハエのように絵を足元に見ると、カンバスの八十センチは八十メートルに広がった。さらに、アブラムシと同じサイズにまで縮むと、絵の大きさは八百メートルになった。モナの心の中で、絵は広がり続ける。見渡す限り、何キロも先の地平線にまで、ポロックの交錯する色が広がっていた。

「自分が小さくなった気がするよ」と、モナはうっとりとつぶやいた。

「モナは、原子よりもさらに小さい素粒子に自分を投影することだってできるはずだよ。そうすれば、この数十センチ四方の絵は、巨大な宇宙の果てにある惑星のような未知の世界に感じられるはずだ」

モナは、自分が突然、素粒子になったのか、それともポロックのカンバスが宇宙のように広がっているのか、わからないまま想像を続けた。目の前には、八百万キロメートル、または八十億キロメートルの色のほとばしりが広がっている。太陽系全体にまたがる大きさだ。足が震え、気が遠くなりかけたところで、祖父がモナの肩をつかんだ。

モナはやっと目を開いた。

「ああ、おじいちゃん。ポロックの絵から学べるのは、トランス状態になってみようっていうことだね？」

「その通り。でも最後は、トランス状態から抜け出さないと、地面に落ちてしまうよ」

「さらには、ハエのように落ちることになるとも言えるね」

「さらには、そうだ。モナが言うようにね」

45

ニキ・ド・サンファル
人類の未来は女性である

ポールのビジネスは軌道に乗り、店には本腰を入れなくなっていた。携帯電話と通話ができるように改造したダイヤル式電話機が、急速に売り上げを伸ばしていたのだ。ミーティングをした若い起業家たちは、ポールにとってかなりいい条件で契約を持ちかけてきた。

カミーユの勧めもあり、ポールは自問した。店を売って、新たなビジネスに専念するべきなのではないか？ モナは、あえて何も言わずにいたが、内心、気が気でなかった。

モナは店の床にコスモスと一緒に寝そべって、鉛筆を持ち、日記の続きを書こうとしていた。七月末に始めた日記には、去年の秋に失明して以来のできごとを書いている。マグリットやブランクーシとの出会いについて、また、ＭＲＩ検査について、検査の後のできごとについて……体験したこと、見たもののすべてを思い出すと、頭がくらくらしてくる。

モナは思考の流れにまかせることにしていた。今度は、まだ短い人生の中では遠い遠い過去にあたる頃のことが思い出される。ノートに書き続けることで、もはや今の自分とは違っている八月の自分と出会い、さらには、見失って久しい大陸のように思われる幼少期の記憶にまでさかのぼることができた。

十一歳のモナが、三歳の頃の自分に逆戻りすると、そこで待ち受けていたのは、意味が濁流のように流れ、真実が弾けるような世界だった。

最愛の祖母コレットが、首にさげていたペンダントをくれて、こう言った。「モナ、いつも自分の中に光を灯していて」

小さなモナは、またおばあちゃんに会いたいと思ったが、それが最後になった。

モナは当時、誰かにもう会えないとはどういうことかを理解していなかった。自分の存在が始まったばかりだったあの頃、存在しなくなることがどういうことなのか、誰も説明してくれないままだったので、モナには底知れぬ謎に思えた。人生を前進させるとは、見たことのない傷を見るための努力をすることだ。その傷は、見えにくいからこそ深いところで人間を悩ませる。

モナはノートに小さく震えた字で「おばあちゃんはどうして死んだのか」と書いた。足元で丸くなっているコスモスが、のんきにあくびをした。

*

ポンピドゥーセンターの南側には、約六百平方メートルの大きな人工池があり、その周囲には十六個の彫刻が水面に置かれ、さまざまな仕掛けによって動き、水を噴き出している。モナが近づくと、サンメリ教会に隣り合う建物の広大な壁に、巨大なグラフィティの壁画があることに気づいた。口元に指を当てた顔の半分が描かれている。まるで、通りにいる人みんなに、「静かに」と言っているようだ。

道ゆく人に、有名な水上の動く彫刻を鑑賞するように呼びかけているのだろうか？　そうかもしれない。それとも、水音に耳を傾けるように言っているのかな？　それも当たっていそうだ。噴水は耳を澄ませばリズミカルな水音を立てている。

アンリは、ここにあるのはふたりのアーティストたちの作品だと説明した。不条理で武骨な機械のように見える黒い彫刻は、スイス人アーティスト、ジャン・ティンゲリーの作品だ。一方で、黄金の王冠から水が噴き出すとても不思議な指揮者をかたどった《火の鳥》などの色彩豊かな彫刻は、ティンゲリーのパートナーでもあったニキ・ド・サンファルの作品である。

「このふたりはアート界のボニーとクライドを自認し、アンファン・テリブル（恐るべき子ども）だと思っていた。まるで、挑発しあう共犯者どうしのようなふたりだったんだ」とアンリは説明した。

モナは「ボニー」ことニキ・ド・サンファルの作品に惹きつけられ、巨大な乳房の人魚と、螺旋を描いて回る蛇を、うっとりと見つめた。

「まるでコルク抜きみたいだね」と、モナは髪をくるくると指に巻きつけながらつぶやいた。

アンリは、その素朴な感想をニキ・ド・サンファルが聞いたら、間違いだと言うどころか、むしろ喜んだだろうと思い、こう提案した。

「ポンピドゥーセンターにあるニキ・ド・サンファルの作品を見に行こうか」

「賛成！」と言って、モナはアンリの手を引っ張った。

白いドレスをまとった巨大な花嫁だ。ギャザーのあるドレスのスカート部分も、筋状に固まっている長い髪も、胸に抱いたブーケも、全体が純白というべきか、グレーがかった石膏で固められている。結婚式と聞いて連想されるような清純さは影をひそめ、すっかりグロテスクな幽霊のようになっている。

その印象は異常なプロポーションによってさらに強まっている。人物は等身大よりも三割増しくらいの大きさなのだが、重そうで巨大な体に比して頭だけは極端に小さく、正面から見ると少し右に傾いていて、かろうじて見える顔は粗末な仮面のようだ。口には切れ込みがあって、あえいでいるようにも見える。

さらに不気味なのは胴体の部分だ。花嫁は右手で化石のようになった花束を抱え、ロダンの彫刻が退化したような左手は腹の上に置かれている。胸と腕の表面には、小さな物がうごめくように密集していて、全体が腐敗した肉のようでもある。とりわけ赤ちゃん人形などのおもちゃが多く、飛行機の模型、自転車に乗る人、馬車、アヒル、蛇、鳥、子ども用の靴などが見えるが、重なり合っていて何の形かよくわからない物もある。


モナは何度も身震いしながら作品を見つめた。暗い人生が宿っている作品であることが伝わってくる。実際、ニキ・ド・サンファルはとても困難な少女時代を過ごした。あまりに悲痛な事実の数々について、アンリはモナに話す気にはなれず、ただ「ニキ・ド・サンファルの人生には、さまざまな試練があった」とだけ説明した。父親から性的虐待を受け、祖母はナチスに占領された城の火事で亡くなり、妹は自殺したことは言わなかった。このような不幸な人生が、作品を見る目に暗い影を落とすのを避けたいと、アンリは思った。するとモナが口を開いた。

「私はね、この作品を見ると、ゴヤの怪物や、ハマスホイのトロールの話を思い出す。ハマスホイは、北欧の伝説に登場するトロールにこだわって、奥さんを背中から見た絵の服のそでにも顔を描いていたよね。この花嫁はまるで幽霊みたいでもあり、戸棚の中で干からびているみたいでもある。そういえば、さっき見た水上の動く彫刻も、ちょっと怪物みたいだったような気がしてくるよ」

「ニキ・ド・サンファルは自分でも、怪物に魅了されていると言っていたんだよ。怪物が出てくる映画が好きで、だからこそ自分でも無数の怪物を作ってきたし、無限に創作できそうだと語ったこともある。石膏の下に、おもちゃをたくさんくっつけてあるのには気がついたよね」

「もちろん。あごの下にはプラスチックの赤ちゃん人形があるし、肩には飛行機の模型が、そのすぐそばには鳥のおもちゃがあるよ！　楽しい雰囲気を出そうとしたつもりなのかな？」

「そうじゃないことは確かだよ。おもちゃがどんなにたくさんちりばめてあったところで、花嫁が幸せになれないことを、ニキ・ド・サンファルはよく知っていた。実は、おもちゃをコレクションしていたんだ。人形だけでなく、子どもがおもちゃ箱に入れてあったのに、大きくなって屋根裏部屋にしまい込んでしまうような恐竜とかもね」

「マルセル・デュシャンに似ているね。すでに存在するものをアートにしてしまったんだ」

「一九六〇年代のアートにはそういう傾向が広く見られた。フランスでは、これはヌーヴォー・レアリスムと呼ばれ、ニキ・ド・サンファルはもちろん、ギャラリー全体をごみで埋め尽くしたアルマンなどがいた」

「それを言うなら、この作品は、古いおもちゃを捨てたごみ箱みたいだよね」

「その通り。まるでこの花嫁は、子どもの世界のパワーにすっかり征服されてしまったみたいだ。《花嫁》は一九六三年の作品だ。硬直した死体のような姿は、伝統的な結婚式の華やかなイメージに反しているし、悲鳴に引き裂かれたような顔は、反抗を表している。一九六〇年代は、若者たちが自由と寛容、すべての人間の平等、戦争や帝国主義への反対を掲げ、世界中で闘いを繰り広げた。ニキ・ド・サンファルは苦悶の表情を浮かべるこの花嫁と一緒に、叫びを上げているんだ」

「それで、何を叫んでいるんだろう？」

「女性は良妻賢母の役割だけに縛られるべきではないということ。伝統にとらわれず、自分の欲望を貫き、選択する自由を持つべきだということだ」

「どんな選択？」

「それはつまり……」

アンリは言葉を選んだ。

「ニキ・ド・サンファルは、人生のある時点で、自分は模範的な母親にはなれないと考え、子どもではなくアートに人生を捧げた」

「怒りが込められているみたいでもあるよね」と、モナは顔をしかめてつぶやいた。

「そうだ。絵の具を入れた缶や袋を石膏によって絵画に貼り付け、それに向けて銃を撃つ『射撃絵画』も制作した。弾丸が当たると、その衝撃で色がカンバスに噴出するというわけだ。でも、ニキ・ド・サンファルのアートを完全に理解するには、作品の中で女性のイメージが二元論で扱われていることに着目しなくてはならない。《花嫁》には二つの側面があって、死の表現であると同時に、献身的な妻とは違う生き方をするように、女性の再生を促す呼びかけでもあるんだ」

「違う生き方って、どんな？」

「たとえば、さっき池で見たカラフルな人魚や、有名な『ナナ』シリーズで、槍投げ、ダンス、ジャンプをする女性たちの彫刻だ。どれも丸い体つきで腰が大きく、頭が小さい。社会の命令から自由に、活発に生き、輝かしい未来を表現しているんだ。《花嫁》が、欲望を無視され、伝統によって孤立している女性を象徴しているのとは、対照的だね」

「二つの女性像の話はわかったけど、この作品からは、どんなことを学ぶべきなのかな？」

「一九六三年、《花嫁》が誕生したのと同じ年に、ニキ・ド・サンファルが私たちに伝えているメッセージそのものみたいな詩が書かれた。書いたのは、政治的な意見を熱心に主張した共産主義の詩人だ」

「その詩人って、誰？　どんな詩だったの？」

「詩人の名前はルイ・アラゴン。『人類の未来は女性だ』と書いた」

「そうか。でもニキなら、『人類の未来はナナだ』って書いただろうね」

「その通りだ。でも、アラゴンの詩も、きちんと覚えておこう」

モナは、大切なペンダントを握りしめていた。花嫁がこれで苦しみを克服できるなら、このペンダントを首にかけてあげるところなのに。

「闘う人、だったんだね」と、モナは澄んだ声で言った。

アンリは驚いてモナを見た。モナの表情にさらに動揺した。かつてコレットがよく「闘う人」と呼ばれていた。モナが貝殻をにぎりながらそうつぶやいたのは、もしかしたら、秘密を知っているのではないだろうか。

アンリが沈黙を破るまで、ふたりは長い間何も言わずにいた。

「そうだ。ニキ・ド・サンファルは闘い続けた。そして、モナのおばあちゃんも、最後まで闘った。それは間違いない」

「知ってるよ、おじいちゃん」

46

アンス・アルトゥング
稲妻のように

カミーユはヴァン・オルスト医師の診察を待つ間、緊張した様子でスマートフォンをいじっていた。予約時間はとうに過ぎていて、カミーユの心は前回の診察の最後に起きたことでいっぱいになった。そのときカミーユは、医学の権威への敬意を示して、医師の話を素直に聞いた。

でも、モナがペンダントを常に身につけていなくてはならないと言われたときには、強く抗議せずにはいられなかった。そんなでたらめな話があるだろうか？　やっと名前を呼ばれると、カミーユは、モナの手を引いて診察室に飛び込み、医師に対して、猛然と抗議を繰り返した。

「先生、いったいどういうおつもりですか？　モナは一年間も先生に診ていただいています。これまで、脳と目に関するありとあらゆる検査を受けてきました。それに催眠療法も受けました。それなのに、ただ、ペンダントを外してはいけないとおっしゃるんですか？」

モナは何も言えずにいた。母親の口調の激しさが恐ろしかったし、大好きな貝殻のペンダントが問題にされているのだ。

「お母様」

ヴァン・オルスト医師は言った。「お母様の怒りはもっともです。お気持ちは理解できますが、精神は恐ろしく複雑なメカニズムであり、可能性を見落としてはならないというのが、私の見解です」

「どういうことでしょうか」

「モナさんと一緒に研究した結果、失明の原因を突き止めたと確信しています。身体機能の問題ではなく、精神的外傷だということが、催眠によってわかりました。もっと言えば、私がお手伝いして、モナさんが探求した結果、遠い過去についての真実を発見することができたのです」

「遠い過去？　でも、モナはまだ子どもですよ」

「確かにそうですね。モナさんにとっての八年前は、私たち大人にとっての三十年前よりもずっと遠い、はるか彼方の、手の届きにくいところにあるんです」

「そうだとして、その遠い過去には、いったい何があるというんです？」

ヴァン・オルスト医師はキャビネットの引き出しを開けて、黒いスパイラルで綴じられたファイルを慎重に取り出した。赤い厚紙の表紙には、太いフェルトペンで「モナの目」と手書きされ、さらに二重のアンダーラインが引かれていた。医師は念入りに詳細なレポートを書いていた。

「そこに、すべてが書かれています。タイトルは、あまり医学的とは言えませんよね、それは認めます。でも、すべてのデータと結論を、この中にまとめました」

「それで、先生の結論は？」

母親がせっかちに聞き、医師が答えようとするのを、モナは身振りで制止した。モナには、すでにすべての答えがわかっていた。自分の中に、自分の深いところで、はっきりと感じていたのだ。その答えは自分だけのものであり、医師の口から聞くべきものではない。

とはいえモナは、医師の話を聞くのを恐れていたわけではない。自分自身の言葉で、自分の印象で、自分自身でそれを言葉にしないことのほうを恐れていた。モナは未来を生きていた。そして、未来を完全に自分のものにするには、自分で責任を引き受けなければならない。モナはやはり、外部の権威に委ねることなく話さなければならなかった。どんなにヴァン・オルスト医師が優しくて有能であったとしても。

「ママ、私が見つけたこと、理解したことは、そのときが来たら、自分でパパとママに伝えたいの」

「モナさんには、内なる光があります」と医師は言った。そして、母親ではなくモナにファイルを手渡した。

＊

その水曜日、アンリはモナがまた大人びて、ますますほっそりしていることに気づいた。そしてこう言った。

「モナ、君の成長の早さには驚かされるよ。背の高さは、もうすぐママやパパを追い抜きそうだね。モナはパパにも、ママにもそれほど似ていない。幸い、おじいちゃんにも似ていないしね」

最後の一言が気に入らなかったのか、モナは急に暗い表情になった。

「私、おじいちゃんみたいになりたいのに。それがダメならママやパパでもいいから、誰かに似ていたいよ」

そしてモナは感極まったように駆け寄り、祖父を痛いくらいに抱きしめた。アンリは驚いて、モナの頭から帽子をとると、髪を優しくなでた。

「とても悲しい」とモナは言った。「私がただ、私だなんて」

アンリは胸が締めつけられるような思いがした。モナはありのままでこのうえなく美しい存在だ。でもモナはまだそれを理解していない。それに、モナが誰に似ているのかは明らかだった。強さ、優しさ、良心の血が、モナの中に流れている。ただ、それが誰の血なのかを、モナは知らない。アンリには、はっきりわかっている。

「もちろん、モナは誰かに似ているよ。そして、誰に似ているかと言えば、パパでもなくママでもなく、おじいちゃんでもない」

「じゃあ、誰？」

「おばあちゃんだよ。モナは、おばあちゃんにそっくりだ」

モナは、大きな澄んだ瞳を見開いた。ふだんのブルーではなく、何かを悟ったというように、太陽のように輝いて見えた。

「おじいちゃん、今日は絶対に、おばあちゃんが好きな絵を見に行こう」


縦百七十センチ、横百十センチの抽象画で、巨大な黒い部分を中心に構成されている。黒一色の平面というよりは、黒い絵の具を吹き付けて作られた震える水たまりのように見える。上下の縁はわずかに揺れていて、その境界線は霧のようで、それが散って消え去っていくような印象を与える。黒の下方にはレモンイエローの層が見えていて、下から二割弱くらいまでを占めている。ここには縦方向にうっすらと無数の黒線が走っていて、これが作品に生き生きとした動きの感覚を与えている。黒色の上の部分には深い青の細い層があり、ここにも細い黒線が縦方向に刻まれている。この部分は、まるで嵐の後に控えめに現れる青空のように、絵の上縁に押しつぶされそうになりながら浮かび上がっている。

黒の広がりの中に、背の高い草のような、あるいは長い毛のような、まばゆい三本の光の線があった。中央の線が最も太く長く、黒の部分全体を縦に貫いている。その左側には、細くて丸みを帯びた線があり、中央の線に触れそうになっている。右側には、もっと目立たない線があり、こちらも中央の線には近づいているが触れてはいない。三本の線は、細い木の幹が上に伸びていく様子を極限まで単純化して表しているようにも

見える。ほかにも、いろいろなものになぞらえることができるだろう。

モナは祖母のお気に入りの作品をじっくりと眺めた。二十四分間、あぐらをかいてこのシンプルな絵を眺めている間、モナは知らず知らずのうちにほほえんでいた。絵が自分の中に光を灯してくれるということを、こんなに感じたのは初めての体験だった。

「おばあちゃんの気持ちがよくわかるよ。きっと、おばあちゃんも、この絵を何時間でも見ていられただろうね」

「そうだよ。何時間でもこの絵を眺めていたんだよ」

アンリは懐かしそうに言った。

「目を閉じても絵のすべてを心の中に思い描けるくらいだったんだよ」

「私には九つのものが見える」と、モナは指差しながら言った。

「まず、三つのゾーン。いちばん下に黄色いゾーン、中央に黒いゾーン、いちばん上に青いゾーン。それから、黄色と黒、黒と青の間には、少しぼやけた境界が見える。もちろん三本の線も見える。そして最後に右下にあるHartung 64というサイン」

「モナの数え方は正しい。九はアルトゥングの好きな数字だったからだ。それはおばあちゃんの好きな数字でもあった。ふたりが出会ったのは一九二九年五月九日、それぞれ二十四歳と二十歳のときだった」

ふたりの年齢を口にしながら、アンリは一瞬、夢見るような表情を見せた。

「おばあちゃんがこの絵を好きだったのは、たくさんのコントラストがあるからだと思う。コントラストは、闘いのようなものだから」

モナはほがらかに言った。その無邪気さに、アンリの胸は締めつけられた。アルトゥングの絵の中心を走る線を見て、それに似ていなくもない顔の傷痕が、かすかに震えるのを感じた。数十年前に片目を失わせた傷がうずく。まるで皮膚が再び開いたみたいに、傷痕が再び目覚めたかのようだ。

そして、不可解なことに、死んだはずの目が曇り、そこから涙が少しだけ流れ出た。予想外の感動の涙は控えめで、モナには気づかれずにすんだ。

「モナ、その通りだ」と、ようやく、アンリは答えた。「アルトゥングはレンブラントとゴヤを敬愛していたんだよ」

「ああ、やっぱり。この絵を見て、ルーヴル美術館の絵画を思い出していたんだ。きっとキアロスクーロが好きで、暗い霧の中から黄色が浮かび上がってくるような抽象画を描くことで、昔の画家から伝統を受け継いでいるんだと思うな」

「ところが、そうでもないんだ。画法がまったく違っていて、アルトゥングは、筆も油絵具も使っていない。車の塗装などに使われるスプレーガンを使ってアクリル絵具をカンバスに吹き付けることで、宙に浮かんでいるような色の部分を表現している。こうすることで、それぞれの色の領域に、震えるような、霧のような、はかなげな効果が出ている」

「確かに、雲のようでもあり、霧の波のようでもあるね」

「アルトゥングは、当時の芸術運動で、雲の芸術を意味するヌアジズムのアーティストと言われることもある。ぼやけた輪郭は、視線を吸い込み、包み込み、絵の中心へと引き込む。この点で、友人だったロシア・ユダヤ系のアメリカの画家マーク・ロスコと共通している」

モナは長い間黙って、祖母のことを考えていた。それにしても不思議だ。どうしてアーティストは、こんな絵が描けるようになったのだろう？　アンス・アルトゥング少年は、どうやってすばらしいアーティストになり、コレット・ヴュイユマンの称賛を浴びることになったのだろう？

「アルトゥングは、今の私と同じくらいの歳の頃、何をしていたの？」

「子どもの頃は、第一次世界大戦が始まったところだった。神を信じていたから牧師になりたいと思っていたのだけれど、やがて、天文学を選び、星の観察に夢中になった。それを知ってこの絵を見ると、興味深い。アルトゥングの内面を、つまり人間なら誰しもが持つ明暗を表現しているのと同時に、宇宙の神秘、自然の神秘、物質の動きのヴィジョンを示しているようでもある。この絵が制作された一九六四年は、ブラックホールという言葉が初めて使われた年だ。ただし、もちろん、だからといってアルトゥングが宇宙の現象をそのまま描いたわけではない。自分だけの解釈で表現したんだ」

「その後はどうなったの？」

「アルトゥングは粘り強くて勇敢な人間だった。第二次世界大戦が勃発する直前、ナチスに強く抗議し、ドイツ人だったのに自国を敵に回して戦うことを決め、フランス南西部で不法移民としてひっそりと暮らしていた。その後スペインに逃れ、刑務所や収容所を経て、一九四四年に戦闘に戻り、重傷を負って、完全な麻酔をかけずに片脚を切断しなければならなかった。どんなに苦しい思いをしたか、想像がつくよね。ヨーロッパに平和が戻り、再び絵を描ける状況になったとき、体の自由が利かなくなっていたことが、身振りが重要な要素であるアートの制作において大きな障害になった。作品を見るとき、そのことも覚えておかなくてはならない。絵を描き続けるために、さっきも言ったスプレーガンなど、画材以外の道具も駆使して、新しい画法を探し求めたんだよ」

「アルトゥングはいつも、できるだけ美しい線を描こうとしていたんだよね。この三本の線は完璧に見える」

「ただし、これは描いた線というよりは、削り取った線なんだ。アルトゥングは、アクリル絵具が乾き切る前に、刃物やヘラで一筆書きするように表面を取り除いた。そして、黒の中に、弾けるような光が現れた」

「雲の中の稲妻のように！」

「そうだ。アンス・アルトゥングは、今のモナと同じくらいの歳の頃、雷雨が怖くてたまらなかった。稲妻のジグザグをすばやく描くことができたら、雷に撃たれなくてすむと自分に言い聞かせていたんだよ。アルトゥングの絵の教訓は、『稲妻のように行け』ということだ」

「なるほどね、おばあちゃんがこの絵を愛していた理由がわかったよ。だって、おばあちゃんはいつも言ってたから」と、モナは納得したように言った。「否定することは忘れて。いつも自分の中に光を灯していてって」

この言葉を聞いて、アンリはすっかり動転した。いつもの冷静さを失い、その場に座り込んで、一瞬気を失いそうになった。そんな祖父を見て、モナは頬にキスをした。

ほほえみながら、アンリは思った。最愛の妻が、かわいい孫に語りかけた言葉が、はるか彼方から聞こえてきたようだ。そしてそのおかげで、モナの話し方の長年の秘密が、ようやくわかったのだ。以前からアンリは、モナが話すときの音楽的な響きには、どこか不思議な魅力があると確信し、長い間その秘密を探し続けてきた。これまでどうしても突き止めることのできなかった秘密の正体を、やっと見つけたかもしれない。

でも、この仮説が正しいかどうかを知る方法はただひとつ。モナが話すのを聞き続けて、確かめることだ。

「忍耐強い努力が必要だ」と、アンリは自分に言い聞かせ、ようやく少しばかりの落ち着きを取り戻した。

47

アンナ＝エヴァ・ベルイマン
ゼロから再出発しよう

モナはフランス語の教師が大嫌いだった。授業のたびに胃が痛くなり、教師が病気かもっと悪い理由で休んでくれたらいいのにと思った。モナは単語やスペルの練習を完璧にこなしていたが、予習が足りなかったような気がして、不安のあまり気分が悪くなった。しかし、教師にとっては、それでは不十分だったらしい。残酷なくらい厳しい言葉を投げつけ、少しでも間違えると罰を与えた。

モナは授業が頭に入らなくなった。叱られるのが怖いという思いにとらわれて、知識を吸収するよりも罰を避けることに努めるようになったのだ。自分で選んだ詩を暗唱する宿題が出た。

モナは、とりわけ難解で、でもとりわけ美しい作品を選んだ。ソネットの十四行のうち、ようやく十行目まで覚えたものの、そこから先がどうしても頭に入らない。十一行目のアレクサンドラン（十二音綴《てつ》）が行く手を阻んだのだ。

チャイムが鳴って数分後、すでに同級生たちが着席している教室の入り口に、モナは遅れて着いた。教師は今日も変なスカーフをえり元に巻いていると、モナは思った。教師が指示する通り、教室は死んだような沈黙が支配している。

「モナさん」

教師は意地悪い口調で言った。

「やっと来たんですか。いや、まだ席には行かないでください。ちょうど教室の前にいるんですから、覚えてきた詩を暗唱してから席につきなさい。不合格なら、校長室での居残りをしてもらいます。さあ、すぐ始めなさい」

「ボードレール、『通りすがりの女に』」とモナは震える声で言った。

「私の周りで、街は耳をつんざくばかりにうなっていた。
背が高くほっそりした体に喪服をまとい、おごそかな悲しみをたたえ、
ひとりの女が通りすぎたのだ。華やかな手つきで、
花模様のあるすそを、ゆるやかに振りながら、

彫像のような脚で、軽やかで気高い足取りで。
私はといえば、ならず者のように体を引きつらせ、
嵐をたたえた鉛色の空のような彼女の目から、
金縛りにする優しさと、死をもたらす快楽の薬を飲んだ。

稲妻……そして夜！　消えた女よ
——そのまなざしで、私をたちまちよみがえらせたのに」

「モナさん、続きは？　稲妻、夜、それで？」

続き。詩の続き。そう、ここからが特に美しいところなんだ。でも……あ、そうだ！　記憶は不思議なもの

で、小さな奇跡のように四行のアレクサンドランが頭の中に戻ってきた。まるで、鍵が外れたみたいに。よかった！

ところが、モナはふとそのとき、思った。この教師には、これ以上ボードレールの詩を聞かせるに値しないから、もう暗唱を続ける気になどなれない。そこでモナはとんでもないことをした。自信に満ちた声でこう繰り返した。

「稲妻……そして夜！　消えた女よ――そのまなざしで、私をたちまちよみがえらせたのに」

これを捨てゼリフに、モナは飛ぶようなすばやい足取りで教室を出て行った。

居残り届けの紙を取りに、校長室に行こう。モナは、廊下を稲妻のようにジグザグに歩いた。堂々として、輝いていて、もう何も恐れていなかった。

＊

ポンピドゥーセンターの前では、ひとりの若者が六メートル四方ほどの巨大な麻のカンバスを地面に敷き、その上に平らに、布切れを使って淡い色の塊を広げながら絵を描きはじめていた。少年は顔らしきものを描いている。しかし、誰の顔だろう？

みるみる顔が現れてくる。生き生きとした二つの目、ふさふさの縮れ毛、濃いあごひげが、何もないところから浮かび上がり、すべてができあがっていく様子を、人々は夢中になって見守った。アンリは、肖像の人物が誰かがわかると、ほほえんだ。絵を描きはじめてから約二十分で、若者は作品を完成させ、こう叫んだ。

「みなさん、ここに三十六平方メートルという世界最大の顔がみなさんの目の前に現れました。ジョルジュ・

ペレックの『煙滅《えんめつ》』ならぬ『登場』です！」

観客は拍手喝采した。ジョルジュ・ペレックは、アンリが敬愛する作家で、非常に困難な制約を自ら設けて書いた作品で知られることを、モナに説明した。

「ペレックは、たとえばアルファベットのeを使わない小説『煙滅』を書いた。何百ページにもわたる長編小説でありながら、eを含む単語がひとつも出てこない。それは、強制収容所で亡くなった両親の消滅のメタファーなんだ」

モナは、祖父を挑発するように言った。

「今日の作品の説明は、ペレックふうに言葉に条件を設けて説明してよ！　全部スラングでっていうのはどう？　それか、おじいちゃんが決めてくれてもいいよ」

でも、アンリは断固として首を振った。そしてむげにこう答えた。

「いや、モナ。ジョルジュ・ペレックの後継者として、今日の絵について話せるとしたら、それはおじいちゃんじゃなくてモナだと思うけど」

モナは顔をしかめたが、アンリは調子を変えて続けた。

「先週、おばあちゃんが好きだった絵を見たから、今度はおじいちゃんの好きな画家の作品を見に行こうか」

モナは突然、はち切れそうな笑顔になった。

「見に行こう！」

不規則な黒い五角形のような形が、高さ百八十センチ（ただし上の角も絵の上端には届かなかったが）にまで引き伸ばされ、真っ白の背景の中で際立っている。船首の絵なのだが、正面から見ると、船首の先端はとがっていなくて、つぶれているように見える。五角形の側面はやや湾曲していて、船体の形を模している。船体は、水中に浮かんでいる姿を想像するなら、絵の底辺に水の線が描かれているはずだ。

左右非対称であることと、微細なずらしの効果によって、動きを感じさせる。たとえば、左上の角は反対側の上角よりもわずかに低く、それも微妙に構図から外れており、中心を見失わせるような効果を生み出している。そして、やや光沢のある黒は完全に均一ではなく、物質の効果（特に斜め線）によって十字に交差していて、それが船首の存在感をいっそう増している。光は、角度や空間のどの位置から見るかによって揺らめく。

モナは、絵の前でこれほど動いたことはなかった。作品の前を行ったり来たりし、ジャンプしたり、踊ったりして、さまざまな視点から絵を見た。アーティストが、静的なものとしてではなく、動きのあるものとして見ることを望んでいたとは知らないままに、その意図の通りに鑑賞したのだ。

一方、アンリは一歩も動かなかった。疲れを感じていたのだ。アンナ＝エヴァ・ベルイマンの傑作から至近距離を保ったまま、動き続けるモナの後ろ姿を眺めた。三十三分間で一キロくらいは軽く移動しただろう。

そして、モナの話し方の秘密について、先週気づいた仮説を検証するために、モナが話す文章を一言ももらさず注意深く聞こうと心に決めていた。

「大きな影みたいだよ」

モナがやっとつぶやいた。

「影は絵画の原点なんだよ、モナ。絵画の零度と言ってもいい」

「どうして？」

「古代ローマの博物学者プリニウスは、視覚芸術の神話の原型とされるカリロエーの物語を語った。今から二千六百年ほど前、ギリシャのシキオンに暮らしていた女性で、ある男性と恋に落ちたが、その男性は外国に行かなければならなかった。それで、その姿をとどめておきたいと願った。苦肉の策として、ランタンの光に照らされた影の輪郭を壁になぞったんだ。影はモデルの一種のネガで、そのシルエットを木炭で定着させることでポジを見つけるというわけだ」

「この絵を描いた画家は、その話を知っていたと思う?」

「そうだと思うよ。ノルウェー出身のアンナ＝エヴァ・ベルイマンは、文化や文明、人類の謎に強い関心を持っていた。古代ギリシャや古代ローマの神話だけでなく、すべての神話に、限りない好奇心を持った」

「神話の絵というと、ふつうは、プッサンの《アルカディアの牧人》やバーン＝ジョーンズの《運命の輪》のような、たくさんの登場人物や細部が描かれた絵画を思い浮かべるよね。でもこの絵は、どっちかというと、マレーヴィチの《［黒の］十字架》に似ている」

アンリはうなずいた。そしてモナに、絵の近くで上を向いて、いちばん上の部分をよく見るようにと言った。そうやって見ると、まるで自分が水中にいて、水面近くに浮いているか、あるいは溺れていて、船首によって体が水中に押さえつけられているところのように感じる。

「じっと見ていると圧倒されて、この船の謎がさらに深まるよね」とアンリは続けた。

「船長は誰なのか?　誰が乗っているのか?　それは誰にもわからない。この船は前進する船ではなく、ひとつの大きな謎になる。それとともに、希望と恐怖が湧き起こってくる。スカンジナビアの民間伝承では、船は非常に重要なもので、潜む死と結びついていた。波に飲み込まれた漁師の亡霊は、生きている者に取り憑くと言われていた。この絵で、アンナ＝エヴァ・ベルイマンはこれらの伝説を暗示しているんだ」

「またしても怖い絵なんだ!」

「北欧神話にはスキーズブラズニルというおもしろい船についての話も登場する。小人がふたりで薄い木片から作った船で、神々が全員乗れるくらいの大きさだ。さらにいいのが、使わないときは、布みたいに折りたためてポケットに入るくらい小さくなることだ」

「すごい！　ベルイマンは、きっとこの絵にスキーズブラズニルを描いたんだろうね。大きな絵を折りたたんで、いつも持ち運ぶことだってできるし」

「でもモナは、もう絵を持ち運んでいるじゃないか」

「え、どういう意味？」

「アートの作品は、記憶の中に持ち運べる。特に、マレーヴィチの《［黒の］十字架》やブランクーシの《空間の鳥》のように、シンプルで調和のとれた作品なら持ち運びは簡単だ。フェルメールやクールベのように細部まで描き込まれた絵画は、そう簡単には持っていけないけどね」

モナは祖父の言いたいことを理解した。自慢していると思われたくないから言わないけれど、この一年間ほどの間に見た作品は、ひとつ残らず自分の中に吸収してきた。複雑なフェルメールやクールベも、一見シンプルなマレーヴィチやブランクーシも。これらの作品はすべて、ほとんど幻覚のような正確さで記憶に刻まれている。

「おじいちゃんはなぜ、アンナ＝エヴァ・ベルイマンが好きなの？」

「とても自由な人だったからかもしれない。当時の女性としては珍しく、一九二〇年代からテニスや映画を楽しんでいたし、一九三一年には二十二歳で運転免許を取った。人生の前半、特に一九三〇年代にはウィットに富んだ大胆なイラストレーター、風刺画家としての地位を確立したのだが、そこに第二次世界大戦が大きな影を落とした。一九四五年の終戦時には、ほかの多くのアーティストたちと同様、戦争の爪痕を目の当たりにし、以前のように創造することができなくなった。アメリカのアーティスト、バーネット・ニューマンが言ったように『ゼロから再出発する』しかなかったんだ」

「コンピュータを再起動するように？」

「そう、そんな感じだ。そして、ベルイマンは制作の方向性をまったく変えてしまった。人物を描くことは一切なくなり、自然と宇宙の事物のうち石、石碑、木、星、崖といった単純な物だけにテーマを絞って描くようになった。絵画には金属の箔を多用し、一対一・六一八の黄金比を用いて絵を構成した」

「ああ、私にはちょっと難しすぎるよ」

「確かに説明しにくいんだけど、簡単に言うと、ベルイマンは、制作の過程で、幾何学的な研究を重ねた。そして、小さな部分に対する大きな部分の比率と、大きな部分に対する全体の比率が同じになるような形を描いた。これによって、完全な調和が無限に続くように感じさせることができる」

モナは集中して絵を見た。鋭い知覚のおかげで、絵画の中にある神聖な比率について、数式や幾何学による説明を飛ばして、直感的に理解した。しかも、非常に優れた目のおかげで、ベルイマンが黄金比を自由に解釈してデフォルメして取り入れ、あまりに硬直した抽象画になるのを避けたことも、祖父に言われる前に理解した。

モナはまず、完全に左右対称の黒い五角形を心の中に思い描いた。ベルイマンが黄金比を研究するための基礎となった形だ。次に、この五角形が空間の中でゆっくりと変化し、さらには五角形が上方に伸び、少しずつ船の先端に変容していく様子を思い浮かべた。微妙に歪んでいるおかげで、そこに石碑や、山の頂上や、地平線や、家の形を見出すこともできる。

「常にゼロから始める。それがベルイマンの教訓だね」とモナは自信たっぷりに言った。「すべてを作り直すためには、いつもゼロから始めればいい」

アンリは、ルネ・シャールによる詩をつぶやいた。

「難破するものや、進んで灰に埋もれるものはないのだから。

大地が実を結ぶのを見届けられる人は、
たとえすべてを失ったとしても、失敗に動じはしない」

そして、モナの腕を取って外に出た。モナはまた考え込んでいた。祖父が朗読した詩の説明を求める代わりに、自分で意味の断片を探した。

「すべてを失う」って、私にとってはどんなことだろう。おじいちゃんを失うこと？　パパ？　ママ？　コスモス？　一度に全員がいなくなること？　記憶？　命？　それとも視力を失うこと？

ふたりはモントルイユに到着した。モナは一時間前から、一言も話していない。そのとき突然、今日ポンピドゥーセンターに行く前の会話がよみがえった。

「ポンピドゥーセンターに行く前に、今日の絵についてどう話せばいいかわかると言ったよね。本を一冊、eを使わないで書いた作家さんと同じ才能があるからって」

「ジョルジュ・ペレック。本の題名は『煙滅』」

「それで、私は本当に同じ才能があるって、おじいちゃんは思った？」

「そうだよ、モナは、ジョルジュ・ペレックの後継者だ。そして、すべての始まりは、おばあちゃんの言葉だ。今度、説明しよう」

アンリは、ついにモナの話し方の秘密を解き明かした喜びを、静かにかみしめていた。

48

ジャン＝ミシェル・バスキア
暗闇から出よう

モナはそのとき、ポールの店の床で、すっかりくつろいで寝そべるコスモスのそばで宿題をしていた。カミーユが店の入り口に姿を現した。モナとコスモスは同時に顔を上げ、本能的に何かがおかしいと感じた。重大な事件が起きたという気配が、カミーユの額のしわから察せられる。事態は深刻そうだ。

カミーユは、店に入らずにそのまま立っている。後ろにポールが姿を現すと、コスモスが吠えた。ついに、ふたりは店の中に入ってきた。立ち上がったモナに、カミーユは座るように言い、モナは青ざめた顔で座った。

「おじいちゃんから電話があったの。話があるんだけど」

「話って何？」

「ママがどんなに申し訳なく思っているか、あなたにはわからないでしょう」

「でもママ、いったい何があったの？」

「死を選ぶ人もいるんだよ」とカミーユが言った。

コスモスがまた吠え出した。モナはほとんど息ができなくなった。

カミーユが、背中に赤いノートを隠しているのが見えた。私のノート？　あの最初の発作から起きたことをすべて自分のために記録している。おじいちゃんからアートと人生についてじっくりと教えられてきたことも、そしてひとりでこっそり祖母について調べた事実も書いた。私が影と自由について思ったことを書きつけたノートを盗み見したのだろうか？

「ママ」と、モナはやっとの思いでつぶやいた。

「ごめんね、モナ」とカミーユは言い、赤いノートをモナの前に出した。「読むべきじゃなかった。秘密は秘密だものね。でも、部屋で見つけてしまったの」

「それで、読んだんだね？」

カミーユはうなずいた。モナは怒りのあまり、言葉にならない叫び声を上げた。コスモスは机の下に隠れた。カミーユはモナに駆け寄り、なだめようとしたが、モナは拒否し、我を忘れて母親を激しく突き飛ばした。

ひどい。許せない。絶望的だ。

「ママって最悪、最悪、最悪」

モナはこぶしを何度も振った。

「モナ、話を聞いて」とカミーユは言った。

でも、モナは一言も話を聞く気になれず、店から出て行った。遠くに逃げ出して、もう永遠に帰らないという気分だった。憎しみ、恥ずかしさ、悲しみ、後悔が入り混じった得体の知れない感情が渦を巻いていた。

モナは道に出ると足がもつれ、その場にしゃがんで泣き崩れた。

ママはすべてを知ってしまった。何カ月も前から、児童精神科医の診療に行くのではなく、美術館でおじいちゃんと一緒にアートを見ていたということを。電話も、それについて話すためだったんだろう。ふたりはどんな話をしたんだろう？　モナは、両手に顔を埋めたまま、自分を挟むようにしゃがみ込んだ両親が背中に手を回すのを感じた。

話をしたのはポールだった。モナはすすり泣きながらその言葉を聞いた。

「モナ、パパが話し下手なのは知っての通りだけれど、ちょっと聞いてくれるかな。パパもママも、おじいちゃんも、みんなモナのことをとても誇りに思っているんだよ。一年前のあの事件から今まで、モナはずっと、とても勇敢だった。信じられないくらいに。病気でも文句を言わなかったし、おじいちゃんとの秘密を守り、そして家族について疑問を追究した。何も間違ったことはしていない。パパはモナのおばあちゃんを慕っていた。すばらしい女性だったから誰からも愛されていた。そして、モナ、おばあちゃんはモナを深く愛していたんだ。モナのことをとても誇りに思っただろう。それにね、モナとおばあちゃんは、本当によく似ているんだ」

カミーユはこわごわ尋ねた。

「ねえ、モナ、話し合えるよね？」

モナは黙っていた。父親の言葉は辛抱強く聞いたものの、ノートを勝手に読んだ母親には強い怒りを覚えた。常に自分を守ってくれる人であるはずの母親に、生まれて初めて、屈辱と苦痛を与えられたのだ。これほど残酷な仕打ちはない。

モナと母親の関係は、もう後戻りできないくらいに壊れてしまった。小さな死がモナを襲い、失われた過去を悼む日々が始まった。でも、モナは、心の中で決めていた。それを、新たな出発にするのだということを。ただ、少し時間がかかるだけだ。

*

そういうわけで、すべては明かされた。アンリは初めて、モナの両親にすべてを説明しつつ、モナを美術館に連れて行くことになった。過去四十八週にわたって、小児精神科医のもとに通うと言いながら、祖父と一緒に美術を見に行っていたことが明るみに出てしまった。

カミーユとポールは、自分たちが巧妙にだまされていたことを知って愕然とした。うそをつかれ、裏切られたこと以上に、モナの子ども時代の一部からすっかり追放されていたという思いが、ふたりを揺さぶった。モナとの間に、大きな距離ができてしまったように感じた。

モナは、世界が崩壊しつつあるように思った。怒りを爆発させることもできず、突然、暗闇に誘惑された。そう、暗闇だ。自分だけの領域に勝手に侵入されたことに耐えられず、暗闇に潜みたくなったのだ。そして、モナがあれほど憎み、あれほど恐れていた暗闇を、失明という試練の再来を猛烈に欲している自分に、モナは気づいた。

暗闇の中では何も見えず、つまりは自分も誰からも見られることはない。灰のような孤独に浸れる。少なくとも暗闇の中では、何もかもが消えてしまうのだと、モナは考えた。ポンピドゥーセンターに近づいたところで、やっとアンリに口を開いた。

「おじいちゃん、私ね、ときどき悲しくて消えてしまいたくなるんだ」

死への衝動を打ち明けたモナに、アンリは胸が締めつけられる思いだった。モナの心を曇らせている黒いすすを、取り除いてやらなくてはならない。ジャン＝ミシェル・バスキアの大きなドローイングが、それを助けてくれるだろう。


大きな二つの顔が描かれている。幻覚のような、均整の取れていない四分の三正面像の第一の人物の顔の左下に、もうひとりの横顔が並んでいる。白い紙を長方形に近い雑な形に黒く塗った中に、ふたりの顔が突

然出現しているのだ。その位置は黒く塗った部分の中心近くだが、厳密な中心ではなく、左下にずれている。飾り気はまったくなく、ぎこちないがたつく線で描かれていて、いらいらした感じがあり、子どもの絵のようでもある。

右の人物の頭は左右非対称で、黄色く光る目は瞳孔が開いている。頭頂にはブラシのような髪の毛（中央は黒、両側は緑）が、冠のような形で生えている。顔はいくつかの部分に分かれていて、特に上部では、額が左右二つに割れているのと、額と眼孔の間ははっきりした線で区切られている。黄色い目は赤い線で囲まれているし、顔の大部分は青く、額と頬は灰色、緑、赤の線で塗られている。これらの色のゾーンは落書きのような塗り方で、クレヨンで描いた跡が見える。また、大きくてとがっている鼻の下に、大胆に黒く塗られた部分が口まで続いている。口は開いてほほえみ、大きな犬歯が二本見えている。

もうひとつの顔がその左下にあり、そのあごと、右の頭のあごが同じ平面上にあって、不気味にほとんどからみ合っている。左下の顔の口は、透かし彫りのような歯が並んでいて、不精ひげを生やした下あごが張り出している。その上には、針金のような線の先に小さな鼻の穴がぼんやりと見えるが、眼球らしきものは見えない。右の顔の二つの楕円形の目はぎらぎらと光って絵を見る人を見つめ返しているのに対して、左下の顔には、それに対抗するものはない。

作品をじっくり見る間中、モナは黒いアクリル絵具の痕跡に集中した。モナはその黒を見ながら、これまで美術館で出合ったさまざまな黒の作品を思い出していた。レンブラントのキアロスクーロ、マリー＝ギエルミーヌ・ブノワの《マドレーヌの肖像画》のほか、ゴヤ、クールベ、マレーヴィチ、アルトゥング、そしてベルイマンも、黒という色が強い印象を与えていた。

「画家が、強い怒りに突き動かされて描いた絵だよね」と、モナはいかめしい顔をして言った。

「そうだよ、モナ。怒っていたし、強く訴えかけていた。ジャン＝ミシェル・バスキアはニューヨーク、ブルックリン出身の黒人だった。当時のアメリカでは、当然のように社会の周縁に追いやられた。でも、非凡な芸術的才能のおかげで、疎外感をバネに大きな誇りを持ち、世界的なアーティストになったんだ」

「そうだよね。ここに作品があるくらいだから」

「そう、ポンピドゥーセンターをはじめとして世界中の美術館に作品が所蔵されているんだよ。でも、最初はストリートで絵を描いていた。グラフィティアートやアーバンアートの先駆けだったんだ」

「荒々しくて、エネルギーを発している絵だよね」

「バスキアはいつも絵を描いていたが、もちろんわざとだけど、オイルスティックを薬指で変なやり方でつかんでいたから、麻痺しているみたいな描き方だとも言われた。滑ったオイルスティックが思いがけない方向に動くのを、バスキアは誇張したり、修正したりして描いていった。それで、この顔の絵は、エネルギーが爆発しているみたいに見えるんだ」

「おじいちゃん、この顔って言ったけど、顔は二つ描かれているよ」

「そうだね。四分の三正面像の中心的な顔の左下に、もうひとつ白い横顔があるけれど、覆い隠され、消されてしまっている。中心的な顔は、薄く赤、緑、青、灰色に色づけされた板を組み合わせて作った仮面をつけているように見える。口元は、口ひげが乱暴に描かれているみたいにも見えるけれど、黒い肌を表しているのかもしれない。つまりこの顔は、ヘルメットで正体を隠した男のようにも、ハンナ・ヘーヒの作品に見られるような非西洋文明の仮面のようにも、そして黒人男性のようにも見える。いずれにしても正体は不明だ。それでますます不安な感じがするよね」

「そう、口が本当に変だ。吸血鬼か猛獣の口みたいな大きな歯が二本あって、口の奥ののどには小さな赤い格子が描かれている。そして何より、目が黄色くて、本当に怖い」

「怖い感じがするよね。これは当時蔓延していたドラッグの影響を思わせる目だ。バスキア自身が、不幸にも薬物依存症になっていた。一九八〇年代のニューヨークでは、ドラッグを大量に摂取する若者が少なくなかった。多幸感や穏やかな気持ちに浸ったり、恐ろしいほど強気になったり、幻覚や妄想を体験するためだ」

「この絵を描くことで、バスキアはドラッグを宣伝しているの?」

「ある意味、ドラッグの力を実証していると言えるかもしれない。ドラッグは人間の知覚を変えて、人生を強烈なものにする。しかし、バスキアは薬物依存症に苦しみ、人生を台無しにしてしまった。描き込まれた頭部と、その背景にある歯だけの横顔をもう一度見てほしい。二つの顔は魅力的であると同時に吐き気を催すようだ」

「それに、左の顔は、頭蓋骨みたいだよ」

「そう、バスキアは、大親友のアンディ・ウォーホルと同じように、よく頭蓋骨を描いた」

「その名前なら、私も知ってるよ」

「アンディ・ウォーホルは、一九六〇年代以降のポップアートと呼ばれる運動の重要人物で、バスキアを強力に支援した。ふたりとも頭蓋骨のモチーフが大好きだったというのは興味深いよね。先輩のウォーホルと同様、ジャン＝ミシェル・バスキアは、子どもの頃に入院したことがある。暮らしていたニューヨークの貧しい地区で、車にはねられたんだ」

「フリーダ・カーロを思い出すよ」

「そうだね。でも事故が起きたのはカーロよりもさらに年端のいかない頃だった。一九六八年五月で、バスキアはまだ七歳だったんだ。手術で脾臓を摘出しなくてはならないほどの大けがをして、療養中に解剖学の本に没頭し、人体の図像に情熱を注ぐようになった。その後はニューヨークのメトロポリタン美術館などの美術館で膨大な時間を過ごした。ウォーホルと同様、絵画の歴史を熟知していて、この作品にも、はかなさを頭蓋骨などのモチーフで表す寓意画、ヴァニタスという伝統的なジャンルを見出すことができる」

「バスキアのこの絵は、ルーヴル美術館でゴヤの《羊の頭のある静物》のすぐ隣に展示するべきだよ。両方とも背景は黒だし、ゴヤの二つの腎臓は、バスキアの二つの黄色い目みたいだ。それから、絵の真ん中には赤い『7』がある」

アンリはモナが何を言っているのかすぐには理解できなかった。しかし、よく見れば、モナが注目している頭蓋骨の右上には、確かに数字の7を形作っているように見える部分があるではないか。7の形の板が左目を縁取って円形のリベットで留められているように見える。この部分には、血の色のオイルスティックで描いた跡がたくさんあり、細胞か血球のような小さな円も描かれている。絵の中で、「7」が突然くっきりと浮かび上がった。

「モナが言う通りだね。話をもっと聞かせて」

「おじいちゃん、バスキアは、脳の熱い部分を見せたかったんだ！　目が黄色なのも当たり前だよね。頭の中がめらめらと燃えているんだ」

アンリはモナの整然とした議論を聞いて感服した。機械と生物、人間と動物、黒と白の間にあるこの頭は、確かに燃えているようだ。さらに、バスキアが強調した脳の半球は左半球で、言語や言葉をつかさどる。もともとグラフィティから出発したバスキアは言葉を非常に重視していた。それに、「7」は、バスキアが薬物の過剰摂取の犠牲となり亡くなった二十七歳という年齢（これもバスキアの神話になっている）とも呼応していると、アンリは思った。そして、今度は自分の考えを話しはじめた。

「頭の中で炎が燃えているおかげで、目はそれ自体、光を放ち、暗闇から逃れる。影から出てきた顔を見せるんだ。ジャン＝ミシェル・バスキアのアートのすべてがここにある。バスキアはニューヨークの都市文化を影から引っ張り出した。それだけではなく、グラフィティを、アメリカの黒人の創造を、奴隷制度というルーツから人種隔離政策に至る苦悩の歴史を、影から引っ張り出す。そしてボクサーやジャズマンなど、最も輝かしく闘う黒人たちとともに、バスキアは光を浴びるんだ。そして、影を、影から光へと引きずり出すんだ」

「バスキアが教えてくれているのは、暗闇から出ようってことだね」と、モナは静かにうなずいた。

ポンピドゥーセンターからの帰り道、アンリは、モナの話し方の謎を解き明かしたことを本人に打ち明けたくてたまらなかった。でも、今はがまんしよう。もっと幸せな日を待たなければならない。

モナは、パリのいたるところの壁にあるグラフィティをひとつひとつ見ていた。その中に、バスキアのように、いつか世界有数の美術館に展示されるようなアーティストが見つかるかもしれない。

49

ルイーズ・ブルジョワ

「ノー」が言えるようになろう

数日間、モナは両親と一言も口をきかず、特に母親が言うことには耳を貸さなかった。それに、自分の部屋が怖くてたまらなくなった。母親が捜索に来る姿を何度も思い描いてしまったからだ。モナはすべてを整理整頓する必要を感じて、おもちゃに見えそうなものはすべて取り除いた。すべてを空っぽにしたかった。

片付けの最中に、モナはこの三週間、すっかり頭から抜け落ちていたファイル「モナの目」を偶然目にした。ヴァン・オルスト医師による診断書代わりのレポートだ。そうか、ママはこれが見たくてこっそり部屋に忍び込んだに違いない。そのレポートは見つからなかったが、その代わりに秘密のノートを手に入れたというわけだ。

モナはそのレポートを開き、「大人みたいに」読み（少なくともモナには自分のやっていることが大人みたいに思えた）、医師とともに歩んだ治療の道のりを振り返った。最後のページにある再発の可能性についての結論を解読しようとした。そこには「精神的外傷」や「卓越した眼力」などと書かれていた。

モナは、両親と話をしようと、台所に行った。モナの姿を見てカミーユは一瞬ほっとしたが、その手にあるファイルを見ると、また不安でたまらなくなった。

「ママ、パパ、私ね、自分で話したいんだ。今まであったことを、自分の言葉で言いたい。いいよね？」

そしてモナは激動の一年間について、長い物語を語りはじめた。埋もれていた過去の一部がよみがえり、現在が燃え上がり、未来が見えなくなった日々――。

「ヴァン・オルスト先生は私を催眠状態にして、視力を失った原因にまでさかのぼらせた。そうして私のもとによみがえってきたのは、おばあちゃんの記憶だった。そして何よりも、おばあちゃんと最後にお別れをしたときのことを、ありありと思い出せることに気づいた。テーブルには友だちがたくさん集まっていて、おばあちゃんに向かってグラスを掲げていた。ママは、おばあちゃんに対してすごく怒っているみたいだった。それから、おばあちゃんは優しくペンダントを渡しながら、美しい言葉をかけてくれた。その言葉がよみがえってきて、今やっと意味がわかったような気がする。おばあちゃんはペンダントを私の首にかけて、にっこりしながらこうささやいた。『否定することは忘れて。いつも自分の中に光を灯していて』って」

それを聞いて、カミーユは泣いた。

「そしてヴァン・オルスト先生のおかげで、小さい頃におばあちゃんに最後に会ったときの記憶が、私の目に影響していると気づいた。このペンダントは、命綱みたいなものなんだ」

カミーユは泣きじゃくった。一年の間に、モナはずいぶん成長してしまった。そしてついにコレット・ヴュイユマンの死のタブーを自ら破ったのだ。モナはすべてを受け入れ、すべてを知る準備ができていた。真実を見るために。

*

モナだけの音楽のような話し方の秘密を本人に明かそうと、アンリは心に決めた。三週間前に謎は解け、今では確信になっている。でもアンリは心の中で、一緒に見たすべての作品の前で、再びモナの話を聞けたらいいのに、とも思っていた。

モナの意見、分析、それに質問を、ジョルジュ・ペレックのような個性的な言葉づかいをひそかに意識しながら聞くのは、すばらしい体験になったことだろう。つまり、魔法を解かないまま、モナとの対話を続けることだって、もちろんできるのだ。でもアンリは、今度の水曜日にはすべてを明らかにしようと決めた。

その日のために、モナの前で身につけたことのなかった風変わりなネクタイを選んだ。そのネクタイは赤地にさまざまなフォントで「ＮＯ」の文字が散らばっている。人道支援のチャリティのために限定生産されたネクタイで、今日見に行く作品を作った比類のないアーティスト、ルイーズ・ブルジョワによるものだ。ブルジョワといえば巨大な蜘蛛の彫刻が世界的に有名だ。蜘蛛は織物を生業とした母親の象徴である。


杉材でできた高さ四メートルを超える大きな樽のようなタンクのような構造だ（ただし天井は開いている）。左右に二つの扉があり、そのうちのひとつ、入り口のほうの扉の上にある金属の帯には、「Art is a guaranty of sanity（アートは正気の保証である）」と刻まれていた。

中に入ると、部屋がある。直径四メートルの床には、陰気な空っぽのベッドの枠があり、その表面には水が溜まっている。ベッドの周りは、鉄の棒が四本、ブロックの上に立っていて、そこから細長く垂直に伸びた枝の先に、フラスコ、レトルト、蒸留器など、大小さまざまな形のガラスの容器やパイプが取り付けられている。数えると、全部で五十個ほどある。これらがベッドに水を注ぎ、結露した水を回収し、また水を注ぐという仕組みになっている。床には、ベッドと並んで壁際に、二つの乳房を伸ばして十字型に重ねたような形の雪花石膏製のランプが、柔らかく鮮やかな光を放っている。

入り口のすぐ左側には巨大な黒いコートがつるされていて、その足元には直径六十センチほどの黒い大きなゴムの球が二つ並んでいる。コートの下には刺繍のあるシャツが詰め物で膨らませてある。シャツには「merci」と「mercy」の文字が縦にあしらわれている。入り口にあった二つのゴムの球のほかに、同じような、ただし木製の球も二つ置かれている。つまり、球は合計で全部で四つある。

十分ほど外から作品をのぞき込んでいたモナは、もうがまんできなくなった。侵入を防ぐ重いロープが二本かけてあったが、監視員に見つからないようにすり抜け、中に入ると、ランプの真横にしゃがみ込んだ。ランプは光を放つ乳首が二つついていて、モナにはブルジョワ自身を表した彫刻のように思われた。モナは体を丸め、自分を取り囲んでいる木とゴムの四つの球と同じくらい小さくなった。

アンリは、警報が鳴らないことがわかるとほっとして、モナが作品について思いをめぐらせ、動き回るままにしておいた。アンリがとうとう、ささやくように話しはじめた。モナが、誰にも気づかれることなく、作品の中で思う存分過ごせるようにだ。音響は、森の奥に建てられた小屋の中のようだった。

「ルイーズ・ブルジョワにとって、アートがどんな形であるべきかという決まりはなかった。この作品は、『セル(小部屋)』と名づけられたシリーズのひとつだ。それぞれのセルは、ブルジョワ自身の像である。しかし、レンブラントやフリーダ・カーロの絵のように外見を見せるのではなく、頭の内側を見せる。扉から中に入ると、ルイーズ・ブルジョワの皮膚を突き破り、その脳の真ん中にいることに気づくはずだ」

「ちょっといいかな、おじいちゃん」

モナがつぶやいた。

「ふつう、脳っていうのは大きなクルミみたいなんだよ。自分の脳をＭＲＩで見たからわかる。でもこの作品はタンクみたいだよね」

「そう！　ニューヨークのビルの屋上にあるような貯水槽を復元したものなんだ」

「ああ、バスキアの街だね！」

「そしてルイーズ・ブルジョワの街でもある。一九一一年にフランスで生まれ育ち、一九三八年にアメリカに渡った。でもときにはホームシックになったんだ」

「ホームシック？　心の奥底で憂鬱を育んでいたのかもしれないね」

モナは、オルセー美術館のエドワード・バーン＝ジョーンズの絵を見たときに祖父から聞いた話を思い出しながら言った。

「おじいちゃん、中を見て。ガラスの容器やフラスコから水が滴っている。まるで目の奥にある涙を流すための回路を見ているようだよ。私はルイーズ・ブルジョワの目の中心にいるんだよ」

「そう、ベッドを囲むガラスの装置全体が、涙、血液、唾液、母乳といった体液を循環させる体の回路に似ているよね。どれも体を生かすために欠かせない液体で、飢え、渇き、恐れ、愛といった強い感情を呼び起こす」

「くだらないことを言ってると思うだろうけど、ベッドの上の水たまりを見たとき、私はすぐに、大きな痛みや恐怖にさいなまれる寝苦しい夜を思い浮かべた。そういうときって寝汗をたくさんかくし、ときには、あの……」

モナは苦笑いした。アンリが言葉を続けた。

「そう、子どもなら、おねしょをすることもあるよね。起きると恥ずかしい思いをするんだ。ルイーズ・ブルジョワが伝えたいのは、子どもの頃に私たちを圧倒した感情や感覚だ。《貴重な液体》というタイトルにあるように、液体は貴重なものだ。感情を洗い流すことができるんだから」

「でも、子どもの頃のようだって言うけど、まるで大人の寝室のようだし、マッドサイエンティストの実験室のようでもあるよね。ねえ、おじいちゃんも中に入ってよ。怖いと思うだろうけど、実はとても居心地がいいよ」

アンリはちょっと誘惑された。大きな展示室はがらんとしていて、監視員は居眠りをしているように見えた。でも、思い直し、作品をモナにひとりじめさせて、そのまま話を続けた。

「ブルジョワはここに、子どもの頃の悩みと苦しみを閉じ込めたんだ。自分を守り、癒やすことができる場所でもある。おじいちゃんは外にいるから、入り口に書かれた文を読むことができるよ。『Art is a guaranty of sanity（アートは正気の保証である）』。創作すること、創作物を見ることは、精神を健康に保つための安全装置なんだ」

「でも、なぜルイーズ・ブルジョワは正気の保証が必要だったの？」

「子ども時代というのは、誰にとっても誤解や居心地の悪さ、トラウマがつきものだ。特に壮絶な虐待や暴力ではないかもしれない。たいていの場合は、誰にも見聞きされず、包み隠されたままだからこそ、恐ろしい影響を及ぼす。ブルジョワがモナと同じ歳だった頃、家の中でつらいことが起きた。それほど深刻なことではないと言う人もいるかもしれないが、ブルジョワは取り返しのつかない傷を心に受けた」

「何があったの？」

「父親が繰り返し愛人を家に連れてきたんだ。もちろん、ルイーズの母親は苦しんだ。しかし、表面上は円満な家庭だったので、ルイーズは若い頃、とても恵まれているとさえ言われていた。でも、父親の言動によって、一生気持ちが不安定になってしまったんだ」

「わかるよ。愛があったのは確かだけど、うそもあったってことだね」と、モナはつぶやいて、ゆっくりと言葉をかみしめるように続けた。「それはとうてい、受け入れられないことだった」

長い間じっとしていたモナは、ようやく立ち上がると、足音を立てないように、大きなコートの近くに移動した。その中には刺繍をしたシャツが入っていて、中に詰め物がしてある。コートの足元には黒いゴムのボールが二つ並んでいて全体に男性器を思わせるのだが、一方で、強い不安を感じたときにコートの中に隠れることもできる。

モナは相反する二つの意味合いを感じ取った。アンリは、性的象徴をほのめかすだけにとどめたが、モナは説明されなくてもわかっていた。四つの球体は、ゴムボールも、右側に見えている木製のボールも、男性・父性の権威を暗示している。シャツには「merci」と「mercy」という言葉があしらわれていて、二つの相反する感情の間で揺れているようだ。まずは、父親や権威に対するメルシー、つまり感謝の気持ち。それと同時に、「merci」「mercy」はフランス語でも英語でも「なすがままにされる」という意味の成句でも使われるから、権威に翻弄されるのはもうごめんだという気持ちも込められている。

「おじいちゃん、私、ここに暮らせると思う。すごく居心地がいいから。まるで懐かしい故郷みたいに感じる！　魔法みたいだよ」

「モナがそんなふうに感じたってブルジョワが聞いたら、大喜びしただろうね。一九九二年にこのインスタレーションを制作したとき、今のおじいちゃんと同じくらいの歳だった。そして、この部屋を通して、今のモナと同じくらいの歳の頃の思い出を呼び起こそうとしたんだ。ブルジョワは、こんなことを言っている。子ども時代の魔法は失われていない。子ども時代の神秘やドラマは失われていないってね。だから、モナはこの場所を引き継ぐことで、敬意を表しているんだよ。でも、もうそろそろ出て来て。監視員さんが昼寝から目覚めたようだから」

「わかった。そろそろおいとまするね、ルイーズ！」

モナはこっそりと外に出た。

「それでおじいちゃん、結局、今日の作品が教えてくれることは何だったんだろう？」

「おじいちゃんのネクタイに書いてあるよ」

「え？　また変なこと言ってる」

「このネクタイは二〇〇〇年のもので、裏には細い刺繍でルイーズ・ブルジョワのサインがある」

モナは目を輝かせてそれを見た。

「おばあちゃんがプレゼントしてくれたんでしょう！」

「そうだよ。おばあちゃんからのすてきなプレゼントだ。このネクタイは、ルイーズ・ブルジョワの一九七〇年代初頭の作品をもとに制作された。あまり知られていないシリーズで、作家はごく単純で短い言葉である『NO』をいくつも雑誌から切り取り、集めて貼った。こうして完成したのが、純粋な否定で全体が覆われたボードだ。ノー、ノー、ノー、ノー……」

「だから？」

「それが、ルイーズ・ブルジョワが教えてくれていることなんだよ。ノーが言えるようになろうっていうことだ」

モナは突然、すっかり取り乱した様子になった。その教えだけはどうしても不協和音に聞こえて、繰り返せない。何も言葉が出てこない。そしてこの沈黙こそが、モナの話し方に秘められた謎を明らかにする証拠だった。モナは話すとき、絶対にノーと言わず、否定形を使わないのだ。アンリの発見が知らされた瞬間だった。

モナが話すとき、肯定文、感嘆文、疑問文は使いこなしているのだが、何時間経っても否定文は決して出てこない。モナの思考は脳の不思議な働きによって、「ない」という言葉の影を自然と拒絶しているのだ。「不可

能だ」と言えても「できない」とは言えない。何かを「勘違いしていてごめんなさい」と言うことはあるが、

「知らなくてごめんなさい」とは言わない。モナ独自の発達を遂げた不思議な文法は、脳内プロセスに深く組み込まれていて、それが発する言葉と文を形成していた。

でも、その起源はどこにあるのだろう。アンリには答えがわかっていた。

「おばあちゃんが言った言葉のせいだよね。『否定することは忘れて。いつも自分の中に光を灯していて』という遺言はとても強力に、モナの潜在意識のいちばん深い基本的な層に浸透した。それが、モナという人格を作り上げ、話し方にまで決定的な影響を与え、自分の中に光を保つために、否定を隠すようになったんだ。でもね、モナ。これからは、ノーって言えるようにならなくてはならない。いいかい？」

「はい、おじいちゃん」とモナは答えた。

50

マリーナ・アブラモヴィッチ
別れはまたとないチャンス

学校では、フランス語で語彙の習得を目的とする授業が行われていた。生徒は珍しい単語を選び、短い口頭発表の形でその単語の意味をできるだけ正しく説明しなければならない。モナはクラスメートが「ナーイアス」、「おべっか」、「軽率」について発表するのを聞いた。そして自分の番が来た。教師はいつものさげすむような口調で言った。

「さあ、モナさんの番です。立ってください。何について話すつもりですか?」

モナは手を握りしめ、「安楽死」と答えた。思わず肩に力が入った。

そして、静まり返った同級生に向かって、その言葉のつづりをゆっくりと言った。

教師は目を見開いた。モナは深呼吸した。

「安楽死とは、病気が重くてもう助からないとわかっている人が、死のうと決断することです。たとえば、とても歳をとっていて、苦痛が多く、以前のような幸せな瞬間を人生が与えてくれなくなったときの選択です。それは超人的な勇気のいる行為です。自殺とは少し違います。安楽死を選ぶ人は、愛する人や家族、医師と話し合います。これは本当の意味での選択になります。人生を愛しているからこそ、最後まで美しい人生であってほしいと願い、死ぬ瞬間にも尊厳を保っていたいと望むのです」

モナは、クラスの全員が、衝撃を受けて自分を見つめているのに気づいて一瞬黙り込んだが、発表を続けた。

「安楽死はベルギーなどいくつかの国では認められていますが、フランスを含む多くの国では禁止されています。多くの医師は、安楽死は、治すことを目指すべき医師という職業に反すると言います。また宗教では、人間の死に際を決めるのは神だという教えがあるので、やはり安楽死が批判されます。でも、神を信じる人も含めて、安楽死は人権であり、安楽死の権利を認めるべきだと訴える人たちもいて、尊厳をもって死ねる社会になるように闘っているのです」

モナは発表を終えて、席に戻った。最前列の生徒から質問が出て、「尊厳とは何ですか」と尋ねた。モナは答えた。

「偉大で尊敬に値することです」

別の生徒が、中学生らしい自意識をのぞかせてつぶやいた。

「僕はソンケイニアタイしまーす」

教室中が、騒然となった。聞こえてくるのはまだ子どもの声だったが、思春期の乱暴でぶっきらぼうな言葉づかいが行き交っている。しばらくすると、静けさが戻った。

「モナさん、合格点を超える発表だったけれど、語源の説明が欠けていました。でも、あなたは古典言語を知らないのだから、それを求めるのは酷なことだと思いますが」

「古代ギリシャ語が語源です」

「そうですか、よくわかりました。ご両親がずいぶん発表を手伝ってくれたんですね」

「いいえ、手伝ってくれたのは、祖母です」

＊

モナと美術館で過ごす水曜日は、三回を残すだけになった。モナと美術鑑賞を始めてから、間もなく一年が経つ。アンリはこの一年間に思いをはせ、しばらくの間、その後も、自分の人生には意味があるのだろうかと考えた。湧き上がってくる孤独感は、そうでなくても以前のような強さを失った心を絞めつけた。

そしてふと、六十年前のことがよみがえってくる。あの頃はコレットがいた。ふたりで海辺で巻き貝を拾い、お守りのペンダントを作った。絶対の愛を誓い、永遠の絆を誓い合ったこと。「幸せな人生を送りたい?」とアンリは尋ね、コレットは「いいえ。最高に幸せな人生じゃなきゃ嫌」と答えた。

やっと成人になったばかりで、すでに尊厳死の権利を訴える運動を始めていたコレットは、その日アンリにも、歳をとったとき、必要ならば、互いに相手が自尊心を持って死ぬのを妨げないと誓わせた。アンリとコレットは若く、勇敢で、美しかった。そしてふたりは約束を守ったのだ。

だから、この憂鬱な水曜日にアートが与えてくれる慰めを、モナ以上にアンリが必要としていた。ポンピドゥーセンターではモナの手を取り、胸が締めつけられるように感じながら、アンリはマリーナ・アブラモヴィッチの無機質なインスタレーションのある部屋へと向かった。

長方形の部屋の白い壁に、銅製の平行六面体の厚い板状のブロックが三点、一定の間隔で設置されている。そのうち左と中央の二点は縦長に、残りの一点は横長に設置されている。どれも厚みは二十センチ、幅は五十二センチ、長さは二百五十センチ。ブロックは重厚で冷たく厳格で、緑とグレーの色合いに表面が反射し、洗練された雰囲気だ。

指示書き(それも作品を構成する要素である)によると、第一の「白龍:立つ」は、その上に立って地面を見るようにという指示があり、足台と、視線を下に向けるための石英製の硬いヘッドレストがある。中央の

「赤龍：座る」は、座って背もたれに寄りかかり、前を見るようにとの指示がある。枕と足台が付いた「緑龍：寝る」は、横になって上を見上げるように指示されている。

作品の原理を理解したモナは、次々とブロックを移動していくゲームに没頭した。でも六分ほどで終わってしまった。そこで指示を離れて、視覚ではなく、触覚や身体感覚で鑑賞してみたらどうだろうと思った。そうすれば、作品を理解することができそうだ。

モナは思い切って、今度は目を閉じて作品を体験してみることにした。まず、インスタレーションの左のブロックに十八分間立って、素材のエネルギーの流れを感じ取るように集中した。そしてまぶたを閉じたまま、九十秒かけて手探りで中央のブロックにたどり着き、その上に座った。ここでも十八分間じっと動かなかった。同じ時間をかけて、水平に置かれた最後のブロックまで行き、その上に横たわり、エネルギーがチャージされる感覚を味わった。

長くゆっくりとした儀式が終わると、モナは目を開けて方向感覚を取り戻し、起き上がった。すぐそばには、無言でほほえむ老いた祖父の傷痕が刻まれた顔があった。祖父はモナの枕元で、眠りにつくための物語を語って聞かせようとしているみたいにも見えた。しかし、口を開いたのはモナだった。

「おじいちゃん、信じられないわ。ミケランジェロやカミーユ・クローデルの彫刻を見たときは、触ってみたいという衝動に駆られた。作品に触ったのはこれまで、ゲインズバラの絵に指を触れたときと、ルイーズ・ブルジョワのインスタレーションに忍び込んだときだけだよね。でも、あれは反則だっていう自覚があった」

この表現を聞いてアンリは笑った。

「この作品は、本当に触れて体験できて、その感覚は最高だったよ。監視員さんに怒られたりもしないし」

「どうして最高って思ったの？」

「アーティストが全身に向かって語りかけてくれていることに気づいたから。ここでは、見るよりも触るほうが大切なんだ。体全体に関心を持つアーティストがいるのはうれしいことだよ」

「視覚以外の感覚に訴えかけてくるアーティストだよね。アントワーヌ・ド・サン＝テグジュペリの言葉を思い出すよ。『物事は心でしか、よく見えない。本当に大切なものは、目に見えない』。さあ、続けて」

「美術館に行くと、すべてのものを目でよく見なければならないと思ってしまう。もちろん、アートを目で見るのも大好きだよ。でも、この作品は、私が体を使って何かをするよう求めているような印象を受けた。といっても簡単な動作だけどね。立ったり、座ったり、横になったりするだけだから」

「モナは、おじいちゃんよりもずっとよくこの作品を理解しているね。もっと話を聞かせて」

「私が言いたいのは、簡単で日常的な動作だけど、そこに……何て言ったらいいのかな。シンプルで、でも感情をかき立てる何かがある。腕に、脚に、頭に伝わってくる感覚があるから」

「それで目を閉じたんだね」

「そうそう、それが理由だったんだ」

モナは肩をすくめた。モナの癖になっているこの仕草には、自分が自分であることが申し訳ない、ごめんなさいという気持ちが込められている。マリーナ・アブラモヴィッチのインスタレーションを、まぶたを閉じたまま体験したことで、アンリを怒らせてしまったのではないかと心配になったのだ。でも、アンリにはよくわかっていた。モナはこのように鑑賞することで、暗闇に潜む不幸を手なずけようとしていたのだ。

そして、それがこの作品の常軌を逸している部分だ。マリーナ・アブラモヴィッチの作品は、暗闇の中心に深淵な宇宙がうごめいていて、人生は明るい昼間の世界だけで展開するものではないことを、モナに示したのだ。別の言い方をすれば、モナは暗闇の時間を楽しみ、溺れるのではなく味わい、暗闇にとらわれることへの恐怖を、少しだけ和らげることができたのだ。

「マリーナ・アブラモヴィッチは今も活動している。そして最も重要な現代アーティストのひとりだ。ユーゴスラビアのベオグラードで生まれ、一九九〇年代に世界的なスターとなった。パフォーマンスという新しい表現形式を発展させた人物でもある。パフォーマンスは二〇世紀を通じて発展し、アブラモヴィッチによって本格的に確立されたんだよ」

「おじいちゃん、覚えているよ！　前に、デパートの前で、ウインドウのバスルームを見ながら話したよね」

モナは、ＢＨＶの前で祖父と交わした会話を思い出した。そのときアンリは、パフォーマンス・アートとは何かについて、モノとしての作品の制作ではなく、行為の刹那的な実現によって成り立つ作品であることを説明し、カップルで向かい合って疲れはてるまで大声を出し合うアーティストの例を挙げていた。このパフォーマンス《AAA-AAA》は、一九七八年に、アブラモヴィッチがパートナーだったドイツ人写真家ウレイとともに発表した。

「演劇みたいなもの？」

「そうだね。ただし、演劇は舞台の上で行われるのに対して、パフォーマンスはどこでも行われるし、結末はわからない。鑑賞者に積極的に参加してもらう作品だからだ。たとえば一九七四年、マリーナ・アブラモヴィッチは、ギャラリーで直立不動になり、鑑賞者に身をゆだねるというパフォーマンス《リズム０》を行った。目の前のテーブルには、花から、写真、ナイフ、銃と弾丸まで、さまざまな七十二個の物が置かれていて、ギャラリーを訪れた人は、誰でもそれらを好きなように使うことができた。アブラモヴィッチは操り人形のように受け身だった。誰かが銃を手に取って弾を込め、引き金に指をかけ、彼女に向けるまでは」

「なんて残酷！」

「それに実際問題として危険だった。ギャラリーのスタッフが、行き過ぎと判断して介入し、終了させた。こうしたパフォーマンス作品の要点はまさに、アーティストの体と観客の体を、コンフォートゾーンの外に連れ出し、極端な体験をさせることにある。退屈なことも、危険なこともあるし、ときには癒やされ、ときには若返り、そしてときにはこれらすべてが混在するような経験になる。モナが気づいたように、マリーナ・アブラモヴィッチは体を揺さぶる。アーティストとしての自分の体だけではなくて、観客の体も揺さぶるんだ。そのために、行為を見てもらうことで共感を呼び起こしたり、一定の仕掛けを作ってその中で能動的に行動させたりすることで、観客の体と頭脳に試練を体験させる。そして、恐怖、愛、憎しみ、残酷さ、欠乏、憧れ、喜びといった矛盾するありとあらゆる強烈なエネルギーを、非常に身体的なやり方で意識させるんだ」

「この作品からは、私たちに何を感じてほしかったのかな？」

「アブラモヴィッチは、このインスタレーションを、とてつもない冒険になった中国旅行の後に制作した。三つのブロックにつけられた龍という名前は、中国の伝説に基づいている」

「冒険って、どんな？」

「アブラモヴィッチとパートナーのウレイは、万里の長城の両端から出発して、お互いに向かって歩いたんだ。万里の長城は、中国では巨大な龍にたとえられる。ウレイは西から、マリーナは東から、二千キロの道のりを歩いて、ついにふたりは再会し、抱き合い、そして別れを決めた。こうしてふたりは別々の人生を歩むことになった。つまり再会は別れだった」

「おじいちゃん、悲しいね」

「モナが体験したインスタレーションは、銅や石英といった素材のエネルギーに触れることで、アーティスト自身が感じた疑念や苦しみ、そして同時に復活の感覚を与えてくれる。アブラモヴィッチは、重くのしかかっているものから解放されることで、再び生きられるようになると言っているんだ。そして、重くのしかかっているものとは、愛しているものであることが少なくない」

「つまり、別れとは……別れるとは……」

「……新しい人生を生き、新しい運をつかむことでもあるんだよ。出発という言葉には、二重の意味がある。出発は終わりであり、始まりでもある。それが、今日覚えておきたいことだ」

「でも、私とおじいちゃんは？　私とおじいちゃんは絶対に別れられない関係でしょう？　この世で最も美しいものに誓ってそう言って、お願い」

アンリはほほえみながら、モナのおでこにキスをした。アンリは少し元気を取り戻した。憂鬱が消え去ることはなかったけれど。

51

クリスチャン・ボルタンスキー
人生のアーカイブを作ろう

「パパとママから、モナに話があるの」とカミーユが言った。

それを聞いただけで、悪い知らせだとモナにはわかった。ポールは机に手をついて頭を下げ、悔しそうな表情を浮かべている。目を合わせないことに驚くモナに、ポールは弱々しい声で説明した。

「簡単な決断ではなかったけど、店を売ることになった」

沈黙を避けるため、間髪を入れずにカミーユが話を続けた。

「パパは、発明した電話について、とてもいい条件で契約を結ぶことができたの。ビジネスを成功させるために、大勢の人が協力してくれることになった。だから、店はもう続けられない」

それ自体はすばらしいニュースだ。でも、モナにとって、店はいつでも帰れるお城のようなところなのに、そこに行けなくなったら、毎日ががらりと変わってしまう。コスモスは主人が泣きそうになっているのを感じ取り、尻尾を振りながらクンクンと鳴いた。モナにはコスモスを抱きしめることしかできない。それから両親のほうに向き直って聞いた。

「行ってもいい？」

「どこに？」

「奥の地下室」

店を売ればどうなるか、モナにはわかっていた。店の物をすべて運び出し、広告を出し、知らない人たちが来て中をじろじろ見るんだ。そして、あっという間に今の状態は過去の刻印に変わってしまう。

でも、モナにとって最大の不幸は、かつて長い間モナをおびえさせ、そして今では祖母の記憶が眠る聖域となったあの暗い地下室が、すっかり空っぽにされてしまうことだ。

モナは両親を店の奥まで連れて行った。暗闇を抜けて、まるでカタコンベを探検するように、地下室に降りていく。コスモスが吠えた。

「これをどうするつもり？　おばあちゃんの思い出がいっぱい詰まった箱はどうするの？　どこに置くの？　捨てたら、パパもママも大嫌いになるよ」

「やめて、モナ！」

カミーユはきっぱりと言い返した。

「ママが、おばあちゃんの大事な思い出の品を、捨てたりすると思う？」

「箱を全部、どこにしまうの？　数え切れないくらいあるよ！　捨てるなんて言ったら、ママなんか大嫌いだよ！」

ポールが冷静な口ぶりで言った。

「モナ、うそをつくつもりはないよ。今のところ、古新聞をどうすればいいのかは、正直なところわからないけどね」

「古新聞はやめてよ、パパ！　宝物なんだ」

そこで誰も何も言えなくなった。モナは落ち着きを取り戻し、父親の腕をつかんだ。父親のことを誇りに思っていたし、過去の一年間で、自分と同じくらい父親も人間として成長したのだと、十一歳ではあっても親を客観的に評価していた。そして、突然、はっとした表情で言った。
「パパ、ママ、いいことを思いついたよ！」

＊

モナが祖父に連れられて美術館に来るのも、あと二回になってしまった。アンリは心が重くなり、胸を締めつけられるように感じた。心臓の鼓動さえ奇妙に感じられた。あるときはゆっくりと高鳴り、あるときは影をひそめて静まり返ったので、自分の心臓がまだ動いているのかわからないと思うくらいだった。

ポンピドゥーセンター前の歩道では、トランペットを吹く人がいて、頰を大きく膨らませながらホアキン・ロドリーゴ作曲の「アランフェス協奏曲」を演奏していた。モナは祖父の手を自分の両手のひらではさみ、鼻孔に当てた。コロンの匂いがした。トランペットは高らかに歌い続けた。モナはちゃめっ気たっぷりに、祖父を上目づかいで見て、手を合わせながら言った。

「おじいちゃんのアパルトマンは広くていいよね。パパとママがお店を閉じることにしたから、箱を全部どこかに運ばなきゃいけないんだけど、うちは狭すぎる。だからおじいちゃん、お願いだから、預かってよ！　そして、おばあちゃんの本を書いて。おばあちゃんのこと、おばあちゃんの冒険のこと、おじいちゃんのこと、ふたりのことを」

モナにそう言われて、アンリは強い衝撃を受けた。頭の中に、ひとりの人間が残した無数の印象と感動があふれてきて、混沌とした激流のようになった。混沌としていても、すべてはひとつの確かな意味に――人生の意味に貫かれている。

アンリは落ち着きを取り戻すと、モナを連れて展示室に向かった。そこにあるのは、クリスチャン・ボルタンスキーの大きなインスタレーションだ。

同じガラスケース二十個が、壁三面に規則正しく並べられている。それぞれのケースは高さ百五十センチ、幅八十七センチ、奥行き十二センチだ。左右の壁には、上下の二列に七個ずつ並んでいて、正面の壁には六個が展示されている。ガラスケースは重厚で、フレームは黒く、上部にはネオン照明が組み込まれている。中身を保護するために、極めて細かい網のようなメッシュスクリーンがあり、ありとあらゆる種類のドキュメントがぎっしりと詰まっている。

中身は、大小さまざまな手書きやタイプライターで文字を書いた紙がとりわけ多く、一部にはしわが寄っている。そのほか、カラーとモノクロの写真、手紙、プリント、封筒、子どもや風景を撮影したポラロイド、走り書きのメモなどが入っている。すべて二〇世紀後半のものだ。ケースは、犯罪ものの映画の中で、犯罪の解明の手がかりとなる証拠として集められた写真や書類をずらりと並べる場面を思わせる。

モナは、自分が並外れた視覚の持ち主だと言われていると知っている。でも、このインスタレーションを前にして、負けたと思った。無数の物で飽和状態になったガラスケースの集まりを見て、モナの知覚は混乱し、すぐに、すべてのケースのすべての物を見ようとしても無駄だという事実を受け入れた。《C.B.の不可能な人生》というタイトルには、これほど多くのものをすべて吸収し、ひとつの人生を把握しようとしても不可能だという意味が込められているのだろう。

それでもモナは手当たり次第にケースの中身を見て回った。英語の手紙。ピンクがかったオレンジ色のロマン・ポランスキー映画の上映会の案内。サン＝ルイ・ド・ラ・サルペトリエール礼拝堂の見取り図。髪を短くした男性の証明写真は、おそらくアーティスト本人だろう。

「すべての物が、ささやいている」と、モナは自分もささやくように言った。「どよめいているというか、つぶやくようにどよめいている、と言ったほうがいいかな」

「それは、どういうことかな？」

「ええと、アートを見ていると、意味がすぐわかる作品もあるよね。たとえばセザンヌが山を描くと、私は山ですと絵が言っているのが伝わってくる。それから無言のアートもあって、たとえば抽象画は沈黙しているみたい。でも、これはそのどちらとも違う。見て、おじいちゃん、いたるところに言葉や文章があって、それがすてきなんだけど、少なくとも全部を読むのは不可能だから、ただそれらを見て、上を滑るみたいに眺めるだけになる。ガラスケースの中の写真も同じで、見覚えがある顔のように感じられるのだけれど、誰だろう？　答えを探す私に、その人たちは、耳元にささやきかけてくるんだ」

「つぶやきの壁。本当だね、モナ。アーティストの作品を見たときに湧いてくる疑問といえば、『これは何を意味する作品なんだろう？』ということだよね」

「私はいつも、それを考えるよ！」

「それがふつうだよ。そして実際に、意味を読み取れる作品もあるけれど、そう試みても無駄だったり、不可能だったりすることもある。そしてここでは、ささやき声が聞こえている。どういう意味だろう？　『何かが言いたい』。もう一度言うよ、モナ、よく聞いて。『何かが言いたい』であって、『言いたいことはこれです』と言ってそこで議論を終わらせようとしているんじゃない。この作品は全然違う。この作品は、『何かが言いたい』ということそのものを表している。しかも、そうはっきり言っているわけでもない。言いたいことが多すぎるか、少なすぎるか、あるいは言いにくいんじゃないかな。だからこそ、モナが言ったように、このインスタレーションはささやいている。何かが言いたいんだけど、何を言いたいのかがよくわかっていないんだ」

「実は私、いつも、アートってすべての作品がそんな感じだと思っていたんだ。象徴に満ちていて、たくさんの物語を語っているように感じる」

「でも、モナにはそのほんの一部しか見ることができない」

「そう、その通りだよ！」

「でもね、大切なのは、謎を解き明かすことではなくて、あふれるほどの意味がそこに隠されていると感じることなんだよ。意味は浮かび上がり、混ぜ合わされ、抜け落ちていく。だから、アートの作品は永遠に開かれている」

そこでモナは、大きく目を見開いた。突然、うれしいと同時に申し訳なく思っているというような顔をした。

「どうしたの？」。アンリが心配して尋ねた。

「おじいちゃんの説明は、とてもすてき。私は絶対に、百万年経っても、一生おじいちゃんを上に見続けることになる。そう思うと、ちょっと悲しいんだよね」

アンリはそれを聞いて、ガラスケースを眺めながら、クリスチャン・ボルタンスキーの子ども時代のことを思い出していた。

「こんなふうに大がかりで、まじめそうで、きちんと設計された作品から想像されるのとは裏腹に、ボルタンスキーは子ども時代、風変わりで友だちのいない子だった。若い頃も無口で、社会から逃避するように、家から一歩も出ないで何千個もの小さな粘土玉をひたすら作り続けていたんだよ」

それからアンリは、ボルタンスキーの初期の作品について説明した。

「アーティストとして最初に発表したのは、滑稽な絵や人形で構成される奇妙な作品だった。そして、一九八〇年代以降は方向性を変え、戦争の記憶をとどめる膨大な物を多数の金属製の箱に入れて積み重ねた壮大な作品を発表し、それで有名になった」

そこでアンリは謎をかけるように、「人生とは何だろうか?」とつぶやいた。「モナは、人生が終わると、何が残ると思う? もちろん記憶。そして、ほかの人の人生に刻まれた痕跡。でも、ボルタンスキーのこの作品には、もっとシンプルであると同時に限りなく複雑な何かがある。ねえモナ、人生は何を残すのかな?」

「いろんな物。たくさんの手紙、写真、カード、チケットとか、ここにあるような物。誰でも箱にためておくような物。おばあちゃんの箱の中には、安楽死についての活動を取り上げた新聞記事がたくさんあったよね」

「でも、おばあちゃんの形見はそれだけじゃない」

「そうだ、私のペンダントも」

「そう。おじいちゃんとママは、クリスチャン・ボルタンスキーの作品のように、おばあちゃんの形見のほとんどすべてを、箱にしまっておいたんだ。おばあちゃんは、たとえば、ホテルのバーの灰皿を集めていたって知ってた? こっそりくすねていたんだ。一度だけ、ホテル・ブリストルのバーから何気ない顔で出ようとしたときに、ハンドバッグがたばこを吸っていますよ、とウェイターに言われたことがある」

アンリはそう言うと、愉快そうに大笑いした。モナは祖父に抱きついて、オーデコロンの香りを吸い込んだ。壁一面のガラスケースの真ん中で、祖父の胸に額を押し当て、そして前後に動きはじめ、まるで心臓のドアを頭でノックするかのように、そっと叩いた。

「お願い、おじいちゃん。コレット・ヴュイユマンについての本を書いてよ」

今度こそわかってほしいという顔で、そう頼み込んだ。

「それよりも、話を続けよう」とアンリは言った。

「いいかいモナ、人生の後に残るのは、物。たくさんの物たちで、やっぱりそれぞれの人生がある。ささやかな小さな物。ときには使い古されて、壊れて、ばらばらになってしまった名もない物たち。でも、中学生のときに使っていたインクつぼや、四つ葉のクローバーの中にも、全宇宙を夢見ることができる」

「全宇宙」とモナは繰り返した。

そのとき、ボルタンスキーの作品を前にして、モナはめまいを感じた。作品を構成する要素のひとつひとつに、いくつもの時間の回廊が交わる交差点を見たからだ。物質の最も小さな単位にも、人生が無限に込められている。モナはそのことを、理屈を超えた直感によって理解した。物質の最も小さな単位には、その上を通り過ぎたすべての視線、それが呼び起こしたすべての感覚、それをそっとなでたすべての空気、それを取り囲んだすべての音、そのすべての変容、そして存在することへの執着が振動している。さらに、これらの微小な単位は、記号内容のネットワークの中で通じ合っている。そのネットワークはあまりに豊かで活発なので、その中で発せられるつぶやき合いは聞き取れないほどだ。

「ボルタンスキーの作品では、光についても考えなくてはならない」と、アンリは話を再開した。

「そうだよね、おじいちゃん。ふつう、彫刻や絵画をライトが照らすけれど、これは違う。光はガラスケースの中にあるから、まるで作品が……」

「そうなんだ。自分で自分を照らしているよね」

「ガラスケースは、いつも自分の中に光を灯しているんだよ！　でも、照らし方はさまざまで、光のおかげでよく見える文字や写真もあれば、影になってほとんど見えないものもある。レンブラントのキアロスクーロみたいなものかな。それに、アーティストが所有物を通して自分を表現している自画像だとも言えそうだよ。まあ、ふつうは自画像は一枚の絵だから見るのは簡単だけど、この作品の場合、すべての要素をじっくり読み解いて結びつけようと思ったら、それは不可能だ」

「そう、しかもボルタンスキーは、作品を見る人に自分の人生や人格を再構築してもらいたいとは、ちっとも思っていない。この作品はコンセプチュアルな自画像のように見えるかもしれないが、実際にはそうではないんだ。自分自身の人生のアーカイブのような作品を通してボルタンスキーが望んでいるのは、モナやおじいちゃんを含めたすべての人が、見ている自分自身の人生をそこに映し出して見ることなんだ」

「人生のアーカイブを作ろうってことだね」と、モナがつぶやいた。

「そうとも言える。英雄でも無名の人でも、人生のアーカイブの中では、目に見える記憶も、忘れ去られた記憶も、輝かせることができるから」

「人生のアーカイブを作ろうって、ただの一般論だと思ってるでしょう？　でも、私はおじいちゃんのことを言ったつもりだよ。おばあちゃんの物が入った箱を全部持っていって、おじいちゃんとおばあちゃんについての本を書いて。人生のアーカイブを作ってよ、おじいちゃん」

52

ピエール・スーラージュ
黒は果てしない色である

カミーユに連れられてモナがやってくると、ヴァン・オルスト医師は深い感慨を覚えた。今日が最後の診療になる。催眠療法の臨床と研究で功績を上げているこの医師は、世界中の研究機関に知られるようになり、海外で活動することを決めたのだった。

モナに別れを告げずにフランスを去りたくはなかった。何よりも、モナの将来について話さないままいなくなることはできない。「モナの目」のレポートと同じ内容の結論を前回伝えたが、単なるでたらめに聞こえたのではないかと反省していた。医師は、モナの症状についてきちんと説明することにした。

「催眠療法により、モナさんは、コレットさんにとてもなついていたことが明らかになりました。モナさんは、おばあさまに見守られて歩けるようになり、ともに笑い、遊び、ささやかなことを数え切れないほど共有し、それが幼少期の人格形成につながったのです。そのおばあさまがある日突然、姿を消したとき、モナさんは状況が理解できず、激しいショックを受けました。その後、コレットさんの安楽死は家族の間でタブーとなったため、モナさんにとってはさらに抑圧が強まりました。最後のやり取りの中で、おばあさまはモナさんにペンダントを渡しました。何十年もの間、コレットさんとアンリさんの愛のお守りになってきたペンダントです。それがおばあさまの手から、あるいは正確には首から、モナさんに渡り、モナさんの首にかけられたわけです。すると、早すぎる死を迎えたおばあさまの太陽のようなエネルギーのすべてが、そこに凝縮されました。『否定することは忘れて。いつも自分の中に光を灯していて』とおばあさまは言い残して姿を消したために、モナさんの無意識は、この貝殻のペンダントというささやかな物に光を宿らせたのです。そして十歳のある日、トラウマがよみがえりました。宿題をしていて邪魔になり、思わずペンダントを外したら、突然、理由もなく暗闇が訪れた。診断を試みたけれど、身体機能には何の問題も見つからなかった。では何が起きたのか？　脳が、押し殺していた痛みを訴えたのです。二度目は、お父様と店に行ったとき。ペンダントが外れ、やはり暗闇が訪れました。そして三度目はモナさんがハマスホイの作品の前に立っていたとき、ふとネックレスを外すと、同じことが起こりました。私は医師として、ペンダントがモナさんの目の命綱になっていると推測しています」

「じゃあ、今ペンダントを外したら、また目が見えなくなるっていうことですか？」とモナが聞いた。

「いや、そういうわけではないんですが」と、ヴァン・オルスト医師はしどろもどろに答えた。「でも、もしもできることなら……」

「モナ、もう絶対にペンダントを外しちゃダメだよ」とカミーユが口をはさんだ。不安な表情で、顔を紅潮させている。

「迷うなら、首にかけておいたほうがいい。無意識は、とてつもなく強力ですから」とヴァン・オルスト医師は言った。

「十分気をつけます」とモナが答えた。

長い沈黙の後、医師は言った。

「でもね、モナさん。モナさんには並外れた視力があるということも忘れないでください。ほとんど誰もかなう人はいないでしょう。その視力を使って、すべてのものを見て、見たものすべてを記憶しなければ」

医師と握手をしながら、モナは今言われたことについて考えた。突然、顔がぱっと輝いた。おじいちゃんが、私を美術館に連れて行ってくれた理由が、今わかった！　今まで一年間かけて、毎週アートを見ていたのは、こんな意味があったんだ。

おじいちゃんは、私のために毎回選んでくれた作品のアーカイブを、心の中に作り上げてくれた。宝物のようなアートのアーカイブを心に持っている限り、たとえいつか目が見えなくなったとしても、尽きることのない色と喜びをそこから汲み出せるのだ。

*

ルーヴル美術館での初めての美術鑑賞から一年が経ち、モナは大きく成長した。ボッティチェリのフレスコ画の前でアンリに手を引かれていた頃の自分に出会ったとしても、自分とは思えなかっただろう。ふたりのモナは、近いようで遠く、和解するのはずっと後、思春期を過ぎてからになるだろうが、ある基本的な点では一致している。それは、愛する祖父がいつも灯台のように心を照らし、古代の火打石のように知恵を授けてくれるということだ。

ポンピドゥーセンターの前で、いつものように、人目をひくエレガントなたたずまいで、アンリは立っていた。傷痕のある顔には、重苦しい表情を浮かべていた。まるで控訴の許されない判決を下すように、アンリは言った。

「モナ、今日で最後だ」

それはモナも知っていて、でもなんと答えればいいかわからなかった。最終回にふさわしい行動を取らなくてはならない。気まずさをごまかすわけではなく、自分にはやるべきことがあるのだ。ふたりは手をつないだままポンピドゥーセンターに入り、中をさまよった。そして、ピエール・スーラージュが二〇〇二年四月二十二日に完成させた絵に、ふと目を止めた。この日付が、絵のタイトルにもなっている。そのとき、モナはいいことを思いついた。

「最後だから、おじいちゃん、今日は私の番だよ」

正方形に近い長方形の密やかな抽象画である。高さ二メートル、幅二・二メートルで、大きくて薄く均質な中密度繊維板のパネルが主要な部分であり、規則的なパターンで描かれた五本の黒い帯によるストライプで構成されている。それぞれの黒い帯の間は明るいパステルで描かれた四本の線で区切られている。このパネルは、別のパネルの上に貼り付けられている。絵画の上に別の絵画を重ねているのだ。

上側のパネルは、下側のパネルをほぼ覆っているが、幅が足りないため、下側のパネルが十センチずつ左右からはみ出している。下側のパネルの両端は、黒いアクリル絵具で縁取られている。上側のパネルからはみ出た部分には白い部分と黒い部分が見えている。つまり、五本の暗い帯が並ぶパネルの両端から、下になったパネルに描かれた直線や曲線の始まりがはみ出して見えているのだ。完全にモノクロームではない。パネルの素材である木の繊維の色調の変化や、筋や起伏が見える。布でパネルにすり込んだほぼ透明なニスの向こうに、茶色の部分や赤みがかった灰色の細かい点が透けて見えている。このプロセスによって、反射とつやが生まれている。

アンリは作品をじっくりと見た。モナは後ろで姿を消したかもしれない。美術館のどこかに行ってしまったかもしれないし、居眠りをしているかもしれない。モナが何をしているか、アンリにはまったくわからなかった。今日は、自分が作品に没頭する役回りで、モナがそれを見守る番なのだ。

一方でモナは、尊敬してやまない祖父の姿を目に焼き付けようとしていた。祖父は髪を後ろになでつけ、いつものように気高く、抽象画の混沌に没頭している。モナはその後ろ姿を眺めながら、オルペウスとエウリュディケーの神話を思い起こした。おじいちゃんが自分のほうを振り返れば、私は暗闇に突き落とされるのかな？　そして、自分でもなぜかはわからないまま、いつか自分も、おじいちゃんとおばあちゃんが愛し合ったように、誰かと愛し愛されたいという考えが頭に浮かんだ。

一時間が過ぎた。正確には六十三分。アンリはようやく振り向いた。モナがそこにいた。小さくて、同時にとてつもなく大きい存在だった。モナは息を呑み、それからため息をついて、話しはじめた。

モナは「この絵は、たくさんの人物が描かれた過去の絵画を見るのと同じように見なければならない」と気取った口ぶりで主張した。「なぜなら、スーラージュの作品は誤解されそうだけれど、実は、豊かなディテールに満ちているから。ただし、そのディテールとは素材のディテールであり、木の繊維でできたパネルのディテールであり、表面に反射する光のディテールなんだ。そして、パステルで四本の白い線が引かれていて、光線のように見えるということに気づいたかな？　でも気をつけて」

「何に？」

「自分がその絵に何を見たいのかを考える必要があるっていうことに。みんなが自由に作品を見るべきだから。かなり前に作られたテストで、インクのしみが何に見えるかを答えてもらうというものがある。しみの形が、人によって、心臓や蝶、あるいは恐竜などいろんなものに見えるんだけど、大切なのはその人の頭の中に何があるかということなんだ」

「それで？」

「それで、スーラージュの絵では、たくさんのイメージが生まれつつあるところだけど、実は、それは見る人みんなの心の中にあるものなんだ。そして、それこそが大切なポイントなんだよ」

モナがあわてて出した結論はとても豊かで、アンリは沈んでいた心を救われたように感じた。アンリはモナに教えてあげた。

「ピエール・スーラージュは一九一九年、南フランスの質素な家庭に生まれ育ち、子どもの頃は雪景色をよく描いていた。先史時代を含む古代の美術やロマネスク建築が大好きだった。スーラージュは戦後、抽象画家として活躍し、ヨーロッパのアンス・アルトゥングや、アメリカのフランツ・クライン、ロバート・マザーウェル、マーク・ロスコらとの共通性を指摘される。スーラージュは、光と闇との力強い対立関係を、シンプルでときに貧しい素材を使って表現した。ペンキ塗りに使われる刷毛でクルミの果皮から作った茶色い染料を塗ったり、ガラスにタールを塗ったりした。この方向性を追求した結果、一九七九年には『ウートルノワール（黒を超える黒）』と呼ばれる黒い絵を実現した。黒の中に光を感じさせることに成功したんだ。絵の表面のテクスチャーを微妙に変化させ、豊かなニュアンスと輝きを表現し、単なる黒とは違う黒を表現したんだ」

アンリはそこで、好奇心旺盛な青年のような口調になって問いかけた。

「それで、モナにはどんな絵が見えるのかな？」

「おじいちゃん、よく見て。五本の黒い帯のうち、上の帯には、クールベの《オルナンの埋葬》が見えるよ。村人たちが泣きながら葬列を作っている絵を、覚えてるでしょう？　つまり死を嘆く気持ちが描かれているんだ」

「なるほど。その次の帯は？」

「パパのお店の奥の部屋で、バースデープレゼントを見つけて大喜びする瞬間の絵！」

「真ん中の帯は？」

「全部で三回、おじいちゃんに肩車してもらったときのことを思い出すよ。ミケランジェロの《瀕死の奴隷》と、ブランクーシの《空間の鳥》の前で肩車してくれたよね。そしてオルセー美術館の前で、一緒に写真を撮ってもらったときも。ここに描かれているのは、つまり……」

そこで、モナは言葉を探しあぐねた。

「発展ということかな。四つ目の帯は？」

「ここに見えるのは、校庭でみんなが大声で騒いでいる様子。ボールが顔に当たったときの痛み――つまりは暴力」

「いちばん下は？」

「文字が見える。ヴァン・オルスト先生のところで、壁に貼ってあった誓いの文章。小さな文字だけど、遠くから読めた」

モナは、古代ギリシャの医学の祖と呼ばれる人物の名前を、思い出せなかった。

「ヒポクラテスの誓い」

「そう、ヒポクラテスの誓いだ！　そして先生は、心配したかもしれないけど、私の目は誰にも負けないくらいよく見えるんだって説明してくれた。この最後の帯には、癒やしが見える」

アンリは絵の黒い帯を見て、モナの話を聞きながら多くを学んだ。モナは独自のやり方で、それぞれの部分に嘆き、喜び、発展、暴力、癒やしの象徴をあてはめて、この作品に秘められているかもしれない倫理的で神聖な寓話を語ったのだ。

「そして今度は、左右の端を見て」とモナは続けた。

「ここを見ると、五本の帯が並ぶパネルは、裏側にあるもう一枚のパネルの上に貼られていることがわかるね。表に貼られているパネルの幅が少し狭いせいで、裏側のパネルの左右の端がはみ出ている。今度はそこに何が見えているかに注目しよう。裏側になっているパネルは、白地に黒の線が入り乱れるように描かれているよね。スーラージュは、その上に、帯を五本描いたパネルを重ね合わせた」

「それは、何を意味しているんだろう？」

「おじいちゃん、意味を考える前に、美しさを味わわなきゃ！　二つの縦長の部分は、純粋な白と、深い黒が絶妙な対比を見せていて、本当にすてきだと思う。上のパネルの黒い横縞は対照的だよね。だって、上のパネルの黒い部分ははっきりした黒ではなくて、いろんなニュアンスが溶け合っているから」

モナは話しながら大人みたいな説明ができたと満足し、誇らしい気持ちで、こう続けた。

「でもね、これは美しいだけというより、何か意味がある作品なんだと思う」

「どんな？」

「目に映るもののほかに、見るべきものが常にあるということ。つまり、すべてを見る方法を知っていなければならないし、全体をすみずみまで見なければならない。両側だけでなく真ん中も、上から下へ、下から上へ、左から右へ、右から左へ……」

「もっと説明して」

「パネルの裏になっている部分に、ほかの形がいくつも描かれていることがわかる。これらの形は隠れているけれど、どこかに確かに存在している。スーラージュはそう教えてくれているんだ」

「ふだん目をすり抜けてしまうものの存在を、教えてくれているんだね。じゃあ、モナ、『黒は色ではない』

と言う人がいたら、スーラージュなら何て言い返すだろう?」

「そんなふうに言うのは変だよ。すべての色を混ぜ合わせたら、黒になるのは当たり前だよね」

モナはいったん話をやめた。それから調子を変えて、まるで催眠にかかったようにゆっくりと、カンバスの奥深くをじっと見つめながら締めくくった。

「おじいちゃん。私たちに、ピエール・スーラージュは教えてくれている。黒はひとつの色だ。しかも、どこまでも深く、どこまでも広い色なんだ」

エピローグ　人生は冒険

晩秋の万聖節のバカンスは、バカンスとは名ばかりのうっとうしい日が続いた。日が短くなり、通りの家々の窓が閉め切られ、街の喧騒も鎮まり、物哀しい雰囲気に包まれた。窓を閉め切った家の中には暗い影が忍び寄り、湿った空気が停滞している。白い壁を霧が覆い、涙のようなしずくを残した。静かな日曜日の憂鬱が、毎日を支配しているのだ。

ポールの店は閉じ、モナは両親に裏切られた気持ちでいっぱいだった。万聖節にはローマのリリのところに飛行機で遊びに行く計画だけが楽しみだったのに、結局、両親は「また今度にしよう」と先送りにした。残酷すぎる。モナの両親は娘がお守りのペンダントをなくすのではないかと心配してパニックになり、カミーユはしっかりした留め具に取り替えたほどだった。

モナは、自分の部屋の床で、天井を眺めながらぼんやりしていた。天井のしみが、宇宙の惑星にある未知の大陸に見えた。モナは国や民族の名前を考え、民族衣装をデザインした。さらに、小人や巨人が嵐の海を征服し、壮大な戦いを繰り広げ、そして崇高な和解に至る様子を想像した。自分でも気づかないうちに、心の中のフレスコ画について、モナは声に出して説明していた。

モナの部屋はすっかり模様替えが済んでいた。小学生の頃の物は片付けて、代わりに、父親の店にあった物を置いた。散らかり放題で、学校の教科書や洋服が散乱したままだったが、モナにとっては好きな物を集めた小さな宝物庫のような部屋だ。

ポールが愛用していたジュークボックスには、フランス・ギャルの曲が入っている。以前はあんなに嫌っていた「ハリネズミ」のボトルラックも持ってきた。本棚には古い全集が並んでいる。それから、奇跡的にまだ売れていなかったヴェルチュニの人形も。リュートの弦をつまびいている羊飼いの人形で、竪琴の名手だったというオルペウスを思わせる。壁にはスーラのポスターと、いつか美大生にもらったロダンの《ラ・パンセ》のデッサン。そしてもちろん、オルセー美術館の前で祖父と写してもらった写真。

隣の部屋でカミーユのスマートフォンが鳴った。母親の不安そうな声の様子から、電話の相手は祖父だとモナは察した。カミーユは神経質に部屋を行ったり来たりしながら、何度も「ノン」と繰り返している。何がダメだと言っているのか、モナにはすぐわかった。

おじいちゃんは、数日間、モントルイユのアパルトマンから私を連れ出したいと言ってくれているんだ。モナは両手を壁について、じっと壁ごしに話を聞いた。母親は最終的に折れた。

「わかった、わかった」と繰り返している。それから電話を切ると、こう叫んだ。

「モナ、ドアの向こうで、全部聞いていたんでしょう？」

モナのいたずらっぽい笑い声が壁を超えて響いた。とうとうカミーユも決心した。そうだ、しばらく旅行に行かせよう。コスモスも一緒に。カミーユは、アンリが気をつけてくれればモナは安全なはずだと、自分に言い聞かせた。

「おじいちゃんが、セザンヌの言葉を伝えてくれって言っていたよ」とカミーユは言い、メモを読み上げた。「『自然を通ってルーヴルに行き、ルーヴルを通って自然に帰らなければならない』だって。よくわからないけど、サント・ヴィクトワール山を見に連れて行ってくれるって」

「ああ、最高だよ！　ママありがとう」

「くれぐれも気をつけてね。わかった？　もう一度、ペンダントの留め具を見せて」

＊

アンリとモナは、自分たちがすべてを秘密にしていた頃を懐かしんでいた。日々の現実とはほかに、誰も立ち入ることのできない別世界があるというのは、すばらしい感覚で、だからこそ、それを放棄するのはとてもつらい。今回の旅は、別世界に別れを告げるために必要な巡礼の旅なのかもしれない。それが、旅の目的なのだろう。

高速鉄道ＴＧＶの中で、モナは祖父が本を読んでいないことに気づいた。祖父は真剣に考えごとをしている。モナは、ポケットに忍ばせてきた宝物を祖父に見せた。

五十二週にわたる水曜日、モナは祖父と一緒に五十二の美術作品に出合った。その途中にあった誕生日にプラスチックのトランプをもらったので、それぞれのカードの裏に、祖父と一緒に見た絵画、ドローイング、彫刻、写真、インスタレーションの複製や写真を貼ったのだ。モナは、この五十二枚のカードが入った箱を持ってきていた。完成したカードのセットを祖父に直接渡すのではなく、座席の前のテーブルに置いた。まるで、大したものではないという感じで。アンリは興味を惹かれた。

「それは何？」

「私のトランプ。おじいちゃんと一緒に見に行った全部の作品を貼ったんだ」

「つまり、美術館の作品五十二点のそれぞれを、象徴的に対応するカードと組み合わせたってこと？」

「そうだよ」

アンリは思い出に胸を締め付けられそうになったが、そんなふうに見せないように気をつけた。モナは本当に、それぞれの作品を記号と数に結びつけるなんていう離れ技をやってのけたのだろうか？　本当に五十二枚全部？

アンリは箱を手に取り、夢中で一枚ずつ見ていった。まるで奇跡だ。モナが作り上げた魔法のようなカードは、ゆっくりめくっても、一年間を早回しで見ているようだった。

「モナ、お見事だよ。一緒に過ごした十二カ月に捧げる最高のオマージュだ。このトランプはまさにアートだよ」

「ありがとう」と、モナは恥ずかしそうに答えた。

「それで、おじいちゃんはどうなの？　おばあちゃんの本を書くつもり？」

「うん、そのつもりだ」

モナは祖父に抱きついて、「わーい」と叫んだ。数人の乗客がモナのほうを振り向いた。子どもが騒ぐのを嫌う大人たちが、非難の目を向けている。モナはあっかんべーをしたくなったが、もっといい考えが浮かんだ。

「おじいちゃん、食堂車に行かない？　おじいちゃんはコーヒー、私はホットチョコレートを飲むんだ。それから、おばあちゃんのことを全部話してちょうだい。いいでしょう？」

アンリはうなずいて、モナを連れて行った。ふたりは大きな出窓の前の椅子に並んで座った。モナは一気にホットチョコレートを飲んだ。アンリはほとんどコーヒーに口をつけなかった。封印してきた秘密を明かすべきときがやってきたらしい。

列車は稲妻のような速さで、車窓の景色とともにアンリとモナを連れてフランスを縦断している。運命のような瞬間にふさわしい。アンリは話を始めた。

コレットの父親は、カトリックで王党派のレジスタンス運動家だった。第二次世界大戦中にナチスに捕えられ、拷問を受けて仲間を裏切るのを避けたかったから、独房で青酸カリを使って自殺した。

英雄的で悲劇的なエピソードから、コレットは二つの教訓を学んだ。ひとつは、神への信仰は驚異的な力を与えてくれるということ。だからコレットは熱心なクリスチャンになった。もうひとつは、死を選択できることの大切さだ。だから安楽死の権利を求める運動家になった。

アンリとコレットは深く愛し合っていた。貝殻を拾っていた浜辺でふたりの情熱的な結びつきが永遠のものであると誓い合ったとき、コレットはアンリに、「いつか死ぬと決めたら止めないで」と言い、アンリは約束した。

一九六〇年代から一九七〇年代にかけて、コレットは死ぬ権利を訴える運動において開拓者となった。コレットはキリスト教徒であり続けたが、保守派やカトリック教会から批判され、マスコミに中傷を受けることもあった。しかし、コレットは決してあきらめず、闘いを続けた。

医学の進歩は称賛に値するが、同時に逆説的な状況を生み出しているという信念があった。九十年、百年、ときにはそれ以上の延命方法が見出され、自然に備わった人命の限界に挑むようになった。神経変性疾患が進み、人生の晩年を、ひどい苦痛とともに生きなくてはならない人たちが出てくる。

コレット・ヴュイユマンはこの問題について意識向上のためのキャンペーンを行った。ベルギーやスイスなど、いくつかの国では安楽死の合法化が実現した。フランスの状況は厳しかったが、それでも、最期を迎えるまで苦しみ続けず自ら命を絶つことを選んだ患者たちに付き添うという形で、ひそかに活動した。

コレットはこのうえなく陽気で、辛辣なユーモアの持ち主だったことを忘れてはならない。いつも多くの友人に囲まれていた。たばこを吸い、おいしいワインを好み、見事にタンゴを踊った。衝動的ともいうべき激しい情熱の持ち主であり、思いつくままにいろんなものを集めるコレクターでもあった。鉱物、絵はがき、珍しい布地、コースターなど。コレクションの対象には、もちろん、ヴェルチュニの人形も含まれていた。

七十歳を過ぎたある冬の日、コレットはひどい頭痛に悩まされ、その後、慢性的な疼痛としびれに苦しむことになる。さらに悪いことに、自分の動きをコントロールできなくなり、手に持ったたばこをうっかり落とすようになった。

医師の診断を仰ぐと、大脳が徐々に侵され、治療法のない病気だと告げられた。アルツハイマー病とパーキンソン病をかけ合わせたような病気で、高名なドイツ出身の教授の名前がついていた。コレットは「神様が私の足をテーブルの下で蹴って誘惑し、自分のもとに呼び寄せようとしてくれているの」と言って周囲を和ませたし、実際にそう信じていたようだ。

コレットはヴェルチュニの人形のコレクションを活かして、もの忘れが進まないように努めた。それぞれの人形に名前をつけ、架空の略歴をつけた。毎朝、ランダムに箱からひとつずつ取り出して、自分で考えたストーリーを思い起こし、自分の脳をテストしたのだ。最初はまったく問題なかった。アルルカン、歩兵、洗濯婦、ベンガルトラ。こんなに若々しい。医者の間違いだろうか？

しかしある朝、どんなに名前を思い出そうとしても、ダメだった。別の名前も頭から消えていくか、二つの名前が混じり合うようになった。病気のほうが勝ち出したのだ。あっという間に症状は進行し、攻撃はさらに激しくなった。

やがて、決定的な発作が起きた。ベンチに寝そべる少年の人形を手にしたとき、これまで考えてきたことをすべて忘れてしまったのだ。鉛の少年も、ベンチも、寝そべる姿勢も、塗られた色も、形も、意味を奪われ、空虚さに包まれた。どんなメッセージも聴こえず、世界から意味が消えた。脳は混乱の瀬戸際にあった。頭脳が明晰に戻った瞬間に、コレットは、もう終わりにしようと決心した。尊厳を持って。できるだけ早く。惰性で呼吸をするだけになる前に、終わらせるのだ。

カミーユはこの決断に抗議した。衰えの兆しが、本当にかすかなものに思われたからだ。そして、母親の運命に介入しようとしない父親を恨んだ。アンリは絶望に打ちひしがれたが、妻との約束を忘れなかった。すべての締めくくりに感動に満ちたディナーが行われ、友人たちがコレットを囲み、あの世への旅立ちに乾杯した。最後にコレットは、幼い孫にこう言った。「否定することは忘れて。いつも自分の中に光を灯していて」。そして、クリニックへと向かった。アンリはその名前すら忘れることに努めた。

いつの間にか列車は停車していた。モナも、座席で動けなくなっていた。祖父が話す間中、息もつけず、あふれる涙をせき止めようとしているうちに、石になったみたいに感じた。

アンリが話をやめると、涙の川は激流に変わり、堤防を押し流すかのように流れ出た。

でも、車両の重いドアが閉まる音が聞こえて、涙が止まった。ペンダントを握り、窓の外を見ると、「エクサン・プロヴァンス」という大きな標識が見えた。そして列車は動き出した。

「おじいちゃん、おじいちゃん、乗り過ごしたよ！」

「ご心配なく」と、アンリは唇の片隅で笑いながらつぶやいた。

「おじいちゃん、サント・ヴィクトワール山は？」

「もう少し先に行こうよ」

もう少し先に？　でも、どこへ？　どこへ行くんだろう？

アンリは、歳をとっても冒険家なのだ。迷いなく最短距離を行く人もいれば、人生の最後まで険しい道に挑むアンリのような人もいる。

サント・ヴィクトワール山は、また今度行けばいい。今日は別の大切な場所に向かおう。

五十キロほどさらに南下し、カシス駅に着くと、ふたりは列車を降り立った。駅を出て小道を歩きはじめた。

*

なんという光だろう。午後の日差しに照らされ、カサマツが空高くそびえ立っている。汽車にずっと揺られていた感覚が、海の香りと真珠のようにつやめく空気によって消えていくのを、モナは感じた。雲の細い帯が、モーブとグレーに染まっていた。

モナは波に向かって走った。秋の太陽は人を陶酔させる。肌を刺す夏の太陽とは違って、柔らかい。コスモスが追いかけてくるのを待つために、モナは立ち止まった。モナは腕を組み、太陽に向かって立った。まばたきもせず、目を細めることもなく、太陽を見た。

モナは地面に転がっている棒を見つけて投げると、「持ってきて、コスモス」と叫んだ。

コスモスは突然スピードを上げて走り、棒をくわえると誇らしげに掲げ、それをどうすればいいのか考えている様子だった。ご主人様のところに持って帰るべきか、それともただ歯でかんで楽しむべきか。迷った挙げ句、モナのほうに顔を向け、よろけながらちょこまかと走り寄った。

「いい子だね！」とモナはコスモスをなでた。

でもおじいちゃんは？　アンリはすぐ後ろにいた。ひょろりと背の高いシルエットが、若者のようにも、幽霊のようにも見える。そしてモナに近づき、しゃがみ込み、細い首を見て言った。

「今だ。この世で最も美しいものに誓って言う。今こそ、そのときだ……」

その言葉に続いて、突風が吹いた。モナは数秒後にすべてを理解し、まゆをひそめた。少し前に列車で流した涙が、また湧いてくる。モナはつらい気持ちと闘い、涙をこらえてうなずいた。

この海岸は六十年前、アンリとコレットが人生の約束を交わした場所だ。この海岸で、ふたりはお守りにするために、貝殻を拾った。

だから、今だ。今こそ、悪魔を試すように、治癒を試すときだった。

お守りになっていた貝殻をもとの自然の循環に戻すことで、貝殻は解放され、本来の、ただの貝殻になるはずだ。モナは怖くてたまらなかった。すべてが失われるのではないか？　危険な企てなど、試したくない。

モナの恐怖には、もうひとつの不安が入り混じっていた。それは「おじいちゃんもいつか死ぬ」ということだ。ある日、おじいちゃんは歳をとって永遠にあの世に行ってしまう。おじいちゃんがいなくなるのだ。

「失うこと」を学ぶのが、子ども時代だ。その学びは、子ども時代そのものを失うことから始まる。子ども時代は、失われて初めて、それが何であったかが理解できる。そしてすべてのものがいつか失われるのだということも、同じ頃にわかるのだ。

成長とは、経験、知識、物など、何でも得たものをためていくことだと思われがちだが、それは幻想にすぎない。成長とは失うことであり、人生とは、失うことを受け入れることなのだ。生きるとは、一秒ごとにさようならが言えるようになることにほかならない。

でも、モナにはまだわからない。仮にわかったとしても、不安が消えることはないだろう。失明の可能性は現実的な危機だ。差し迫った体の問題であり、人生の大きな議論などは、その危機を前にしては小さく、はかなく、ほとんど聞き取られないまま押しつぶされる運命にある。

「モナ、人生は冒険なんだ」

「おじいちゃん、わかったよ」

モナはペンダントを握りしめ、そっと引っ張った。全身がかすかに震えた。それでもモナは、思い切った。

テグスがあご、口、耳を抜け、髪の毛に少し絡まったあと、頭から離れた。

モナは突然、小さな虫が目に飛び込んでくるような恐ろしい感覚に襲われた。虫はどんどん増えて、大群を成していた。

貝殻は、開いた右手に載せられていて、大理石でできた宝物のように見えたが、闇はすぐにモナの目を覆い、瞳孔を中心に渦を巻いて広がっていく。

モナにはもう何も見えない。周りの世界が消え、モナの心はぐらぐらと揺れた。ひどくめまいがして、何も声にならず、うめくことすらできず、頭の中の暗い場所に深淵が広がっていく。そこにあるのは意識だけかもしれない。モナは、海に放り出され、波に浮かぶ丸太にしがみつく人のように、流れてくる思考にしがみついた。

そのとき、「黒は色だ」と念じると、その言葉が暗闇の中にいくつかの点を照らした。星座が少しずつはっきりと浮かび上がり、思いがけない安堵感をもたらした。細かく砕けた混沌の中に、過去一年間に出合ったアートが見せてくれた、友だちのような顔や心を震わせる形が見えている。

揺れていた光の中に、ふと、憧れの人の顔がはっきりと浮かび上がった。おばあちゃんがそこにいる。とろけるように甘美な感覚だった。そこに自分も溶けこんでしまいたい。夢でもいい。

でも、コレットはやはり姿を消した。そして、「お願いだから迷い込んだトンネルの中から出て行って。決して後ろを振り返らないように」と、見えない合図を送ってモナに伝えた。「おばあちゃん、ねえ、ここにいて。おばあちゃん、ここにいて、ここにいて」。まぶたがさらに重くなり、震えた。

モナは肩に重さを感じた。祖父が長い指をそこに当てているらしい。手のひらには、荒っぽい感覚がある。コスモスがなめているのだろう。モナは自分自身と格闘し、なんとかまばたきをしようと努めた。

目は開いているのだろうか？　何も見えなかった。何度も何度も、目を覚まそうとするのだが、やはり何も見えない。

そしてついに、泣き声が、幼い女の子のようなとめどない泣き声が、モナの口から出てきた。大きくなって、しばらく忘れていた泣き方だった。小さな子どものような誰にも止められない涙が、モナからすべてのすを、垢を、灰を洗い流した。

突然、目の前に青が現れた。しみのようではあるが、確かに青だ。それから黄色。ああ、黄色だ。光がそう見えているだけかもしれないが、やはり黄色だ。そして赤。形もなく大きく広がる赤。それから、青、黄、赤を組み合わせたさまざまな色。緑、モーブ、オレンジがほんの少しずつ。それから微妙な色たちの競演が始まった。真紅、オレンジ、マゼンタ、コーラルピンク、アマランス、朱色、ベリー色、茜色。線が、色の領域が、ついには世界の実体が、みるみる現れた。

アンリはモナの肩に手を置いたまま、黙っていた。コスモスは、二度吠えるのを繰り返している。「はい《ウィ》」という意味だ。

モナは目を開けていた。貝殻が、昔拾われたのと同じ場所に戻っていくのを、モナは見つめた。その上に砂をかけると、戻ってきた視力で、何百万、何千万という砂の粒が、まるで星屑のように貝殻を埋めていく様子が、一粒ひとつぶまで見えた。

聖域は完成した。

モナは立ち上がった。数歩歩くと、息を深く吸い込んだ。モナは喜びで満たされていた。モナは少し勢いをつけると、腕を開いてくるくると回りはじめた。ゆるやかに、何度も回転した。独楽《こま》のように、灯台の光線のように。その動きが加速するにつれて、重心はあちこちに散らばっていく。

水辺の岩、松林の陰、北側にそびえる山、東の屋根、沖に浮かぶ船が見えた。それからまた、岩、松林、山、屋根、船……。岩が松林に、松林が山に、山が屋根に、屋根が船に、船が岩に溶け込んでいく。モナは回り続け、めくるめく回転の中心にいて、世界はただの鮮やかな色彩の地層に変わった。

モナは、ついに目が回ってよろめいて倒れ、砂に沈んだ。

モナは一息つくと、まっすぐ前を見た。なんて美しいのだろう。

果てしなく細かい泡ができては弾ける琥珀色の砂浜。白いカモメの飛び交う下にうねるターコイズブルーの海。澄み切った空と海を分けてどこまでも走る水平線――。

アンリはモナに背後から近づいた。モナが振り返る姿は、暗闇の背景が少女を包むフェルメールの《真珠の耳飾りの少女》のようだ。

すっぽりと闇に包まれていた少女が、突然、闇から引きはがされたように見える。モナは長い旅から戻ってきた。その余韻がアンリに伝わってくる。

アンリは、そのきれいな顔を見つめ、宇宙のように大きく両腕を広げた。モナはうっとりとほほえみ、アンリに抱きついた。

「ああ、おじいちゃん。本当に美しいね、この世界は。そして、その向こう側も、無限に美しい」

[著者の作品]

◎エッセイ

『Anna-Eva Bergman – Vies lumineuses (アンナ＝エヴァ・ベルイマン 輝く人生)』(Paris, Gallimard, 2022)

『Faire rêver (夢を見させる)』(Paris, Gallimard, 2019)

『L'Univers sans l'homme (人間のいない宇宙)』(Paris, Hazan, 2016)：芸術アカデミー主催ベルニエ賞受賞

『L'Art face à la censure (検閲に直面した芸術)』(Paris, Beaux-Arts éditions, 2011 ／ 2019年改訂)

『Paul Chenavard, monuments de l'échec (1807-1895) (ポール・シュナヴァール〈1807-1895〉失敗の記念碑)』(Dijon, Les Presses du réel, 2009)

『Réceptions de Courbet, fantasmes réalistes et paradoxes de la démocratie (1848-1871) (クールベの受容、リアリズムの幻想、民主主義の逆説〈1848-1871〉)』(Dijon, Les Presses du réel, 2007)

◎美術の入門書

『Une histoire indiscrète du nu féminin (女性ヌードの不謹慎な歴史)』(Paris, Beaux-Arts éditions, 2010)

『Cent énigmes de la peinture – la Beauté (絵画百の謎 - 美)』(Paris, Hazan, 2010)

『Journal de Courbet (クールベの日記)』(Paris, Hazan, 2007)

『Courbet, un peintre à contre-temps (時代に逆行した画家、クールベ)』(Paris, Scala, 2007)

◎小説

『La Vierge maculée (汚れた聖母)』(Paris, Point de mire, 2004)：サロン・ド・ドラヴェイユ／ラ・ポスト財団新人賞受賞

［著者］
トマ・シュレセール（Thomas Schlesser）
美術史家。アルトゥング・ベルイマン財団（フランス・アンティーブ）館長、エコール・ポリテクニーク（フランス理工科学校）教授。フランスの出版社ガリマールから出版された『Faire rêver（夢を見させる）』『Anna- Eva Bergman - vies lumineuses（アンナ＝エヴァ・ベルイマン――輝く人生）』など数多くの美術論の著書がある。

［訳者］
清水玲奈（Reina Shimizu）
ジャーナリスト・翻訳家。東京大学大学院総合文化研究科修了（表象文化論）。著書に『世界で最も美しい書店』（エクスナレッジ）、訳書にスージー・ホッジ著『世界をゆるがしたアート　クールベからバンクシーまで、タブーを打ち破った挑戦者たち』（青幻舎）などがある。パリ暮らしを経てロンドン在住。

モナのまなざし
――52の名作から学ぶ人生を豊かに生きるための西洋美術講座

2025年３月25日　第１刷発行

著　者――トマ・シュレセール
訳　者――清水玲奈
発行所――ダイヤモンド社
〒150-8409　東京都渋谷区神宮前6-12-17
https://www.diamond.co.jp/
電話／03･5778･7233（編集）　03･5778･7240（販売）

装丁・本文デザイン―名久井直子
DTP――――河野真次
翻訳協力―――トランネット
校正――――聚珍社
製作進行―――ダイヤモンド・グラフィック社
印刷――――勇進印刷
製本――――ブックアート
編集担当―――日野なおみ

ISBN 978-4-478-11906-8